Psychologische Psychotherapie der Persönlichkeitsstörungen

Psychologische Psychotherapie der Persönlichkeitsstörungen

von

Rainer Sachse

3., überarbeitete Auflage
des Buches „Persönlichkeitsstörungen"

Hogrefe · Verlag für Psychologie
Göttingen · Bern · Toronto · Seattle

Prof. Dr. Rainer Sachse, geb. 1948. 1969-1978 Studium der Psychologie an der Ruhr-Universität Bochum. 1978-1980 Arbeit in einer Psychologischen Praxis in Dortmund. Seit 1980 Wissenschaftlicher Mitarbeiter an der Ruhr-Universität Bochum; 1985 Promotion; 1991 Habilitation. Privatdozent an der Fakultät für Psychologie der Ruhr-Universität Bochum; seit 1998 außerplanmäßiger Professor. Arbeitsschwerpunkte: Klinische Psychologie, Klientenzentrierte Psychotherapie, Verhaltenstherapie.

Die Deutsche Bibliothek - CIP - Einheitsaufnahme

Ein Titeldatensatz für diese Publikation ist bei
Der Deutschen Bibliothek erhältlich.

Die erste und zweite Auflage des Buches sind 1997 und 1999 unter dem Titel „Persönlichkeitsstörungen. Psychotherapie dysfunktionaler Interaktionsstile" erschienen.

© by Hogrefe-Verlag, Göttingen · Bern · Toronto · Seattle 2001
   Rohnsweg 25, D-37085 Göttingen

http://www.hogrefe.de
Aktuelle Informationen · Weitere Titel zum Thema · Ergänzende Materialien

Umschlagbild: Wolfgang Mattheuer, Verlorene Mitte; © VG Bild-Kunst, Bonn 2001
Gesamtherstellung: Kaestner GmbH & Co. KG, D-37124 Rosdorf / Göttingen
Printed in Germany
Auf säurefreiem Papier gedruckt

ISBN 3-8017-1445-4

Inhaltsverzeichnis

1. **Persönlichkeitsstörungen als Beziehungsstörungen** 7

1.1 Überblick 7
1.2 Problematik und Relevanz des Konzeptes „Persönlichkeitsstörung" 8
1.3 Persönlichkeitsstörungen als Beziehungs- oder Interaktionsstörungen . . 14
1.4 Theoretische Grundlagen einer Störungstheorie 17
1.5 Psychologische Psychotherapie der Persönlichkeitsstörung 34

2. **Das Modell der doppelten Handlungsregulation** 37

2.1 Grundlage und Funktion des Modells 37
2.2 Überblick über das Modell 38
2.3 Die „Ebene der authentischen Handlungsregulation" oder „Motivebene" . 40
2.4 Die Basis-Beziehungs-Motive 42
2.5 Ebene der Schemata oder Annahmen 43
2.6 Entwicklungspsychologische Annahmen zum Zusammenhang von
Beziehungsmotiven und Schemata 44
2.7 Der Ausweg aus dem Dilemma: Die Entwicklung manipulativen
Kontrollverhaltens 44
2.8 Die Elaboration manipulativ-intransparenter Handlungsstrategien . . . 46
2.9 Die Kosten intransparenter Handlungsstrategien 50
2.10 Definition intransparenten Handelns 51
2.11 Einige Charakteristika der intransparenten Handlungsregulation 53
2.12 Ausprägung der Interaktionsstörung: Persönlichkeitsstörung
oder Persönlichkeits-Stil 57
2.13 Komplementarität zur Motivebene und Komplementarität
zur Spielebene 58
2.14 Images und Appelle: Die zentralen intransparenten Handlungsstrategien . 60

3. **Folgerungen aus dem Modell der doppelten Handlungsregulation:
Interaktionsverhalten von Klientinnen und Klienten im
Therapieprozess** 68

3.1 Überblick 68
3.2 Änderungs-, Therapie- und Stabilisierungsmotivation 70
3.3 Zentrale Problembearbeitung 84

3.4   Inhaltsbearbeitung 91
3.5   Vermeidungsstrategien 95
3.6   Dysfunktionale Problemkonstruktionen 106
3.7   Schwierigkeiten in der Übernahme der Klientenrolle 112
3.8   Beziehungsmotivation des Klienten 117
3.9   Testverhalten 122

4.   Therapeutische Strategien zum konstruktiven Umgang mit
      spezifischem Interaktionsverhalten der Klienten im Therapieprozess 127

4.1   Einleitung 127
4.2   Therapeutischer Umgang mit fehlender Änderungs- und vorhandener
       Stabilisierungsmotivation 128
4.3   Therapeutischer Umgang mit dysfunktionaler Problembearbeitung . . . 129
4.4   Therapeutischer Umgang mit Problemen in der Inhaltsbearbeitung . . . 134
4.5   Therapeutischer Umgang mit Vermeidungsstrategien 139
4.6   Therapeutischer Umgang mit dysfunktionalen Problemkonstruktionen . . 148
4.7   Therapeutische Arbeit auf der Beziehungsebene 153
4.8   Ausräumen des therapeutischen Missverständnisses 160
4.9   Komplementäre und differentielle Beziehungsgestaltung 161
4.10   Transparentmachen der Beziehungsmotive 166
4.11   Therapeutische Bearbeitung der Spielebene 169
4.12   Das Problem therapeutischen Handelns auf der Spielebene 172
4.13   Transparent-Machen des intransparenten Handelns 188
4.14   Therapeutischer Umgang mit dysfunktionalen Klientenrollen 200

5.   Systematische Prozessanalyse 203

5.1   Einleitung 203
5.2   Systematische Spielanalyse 209
5.3   Analyse der Selbst- und Beziehungsschemata 236
5.4   Analyse der Beziehungsmotive 236

Literatur 238
Anhang
Bochumer Bearbeitungs- und Beziehungsskalen BBS 1997 251

1. Persönlichkeitsstörungen als Beziehungsstörungen

1.1 Überblick

In diesem ersten Kapitel soll in die komplexe Materie der *„Persönlichkeitsstörungen als Beziehungs- oder Interaktionsstörungen"* eingeführt werden. Diese Materie ist aus verschiedenen Gründen komplex:

- der Begriff „Persönlichkeitsstörung" ist unter Psychologinnen und Psychologen umstritten (vgl. Lieb 1998);
- eine einheitliche psychologische Theorie darüber, was „Persönlichkeitsstörungen" sind, fehlt weitgehend (vgl. Clarkin & Lenzenweger, 1996; Fiedler, 1998, 2000);
- eine fundierte Therapie zur effektiven Behandlung dieser Störungen fehlt bisher (Millon, 1996);
- Klienten mit Persönlichkeitsstörungen gelten als therapeutisch wenig zugänglich (Derksen, 1995);
- Klienten mit diesen Störungen gelten als interaktionell schwierig, als „Problemklienten" (Fiedler, 2000).

Diese Probleme sollen hier erörtert werden: Es soll die Problematik des Begriffs „Persönlichkeitsstörung" erörtert werden; es soll ein grundlegendes Verständnis dieser Störung als Beziehungsstörung dargestellt werden; es soll deutlich werden, dass das Anliegen dieses Buches darin besteht, eine psychologisch fundierte Therapiekonzeption darzustellen; und es soll deutlich werden, dass zu einer solchen Konzeption eine stark therapie- und prozessbezogene Diagnostik gehört, die genau die Verhaltensmerkmale von Klienten erfasst, die für die Ableitung *therapeutischer Strategien* wesentlich sind (vgl. Turhat, 1996; Young, 1990; Young & Swift, 1988).

Das Kapitel soll auch einen Einblick geben, was Klienten mit Persönlichkeitsstörungen überhaupt zu „schwierigen Klienten" macht, oder anders ausgedrückt, warum die Anforderungen, die diese Klienten stellen, anders sind als die Anforderungen, die Klienten mit Ängsten oder Depressionen stellen.

Das Kapitel geht insbesondere auf die Notwendigkeit einer psychologischen Störungstheorie für die sog. „Persönlichkeitsstörungen" ein und stellt den theoretischen Hintergrund vor, auf dem die im zweiten Kapitel dargestellte „Theorie der doppelten Handlungsregulation" beruht.

Zur Elaboration eines theoretischen Hintergrundes werden hier folgende Theorien behandelt:

- die kognitive Theorie der Persönlichkeitsstörung,
- die vertikale Verhaltensanalyse oder Plananalyse,
- die Transaktionsanalyse,
- das Testkonzept,
- die Konzeption internaler Determinanten, affektiver Schemata und therapeutischer Ebenen.

1.2 Problematik und Relevanz des Konzeptes „Persönlichkeitsstörung"

1.2.1 Zur Problematik des Begriffs „Persönlichkeitsstörung"

Der offiziell in der Klinischen Psychologie eingeführte Begriff der Persönlichkeitsstörung (personality disorder) bereitet vielen Therapeuten und Therapeutinnen Unbehagen. Das Unbehagen resultiert daraus,

- dass einerseits die im DSM- IV (Saß et al., 1996) oder ICD beschriebenen Symptommerkmale durchaus sinnvolle und relevante Klassifikationen darstellen;
- dass Klienten, die so klassifiziert werden, ganz bestimmte Beziehungsprobleme im Alltag wie in der Therapie zeigen;
- dass eine „Diagnose" für die Therapie durchaus eine heuristische Relevanz hat;
- dass man jedoch andererseits bezweifeln kann, ob es sich um „Persönlichkeitsstörungen" (also Störungen der „Person", der „Gesamtpersönlichkeit", des „Charakters" o.ä.) handelt;
- und dass eine Bezeichnung als „Interaktionsstörung" zutreffender wäre;
- dass die Bezeichnung Persönlichkeitsstörung abwertend, stigmatisierend wirken kann und manchmal wohl auch so gemeint ist.

Trotz aller Bedenken wird es im Augenblick jedoch wohl wenig sinnvoll sein, den eingeführten Begriff „Persönlichkeitsstörung" abzuschaffen: Der Begriff ist in der Klinischen Psychologie eingeführt und wird als solcher in offiziellen Klassifikationen verwendet; eine „Umbenennung" könnte leicht zu terminologischer Verwirrung und noch größerer Unklarheit führen, als sie bereits besteht. Verwendet man den Begriff weiter, dann sollte man sich jedoch klar machen

- was man tatsächlich damit meint;
- wie man damit umgeht;
- dass man jede Art von Stigmatisierung oder Schädigung des Klienten vermeiden sollte.

Dieses Begriffsproblem wird in diesem Buch in dreifacher Weise „entschärft":

1. Persönlichkeitsstörungen werden hier eindeutig *nicht* als „Persönlichkeits"-Störungen, sondern als Beziehungsstörungen aufgefasst.

2. Daher wird hier auch so gut wie gar nicht von Persönlichkeitsstörungen gesprochen, sondern von „Handlungsregulationen", „interaktionellen Zielen", „Strategien" usw.

3. Es wird angenommen, dass die Arten von Beziehungsgestaltung, die in extremer Form zu sog. „Persönlichkeitsstörungen" führen, in milderer Art universelle Umgangsformen sind: Es gibt also keine dichotome Abgrenzung von „normal" zu „gestört", sondern fließende Übergänge.

Wenn hier von „Persönlichkeitsstörungen" gesprochen wird, dann ist damit immer die „offizielle" Diagnostik-Ebene des DSM oder ICD gemeint: Der Begriff dient dabei der *Kommunikation zwischen Fachkollegen*, die wissen, was diagnostisch mit dieser Kategorie gemeint ist. Theoretisch wird hier jedoch von „Interaktionsproblemen" ausgegangen, von unflexiblen, dysfunktionalen, d.h. die Person selbst beeinträchtigenden Formen der Interaktion. In der Kommunikation zwischen Kollegen sollte daher klar sein, dass mit dem Begriff „Persönlichkeitsstörung" spezifische Formen des Handelns, der Verarbeitung usw. gemeint sind und nicht implizite Abwertungen wie „Charakterschwäche" oder „Unreife" usw. Daher ist der Begriff m.E. ein reiner Fachbegriff, der zum „internen Gebrauch" bestimmt ist, weil er im Fachgebrauch eindeutig und nicht-abwertend verwendet werden kann. Nur in diesem Sinne soll der Begriff hier verwendet werden.

Es soll hier auch sehr deutlich gemacht werden, dass mit dem Begriff „Persönlichkeitsstörung" *keine* Pathologisierung verbunden sein soll. Die Anwendung diagnostischer Kriterien wird hier verstanden als *therapeutische Leitheuristik*: Sind bestimmte diagnostische Kriterien erfüllt, dann bedeutet das, dass bestimmte Arten von Interaktionsproblemen beim Klienten vorliegen können. Diese Interaktionsprobleme sind, falls sie vorliegen, für den Klienten sowohl außerhalb als auch innerhalb der Therapie von großer Relevanz: *Sie dürfen vom Therapeuten nicht übersehen werden.*

Der Therapeut sollte daher auf bestimmte Informationen achten. Er sollte, falls diese vorliegen, Interaktionsprobleme des Klienten verstehen und daraus therapeutische Konsequenzen ziehen. Die Funktion der Diagnostik ist daher in diesem Ansatz überhaupt nicht, den Klienten zu „labeln", sondern als Therapeut aufmerksam zu werden für wichtige Aspekte des Klienten-Problems. Daher beschäftigt sich dieses Buch auch nicht mit Fragen der Diagnostik, sondern mit der Frage, welche therapeutische Relevanz das Vorliegen einer Persönlichkeitsstörung hat.

Damit einher geht auch die hier vertretene Auffassung, dass die Feststellung einer „Störung" lediglich Folge einer Kosten-Nutzen-Rechnung sein sollte. Folgt man der Konzeption von „Persönlichkeitsstilen" bei Kuhl u. Kazén (1996) sowie bei Oldham u. Morris (1995), dann wird deutlich, dass praktisch jede Person „Persönlichkeitsstörungen in einem gewissen Ausmaß" aufweist: Diese „leichten" Ausprägungen werden von Kuhl als „Persönlichkeitsstile" bezeichnet.

Diese Auffassung impliziert,

• dass es keinen klar definierten Übergang gibt von „Stil" zu „Störung" (und tatsächlich sind die DSM und ICD-Kriterien arbiträr);

• dass man von „Störung" nur dann sprechen kann, wenn die realisierten Interaktionsmuster der betreffenden Person mehr schaden als nutzen;

- dass es unsinnig ist, von einem willkürlichen Punkt an von „pathologisch" zu sprechen. Ein solcher Punkt ist nicht bestimmbar; eine solche Klassifikation zerlegt ein Kontinuum in ein dichotomes Muster; die Kriterien sind willkürlich;
- dass es unsinnig ist, eine Person für das Vorliegen bestimmter Interaktionsmuster abzuwerten, denn in gewissem Sinne hat fast jeder eine „Persönlichkeitsstörung" und wer sollte sich dann noch „erdreisten", andere als „unreif", „charakterschwach" o.ä. zu bezeichnen?

Daraus folgt: Alles, was man mit „Persönlichkeitsstörung" meinen sollte, ist die Beschreibung definierter Handlungs- und Verarbeitungsmerkmale einer Person, die den Therapeuten veranlassen sollte, bestimmte Arten von Information sorgfältig und systematisch zu verarbeiten, um die Probleme des Klienten genau und umfassend zu verstehen und dem Klienten so therapeutisch möglichst effektiv helfen zu können (vgl. zur Diskussion der Begriffsproblematik auch Fydrich et al., 1996; Jaspers, 1976; Tölle, 1990).

1.2.2 Notwendigkeit einer Störungstheorie

Wie in anderen Bereichen von Klinischer Psychologie und Psychotherapie, so benötigt man auch im Bereich der Persönlichkeitsstörungen eine psychologische Störungstheorie, um therapeutische Ansatzpunkte, Ziele, Strategien oder Interventionen ableiten zu können: Man benötigt eine Theorie für das psychologische „Funktionieren" der Störung, um zu wissen, welche Aspekte relevant sind, an welchen Aspekten man wie ansetzen muss, um welche möglichen Ziele zu erreichen.

In einem wissenschaftlich fundierten Therapievorgehen können Strategien und Interventionen nicht einfach auf „Störungen" angewandt werden; vielmehr muss inhaltlich begründet (und im nächsten Schritt empirisch nachgewiesen) werden, wieso bestimmte Strategien und Interventionen konstruktive Effekte bei einer bestimmten Störung erzeugen sollten oder können.

Dies kann inhaltlich aber nur begründet werden, wenn
- es zu der betreffenden Störung eine Störungstheorie gibt, die das psychologische Funktionieren der Störung erklärt, die angibt, welche Aspekte und Variablen zentral sind usw.;
- es zu einer Therapie eine Therapietheorie gibt, die angibt, wie diese Therapie funktioniert;

und
- wenn Störungstheorie und Therapietheorie kompatibel sind, d.h. wenn die Therapietheorie Aussagen macht über die Vermittlung solcher Veränderungen, die nach Aussagen der Störungstheorie für eine konstruktive Veränderung der Störung relevant sind.

Nimmt man z.B. in der Störungstheorie an, dass „depressive Schemata" eine zentrale Rolle spielen bei der Entstehung und Aufrechterhaltung einer Depression, und nimmt man in der Therapietheorie an, dass die kognitiven Interventionsmethoden depressive Schemata modifizieren, dann hat man eine Indikation von kognitiver Therapie für die Störung „Depression" begründet (vgl. Beck et al., 1981, Beck & Greenberg, 1979). Man hat diese Indikation begründet, weil Störungstheorie und Therapietheorie bezüglich zentraler Aspekte kompatibel sind; die Therapietheorie besagt, dass diejenigen Funktionsaspekte der Störung modifiziert werden, die nach Aussage der Störungstheorie für die Aufrechterhaltung der Störung zentral sind.

Eine solche Störungstheorie soll hier dargestellt werden: Es ist eine Theorie, die Persönlichkeitsstörungen als spezielle Form von Beziehungs- oder Interaktionsstörungen auffasst und die

- erklären kann, warum Therapeuten mit diesen Klienten extreme Probleme haben; deutlich machen kann, wie diese Probleme aussehen;
- die Ableitung prozessdiagnostischer Verfahren erlaubt, mit deren Hilfe erkannt werden kann, was die Klienten tun und welche Schwierigkeiten sie konkret haben oder dem Therapeuten bereiten;
- die Ableitung therapeutischer Strategien ermöglicht, welche dem Klienten eine effektive Veränderung ermöglichen *und* den Therapeuten ihre Handlungsmöglichkeiten zurückgeben.

1.2.3 Der Störungsbereich „Persönlichkeitsstörungen" ist therapeutisch von großer Relevanz

Für Klienten mit Persönlichkeitsstörungen ist die Ableitung therapeutischer Strategien und Interventionen wesentlich. Dies liegt daran, dass bei diesen Klienten im Therapieprozess zwei Arten von Problemen vorliegen, die zwar beide Ausdruck und Teil der Störung sind, die jedoch für den Therapeuten zwei unterscheidbare Problemaspekte darstellen:

1. Klienten mit Persönlichkeitsstörungen sind therapeutisch schwer zu behandeln;

2. Klienten mit Persönlichkeitsstörungen bereiten den Therapeuten Probleme auf der Beziehungsebene.

In einer Befragung mit 100 therapeutisch tätigen Psychotherapeutinnen und Therapeuten (Scharmann, 1996) stellten wir fest, dass die Therapeuten angaben, dass im Durchschnitt 43 % ihrer Klienten eine Persönlichkeitsstörung in relevantem Ausmaß aufwiesen und dass 58 % der Therapeuten Klienten mit Persönlichkeitsstörungen als schwierig und belastend einstuften. Diese Störungsgruppe beanspruchte bei den Therapeuten durchschnittlich 59% der Supervisionszeit. Von den befragten Therapeuten gaben 43% an, durch ihre Ausbildung auf den Umgang mit diesen Klienten schlecht oder sehr schlecht vorbereitet worden zu sein. Die Belastungen durch das Interaktionsverhalten betrafen dabei zwei Aspekte:

- Handlungsschwierigkeiten: Die Therapeuten wissen zum großen Teil nicht, wie sie ganz konkret mit dem Verhalten der Klienten umgehen sollen, es fehlen ihnen Möglichkeiten der Analyse und Intervention.
- Persönliche Belastungen: Die Therapeuten fühlen sich durch das Klienten-Verhalten, aber auch durch die eigene Hilflosigkeit emotional stark belastet; sie zweifeln an ihrer Kompetenz, ärgern sich über Klienten, können schlecht abschalten usw.

Vergleicht man hier erfahrene und unerfahrene Therapeuten, dann weisen die erfahrenen Therapeuten zwar signifikant weniger Handlungsschwierigkeiten auf als die unerfahrenen; dennoch weisen sie absolut immer noch ein hohes Ausmaß an Handlungsschwierigkeiten auf (im Vergleich zu anderen Klienten). Bezüglich der emotionalen Belastung besteht interessanterweise kein Unterschied zwischen erfahrenen und unerfahrenen Therapeuten: Auch die erfahrenen Therapeuten fühlen sich durch Klienten mit Persönlichkeitsstörungen immer noch sehr hoch emotional belastet. Die hauptsächliche emotionale Belastung der Therapeuten besteht dabei in einer „persönlichen Verstrickung": Die Therapeuten fühlen sich von den Klienten entweder „sabotiert", „angegriffen", „mattgesetzt" o.ä.; und dies löst Gefühle wie Ärger, Ablehnung, Resignation u.ä. aus. Dies bedeutet: Die Therapeuten verlieren früher oder später (manchmal erst nach Phasen von Mitleid und Solidarisierung) ihre Akzeptierung und ihre Empathie. Sie verlieren die Fähigkeit, das Klienten-Handeln als Teil des Klientenproblems wahrzunehmen; sie verlieren aber auch ihre Fähigkeit, genau zu beachten, was in der Interaktion passiert: Sie verlieren hochgradig ihre therapeutische Distanz. Oder aber die Therapeuten fühlen sich von den Klienten „in das System eingebaut", als Stütze und Stabilisator des Klienten: Auch hier haben sie die Distanz verloren, wenn auch (noch) nicht ihre Empathie. In aller Regel kippt dieser Zustand aber nach einiger Zeit in Ärger und Ablehnung gegenüber dem Klienten um.

Dies zeigt, dass es noch relevant ist, Therapeuten Interventionsmöglichkeiten zu vermitteln, Möglichkeiten, um mit den spezifischen interaktionellen Schwierigkeiten von Klienten konstruktiv umgehen zu können. Dies soll in diesem Buch geschehen. Und eine ganz zentrale therapeutische Strategie, die hier vorgeschlagen wird, besteht darin, dem Therapeuten zuerst wieder Distanz zu ermöglichen, dem Therapeuten die Möglichkeit zu geben, das Problem wieder zu analysieren und zu verstehen und ihn dann, über diesen Weg, wieder für Empathie und Akzeptierung zu öffnen.

1.2.3.1 Klienten mit Persönlichkeitsstörungen gelten als „schwer behandelbar"

Klienten mit Persönlichkeitsstörungen bringen von ihrer Motivation, Problemdefinition und Problembearbeitung her Eingangsvoraussetzungen in die Therapie mit, die „normale" therapeutische Strategien und Interventionen leicht aushebeln und Therapeuten hilflos machen. Dabei treten vielfältige therapeutische Probleme auf, von denen hier nur einige exemplarisch erwähnt werden sollen (sie werden dann im Folgenden genau beschrieben und analysiert):

1. Klienten mit Persönlichkeitsstörungen weisen meist keine „Änderungsmotivation", sondern eine „Stabilisierungsmotivation" auf: Sie kommen in Therapie, um ihr System mit Hilfe des Therapeuten zu stabilisieren.

2. Therapeuten haben oft große Schwierigkeiten, dies zu erkennen; einerseits, weil es von den Klienten nicht explizit gemacht wird, und andererseits, weil die Therapeuten gar nicht wissen, wie man die Motivation der Klienten im Prozess analysieren kann.

3. Die Klienten sind aufgrund ihrer Stabilisierungsintention zwar zur Therapie motiviert: Sie kommen in Therapie und „loben" den Therapeuten. Sie sind aber nicht motiviert, an Veränderung ihrer Annahmen, Motive, Ziele usw. zu arbeiten.

4. Strebt der Therapeut eine solche Bearbeitung an, wird er vom Klienten blockiert: Klienten verfügen über eine Reihe von Strategien, um Bearbeitung systematisch zu vermeiden und Therapeuten systematisch zu blockieren.

5. Kennt und versteht ein Therapeut diese Strategien nicht, fühlt er sich mattgesetzt, hilflos und reagiert oft ärgerlich auf den Klienten; seine Interventionen verschlimmern dann in aller Regel das Problem.

6. Klienten thematisieren ihre Beziehungsprobleme meist nicht; der Therapeut kann sie daher oft nur schwer erkennen. Er versteht dann nicht, dass das Problem des Klienten eben nicht nur in „Panik" o.ä. besteht, sondern dass es sich um ein massives Interaktionsproblem handelt.

7. Da ein Therapeut oft nicht erkennt, worum es sich bei dem Problem handelt und/oder keine geeigneten Interventionen hat, um das Problem deutlich zu machen, ist er hilflos, blockiert und langfristig frustriert.

8. Therapeuten konzentrieren sich dann oft auf die Probleme und Ziele, die die Klienten explizit angeben: z.B. Panik, Abhängigkeiten, Somatisierungsstörungen usw..

9. Der Therapeut wendet dann spezifische Methoden zur Behandlung dieser Störungen an und stellt fest, dass diese nicht so wirken, wie sie „normalerweise" wirken (gar nicht; sie verschlimmern das Problem; es tauchen ständig neue Probleme auf; der Klient wendet die Methode gar nicht an usw.).

10. Der Therapeut, der nur ein eingeschränktes Modell vom Klientenproblem hat, versteht diese inner-therapeutischen Probleme nicht; er kann sich nicht auf den Klienten einstellen; manchmal fordert er vom Klienten, dass sich dieser auf den Therapeuten/die Therapie einstellt; dies ist jedoch meist wenig erfolgreich.

11. Selbst wenn ein Therapeut erkennt, dass der Klient eine Persönlichkeitsstörung aufweist, dann weiß er sehr oft nicht, welche therapeutischen Konsequenzen daraus resultieren sollen, da er kein spezifisches Analyse- und Handlungs-Wissen für diese Klienten besitzt.

12. Auf diese Weise kann diesen Klienten sehr oft nicht effektiv therapeutisch geholfen werden.

1.2.3.2 Interaktionelle Probleme

Klienten mit Persönlichkeitsstörungen sind jedoch nicht nur deshalb schwierige Klienten, weil sie einige Eingangsvoraussetzungen nicht mitbringen, die sich für die Therapie als hilfreich erweisen, diese Aspekte sind sogar für die Therapie insgesamt die weniger schwierigen. Das Hauptproblem für die Therapeuten besteht darin, dass die Klienten *Beziehungsprobleme* aufweisen und diese in der Beziehung zum Therapeuten aktuell in der Therapie „agieren": Sie thematisieren oder bearbeiten diese Probleme nicht, sie „leben" diese Probleme in der Therapie. Damit wird der Therapeut unvermittelt, ohne dass er dies verhindern kann und oft auch ohne dass er dies richtig versteht, von einem Partner in einem Therapieteam zu einem Teil des Problems.

1. Klienten mit Persönlichkeitsstörungen „verwickeln" ihre Therapeuten in dysfunktionale Interaktionen: Die Therapeuten werden für die Ziele und Intentionen der Klienten funktionalisiert (der Therapeut soll trösten, bestätigen, Verantwortung übernehmen usw.).

2. Diese Arten von Interaktionen sind für Therapeuten z.T. nur schwer erkennbar. Sehr oft erkennen Therapeuten die Probleme zu spät, nämlich erst dann, wenn sie das System des Klienten bereits stabilisieren, wenn sie anfangen, sich über den Klienten zu ärgern u.ä.

3. In vielen Fällen fühlen die Therapeuten sich gegenüber diesen Interaktionen hilflos: Sie wissen nicht, wie sie damit umgehen sollen, wenn sie von Klienten massiv kritisiert, ausgefragt, kontrolliert werden.

4. Die Therapeuten haben daher bezüglich dieser Interaktionsprobleme

   - keine prozessdiagnostischen Methoden zur Verfügung, um festzustellen, was die Klienten tun und wo genau das Problem liegt;
   - sie haben keine Wissensbestände über Interaktionsprobleme um den Klienten zu verstehen und relevante Modelle vom Klienten zu bilden;
   - sie haben (auf der Beziehungsebene) keine wirksamen Strategien oder Interventionen, um mit dem Problem konstruktiv umzugehen.

5. Aufgrund der Involvierung des Therapeuten in die Interaktionen des Klienten, des mangelnden Wissens über die Analyse dieser Prozesse und der mangelnden Kompetenzen, mit spezifischen Beziehungsproblemen *in* der Therapie umzugehen, verschlechtert sich (meist innerhalb kurzer Zeit) die Therapeut-Klient-Beziehung so stark, dass keine konstruktive Arbeit mehr stattfinden kann.

6. Auf diese Weise führt die spezifische Problematik des Klienten dazu, dass Therapeuten diesem Klienten nicht wirksam helfen können, und dessen dysfunktionalen Interaktionsstil sogar stabilisieren.

Es ist daher bei der Entwicklung einer effektiven Therapiekonzeption für Klienten mit Persönlichkeitsstörungen von zentraler Bedeutung, *den Therapeuten Möglichkeiten zum Umgang mit den unmittelbar im Therapieprozess auftretenden Interaktionsproblemen* an die Hand zu geben. Eine effektive Therapie für diese Klienten muss daher in sehr hohem Ausmaß eine prozessorientierte, interaktionsorientierte Therapie sein.

1.3 Persönlichkeitsstörungen als Beziehungs- oder Interaktionsstörungen

Grundlage des hier vorgestellten störungstheoretischen Modells, das als „Modell der doppelten Handlungsregulation" bezeichnet werden soll, ist die Grundannahme, dass Persönlichkeitsstörungen als *Beziehungs- oder Interaktionsstörungen* aufgefasst werden können. Zwar sind Persönlichkeitsstörungen komplexe Störungen, die Handeln, Denken, Fühlen, spezifische Formen der Informationsverarbeitung usw. einschließen.

Dennoch kann man annehmen, dass dysfunktionale Überzeugungen über Beziehungen, dysfunktionale interaktionelle Intentionen, dysfunktionale Arten der Beziehungsgestaltung *den Kern* der Störung bilden.

Fiedler (1994a) geht davon aus, dass es sich bei Persönlichkeitsstörungen „um komplexe Störungen des zwischenmenschlichen Beziehungsverhaltens" (S.93) handelt. Auch Ecker (1996, S. 382) ist der Ansicht, dass den Persönlichkeitsstörungen gemeinsam ist, dass es sich immer auch um Störungen der zwischenmenschlichen Interaktion bzw. „Beziehungsstörungen" mit „sozial unflexiblem und wenig angepassten Verhaltensauffälligkeiten" handelt, die der betreffende als ich-synton, d.h. zu sich gehörig, erlebt (vgl. auch Fiedler, 1993, 1994b, 1994c, 1994d, 1995; Schmitz, 1996; Schmitz et al., 1996; Vaillant, 1987; Vaillant & Perry, 1988).

Die Auffassung, dass es sich bei Persönlichkeitsstörungen um Beziehungsstörungen handelt, setzt sich zunehmend durch.

Im DSM-IV (Saß et al., 1996) nehmen Merkmale der Beziehungsgestaltung und Interaktion bei der Definition von Persönlichkeitsstörungen einen zentralen Stellenwert ein (vgl. Wittchen, 1996). Bei der Kurzdefinition von Persönlichkeitsstörungen werden Merkmale angegeben wie

- Misstrauen und Argwohn;
- Distanziertheit in sozialen Beziehungen;
- starkes Unbehagen in nahen Beziehungen;
- Missachtung der Rechte anderer;
- Instabilität in zwischenmenschlichen Beziehungen;
- Heischen nach Aufmerksamkeit;
- Bedürfnis danach, bewundert zu werden;
- soziale Hemmung;
- anklammerndes Verhalten.

Alle diese Definitionsmerkmale von Persönlichkeitsstörungen sind Merkmale der Beziehungs- oder Interaktionsgestaltung. Auch in den Beschreibungen und diagnostischen Kriterien der Persönlichkeitsstörungen spielen Merkmale der Interaktion eine zentrale Rolle. So gibt das DSM z.B. an, dass Personen mit paranoider Persönlichkeitsstörung „ein hohes Ausmaß von Kontrolle über Mitmenschen" benötigen; dass Personen mit schizoider Persönlichkeitsstörung „der Wunsch nach intimen Beziehungen fehlt", dass Personen mit schizotypischer Persönlichkeitsstörung „glauben, magische Kontrolle über andere zu besitzen"; dass Personen mit antisozialer Persönlichkeitsstörung „kein Mitgefühl und mangelnde Empathie Mitmenschen gegenüber zeigen"; dass sich Personen mit Borderline Persönlichkeitsstörung bemühen, „Verlassenwerden zu vermeiden"; dass sich Personen mit histrionischer Persönlichkeitsstörung bemühen, „im Mittelpunkt der Aufmerksamkeit zu stehen"; dass Personen mit narzisstischer Persönlichkeitsstörung „von anderen bewundert, geliebt, anerkannt werden wollen"; dass Personen mit selbstunsicherer Persönlichkeitsstörung „von anderen deutliche Beweise benötigen, dass sie angenommen werden, bevor es ihnen gelingt, Kontakt aufzunehmen"; dass Personen mit dependenter Persönlichkeitsstörung „möchten, dass andere Verantwortung übernehmen und eine völlig verlässliche Beziehung anbieten"; dass Personen mit zwanghafter Persönlichkeitsstörung „zwischenmenschliche Kontrolle ausüben".

Diese Beispiele machen bereits deutlich, dass Persönlichkeitsstörungen sich wesentlich in der Interaktion mit anderen Personen manifestieren: in dem Versuch, Kontrolle auszuüben, Aufmerksamkeit zu erhalten, Anerkennung zu bekommen, Personen auf Distanz zu halten usw. Persönlichkeitsstörungen können damit aufgefasst werden als bestimmte Arten, zwischenmenschliche Beziehungen zu gestalten; dabei geschieht diese Gestaltung allerdings so, dass für die Person hohe Kosten entstehen, sowohl internal (z.B. Einsamkeit, Verunsicherung, Selbstzweifel u.a.) als auch interaktionell (z.B. Isolierung, Verlassenwerden usw.). Persönlichkeitsstörungen sind daher *dysfunktionale* Arten von Beziehungsgestaltung, Strategien, die der Person selbst kurz- oder langfristig schaden.

Fasst man Persönlichkeitsstörungen als Beziehungsstörungen auf, dann liefert die Anwendung interpersoneller Theorien auf diesen Störungsbereich Möglichkeiten, die Art der Störung genauer zu spezifizieren.

Die Grundlage interpersoneller Theorien ist der „Interpersonal Circle" von Leary (1957): In ihm werden interaktionell relevante Persönlichkeitseigenschaften nach zwei Achsen kreisförmig angeordnet. Eine Achse repräsentiert die Dimension Dominanz - Unterwürfigkeit und die andere die Dimension Hass - Liebe. Kiesler (1982, 1983, 1986) modifizierte die Theorie von Leary; auf dieser Modifikation baut das Modell der Structural Analysis of Social Behaviour (SASB) von Benjamin (1974) auf. Benjamin erweiterte das zweidimensionale „Circumplex-Modell" um eine Focus-Dimension: Die Dimension Liebe - Hass, wie auch die Dimension Dominanz - Unterwürfigkeit, können sich auf „sich selbst" oder auf „andere" beziehen. Neben den Foci „selbst" und „andere" führt Benjamin nun den Focus „Introjekt" ein, um innerpersönliche Regulations- und Normierungsprozesse abbilden zu können. Dadurch entsteht ein komplexes Analyse-System zur Beurteilung sozialer Interaktionen (Benjamin, 1974, 1977, 1979, 1982, 1984; Benjamin et al., 1986; Berlin u. Johnson, 1989), das auch auf die Analyse von Therapieprozessen angewandt werden kann (Benjamin, 1987b; Grawe-Gerber, 1992; Henry et al., 1986).

Benjamin (1987a, 1992, 1996) wendet das SASB-Modell auf Persönlichkeitsstörungen an. Benjamin (1993) entwickelt den Ansatz zu einer systematischen, interaktionellen Theorie der Persönlichkeitsstörungen weiter. Dabei arbeitet sie für jede einzelne Persönlichkeitsstörung eine interpersonale Interpretation aus und erweitert die DSM-IV-Kriterien systematisch um interaktionelle Aspekte.

So lautet z.B. die interaktionelle Interpretation der Histrionischen Persönlichkeitsstörung (S. 174): „Es gibt eine starke Furcht davor, ignoriert zu werden, zusammen mit einem starken Wunsch, von einer anderen, mächtigeren Person geliebt und versorgt zu werden, wobei diese Person durch Charme und Attraktivität („entertainment skills") kontrollierbar sein soll. Eine Grundhaltung von freundlichem Zutrauen wird begleitet durch heimliche Strategien, die andere zwingen, der Person die gewünschte Fürsorge und Liebe zu geben. Unangemessen verführerisches Verhalten und manipulative Selbstmordversuche sind Beispiele für solche Nötigungen."

Das hier vorgestellte psychologische Störungsmodell der Persönlichkeitsstörung geht grundlegend von einem interaktionellen Verständnis aus: Persönlichkeitsstörungen werden verstanden als komplexe Interaktionsstörungen, als Störungen der interaktionellen Regulation. Basierend auf dieser Grundannahme werden nun psychologische

Theorien, Konzepte und Ergebnisse herangezogen, um zu spezifizieren, was mit „Interaktionsstörung" genau gemeint sein soll; damit soll eine psychologische Störungstheorie abgeleitet werden, die sowohl die Interaktionsprobleme von Klienten mit Persönlichkeitsstörungen im Allgemeinen als auch die spezifischen innertherapeutischen interaktionellen Schwierigkeiten erklären kann.

1.4 Theoretische Grundlagen einer Störungstheorie

Das hier entwickelte „Modell der doppelten Handlungsregulation", das eine psychologische Störungstheorie der Persönlichkeitsstörungen darstellt, basiert theoretisch auf einigen Theorien und Modellen, die hier kurz skizziert werden sollen.

1.4.1 Kognitive Theorie der Persönlichkeitsstörung

Die Arbeitsgruppe um Beck (vgl. Beck & Freeman 1993; Freeman, 1988a, 1988b; Freeman & Leaf, 1989; Padesky, 1986; Pretzer, 1996; Pretzer & Beck, 1996) postuliert als Voraussetzung für die Entwicklung einer Persönlichkeitsstörung, ebenso wie das Diathese-Stress-Modell, eine diathetisch und psychosozial prädisponierte Vulnerabilität. Zur Manifestation einer Persönlichkeitsstörung kommt es aber erst dadurch, dass die Betroffenen in spezifischer Weise mit ihrer Verletzlichkeit umgehen.

Prädisponiert vulnerable Menschen neigen dazu, eine Vielzahl zwischenmenschlicher Situationen als bedrohlich wahrzunehmen und sie zu vermeiden, um sich selbst zu schützen. Dieses Vermeidungsverhalten hat jedoch zur Folge, dass wenig neue interaktionelle Erfahrungen gemacht und adäquate Umgangsformen nicht gelernt werden.

Die Basis, auch für diese fehlerbehaftete Wahrnehmung und Einschätzung der Realität, sind kognitive Schemata (vgl. Anderson, 1988; Neisser, 1979; Schank u. Abelson, 1977). Bei persönlichkeitsgestörten Menschen werden in sozialen Situationen bestimmte Schemata aktiviert, die eine systematische Verzerrung in der Informationsverarbeitung bewirken.

Beck hat für die im DSM konzeptualisierten Persönlichkeitsstörungen charakteristische Annahmen und Schemainhalte des jeweiligen Störungsbildes aufgelistet. Entsprechend diesen störungsspezifischen Annahmen resultieren unterschiedliche Strategien im zwischenmenschlichen Verhalten:

„Bei persönlichkeitsgestörten Menschen sind bestimmte Verhaltensmuster hypertrophisch bzw. überentwickelt und andere wiederum unterentwickelt. [...]

Eine zwischenmenschliche Strategie scheint dann überentwickelt zu sein, wenn sie die ausgleichende Strategie nicht vernünftig entwickelt hat. Es ist anzunehmen, dass die Entwicklung adaptiver Verhaltensweisen überschattet und eventuell behindert wird, wenn eine vorherrschende Verhaltensweise bei einem Kind übersetzt ist". (Beck & Freeman, 1993).

Ebenso wie die Schematheorie von Grawe (1987a, 1987b, 1988a, 1988b) spielt in der Theorie von Beck der Schemabegriff eine zentrale Rolle. Während Grawe allgemein auf Entstehung und Entwicklung von Schemata sowie ihre Veränderung in der Psychotherapie eingeht, spezifiziert Beck zusätzlich Schemainhalte für die einzelnen Persönlichkeitsstörungen. Gemeinsame Annahme beider Ansätze ist, dass sich Schemata verhaltenssteuernd auswirken und somit auch das interaktionelle Verhalten beeinflussen. In dieser Gemeinsamkeit spiegelt sich die interaktionelle Sichtweise psychischer Störungen wider, die beide Autoren vertreten.

1.4.2   Vertikale Verhaltensanalyse und Plananalyse

Die „Vertikale Verhaltensanalyse" (Caspar, 1984, 1986; Caspar & Grawe, 1982a, 1982b; Grawe, 1982, 1986; Grawe & Caspar, 1984) oder (wie sie später bezeichnet wird) Plananalyse (Caspar, 1989) dient der Identifikation zugrundeliegender, vor allem interaktionell relevanter Schemata oder Pläne.

Besonders wesentlich dabei ist die Identifikation dysfunktionaler Pläne, also solcher, die einer Person hohe „Kosten" verursachen, durch die sie andere wesentliche Ziele selbst behindert und blockiert u.ä. Die Plananalyse ermöglicht eine individuelle Fallkonzeption, wobei das Hauptaugenmerk auf das interaktionelle Verhalten und auf die instrumentellen Bezüge des Verhaltens gerichtet ist, also auf die Frage, welchen Zielen ein bestimmtes Verhalten dient. Damit werden Motivationsaspekte explizit in die „Verhaltensanalyse" einbezogen. Nach Caspar (1989) dient die Funktion des Plananalyse-Konzeptes dazu, für einen Klienten eine Momentaufnahme vorzunehmen, und zwar aus einer instrumentellen Perspektive (zu Schematheoretischen Fallkonzeptionen vgl. auch Caspar u. Grawe, 1996; Grawe et al., 1996; Heiniger et al., 1996).

Der Begriff „Plan" geht ursprünglich auf Miller, Galanter u. Pribram (1960) zurück, die ihn als Kern einer allgemeinen psychologischen Theorie menschlichen Verhaltens konzipiert haben. Ein Plan besteht aus einer Zielkomponente und einer Operationskomponente, also Verhaltensweisen oder Mitteln, die dazu dienen, diese Ziele zu erreichen. Pläne sind hierarchisch organisiert, d.h. ein Plan kann Mittel für einen übergeordneten Plan sein. Menschen versuchen, ihre Bedürfnisse und Ziele mit verschiedenen Mitteln bzw. instrumentellen Verhaltensweisen zu verwirklichen. Die Planhierarchie eines Menschen kann dabei verstanden werden als Gesamtheit der Strategien, die eine Person im Laufe ihres Lebens für diese Zwecke entwickelt hat.

Pläne als zentrale Einheit des Plananlyse-Ansatzes stellen die unmittelbar handlungssteuernde Komponente aktivierter Schemata dar. Plan und Schema sind somit ganz eng verwandte Konzepte. Auch wenn beide Begriffe aus verschiedenen theoretischen „Wurzeln" hervorgegangen sind (Miller, Galanter u. Pribram, 1960; Neisser, 1979; Piaget, 1936), so unterscheiden sie sich nicht in ihrer interaktionistisch ausgerichteten Konzeption. Beide Konzepte sind nur zu verstehen, wenn man sowohl Umwelt- als auch Personenfaktoren betrachtet (Caspar, 1984).

Neben der interaktionellen Sicht wird im Plananlyse-Ansatz davon ausgegangen, dass der Mensch ein zielgerichtet handelndes Wesen ist (vgl. auch Aebli, 1980, 1981). Dementsprechend entwickeln sich Pläne im Verlauf der individuellen Lebensgeschichte durch das Bestreben des Individuums, seine Ziele und Bedürfnisse in seiner konkreten gesellschaftlichen Umwelt zu verwirklichen. Sie sind Strategien für die Auseinandersetzung mit der Umwelt. Somit bestimmen die Pläne einer Person ihre individuelle

Lebensgestaltung. Der ganze Bereich zwischenmenschlichen Verhaltens ist demzufolge ebenfalls im Sinne von Planstrukturen organisiert.

Solche interaktionellen Pläne steuern auch das Verhalten des Klienten in der Therapie. Die Therapie ist unmittelbar von den Plänen des Klienten „betroffen" (umgekehrt natürlich auch von den Plänen des Therapeuten), da sie ja in einer Beziehung stattfindet. Probleme des Beziehungsverhaltens in der Therapie werden somit im Zusammenhang mit den allgemeinen zwischenmenschlichen Strategien des Klienten gesehen. Dysfunktionale Pläne und Strategien, die im Alltag des Klienten zu interaktionellen Problemen führen, werden sich daher auch in der Therapie manifestieren.

Der Grundgedanke dabei ist, dass die Therapeut-Klient-Beziehung als dyadische Interaktion (vgl. Argyle, 1972; Leary, 1957) aufgefasst wird. In dyadischen Interaktionen versuchen beide Partner mit ihrem Verhalten den anderen so zu steuern, dass eine Realisierung der eigenen interaktionellen Ziele möglich wird. Beide versuchen, reziprokes oder komplementäres Verhalten beim Interaktionspartner zu provozieren, d.h. Verhalten, das zu eigenen Plänen „passt" und es ermöglicht, die eigenen Ziele zu verwirklichen. Eine wichtige Rolle dabei spielt das nonverbale Verhalten der Interaktionspartner. Es kommt zu einem wechselseitigen Abstimmungs- und Beeinflussungsprozess, den Argyle (1972) als interaktionelles Problemlösen bezeichnet. Für die Therapie bedeutet dies, dass der Therapeut die interaktionellen Ziele und Möglichkeiten des Klienten erkennen muss, um so diesem interaktionellen Problemlöseprozess zu begegnen. Er muss die Gestaltung der therapeutischen Beziehung an den interaktionellen Plänen des Klienten ausrichten, ihn auf der Beziehungsebene „da abholen, wo er steht".

Entstehung und Aufrechterhaltung der Problematik des Klienten werden im Zusammenhang mit der Gestaltung seiner zwischenmenschlichen Beziehungen gesehen. Es wird die Ansicht vertreten, dass psychische Störungen in funktionalem Zusammenhang mit den die Beziehungsgestaltung bestimmenden Schemata bzw. Plänen stehen.

Verschiedene Merkmale der interaktionellen Planstrukturen können die Manifestation einer psychischen Störung begünstigen. Psychische Störungen können also als „Nebenwirkungen" einer dysfunktionalen Planstruktur verstanden werden. Dabei ist aber immer zu beachten, dass sowohl Umgebungs- als auch Personenfaktoren mitbestimmen, ob sich eine Störung etabliert.

Störungsanfällig sind Planstrukturen, die sehr rigide und inflexibel sind. Hierbei spielt die Anpassungsfähigkeit der Strukturen eine entscheidende Rolle. Eine Anpassungsleistung kann auf unterschiedliche Art und Weise verwirklicht werden. Eine Person kann versuchen, eine vorgefundene Situation zu verändern, um sie im Sinne ihrer Bedürfnisse zu verändern. Ist eine Veränderung der Situation gemäß den eigenen Zielen aus „objektiven" Gründen nicht möglich, kann eine Person eine solche Situation verlassen. Vielfach ist es weder möglich, eine Situation zu verändern, noch sie zu verlassen. Die Anpassung kann dann in der Modifikation der eigenen Ziele, Standards und Ansprüche an die vorhandenen Möglichkeiten bestehen. Gerade im zwischenmenschlichen Bereich, wo die Ansprüche zweier Menschen „zusammenprallen", spielt die Anpassung und Regulation des Anspruchsniveaus eine wichtige Rolle. Eine entscheidende Anpassungsleistung besteht auch darin, die Mittel bzw. instrumentellen Verhaltensweisen, mit denen ein Ziel zu verwirklichen versucht wird, den Merkmalen der Situation anzupassen. Nicht jedes mögliche Verhalten erweist sich in einer bestimmten Situationskonstellation als günstiger oder angemessener Weg, die Situation positiv für sich zu nutzen. Inflexibles, enges Verhalten kann gerade in zwischenmenschlichen Situationen zu Problemen führen. Möglicherweise ziehen sich die Interaktionspartner dann aufgrund solch eines Verhaltens aus der Beziehung zurück.

Die Anfälligkeit für psychische Störungen aufgrund dysfunktionaler Pläne bzw. Schemata kann auch lebensgeschichtlich betrachtet werden. So kann ein Verhalten in der Vergangenheit instrumentell im Hinblick auf bestimmte Ziele gewesen sein. „Dieser Bezug kann aber durch eigendynamische Weiterentwicklungen der Planstruktur oder aber durch Veränderung in der Umwelt verloren gehen" (Caspar, 1989).

Ein wichtiger Gesichtspunkt ist die Tatsache, dass das interaktionelle, plangesteuerte Verhalten des Klienten automatisiert abläuft. Die Klienten kostet es somit keine Ressourcen, in der Therapiebeziehung die gleichen interaktionellen Strukturen zu verwirklichen, die „draußen" seine Störung mitbedingen. Wohl aber ist dieses Klientenverhalten für den Therapeuten stark kapazitätsbelastend: Er muss die therapeutische Beziehung nämlich auch als diagnostische Situation nutzen, um die dysfunktionalen Pläne bzw. Schemata zu identifizieren. Der Therapeut muss dabei aus den beobachtbaren „Daten", dem verbalen und nonverbalen Verhalten des Klienten auf zugrundeliegende Planstrukturen schließen. Dieser Rekonstruktionsprozess ist schwierig: Er erfordert hohe Fähigkeiten bezüglich der Beobachtung, der Anwendung von Wissen und der äußerst „disziplinierten" Informationsverarbeitung, die eine ständige Bildung, Überprüfung und Modifikation von Hypothesen einschließt.

Eine Vielzahl von spezifischen psychischen Störungen kann anhand „typischer" interaktioneller Pläne bzw. Strukturen beschrieben werden. Nach Caspar können Persönlichkeitsstörungen erscheinen als „Produkt frustrierter Versuche, mit der sozialen Umwelt in „normale" Beziehungen zu treten, mit dem Resultat, sich entweder davon unabhängig zu machen oder durch ganz „besondere" Strategien doch noch eine Art von Einflussnahme zu gewinnen."(Caspar, 1989).

Insgesamt dient die Schema- bzw. Plananalyse dazu, dem Therapeuten zu helfen, sich ein differenziertes Fallverständnis vom Klienten zu erarbeiten, das ihm insbesondere eine individuelle Gestaltung der Therapiebeziehung ermöglichen soll. Therapiebeziehung wird dabei als hochspezifischer Wirkfaktor für das Zustandekommen problemrelevanter Veränderungen begriffen, woraus sich die Notwendigkeit eines klientenspezifischen Verständnisses der interaktionellen Strukturen ergibt. Das hier vorgestellte Modell der „doppelten Handlungsregulation" greift in hohem Maße auf die von Caspar u. Grawe entwickelte Konzeption interaktioneller Pläne und Schemata zurück; es führt dabei einen Unterschied ein zwischen solchen Plänen und Schemata, die eine „authentische, transparente Handlungsregulation" ermöglichen und solchen Plänen und Schemata, die eine intransparente, manipulative Handlungsregulation bedingen. Diese Unterscheidung ist in diesem Ansatz für das Verständnis des Interaktionsverhaltens von Klienten mit Persönlichkeitsstörungen zentral, da angenommen wird, dass diesen beiden Handlungsregulationen unterschiedliche Zielstrukturen, unterschiedliche Handlungsstrategien und unterschiedliche Kompetenzen zugrunde liegen. Die explizite Unterscheidung transparenter und intransparenter Zielstrukturen usw. erleichtert es, die scheinbaren Inkonsistenzen und Paradoxien im Handeln der Klienten zu verstehen und ermöglicht es auch, das spezifische „schwierige Interaktionsverhalten" der Klienten zu verstehen und spezifische therapeutische Prinzipien daraus abzuleiten.

1.4.3 Transaktionsanalyse

Der in dem Modell der doppelten Handlungsregulation verwendete Begriff des „Interaktionsspiels" oder „Spiel" ist aus der Transaktionsanalyse entlehnt (wird hier jedoch in einer etwas modifizierten und im Folgenden genau definierten Bedeutung verwendet).

Die Transaktionsanalyse (TA) definiert sich selbst als eine Persönlichkeitstheorie, in Ansätzen aber auch als eine Kommunikations- und auch Theorie der Psychopathologie (Stewart & Joines, 1992). Schlegel (1984) fasst TA aber eher als eine Vielzahl von Einzelkonzepten auf, die sich um die zentralen Konzepte „Autonomie" und „Lebensskript" gruppieren.

In der TA wird von der Vorstellung ausgegangen, dass die Verhaltens- und Erlebensmuster einer Person auf den Einfluss zurückgehen, den primäre Bezugspersonen in der Kindheit auf die Person hatten. Berne (1961) geht davon aus, dass sich aufgrund dieses Einflusses bestimmte „Ich-Zustände" bilden, die für die Verarbeitung von Situationen, das Erleben und Handeln relevant sind: das Erwachsenen-Ich, das Eltern-Ich und das Kinder-Ich.

Unter dem Einfluss früher Beziehungen bildet eine Person auch ein sogenanntes „Lebensskript", einen Lebensplan, der wesentliche Ziele und Standards enthält. Dieses Lebensskript ist für die Person eine wichtige Grundlage zur Entscheidung, wobei sich die Person der Existenz dieses Skripts in der Regel nicht bewusst ist.

In diesem Skript liegt auch die Grundlage für Interaktionsspiele: Spiele sind ständig wiederholte Abfolgen von Transaktionen bzw. Interaktionen, die als Kind gelernt wurden, weil sie funktional und zielführend waren. Heute sind sie dagegen dysfunktional und führen zu hohen psychologischen Kosten. Die Beziehung einer Person zu einem Partner kann sehr stark durch solche Spiele gekennzeichnet sein, d.h. durch die ständige Wiederholung alter Transaktionsmuster, die heute nur noch begrenzt funktional sind.
Stewart u. Joines (1992) definieren „Spiel" als
- einen Ablauf, bei dem etwas getan wird,
- das einem verdeckten Motiv entspricht,
- das dem klaren Bewusstsein nicht zugänglich ist,
- und das erst in dem Augenblick offenbar wird, in dem die Beteiligten ihr Verhalten plötzlich ändern,
- und das dazu führt, dass jeder Beteiligte sich verwirrt und missverstanden fühlt und den anderen dafür tadeln möchte.
Spiele haben unterschiedliche Funktionen
- sie dienen der Erlangung von Zuwendung (Brown et al., 1983.);
- sie dienen dazu, psychische Stabilität aufrecht zu erhalten (English, 1981; Waiblinger, 1989);
- sie dienen der Vermeidung, der Zurückweisung von Verantwortung, der Umdeutung von Realität, dem Ausweichen von Problemen (Schlegel, 1984).

Spiele haben damit einen stark manipulativen Charakter (Berne, 1963; James u. Jongeward, 1971). Klienten, die in Therapie kommen, können die gleichen Arten von Spielen mit ihren Therapeuten spielen, die sie auch sonst mit Interaktionspartnern realisieren (Berne, 1961).

Ein Aufdecken des Spiels kann dem Klienten die Funktion des Spiels bewusst machen und so zukünftige Spiele verhindern (Karpmann, 1968).

Nach English (1981) entstehen Spiele aus „Ersatzgefühlen" und sie sind damit eine Wiederholung von kindlichen Verhaltensmustern. Ersatzgefühle entstehen als Vertreter ursprünglicher Gefühle, wenn diese in der Kindheit nicht gezeigt werden durften; ihr Ausdruck sichert dem Kind die notwendige Zuwendung.

Stewart (1991) vermutet ebenfalls, dass den Spielen Ersatzgefühle zugrunde liegen; er definiert Spiele als Übernahme von Rollen.

Waiblinger (1989) sieht sie als einen gescheiterten Versuch an, Zuwendung zu erhalten.

In dem im zweiten Kapitel vorgestellten „Modell der doppelten Handlungsregulation" wird eine sog. „Spielebene" postuliert: Dabei wird angenommen, dass Klienten aufgrund bestimmter biographischer Erfahrungen Überzeugungen aufweisen, die sie dazu veranlassen, interaktionelle Ziele auf intransparente und manipulative Weise zu verfolgen, ohne dass sie eine Repräsentation dieser Überzeugungen, Ziele und Verhaltensweisen besitzen. Diese intransparenten Handlungen führen zu negativen Ergebnissen in Interaktionen, aber auch zu selbsterfüllenden Prophezeiungen, die das System immer wieder stabilisieren. Im Modell der doppelten Handlungsregulation wird diese „Spielebene" aus bestimmten Erfahrungen der Personen mit der Befriedigung interaktioneller Motive, aus resultierenden Überzeugungssystemen (Schemata) sowie aus verfügbaren interaktionellen Lösungen abgeleitet.

1.4.4 Das „Testkonzept"

Für das hier vorgestellte Konzept von „Persönlichkeitsstörungen als Beziehungsstörungen" ist das von der „Mount-Zion-Psychotherapy-Research-Group" entwickelte „Testkonzept" von Interesse. Die Grundannahme dieses Konzeptes besteht darin, dass Klienten bestimmte Arten gelernter Interaktionsmuster in die Therapeut-Klient-Interaktion einbringen und dass sie dabei den Therapeuten ebenso wie andere Beziehungspartner beziehungsmäßig „testen".

Grundlage der von der Mount-Zion Gruppe entwickelten Konzepte ist die Master Control Theorie von Weiss (vgl. Weiss, 1986; Weiss & Sampson, 1986). Diese geht von einem interaktionellen Verständnis der therapeutischen Beziehung aus, also von der Annahme, dass sich die interaktionellen Probleme des Klienten auch in der Beziehung zwischen Therapeut und Klient manifestieren.

Die Theorie geht davon aus, dass Personen im Laufe ihrer Sozialisation lernen, bestimmte individuelle Ziele und Wünsche nicht mehr zu verfolgen, da wichtige Bezugspersonen negativ auf die Äußerung ihrer Wünsche reagiert haben. Durch derart konsistent negative Behandlung kann das Kind zu der Überzeugung gelangen, dass es eine schlechte Behandlung verdient und dass es besser ist, seine Ziele nicht zu verwirklichen. Diese pathogenen Überzeugungen können nach Ambühl (1992) verstanden werden als kognitive Strukturen, die auf gemachten Erfahrungen basieren (vgl. Caston, 1986)

Die Mount-Zion-Gruppe nimmt an, dass sich ein Klient aus zwei Gründen in die Therapie begeben kann. Zum einen hofft er, seine negativen Überzeugungen zu widerlegen, um somit seine unterdrückten Ziele und Wünsche verwirklichen zu können. Zum anderen sucht er einen Ausweg aus den sich wiederholenden Beziehungskonflikten, da sich die in der Kindheit gelernten dysfunktionalen Interaktionsmuster immer wieder in seinen Beziehungen manifestieren.

Um diese Therapieziele zu erreichen, wird der Klient, sobald er sich in der therapeutischen Beziehung einigermaßen sicher fühlt, den Therapeuten auf die Probe stellen:

„A patient suffers a great deal unconsciously from his problems and, indeed, from the pathogenic beliefs; he is frightened, weakened, constricted, weighed down, or made to feel guilt, shame, or remorse by them. Therefore he unconsciously wishes to disconfirm them by testing them in relation to the analyst." (Ambühl & Doblies, 1991; Silberschatz, 1986; Silberschatz et al., 1986, 1989, 1990; Weiss, 1971; Weiss et al., 1986;).

Bei diesen Tests handelt es sich um eine unbewusste bzw. automatisiert ablaufende Strategie. Bei den sog. „Übertragungstests" provoziert der Klient den Therapeuten, ihn genauso schlecht zu behandeln, wie es vormals seine Eltern getan haben, wenn er sich im Sinne seiner Wünsche verhalten hat. Nach Engel u. Ferguson (1990) versucht der Klient dadurch Antwort auf folgende Fragen zu bekommen:

1. Wird mich der Therapeut genauso wie meine Eltern seelisch verletzen oder mache ich mit ihm positive Erfahrungen?

2. Bin ich tatsächlich ein so schlechter Mensch, der keine bessere Behandlung verdient?

3. Waren nur meine Eltern kritisierend, kontrollierend, missbrauchend etc. oder sind alle Menschen so?

Damit hat der Übertragungstest primär die Funktion, die pathogenen Überzeugungen des Klienten zu überprüfen. Der Therapeut „besteht" den Test, wenn er sich vom Klienten nicht zu dem erwarteten Verhalten provozieren lässt und der Klient somit seine Überzeugungen revidieren kann.

Die pathogenen Überzeugungen und Interaktionsmuster haben in der Regel eine lange Sozialisationsgeschichte, so dass für dauerhafte Veränderungen in diesem Bereich neben neuen Erfahrungen auch ein neues Bewusstsein geschaffen werden muss. Somit müssen kognitive Repräsentationen für die pathogenen Überzeugungen und Interaktionsstrukturen, die sich eben auch in der Therapeut-Klient-Beziehung manifestieren, gebildet werden. Dem Klienten wird es dadurch möglich, automatisiert ablaufende Interaktionsmuster bewusst zu kontrollieren. In der Psychoanalyse geschieht eine solche Repräsentationsbildung zumeist in Form von Übertragungsdeutungen. Ambühl spricht dagegen von einem „Prozess der reflektierenden Abstraktion, der hier das Ziel verfolgt, die Abläufe auf der Beziehungsebene zwischen Patient und Therapeut der Reflexion zugänglich zu machen" (Ambühl, 1992). Voraussetzung für dauerhafte Veränderungen in Bewusstsein und Verhalten des Klienten ist jedoch, dass der Prozess der reflektierenden Abstraktion von Emotionen begleitet wird. In dem hier entwickelten Konzept, der

„Theorie der doppelten Handlungsregulation", wird angenommen, dass Klienten ihre Therapeuten testen; es wird hier jedoch eine andere „Test-Intention" angenommen als bei der Mount-Zion-Gruppe. Diese Tests, so wird hier angenommen, resultieren aus einem internalen Dilemma, das gebildet wird aus interaktionellen Zielen und Bedürfnissen einerseits und einem Überzeugungssystem andererseits, welches diese Bedürfnisse nicht für realisierbar hält. So kann ein Klient z.B.
• den starken Wunsch haben, anerkannt zu werden;
• aber gleichzeitig auch die Überzeugung aufweisen, nicht akzeptabel zu sein.
Ein Klient kann auch
• den Wunsch nach einer verlässlichen Beziehung haben;
• aber gleichzeitig die Überzeugung, dass verlässliche Beziehungen unmöglich sind.
Diese Dilemmata von Wünschen und Überzeugungen bestimmen dann auch, so wird hier angenommen, die therapeutische Beziehung: Der Klient hat den Wunsch, vom Therapeuten akzeptiert zu werden, kann aber, aufgrund seiner negativen Überzeugungen nicht glauben, dass er tatsächlich akzeptiert werden kann. Sind seine Zweifel an seiner Akzeptierbarkeit nun sehr groß, dann kann er ein akzeptierendes Handeln des Therapeuten nicht einfach annehmen: Es erscheint ihm, trotz aller Wünsche nicht vorstellbar, dass das Handeln des Therapeuten „echt" ist. Um sicher zu sein, und um seine Angst zu reduzieren, er könnte (wieder) verletzt und enttäuscht werden, wenn er dem Therapeuten einfach glaubt, kann er nun durch ein „Testverhalten" versuchen, Sicherheit herzustellen. Er kann z.B. versuchen, den Therapeuten zu provozieren, zu kritisieren, zu verärgern usw. und dann (sehr genau) beobachten, wie der Therapeut reagiert: Bleibt der Therapeut dann akzeptierend und zugewandt oder reagiert er abweisend, aggressiv?

Bleibt der Therapeut zugewandt, dann hat er den Test „bestanden": Er wird nun als „vertrauenswürdig" eingeschätzt. Sind die Zweifel des Klienten groß, dann reicht aber u.U. ein Test nicht aus: Der Therapeut muss mehrmals, vielleicht mit zunehmenden „Schwierigkeitsgraden" getestet werden, bevor sich der Klient traut, das Handeln des Therapeuten als „echt" zu betrachten.

In diesem Konzept ist ein Testverhalten damit eine Klientenhandlung, die primär Unsicherheit reduzieren soll: Die wesentliche Testfrage des Klienten ist: Ist der Therapeut „echt", vertrauenswürdig, verlässlich? Kann ich der Beziehung, die er anbietet, trauen?

Hier wird daher nicht angenommen, dass ein zentrales „Testmotiv" darin besteht, Überzeugungen zu testen, sondern darin, Zweifel zu reduzieren, um so den interaktionellen Wünschen folgen zu können. Es wird daher nicht angenommen, dass der Klient herausfinden will, ob der Therapeut so reagiert, wie der Klient selbst früher reagiert hat: Wenn dies die Intention des Klienten ist, dann wäre das auch eher kein „Test", sondern die Suche nach einem konstruktiven Modell.

1.4.5 Internale Determinanten, affektive Schemata und therapeutische Ebenen

Ein wesentlicher therapeutischer Ansatzpunkt, auf dem das vorliegende Buch aufbaut, ist die Konzeption der „Zielorientierten Gesprächspsychotherapie" (vgl. Sachse, 1992a). Diese Konzeption soll hier im Detail vorgestellt werden, es sollen jedoch als

Grundlage der weiteren Ausführungen einige zentrale Annahmen dieser Konzeption vorgestellt werden. Dabei geht es um die Konzepte

- internale Determinanten;
- affektive Schemata;
- Ebenen des Therapieprozesses.

1.4.5.1 Internale Problemdeterminanten und idiosynkratische Verarbeitungssysteme

Übersicht über die Konzeption

Für die Zielorientierte Gesprächspsychotherapie ist die Annahme zentral, dass Personen in ihrer Biographie bestimmte kognitive und affektive Schemata lernen und dass diese Schemata wesentlich die Art und Weise determinieren, wie eine Person ihre Umwelt auffasst: Sind diese Schemata dysfunktional, dann erzeugen sie problematische Interpretationen und problematische Emotionen und Handlungen. Ein wesentlicher therapeutischer Ansatzpunkt ist daher die Klärung und Veränderung dieser Schemata (Sachse, 1996a, 1999, 2000a).

Idiosynkratische Verarbeitung

Rogers (1959) ging davon aus, dass Klienten aufgrund ihrer spezifischen Erfahrungen Situationen in ganz spezifischer Weise auffassen und konstruieren und damit in einer eigenen, idiosynkratischen Welt leben. Diese Auffassung wird allgemein in der Psychologie und Psychotherapie geteilt (z.B. vgl. Caspar, 1989; Grawe, 1982; Kuhl, 1994c; Lazarus, 1981;). So geht Beck (vgl. Beck & Freeman, 1993; Beck & Greenberg, 1979; Beck et al., 1981;) davon aus, dass Klienten aufgrund spezifischer Schemata Situationen in bestimmter (voreingenommener) Weise interpretieren und aufgrund dieser Interpretationen bestimmte Emotionen und Handlungen realisieren.

Psychologisch kann man davon ausgehen, dass eine Person eine Situation in für sie spezifischer, idiosynkratischer Weise verarbeitet. Dass sie eine Situation als ängstigend, als herausfordernd, als kränkend usw. erlebt, hängt im Wesentlichen davon ab, was die Person in die Situation mitbringt: Verschiedene Personen (mit unterschiedlichen Voraussetzungen) verarbeiten die gleiche Situation auf völlig unterschiedliche Weise. Daher können Interpretationen und Reaktionen nicht nur auf die Situation zurückgehen: Sie müssen spezifisch mit der Person zu tun haben.

Wie eine Person eine bestimmte Situation interpretiert, hängt wesentlich von internalen Strukturen ab: Von eigenen Motiven, Erwartungen, Kompetenzeinschätzungen usw. Eine Person bringt somit psychische Komponenten in die Situation mit, die Verarbeitung, Erleben und Handeln ganz wesentlich determinieren: Sie weist daher „internale Determinanten" der Verarbeitung, des Erlebens und Handelns auf. Diese internalen Determinanten gehen (weitgehend) auf spezifische Erfahrungen der Person zurück, sie sind theoretisch als (kognitive oder affektive) Schemata konzipierbar (Beck & Freeman, 1993; Sachse, 1992a).

Relevante, d.h. für ein persönliches Problem eines Klienten bedeutsame internale Determinanten können dabei sehr unterschiedlicher Natur sein:

- es kann sich um eigene Motive, Werte, Ziele der Person handeln;

- es kann sich um Überzeugungs- und Glaubenssysteme handeln;
- es kann sich um Konstruktionen über „die Realität" handeln;
- es kann sich um Einschätzungen der eigenen Kompetenz, Ressourcen usw. handeln und vieles mehr.

In jedem Fall bestimmen diese Determinanten der Person in hohem Maße mit,
- welche Interpretation einer Situation die Person vornimmt (z.B. als bedrohlich, kränkend, herausfordernd usw.);
- welche Emotionsprozesse ausgelöst werden (Traurigkeit, Scham, Freude usw.);
- welche affektiven Reaktionen oder „felt senses" ausgelöst werden (z.B. ein diffuses Gefühl von Unbehagen, das die Person zwar spüren kann, jedoch ohne zu wissen, was es genau bedeutet);
- welche Handlungsimpulse ausgelöst werden.

Therapeutische Ansatzpunkte

Therapeutisch kann man daher davon ausgehen, dass eine Klärung dieser internalen Determinanten ein zentrales Ziel der Therapie ist: Wenn internale Determinanten dieser Art problematisches Erleben und Handeln wesentlich mitbestimmen, dann müssen diese Determinanten auch im Zentrum der therapeutischen Arbeit stehen.

Aus diesen Überlegungen lässt sich Klärungsziel der Therapie ableiten:

1. Eine Person weist ein persönliches Problem auf, d.h. sie reagiert in einer bestimmten Art und Weise, z.B. mit Angst, Niedergeschlagenheit o.ä.

2. Diese Reaktion entsteht jedoch nicht durch die Situation selbst: Die gleiche Situation kann bei anderen Personen völlig andere Reaktionen auslösen.

3. Dass die Person genau so und nicht anders reagiert (z.B. mit Angst), hängt ganz spezifisch von ihren Schemata, Motiven, Konstruktionen usw. ab.

4. Die problematischen Erlebens- und Verhaltensweisen der Person gehen also auf spezifische, idiosynkratische internale Determinanten zurück.

5. Diese internalen Determinanten stellen damit einen zentralen therapeutischen Ansatzpunkt dar: Sie müssen geklärt, repräsentiert und verändert werden, d.h. sie müssen therapeutisch bearbeitbar werden.

1.4.5.2 *Schematheoretische Konzeption*

Folgt man störungstheoretischen Positionen von Grawe (vgl. 1982, 1987a, 1987b, 1988b) und Sachse (1992a), dann können problemrelevante internale Determinanten auch schematheoretisch konzipiert werden. Eine solche Konzeption hat Vorteile, da dadurch bestimmte Charakteristika psychischer Probleme sehr gut verstanden werden können, z.B.

- dass Personen bestimmte Erlebnis- und Handlungsweisen feststellen oder ausführen, obwohl sie diese gar nicht wollen und sie „eigentlich" als unsinnig, schädlich oder unangemessen empfinden;

- dass Personen Handlungen ausführen, die an wichtigen eigenen Zielen und Motiven „vorbeigehen", ja sogar das Erreichen wichtiger Ziele systematisch verhindern und hohe emotionale oder soziale „Kosten" erzeugen;
- dass Personen solche Erlebensweisen und Handlungen zuverlässig, hoch automatisiert zeigen und selbst kaum Kontrolle darüber haben;
- dass sie selbst die Gründe ihres Erlebens und Handelns nicht verstehen.

Es lassen sich verschiedene Arten von Schemata unterscheiden. Wesentlich sind insbesondere drei Arten von Schemata

- Schemata, die Person-Umwelt-Bezüge bestimmen;
- Bearbeitungsschemata;
- Beziehungsschemata.

Schemata, die Person-Umwelt-Bezüge bestimmen

Schemata, die in ganz allgemeiner Weise den Umgang der Person mit alltäglichen Situationen oder Personen bestimmen, können in hohem Maße problemrelevant sein. Es sind Schemata, die die „Person-Umwelt-Bezüge" einer Person determinieren (vgl. Heckhausen, 1963, 1977, 1980).

Hier sind bedeutsam

- Motive und Ziele einer Person: was will eine Person erreichen? Spielen Leistungsaspekte für sie eine zentrale Rolle?
- Überzeugungen und Glaubenssysteme: z.B. die Überzeugung, man werde von anderen Personen geschädigt, hintergangen und betrogen.
- Selbstkonzepte oder Selbstwertüberzeugungen: z.B. die Überzeugung, im Grunde inkompetent und wertlos zu sein usw.

Hier spielen, wie deutlich wird, nicht nur kognitive, sondern auch affektive Schemata eine Rolle (vgl. Beck & Freeman, 1993; Sachse, 1992a, 1999). Erfahrungen der Person „verdichten" sich auch zu affektiven Schemata, die in Situationen ausgelöst werden und die zu unspezifischen Empfindungen führen können, z.B. zu der Empfindung von Unbehagen, diffusem Unwohlsein o.ä. oder die sich auch in körperlichen Reaktionen niederschlagen können, die Gendlin (1978a, 1978b, 1970) „felt sense" nennt: Dies sind körperliche Reaktionen, die die Person darüber informieren, dass etwas für sie Bedeutsames passiert, dessen Bedeutung jedoch noch nicht hinreichend geklärt ist (vgl. Sachse et al., 1992). Hier laufen damit affektive Verarbeitungsprozesse auf sehr elementarem Niveau ab, die von kognitiven Analysen weitgehend unabhängig sein können (Zajonc, 1980, 1984).

Somit bestimmen derartige Schemata in hohem Maße, wie eine Person eine Situation auffasst, was sie empfindet und wie sie handelt oder handeln kann. Und somit bestimmen Schemata auch in hohem Maße problematische, dysfunktionale Erlebens- und Verhaltensweisen einer Person mit.

Bearbeitungs-Schemata

Klienten lernen in ihrer Biographie auch Strategien, wie man mit persönlichen Problemen umgeht oder nicht umgeht. Auch diese Strategien verdichten sich zu automatisierten Schemata, die (als meta-kognitive Operationen) bestimmen, wie eine Person mit Problemaspekten umgeht: ob sie eigene Gefühle als wichtige Informationsquelle über eigenes Befinden auffasst oder ob sie eigene Gefühle als störend, das eigene Funktionieren beeinträchtigend einschätzt und somit Gefühle weitestgehend ignoriert; ob sie Probleme in Teilaspekte aufgliedern kann, die sich sukzessiv bearbeiten lassen oder ob sie versucht, „alles auf einmal zu machen" usw.

Solche Problembearbeitungen können hoch automatisiert und der Person somit als spezifische Strategien gar nicht mehr bewusst sein: Die Person bemerkt gar nicht mehr, dass ihre Problemlösung hochgradig voreingenommen ist, dass sie die Lösung selbst überprüfen und revidieren müsste (weil sie u.U. selbst zum Problem geworden ist (Watzlawick, Weakland & Fish, 1992).

Prinzipiell können die bei einer Person vorhandenen Problemlösestrategien funktional sein. Sie können sinnvoll genutzt werden, um bestehende Probleme konstruktiv zu bearbeiten. Die Person hat jedoch u.U. noch nicht erkannt, dass bestimmte Strategien auf bestimmte Probleme angewandt werden können. In diesem Fall stellen diese Strategien eine wichtige Ressource im Therapieprozess dar: Therapeuten können diese Ressourcen aktivieren und Klienten anleiten, sie sinnvoller als bisher zu nutzen.

Bearbeitungsstrategien können jedoch auch dysfunktional sein: Dann führen sie dazu, dass Probleme gerade nicht geklärt oder verändert werden können; diese Strategien können das Problem sogar konservieren oder verschlimmern. In diesem Fall „sitzen" die Klienten in ungünstigen Strategien fest: Sie stellen sich immer die gleichen Fragen, entwickeln die gleichen Erklärungen, nehmen die gleiche Perspektive ein, entwickeln Lösungen, ohne dass sie das Problem verstanden haben usw. Ist dies der Fall, dann müssen die Bearbeitungsstrategien selbst zum Gegenstand der Therapie werden: Bevor Person-Umwelt-Schemata überhaupt verändert werden können, müssen die Strategien der Problembearbeitung geändert werden.

Beziehungsschemata

Personen entwickeln aufgrund umfangreicher Interaktionen mit anderen Personen auch Schemata bezüglich der Interaktion mit anderen Personen (diese Schemata könnte man auch als „Skripte" bezeichnen, vgl. Schank & Abelson, 1977).
Solche „Beziehungsschemata" enthalten

• Ziele und Intentionen in Bezug auf andere Personen: was will ich von anderen Personen? was sollen die für mich, im Hinblick auf mich tun?

• Strategien, wie ich diese interaktionellen Ziele erreichen kann, mit welchen Arten von Verhaltensweisen ich andere Personen dazu bringen kann, bestimmte Dinge für mich zu tun.

• Annahmen darüber, wie andere Personen mit mir umgehen, was sie von mir wollen, wie sie mich behandeln, auf welche meiner Verhaltensweisen sie wie reagieren werden.

• Auch Beziehungsschemata können funktional oder dysfunktional sein. Dysfunktional sind sie insbesondere dann,

- wenn eine Person Interaktionsintentionen hat, die andere Personen in der Regel nicht teilen: Ich möchte z.B. eine andere Person kontrollieren, aber in der Regel wird eine andere Person sich das nicht lange gefallen lassen.

und

- wenn meine Handlungen und Strategien, mit deren Hilfe ich meine Intentionen realisiere, intransparent und manipulativ sind (ich z.B. die Person dadurch kontrolliere, dass ich mich schwach stelle, anstatt meine Intention offen vorzutragen).

und

- wenn meine Handlungen inflexibel sind, ich Interaktionen praktisch nur nach einem Schema gestalte (z.B. ohne es selbst zu wissen) und mich somit nicht mehr situationsangemessen verhalten kann.

und

- wenn damit Beziehungen nicht mehr reziprok verlaufen (d.h. wenn ich ständig meine Intentionen durchsetze, die Intentionen des Interaktionspartners jedoch „auf der Strecke bleiben").

Derartige Schemata führen zu einem Interaktionsverhalten, das wir in Anlehnung an den transaktionsanalytischen Begriff als „Spiel" bezeichnet wird.

Es wird hier davon ausgegangen, dass die drei Arten von Schemata bei verschiedenen Klienten eine unterschiedlich große Rolle spielen: Es gibt Klienten, deren Probleme hauptsächlich auf „Person-Umwelt-Schemata" zurückzuführen sind, deren Bearbeitungsstrategien (im Wesentlichen) funktional sind und die keine Beziehungsschemata aufweisen, die intransparente Interaktionsmuster determinieren.

Es gibt jedoch auch Klienten, die neben problematischen Person-Umwelt-Schemata sehr ungünstige Bearbeitungsstrategien aufweisen, die in dysfunktionalen Bearbeitungen „festsitzen" usw. Und es gibt Klienten, die (neben anderen) Schemata aufweisen, die manipulative, intransparente Interaktionsmuster zur Folge haben.

Dies bedeutet, dass die Ausgangsbedingungen von Klienten keineswegs einheitlich sind: Verschiedenen Klienten kann damit nicht das gleiche therapeutische Angebot gemacht werden.

Weist ein Klient „nur" problematische Person-Umwelt-Schemata auf, dann kann sich die therapeutische Arbeit auf diese konzentrieren: es ist nicht notwendig, die dysfunktionale Problembearbeitung als solche zu bearbeiten und auch eine Klärung dysfunktionaler Interaktionsmuster steht nicht an (in diesem Fall gibt es auch keine „Übertragung" und daher sind Bearbeitungen von Übertragung sinnlos und eher schädlich, vgl. Orlinsky, Grawe & Parks, 1994). Weist eine Person jedoch in hohem Maße Bearbeitungsprobleme auf, dann ist eine therapeutische „Bearbeitung der Bearbeitung" nötig, parallel oder vor der Bearbeitung der inhaltlich bestimmbaren Schemata: ansonsten behindern diese dysfunktionalen Bearbeitungsschemata eine konstruktive therapeutische Arbeit in hohem Maße.

Weist die Person Interaktionsprobleme auf, dann müssen die entsprechenden Schemata in der Therapie vorrangig bearbeitet werden, da ansonsten dieses Interaktionsverhalten sowohl die Entwicklung einer therapeutischen Allianz als auch eine konstruktive Problembearbeitung massiv „sabotiert" (ohne dass dem Klient diese Absicht bewusst ist!).

1.4.5.3 Das Konzept der therapeutischen Ebenen

Sachse (1986b) und Sachse u. Maus (1991) haben ein Drei-Ebenen-Modell des Psychotherapeutischen Prozesses vorgeschlagen.

Sie unterscheiden

- Inhaltsebene;
- Bearbeitungsebene;
- Beziehungsebene.

Nach diesem Konzept kann der therapeutische Prozess auf diesen drei Ebenen betrachtet werden:

- Worum geht es inhaltlich?
- Wie werden Inhalte, Problemaspekte bearbeitet?
- Wie gestaltet eine Person die Beziehung?

Dabei kann einmal das *Klientenverhalten* in der Therapie *analysiert* werden, z.B.:

- Worüber spricht der Klient?
- Wie bearbeitet der Klient seine Probleme?
- Wie gestaltet der Klient die therapeutische Beziehung?

Es kann jedoch genauso das Handeln des Therapeuten analysiert werden, z.B.

- Auf welche Inhalte bezieht sich der Therapeut?
- Welche Art von Problembearbeitung regt der Therapeut beim Klienten an?
- Welche Art von Beziehungsangebot macht der Therapeut dem Klienten?

Jede dieser drei „Betrachtungsebenen" definiert spezifische Analyse-Aspekte, unter denen das therapeutische Geschehen betrachtet werden kann. Jede Ebene macht damit eine spezifische Perspektive auf, jede Ebene stellt andere Arten von Fragen an das Therapiegeschehen. Damit werden auch unter jeder Perspektive andere Aspekte des Therapiegeschehens sichtbar. Alle drei ergänzen sich: Um das therapeutische Geschehen zu verstehen, ist es daher nötig, alle drei Ebenen zu berücksichtigen.

Die drei Ebenen machen es möglich, das Therapiegeschehen aus drei unterschiedlichen Perspektiven heraus zu betrachten. Jede Betrachtung liefert andere Daten, ermöglicht einen etwas anderen Zugang zum Geschehen. Damit stellt das Drei-Ebenen-Modell ein sehr sinnvolles *Analyse-Raster* für den Therapieprozess dar.

Verbindet man nun aber das Drei-Ebenen-Modell mit der dargestellten Schematheorie internaler Determinanten, dann lassen sich die drei Ebenen nicht nur als Analyse-Ebenen auffassen, sondern als *Ebenen des Therapieprozesses selbst*.

Die drei Ebenen werden damit zu „konzeptuellen Ebenen": Man kann theoretisch annehmen, dass sich der Therapieprozess auf diesen Ebenen abspielen kann und dass er sich zu einem gegebenen Zeitpunkt schwerpunktmäßig auf einer dieser Ebenen abspielt. Das Drei-Ebenen-Modell erhält damit den Status eines theoretischen Konstruktes, und, da es z.B. Prozesse wie Interaktionsschwierigkeiten zwischen Therapeuten und Klienten erklären kann, den Status eines explikativen Konstruktes im Sinne von Herrmann (1969).

Aufgrund der dargestellten Schematheorie kann angenommen werden, dass ein Klient je nach Art seiner Problematik überwiegend auf Inhalts-, Bearbeitungs- *oder* Beziehungsebene „arbeitet" oder „agiert". Je nachdem, welche Arten von Schemata aktiv sind und die aktuelle Verarbeitung und das aktuelle Handeln bestimmen, ist das Verhalten des Klienten entweder überwiegend auf bestimmte Inhalte (Problemaspekte) zentriert oder es ist auf Bearbeitungsaspekte zentriert (z.B. darauf, die Konfrontation mit bestimmten Selbstaspekten zu vermeiden), oder es ist zentriert auf Beziehungsaspekte (z.B. darauf, den Therapeuten zu bestimmten Handlungen zu bewegen). Man kann damit sagen: *Ein Klient bewegt sich zu einem gegebenen Zeitpunkt aufgrund der Aktivierung bestimmter Schemata (schwerpunktmäßig) auf einer dieser Ebenen.*

Das Gleiche gilt für den Therapeuten: Je nach Art seiner Annahmen und Hypothesen seines Klientenmodells realisiert der Therapeut überwiegend Interventionen, die auf eine Klärung, Bearbeitung und Veränderung von Inhaltsaspekten, Problembearbeitungsstrategien oder Beziehungsgestaltungshandlungen abzielen.

Auch der Therapeut bewegt sich somit zu einem gegebenen Zeitpunkt (schwerpunktmäßig) auf einer dieser Ebenen.

Die drei Ebenen können daher nicht nur aufgefasst werden als drei mögliche Analyse-Perspektiven, sondern als drei mögliche Handlungs- und Verarbeitungsebenen, auf denen das therapeutische Geschehen schwerpunktmäßig stattfindet (wobei ein Wechsel der Ebenen jederzeit stattfinden kann!).

Wenn dies zutrifft, dann ist es natürlich von ganz essentieller Bedeutung für den Therapeuten, dass er versteht, was die relevanten Determinanten bei einem spezifischen Klienten sind und auch welche Arten von Schemata im Augenblick im Vordergrund stehen: Der Therapeut muss nämlich verstehen, auf welcher dieser Ebenen sich der Klient schwerpunktmäßig hier und jetzt bewegt. Nur dann ist er in der Lage, seine eigene Informationsverarbeitung und Handlung auf die gleiche Ebene auszurichten.

Inhaltsebene

Betrachtet man die Schemata eines Klienten, die die Interaktion der Person mit der Umwelt bestimmen bzw. betrachtet man das daraus resultierende Handeln, Erleben oder die relevanten Verarbeitungsprozesse, dann bewegt man sich auf der *Inhaltsebene* der Psychotherapie. Bezüglich der relevanten internalen Determinanten geht es hier z.B. um relevante Motive, Werte, Ziele, Überzeugungssysteme, Selbstkonzepte usw. der Person. Diese bestimmen, wie eine Person eine Situation auffasst, bewertet, wie sie empfindet und handelt.

Auf der Inhaltsebene kommunizieren Therapeuten und Klienten über bestimmte Probleme und Problemaspekte des Klienten, darüber, welche Gefühle eine Situation beim Klienten auslöst, wie der Klient sich selbst und seine Fähigkeiten einschätzt usw. Therapeuten und Klienten können auch über die Ressourcen des Klienten sprechen, über Lösungen und Lösungsansätze, über den Transfer von Lösungen in den Alltag usw. Therapeuten und Klienten bewegen sich auf der Inhaltsebene, wenn über derartige Aspekte gesprochen wird, ohne dass der Klient (oder der Therapeut!) mit Vermeidungsstrategien beschäftigt ist und ohne dass intransparent-manipulative Interaktionen ablaufen: Die therapeutische Kommunikation ist auf Inhalte fokalisiert und *kann* auf Inhalte fokalisiert sein (es gibt keine Aspekte in der Interaktion, die dies massiv erschweren oder unmöglich machen).

Bewegt sich der therapeutische Prozess auf der Inhaltsebene (oder wird der Prozess unter dem Aspekt der Inhaltsebene analysiert) dann geht es darum, *worüber* gesprochen wird.

Die Inhaltsebene bezieht sich daher auf Fragen wie:

- Welche Probleme hat der Klient?
- Wie sieht (konstruiert) der Klient seine Probleme?
- Was möchte er in welcher Richtung verändern (Ziele)?

Bewegen sich Therapeut und Klient auf der Inhaltsebene, dann sind *Explizierungsprozesse* möglich: Der Klient kann, mit aktiver Unterstützung durch den Therapeuten, eigene relevante Motive, Ziele, affektive Schemata klären, explizit bewusst machen, mit anderen Erfahrungen integrieren und verändern. Der Therapeut kann diese Prozesse durch entsprechende Interventionen, z.B. auch durch Focusing unterstützen. Explizierungsprozesse im Sinne einer Motivklärung sind jedoch *nur dann* möglich, wenn sich die Therapie auf der Inhaltsebene bewegt. Sind Bearbeitungs- oder Beziehungsebene relevant, erweisen sich diese Prozesse als sehr stark erschwert oder nicht möglich (vgl. Sachse, Atrops, Wilke & Maus, 1992).

Bezüglich der therapeutischen Arbeit auf der Inhaltsebene ist ZGT überwiegend eine *klärungsorientierte Psychotherapie* (Grawe, Donati & Bernauer, 1994): Die Therapie zielt darauf ab, dass Klientinnen und Klienten eigene Selbstaspekte klären und verändern, die relevante persönliche Probleme determinieren oder mit-determinieren: eigene Motive, Werte, Ziele, Normen; eigene Überzeugungen und Glaubenssysteme; eigene Konstruktionen über sich und die „Realität"; eigene Verarbeitungs- und Interpretationsprozesse; kognitive und affektive Schemata, die sie zur Situationsinterpretation der Handlungssteuerung benutzen usw.

Bearbeitungsebene

Betrachtet man die Schemata eines Klienten, die die Problembearbeitung determinieren bzw. betrachtet man die daraus resultierende Problembearbeitung, dann bewegt man sich auf der *Bearbeitungsebene* von Psychotherapie.

Auf der *Bearbeitungsebene* steht der Umgang mit dem Inhalt im Fokus der Betrachtung: Wie geht der Klient mit Problemen, Lösungen usw. um? Möchte er einen Inhalt klären oder hält er ihn für nicht klärungsbedürftig? Betrachtet er eigene Motive und Handlungen oder betrachtet er externale Situationskomponenten?

Die Frage ist hier, wie sich der Klient Problemen annähert, welche Strategien der Klient anwendet, um mit den Problemen umzugehen. Die Frage ist auch, ob diese Strategien funktional sind, zu einer Lösung führen können oder ob sie dysfunktional sind, also eine Lösung eher behindern oder verhindern.

Die Bearbeitungsebene bezieht sich daher auf Fragen wie:
- Wie geht ein Klient selbst mit seinen Problemen um?
- Ist der Umgang mit eigenen Problemen funktional oder dysfunktional?
- Trägt der eigene Umgang mit Problemen zur Problemstabilisierung bei?

Die Bearbeitungsebene umfasst weiterhin Fragen wie:
- Nimmt der Klient bei der Betrachtung eigener Probleme eine internale oder externale Perspektive ein?
- Nimmt der Klient eigene Gefühle als wichtige Informationsquelle wahr und ernst?
- Vermeidet der Klient die Konfrontation mit unangenehmen Selbstaspekten?
- Hat der Klient selbst Fragestellungen in Bezug auf eigene Problemaspekte?

Im Therapieprozess ist es sehr wesentlich, dass ein Therapeut versteht, wie ein Klient mit seinen Problemen umgeht:

- Zeigt er bereits konstruktive Ansätze, die in der Therapie genutzt oder weiter ausgebaut werden können?
- Stabilisiert er durch ungünstige Problembearbeitungen sein Problem?
- Ist die Problembearbeitung so ungünstig, dass sie selbst verändert werden muss, bevor das (inhaltlich definierbare) Problem angegangen werden kann?

Beziehungsebene

Betrachtet man die Schemata eines Klienten, die speziell die Beziehungsgestaltung und Interaktion mit anderen Personen determinieren bzw. das daraus resultierende Interaktionsverhalten, dann bewegt man sich auf der *Beziehungsebene* von Psychotherapie. Der Fokus liegt hier auf der Frage, wie der Klient Beziehungen, auch die Beziehung zum Therapeuten, gestaltet. Dabei kann und sollte man hier zwei Arten von Beziehungsaspekten unterscheiden:

1. den Aspekt der therapeutischen Arbeitsbeziehung: Dieser Aspekt tangiert die Grundlage der therapeutischen Arbeit, er tangiert jedoch noch nicht (notwendigerweise) problematisches Interaktionsverhalten des Klienten selbst.

2. den Aspekt des Interaktionsspiels: Hier trägt der Klient problematische Interaktionsmuster in die Therapie hinein, die mit der therapeutischen Arbeitsbeziehung nichts zu tun haben: Hier werden vielmehr Interaktionelle Schemata (oder „Pläne" des Klienten in der therapeutischen Interaktion aktiviert, die den Klienten dazu führen, Verhaltensweisen dem Therapeuten gegenüber zu realisieren, die er auch anderen Personen gegenüber realisiert.

Arbeitsbeziehung

Bezüglich der *Arbeitsbeziehung* (oder „therapeutischen Allianz", vgl. Bordin, 1976, 1980; Marziali, 1984; Marziali et al., 1981; Morgan, 1978; Morgan et al., 1982) wird einmal die Frage erörtert, durch welche Handlungen ein Therapeut zum Aufbau einer tragfähigen Therapeut-Klient-Beziehung beitragen kann. Zum anderen wird bezüglich des Klienten analysiert, ob dieser eine Arbeitsbeziehung zum Therapeuten aufnimmt und, falls nicht, was dem im Wege steht, bzw. was die Beziehungsaufnahme-Probleme bedeuten.

Bei der therapeutischen Beziehung oder „Arbeitsbeziehung" zwischen Therapeut und Klient geht es um Fragen wie:
- Besteht eine vertrauensvolle Beziehung zwischen Therapeut und Klient?
- Schätzt der Klient den Therapeuten als kompetent ein?
- Nimmt der Klient eine Klientenrolle ein? u.ä.

Die Arbeitsbeziehung zwischen Therapeut und Klient kann als eine Grundlage therapeutischer Arbeit angesehen werden. Jede Selbstöffnung des Klienten, jeder Explizierungsprozess setzt voraus, dass der Klient eine vertrauensvolle, „tragfähige" Beziehung zum Therapeuten hat: Andernfalls lässt sich der Klient auf einen solchen Prozess gar nicht ein. Die therapeutische Beziehung in diesem Sinne ist der fundamentale Faktor von Psychotherapie, ohne den praktisch keine erfolgreiche Therapie möglich ist (vgl. Orlinsky, Grawe & Parks, 1994).

Wie ausgeführt, können Klienten Schemata (Strukturen) aufweisen, nach denen sie Beziehungen in manipulativer, intransparenter Weise gestalten. Diese Schemata wenden sie auf sehr unterschiedliche Interaktions-Situationen und Interaktionspartner an. Sie wenden sie auch auf den „Interaktionspartner Therapeut" an: Sie realisieren damit diese intransparenten Interaktionsmuster auch in der Therapie. Damit entstehen für den Therapeuten massive Probleme:

- Der Therapeut kann nicht mehr mit dem Klienten „über" ein Problem sprechen: das Problem wird nicht nur thematisiert, es *passiert* (manchmal wird es gar nicht thematisiert).

- Der Therapeut wird hier von einem Supervisor, der gemeinsam mit den Klienten an dessen Problemen arbeitet, zu einem Teil des Problems: Er wird in das Problem involviert, ob er will oder nicht und benötigt daher meist dringend selbst einen Supervisor, um den Prozess zu verstehen.

- Derartige Interaktionsmuster sind typisch für Klienten mit Persönlichkeitsstörungen: Diese Klienten bringen bestimmte Interaktionsmuster in die Therapie mit; damit bewegen sich diese Klienten ausschließlich auf Beziehungsebene. Will der Therapeut den Prozess verstehen und beeinflussen, muss er sich ebenfalls auf Beziehungsebene bewegen: Er muss seine Verarbeitung darauf ausrichten, was nun aktuell zwischen ihm und dem Klienten geschieht und muss seine Interventionen darauf ausrichten, dies transparent zu machen (vgl. Sachse, 1987).

1.5 Psychologische Psychotherapie der Persönlichkeitsstörung

In diesem Buch wird eine „psychologische Psychotherapie" von Persönlichkeitsstörungen vertreten.

Was ist damit gemeint? Psychologische Psychotherapie bedeutet zunächst, dass keine „schulspezifische" Psychotherapie vorgestellt wird: Keine Konzeption einer Verhaltenstherapie oder Gesprächspsychotherapie, sondern eine „übergreifende", umgreifendere Konzeption, die Aspekte verschiedener Therapieformen systematisch integriert.

Wie lässt sich eine solche umfassende Integration denken? Eine solche Konzeption lässt sich herstellen, indem man die vier Wirkfaktoren (Dick, Grawe, Regli & Heim, 1999; Grawe, 1999; Grawe, Regli, Schmitt & Dick, 1999; Smitt und Dick, 1999; Smitt, Regli & Grawe, 1999) mit den drei Ebenen von Sachse und Maus (1991) kombiniert.

In diesem Fall ergeben sich pro Ebene vier Wirkfaktoren, die durch unterschiedliche therapeutische Vorgehensweisen realisiert werden.

34

Tabelle 1: Therapeutische Ebenen und Wirkprinzipien

	Ressourcen	Problem-aktualisierung	Klären	Bewältigen
Inhalt	Ressourcen-aktivierung	Erlebnisaktivie-rende Verfahren Konfrontations-verfahren	Explizieren Focusing	Training Expositionen
Bearbeitung	Bekräftigen funktionaler Strategien	Konfrontation mit dysfunktionalen Strategien	Klären der Gründe von Vermeidung	Training funktionaler Bearbeitung
Beziehung	Aufbau therapeutischer Allianz Komplemen-tarität	Konfrontation mit (dysfunktio-nalem) Bezie-hungsverhalten	Klären von Beziehungs-schemata	Training alternativen Beziehungs-verhaltens

Arbeitet man auf der *Inhaltsebene* von Psychotherapie, dann bedeutet ein therapeutischer Umgang mit Ressourcen eine *Ressourcenaktivierung*: Was kann der Klient, über welche Fähigkeiten und Möglichkeiten verfügt er? Wie kann man Problemaspekte mit Ressourcen verbinden? Therapeuten arbeiten hier daran, die Aufmerksamkeit des Klienten auf eigene Möglichkeiten zu richten und diese zur Lösung von Problemen systematisch einzusetzen.

Problemaktualisierung auf der Inhaltsebene umfasst erlebnisaktivierende Methoden oder Konfrontationsverfahren: Diese Verfahren dienen der Aktivierung relevanter Schemata, so dass mit ihnen entweder klärungsorientiert oder bewältigungsorientiert weitergearbeitet werden kann (vgl. Esser, 1985).

Klärung auf der Inhaltsebene bezieht sich auf Methoden der Explizierung (der Klärung eigener Motive, Ziele, Annahmen usw.) oder des Focusing (der Klärung affektiver Schemata): Mit den Klientinnen und Klienten wird daran gearbeitet, was die „internalen Determinanten" problematischen Handelns und Erlebens sind.

Bewältigung auf der Inhaltsebene bedeutet, dass mit den Klientinnen und Klienten konkrete Übungen durchgeführt werden, die zur Überwindung von Defiziten des Könnens oder Wissens angewandt werden, z.B. Training sozialer Kompetenzen, Selbstverbalisationstraining usw.

Auf der *Bearbeitungsebene* geht es um die *„Bearbeitung der Bearbeitung"*, also z.B. um die therapeutische Veränderung von Vermeidungsstrategien, von dysfunktionalen Problembewältigungsstrategien u.a.

Eine Arbeit mit *Ressourcen* auf der Ebene der Bearbeitung umfasst z.B. die systematische Bekräftigung funktionaler Problembearbeitungsstrategien: Die Aufmerksamkeit des Klienten wird auf günstige Strategien der Problembearbeitung gerichtet und diese werden vom Therapeuten explizit als „funktional" gekennzeichnet, so dass der Klient sie beibehalten und ausbauen kann.

Problemaktualisierung auf der Bearbeitungsebene impliziert die Konfrontation des Klienten mit dysfunktionalen Problembearbeitungsstrategien: So macht ein Therapeut einen Klienten z.B. darauf aufmerksam, dass dieser die Bearbeitung eines bestimmten Inhaltes systematisch vermeidet (vgl. Sachse, 1995).

Klären auf der Bearbeitungsebene ist dann der nächste Schritt: Nachdem der Klient auf eine Vermeidung aufmerksam gemacht worden ist, kann der Therapeut dem Klienten anbieten, die Gründe der Vermeidung zu klären, z.B. durch die Frage: Was macht das so wichtig für Sie, sich diesen Inhalt nicht anzuschauen?

Bewältigung auf der Bearbeitungsebene bezieht sich auf das Training funktionaler Bearbeitungsstrategien: Der Therapeut erläutert dem Klienten sinnvolle Strategien im Umgang mit Problemen (z.B. das Einnehmen einer internalen Perspektive) und gibt dem Klienten Anweisungen, die Strategie systematisch anzuwenden.

Umgang mit *Ressourcen* auf der *Beziehungsebene* bezieht sich zum Einen auf den Aufbau einer therapeutischen Allianz: Diese „therapeutische Beziehung" kann als wichtige Ressource des Klienten im Therapieprozess aufgefasst werden (Grawe, 1998). Ein wesentlicher Faktor zum Aufbau einer therapeutischen Allianz ist die Verwirklichung von empathischem Verstehen, Akzeptierung/Wertschätzung und Kongruenz durch den Therapeuten (Sachse, 2000a).

Ein anderer wesentlicher Aspekt des Umgangs mit Ressourcen auf der Beziehungsebene betrifft das komplementäre („bedürfnisbefriedigende") Verhalten des Therapeuten: Indem ein Therapeut sich z.B. zu wesentlichen Beziehungsmotiven des Klienten komplementär verhält, aktiviert der Therapeut wieder authentisches Beziehungsverhalten des Klienten, und damit eine wesentliche interaktionelle Ressource (Grawe, 1998).

Problemaktualisierung auf der Beziehungsebene kann z.B. dadurch geschehen, dass der Therapeut den Klienten mit seinem (dysfunktionalem) Beziehungsverhalten konfrontiert und so entsprechende Schemata des Klienten aktiviert.

Diese aktivierten Schemata können dann *geklärt* werden, indem z.B. der Frage nachgegangen wird, wann der Klient diese Interaktion ausführt.

Bewältigung auf der Beziehungsebene schließlich beinhaltet das Training alternativen Beziehungsverhaltens.

Betrachtet man die angeführten als Aspekte einer „psychologischen Psychotherapie", dann wird deutlich, dass fast alle therapeutischen Vorgehensweisen in diesem Buch behandelt werden:
• Aspekte der Ressourcen auf Inhalts-, Bearbeitungs- und Beziehungsebene,
• Aspekte der Problemaktualisierung auf Inhalts-, Bearbeitungs- und Beziehungsebene,
• Aspekte der Klärung auf Inhalts-, Bearbeitungs- und Beziehungsebene,
• Aspekte der Bewältung auf Bearbeitungsebene.
Lediglich Aspekte des Trainings auf Inhalts- und Beziehungsebene werden nicht behandelt: Diese Aspekte sind den spezifischen Therapiekonzepten für die einzelnen Persönlichkeitsstörungen vorbehalten.

Da die meisten der therapeutischen Vorgehensweisen, die eine „psychologische Psychotherapie" ausmachen, berücksichtigt werden, soll hier von einer „psychologischen Psychotherapie der Persönlichkeitsstörung" gesprochen werden.

2. Das Modell der doppelten Handlungsregulation

2.1 Grundlage und Funktion des Modells

In dem nun folgenden Kapitel soll eine psychologische Störungstheorie dargestellt werden, die auf der Grundannahme basiert, dass Persönlichkeitsstörungen als Beziehungs- oder Interaktionsstörungen aufgefasst werden können: als unflexible, dysfunktionale, kostenintensive Interaktionsmuster, die die Person gar nicht oder nur unzureichend repräsentiert hat, die sie als (mehr oder weniger) „ich-synton" empfindet und deren negative Effekte sie meist external attribuiert.

Zur Ableitung des „Modells der doppelten Handlungsregulation" wird auf die im ersten Kapitel beschriebenen theoretischen Ansätze zurückgegriffen: Das Modell integriert kognitive Aspekte (Schemata, Überzeugungen), Aspekte von interaktionellen Zielen und Motiven (Plänen), Aspekte intransparenten Handelns, von Beziehungstests usw.

Das Modell soll damit deutlich machen, wie eine derartige, persistente Beziehungsstörung entstehen kann und wie sie psychologisch „funktioniert". Das Modell soll somit eine theoriegeleitete Diagnostik und eine theoriegeleitete Therapie ermöglichen: Aus dem Modell lässt sich ableiten, welche Arten von therapeutischen Schwierigkeiten zu erwarten sind und wie ein Therapeut diese schon früh im Prozess analysieren kann. Dazu wird ein spezielles Rating-Verfahren vorgestellt, die „Bochumer Bearbeitungs- und Beziehungsskalen" (BBBS). Aus dem Modell lässt sich aber auch eine Reihe therapeutischer Strategien ableiten, die den Klienten effektiv und konstruktiv helfen können.

Ganz wesentlich ist dabei, dass aufgrund des Modells sowohl die Probleme der Klienten im Alltag, die „allgemeinen Beziehungsprobleme", als auch ganz speziell die Interaktionsprobleme, die der Klient *in der Therapie* bereitet, verstanden werden können und dass auch dafür aus dem Modell spezifische therapeutische Strategien zum Umgang mit den innertherapeutischen Schwierigkeiten abgeleitet werden können. Das Modell erlaubt damit ein integriertes Verständnis des außer- und inner-therapeutischen Handelns des Klienten und es erlaubt integrierte Strategien, die dem Therapeuten die Möglichkeit geben, das „schwierige" Interaktionsverhalten des Klienten sehr konstruktiv zu nutzen, um dem Klienten relevante Lernerfahrungen zu vermitteln, die der Klient auch außerhalb der Therapie nutzen kann.

Das hier beschriebene Modell der „doppelten Handlungsregulation" interaktionellen Handelns soll dazu dienen, das zum Teil schwer verständliche, intransparente, paradoxe

Handeln von Personen mit sog. „Persönlichkeitsstörungen" verständlich zu machen: Es soll deutlich machen, dass diese Personen aus psychologisch gut nachvollziehbaren Gründen ein für Interaktionspartner (und damit auch letztlich für sich) problematisches interaktionelles Handeln zeigen. Es soll auch deutlich und verständlich machen, dass sie dies nicht „bewusst intentional" tun, dass sie selbst in ihren Konstruktionen „festsitzen" und sich allein kaum davon lösen können, dass sie selbst ihre Konstruktionen höchstens ansatzweise verstehen; dass diese Konstruktionen in sich durchaus plausibel sind und von den Personen akzeptiert werden (damit „ich-synton" sind); dass die Personen aber dennoch, zumindest zeitweise, selbst darunter leiden.

Das Modell soll jedoch vor allem *therapeutische Ansatzpunkte* liefern um mit den als sehr schwierig geltenden Klienten konstruktiv therapeutisch umgehen zu können. Ohne dass ein Therapeut versteht, wie ein Problem „funktioniert", ohne dass er versteht, was sich in der therapeutischen Interaktion ereignet, findet er weder sinnvolle therapeutische Ziele, noch wirksame therapeutische Ansatzpunkte. Das vorliegende Modell soll als Grundlage dazu dienen, das problematische Interaktionsverhalten von Klienten mit sog. „Persönlichkeitsstörungen" zu verstehen, therapeutische Ansatzpunkte abzuleiten und therapeutische Strategien zu entwickeln.

2.2 Überblick über das Modell

Das hier beschriebene Handlungsmodell ist ein Modell *interaktionellen Handelns:* es beschäftigt sich mit Intentionen und Handlungen von Personen, *die auf andere Personen gerichtet sind.*

Es beschäftigt sich mit Motiven, die durch interaktionelles Handeln befriedigt werden können, für deren Befriedigung demnach *Beziehungen* zu anderen Personen erforderlich sind. Es beschäftigt sich mit *interaktionellen Intentionen* (also mit Intentionen, die auf andere Personen gerichtet sind) und mit *interaktionellen Handlungen* (also Handlungen, die auf andere Personen abzielen): Handlungen, mit denen die Person etwas für eine andere Person tut oder mit denen sie erreichen will, dass eine andere Person etwas für *sie* tut.

Das Modell beschreibt dabei zwei unterschiedliche Ebenen von Interaktion: eine Ebene, die als „Motivebene" und eine, die als „Spielebene" bezeichnet werden soll. Diese beiden Ebenen enthalten unterschiedliche interaktionelle Ziele, interaktionelle Strategien und interaktionelle Handlungen.

Die *Motivebene* beschreibt die „normale" oder „authentische" Handlungsregulation: Hier weist die Person interaktionelle Ziele auf, die sie in für einen Partner transparente Handlungen umsetzt, welche dann zur Realisierung der Ziele mehr oder weniger effektiv sind (vgl. Abbildung 1). Dabei sind der Person übergeordnete Motive meist selbst nicht repräsentiert; interaktionelle Ziele („was will ich von einer Person?") sind der Person jedoch meist repräsentiert oder gut zugänglich.

Die *Spielebene* dagegen enthält interaktionelle Ziele, die der Person nur ansatzweise oder gar nicht repräsentiert sind. Diese Ziele werden mit Hilfe von Handlungen verfolgt, die *intransparent* sind: Der Interaktionspartner kann nur schwer erkennen, worum es der Person geht; er wird zu Handlungen veranlasst, die seinen interaktionellen Motiven nicht entsprechen, kann sich jedoch dagegen nicht in angemessener Form abgrenzen.

Diese interaktionellen „Spielhandlungen" sind in der Regel auch nur eine Zeit lang erfolgreich. Der Interaktionspartner verhält sich zwar eine Zeit lang so, wie die Person dies möchte, also komplementär zu den interaktionellen Zielen der „Spielebene"; je mehr er jedoch den Eindruck hat, dadurch seine eigenen interaktionellen Ziele zu vernachlässigen, desto weniger ist er bereit, sich komplementär zu verhalten. Das System „kippt um": Der vorher aus der Sicht der Person „nette" (weil komplementär handelnde) Partner wird nun als abweisend, ja sogar aggressiv erlebt. Das „Spiel-Handeln" hat damit zwar kurzfristig positive, langfristig jedoch negative Konsequenzen.

Das Modell enthält außerdem eine *„Ebene der Schemata"* (auch *„Ebene der Annahmen"* genannt): Dies soll verdeutlichen, dass interaktionelles Handeln einer Person von Schemata gesteuert wird, die die Person über sich selbst oder ihre Wirkungen auf andere hat (d.h. von Selbstkonzept und Beziehungsschemata); es soll auch verdeutlichen, dass interaktionelles Handeln und seine Konsequenzen auch auf diese Schemata zurückwirken: Wenn ich von mir annehme, dass ich nicht liebenswert bin und sich eigentlich keine Person für mich interessieren kann, dann folgt daraus, dass ein „normales" Interaktionsverhalten erfolglos sein wird. Wenn ich mich authentisch verhalte, werde ich abgelehnt oder nicht beachtet. Die „Lösung" liegt dann darin, dass ich mich nicht mehr authentisch verhalte, dass ich meine Ziele tarne und versuche, Interaktionspartner zu „manipulieren". Wenn ich damit Erfolg habe, z.B. dadurch, dass ich Aufmerksamkeit erhalte, ändert dies jedoch mein Selbstkonzept kaum, da ich nicht „als Person" Aufmerksamkeit erhalte, sondern „nur" aufgrund meines Verhaltens. Werde ich dagegen abgelehnt oder weiterhin ignoriert, bestätigt das hingegen meine Annahmen voll: es passiert genau das, was ich vorausgesagt habe.

Die Ebene der Annahmen ist daher in dem Modell wesentlich und stellt auch einen wesentlichen therapeutischen Ansatzpunkt dar.

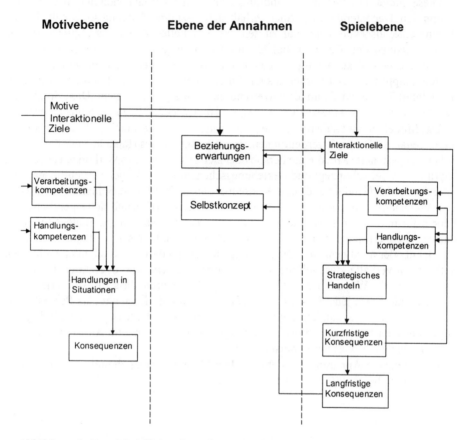

Abbildung 1: Das Modell der doppelten Handlungsregulation

2.3 Die „Ebene der authentischen Handlungsregulation" oder „Motivebene"

Die „Motivebene" beschreibt die „normale" Regulation interaktionellen Handelns, also die „authentische Handlungsregulation". In der Beschreibung dieser Regulationsebene folge ich hier weitgehend Vorstellungen der vertikalen Verhaltensanalyse oder „Plananalyse" (vgl. Kapitel 1). Es wird hier davon ausgegangen, dass eine Person eine Reihe interaktioneller Grundbedürfnisse aufweist, wie z.B. das Bedürfnis nach Anerkennung, das Bedürfnis, als Person geliebt und geschätzt zu werden, das Bedürfnis nach Autonomie u.ä. Diese interaktionellen Grundbedürfnisse stellen die höchste Hierarchieebene interaktioneller Pläne dar. Die Erfüllung interaktioneller Motive und Pläne ist für die Person von zentraler Bedeutung. In der Hierarchie niedriger liegende Ziele sind diesen interaktionellen Bedürfnissen untergeordnet und dienen letztlich der Realisation der übergeordneten Motive.

Die übergeordneten Motive werden konkretisiert in interaktionellen Zielen, der nächst-niedrigeren Ebene der „Pläne": dem Ziel, von bestimmten Personen bestimmte Arten von Anerkennung und Zuwendung zu erhalten usw.

Interaktionelle Ziele bilden selbst eine Hierarchie von relativ globalen, abstrakten, weiten Zielen (z.B.: „Anerkennung erhalten") bis zu ganz konkreten, auf Handlung bezogenen Intentionen („Zeige Dich kompetent"). Dabei „vernetzen" die Ziele immer stärker, je tiefer sie in der Hierarchie stehen: Konkrete Intentionen dienen in aller Regel nicht nur mehr einem übergeordnetem Motiv, sondern stehen, mehr oder weniger, mit mehreren Motiven in Zusammenhang. So kann die Intention „zeige Dich kompetent" dem Motiv „Akzeptiert werden" dienen, aber auch dem Motiv „autonom sein" (vgl. hier die Ausführungen von Caspar, 1986, 1989; Grawe, 1987b, 1988b; Grawe u. Caspar, 1984;).

Wesentlich ist dabei die Annahme, dass, wenn sich Motive über mehrere Hierarchieebenen in konkreten Intentionen und schließlich in konkretem Handeln ausdrücken, diese Motive prinzipiell aus dem Handeln einer Person auch wieder *erschlossen*, rekonstruiert werden können. So kann man, insbesondere aus längeren Beobachtungen der Handlungen einer Person z.B. erschließen, welche Motive sie in ihrem interaktionellen Handeln besonders realisiert, welche „Beziehungsziele" ihr damit besonders wesentlich sind.

Zur Umsetzung von Intentionen in konkrete Handlungen sind Kompetenzen notwendig: Hier werden Handlungs- und Verarbeitungskompetenzen unterschieden. Die Person weist dabei in mehr oder weniger großem Ausmaß *Verarbeitungs- und Handlungskompetenzen* auf, konkrete Handlungen auszuführen, die der Erreichung solcher Ziele dienlich sind.

Verarbeitungskompetenzen beziehen sich auf die Fähigkeiten der Person, zu beurteilen, ob in einer Situation eine Zielerreichung möglich ist oder nicht und, falls ja, welche Arten von Interaktionsverhalten sinnvoll sind.

Dazu muss eine Person z.B. in der Lage sein

* zu beurteilen, um welche Art von Situation es sich handelt (z.B. eine persönliche Interaktionssituation, eine formale Arbeitssituation usw.);
* zu beurteilen, welche Ziele die anderen Interaktionspartner haben;
* zu beurteilen, welche eigenen Handlungen von den Interaktionspartnern positiv oder negativ beurteilt werden.

Die Person muss damit nicht nur in der Lage sein, Situationen einzuschätzen: Sie muss auch andere Personen einschätzen können und sie muss die Wirkung ihres Handelns antizipieren können, also eine Fähigkeit zur Perspektivübernahme aufweisen (vgl. Archer et al., 1981; Batson et al., 1981, 1983, 1989; Coke et al., 1978; Neuf, 1996; Sachse, 1993, 1996c;).

Handlungskompetenz bedeutet, dass die Person über verschiedene Handlungsstrategien verfügen muss, mit deren Hilfe interaktionelle Ziele erreichbar sind, so dass sie flexibel auf unterschiedliche Situationsanforderungen sowie auf die resultierenden Handlungen der Interaktionspartner reagieren kann.

Diese Aspekte sollen hier nicht näher ausgeführt werden: Verarbeitungs- und Handlungskompetenzen beschreiben Aspekte sozialer Kompetenz, die bereits ausführlich beschrieben worden sind (vgl. Echelmeyer, 1983; Fliegel et al., 1981; Pfingsten, 1996, 1991).

Eine Person kann nun auf sehr unterschiedliche Weise ihre interaktionellen Ziele anstreben und erreichen: durch einfaches Handeln, durch komplexe zeitlich ausgedehnte Handlungsstrategien, durch Einbezug verschiedener Personen usw.

Immer geht man aber davon aus, dass das Handeln Motive reflektiert, oder „diagnostisch" gesprochen, dass aus dem Handeln prinzipiell auf die Motive geschlossen werden kann. Es wird damit angenommen, dass das Handeln *authentisch* ist: Die Person hat nicht (durchweg und prinzipiell) die Intention, ihre Ziele zu verbergen oder sie zu tarnen. Die Handlungsregulation auf der Motivebene ist damit eine *authentische Handlungsregulation*.

2.4 Die Basis-Beziehungsmotive

Bei den hier behandelten Motiven geht es um grundlegende *Beziehungsmotive*: Um Bedürfnisse einer Person im Hinblick auf andere Personen.

Um Bedürfnisse danach, was man von anderen Personen erhalten möchte, wie man behandelt und nicht behandelt werden möchte.

Aufgrund von Analyse relevanter Motivstrukturen von Klientinnen und Klienten möchte ich hier ein System von recht grundlegenden Basismotiven vorschlagen. Dieser Vorschlag ist als Hypothese und als Heuristik gemeint: Er soll dazu dienen, den Such- und Analyseraum von Therapeuten zu strukturieren und ihnen zu helfen, bei einzelnen Klienten relevante Motive leichter zu analysieren.

Diese grundlegenden Beziehungsmotive, die hier behandelt werden sollen, sind:

- Das Bedürfnis nach Akzeptierung: Das Bedürfnis, von wichtigen anderen Personen um seiner selbst willen geliebt, geachtet, akzeptiert zu werden.
- *Das Bedürfnis, wichtig zu sein:* Das Bedürfnis , für andere eine Bedeutung zu haben, in ihrem Leben eine Rolle zu spielen.
- *Das Bedürfnis nach verlässlicher Beziehung:* Das Bedürfnis danach, eine Beziehung zu haben, auf die man sich verlassen kann, die tragfähig ist, die nicht ohne weiteres in Frage gestellt werden kann, die Belastungen aushält; es ist ein Bedürfnis nach einer „sicheren Bindung".
- *Das Bedürfnis nach solidarischer Beziehung:* Das Bedürfnis, dass der Interaktionspartner zu einem hält, einen unterstützt, Hilfe gibt, wenn man sie braucht, Geborgenheit realisiert, „auf der eigenen Seite ist".
- *Das Bedürfnis nach Autonomie:* Das Bedürfnis danach, in seiner Selbstbestimmung, Selbstdefinition und Selbstentwicklung akzeptiert zu werden.
- *Das Bedürfnis nach territorialer Unverletzlichkeit der eigenen Domäne:* Das Bedürfnis danach, Bereiche des Lebens als *eigene* Bereiche definieren zu dürfen, Grenzen

zu ziehen und das Bedürfnis, dass diese Grenzen von Interaktionspartnern ernst genommen und respektiert werden, und dass diese Partner die eigene Domäne nur betreten, wenn sie eine Erlaubnis dazu haben.

2.5 Ebene der Schemata oder Annahmen

Um das komplexe Interaktionsverhalten von Personen mit sog. „Persönlichkeitsstörungen" zu verstehen, muss man jedoch über die Betrachtung des „normalen" Interaktionsverhaltens hinausgehen. Man muss annehmen, dass es „neben" den normalen, transparenten und reziproken Interaktionsmustern noch andere Arten von Interaktionsverhalten gibt: Neben der „normalen", authentischen Handlungsregulation, so wird hier angenommen, gibt es noch eine zweite Handlungsregulationsebene, die nach anderen Prinzipien funktioniert.

Grundlage dieser zweiten Ebene der Handlungsregulation sind bestimmte, aus der biographischen Erfahrung der Person stammende Schemata der Person.

Diese Schemata beziehen sich vor allem auf zwei Bereiche:

• Annahmen über das Selbst, vor allem im Hinblick auf andere;

• Annahmen über Beziehungen.

Diese Ebene der Schemata wird vor allem von Beck u. Freeman (1993) in ihrer kognitiven Konzeption von Persönlichkeitsstörungen behandelt.

Personen mit sog. Persönlichkeitsstörungen weisen überwiegend negative Annahmen über sich selbst in Relation zu anderen auf (negative Selbstschemata). Sie haben Annahmen wie:

• Ich bin nicht liebenswert.

• Ich bin für andere nicht akzeptabel.

• Ich bin für andere nicht wertvoll; ob ich da bin oder nicht, spielt für andere keine Rolle.

Diese Personen weisen jedoch nicht nur negative Annahmen über sich selbst auf; sie weisen auch Annahmen darüber auf, wie „Beziehungen" funktionieren bzw. welche Erfahrungen in Beziehungen zu erwarten sind (negative Beziehungsschemta).

Es sind Annahmen wie

• Beziehungen sind nicht verlässlich.

• Beziehungen stören nur.

• Beziehungen sind gefährlich.

• In Beziehungen wird man ausgebeutet.

• In Beziehungen wird man kontrolliert.

2.6 Entwicklungspsychologische Annahmen zum Zusammenhang von Beziehungsmotiven und Schemata

Zum besseren Verständnis der Modellannahmen sollen nun einige Hypothesen zur Beziehung von Beziehungsschemata und Beziehungsmotiven dargestellt werden.

Es sind Hypothesen darüber, wie die Frustration wesentlicher Beziehungsmotive in der Biographie zur Ausbildung bestimmter negativer Selbst- und Beziehungsschemata führt.

Die folgenden Annahmen sind im Wesentlichen aus therapeutischen Erfahrungen abgeleitet; sie müssen daher im Augenblick als hypothetisch angesehen werden. Es gibt jedoch entwicklungspsychologische Befunde, die diese Annahmen stützen (vgl. Bohlin et al., 1989; DelCarmen et al., 1993; Grossmann et al., 1989).

2.7 Der Ausweg aus dem Dilemma: Die Entwicklung manipulativen Kontrollverhaltens

Damit sitzt die Person in einem Dilemma: Sie hat einerseits ein starke Beziehungsmotiv (z.B. Wichtigkeit), macht andererseits aber konsistent die Erfahrung, nicht wichtig zu sein und bildet entsprechende Schemata aus.

Man kann annehmen, dass Personen, sollten sie eine Lösung für dieses Dilemma finden, nicht einfach „darin sitzen bleiben, sondern jeden Ausweg nutzen werden, der sich bietet.

Und in der Tat bietet sich ein Ausweg aus dem Dilemma an, *eine Lösung für die schwierige Situation. Und die Art der Lösung, so wird im Modell der doppelten Handlungsregulation angenommen, bestimmt die Art der jeweils ausgebildeten Persönlichkeitsstörung.*

Die Lösung besteht darin, dass die Person, die in diesem Motiv-Frustrations-Dilemma sitzt, in ihrem Bezugssystem die Erfahrung machen kann, dass sie zwar als Person nicht wichtig genommen wird, dass sie jedoch für bestimmte Arten von Verhaltensweisen durchaus Aufmerksamkeit erhalten kann: z.B. wenn sie besonders lustig, unterhaltsam, sexy o.ä. ist.

Die Person lernt somit, dass bestimmte *Arten von Handlungsstrategien* in der Lage sind, *bestimmte Arten von interaktionellen Zielen* zu erreichen.

Somit kann die Person, auch in dem Interaktionssystem, in dem sie *als Person* keine Wichtigkeit erlangen kann, durch *bestimmte Handlungen* durchaus Aufmerksamkeit erlangen: Sie kann somit etwas tun, um etwas zu bekommen und erlangt so Kontrolle zurück.

Damit lernt die Person, dass es in ihrem jeweiligen Interaktionssystem Möglichkeiten gibt, trotz der fehlenden Motivbefriedigung eine gewisse Befriedigung interaktioneller Ziele durch bestimmte Arten von Handlungsstrategien zu erreichen.

Prinzipiell gibt es zwei Möglichkeiten, die die Person hier entdecken kann:

44

1. Sie kann entdecken, dass bestimmte Arten von Zielen unter bestimmten Bedingungen doch erreichbar sind.

2. Sie kann entdecken, dass sie sich gegen negative Rückmeldung, Kontrolle u.a. abschotten und abgrenzen kann.

Diese beiden Möglichkeiten sollen hier als *positive und negative Kontrolle* bezeichnet werden.

Diese Annahmen enthalten prinzipiell eine wesentliche Implikation: Die Person kann so, wie sie ist, von anderen Personen nicht ohne weiteres akzeptiert werden. Dies bedeutet aber, dass die Person sich anderen nicht so zeigen kann, wie sie „wirklich" ist: Denn wenn sie dies tut, dann erkennen andere nur unangenehme Eigenschaften; die Konsequenz ist Zurückweisung. Dies bedeutet aber nun, dass die Person ihrer Erfahrung nach, wenn sie sich authentisch verhält, wesentliche interaktionelle Ziele, elementare interaktionelle Bedürfnisse nicht befriedigen kann: Sie wird nicht geliebt, akzeptiert, wertgeschätzt werden.

Aus diesem Dilemma gibt es nur zwei mögliche Auswege:

1. Die Person verzichtet auf die Befriedigung interaktioneller Ziele und verhält sich weiterhin authentisch nach ihrem Motivsystem (was wohl für Erwachsene möglich, für Kinder jedoch äußerst schwierig ist).

2. Die Person versucht, interaktionelle Ziele dadurch zu erreichen, dass sie sich nicht mehr authentisch, sondern „manipulativ" verhält.

Manipulativ kann sich eine Person jedoch im Sinne positiver und negativer Kontrolle verhalten.

Im Sinne *positiver Kontrolle* versucht die Person „aktiv einzugreifen", andere Personen aktiv zu bestimmtem Handeln zu bringen, aktiv für eigene Ziele „einzuspannen" u.a.. Im Sinne *negativer Kontrolle* versucht eine Person andere „von sich wegzuhalten", auf Distanz zu halten, ihre Domäne zu sichern, die eigene Autonomie zu wahren u.a..

Es wird hier angenommen, dass Personen z.B. mit sog. Histrionischen Persönlichkeitsstörungen eine Lösung im Sinne der „positiven Kontrolle" „gewählt" haben: Sie haben Strategien entwickelt, um mit Hilfe manipulativen Handelns interaktionelle Ziele zu erreichen. Diese Lösungen gelten auch für Personen mit sog. narzisstischen Persönlichkeitsstörungen.

Dagegen haben Personen mit schizoider oder passiv-aggressiver Persönlichkeitsstörung Lösungen im Sinne negativer Kontrolle erarbeitet. Sie haben die Annahmen entwickelt, dass Beziehungen negative emotionale Konsequenzen haben, dass sie „stören" oder aber dass sie „gefährlich" sind, dass Interaktionspartner sich intrusiv, kontrollierend, abwertend verhalten. Sie haben die „Lösung", dass es besser ist, andere auf Distanz zu halten, anderen nicht zu vertrauen u.ä..

Diese Annahmen haben aber dann sozialen Rückzug und Abkapselung zur Folge. Die Personen entwickeln hier andere interaktionelle Ziele als Klienten, die positive Kontrolle ausüben, nämlich Ziele, sich abzugrenzen, abzuschotten, Personen auf Distanz zu halten. Und zur Erreichung dieser interaktionellen Ziele entwickeln sie manipulative interaktionelle Strategien. Diese Vorgehensweisen sind auch kennzeichnend für die sog. paranoide, teilweise auch für die zwanghafte Persönlichkeitsstörung. Klienten mit sog. „Borderline"-Störungen weisen sowohl positive als auch negative Kontrolle auf, wobei sie sehr schnell und unvorhersehbar von einer Strategie in die andere wechseln können.

2.8 Die Elaboration manipulativ-intransparenter Handlungsstrategien

2.8.1 Positive und negative Kontrolle

Eine Person, die z.B. die Erfahrung macht, von wichtigen Interaktionspartnern nicht akzeptiert, nicht beachtet zu werden, kann bemerken, dass es aus diesem Problem einen „Ausweg" gibt. Sie kann z.B. bemerken, dass sie für bestimmte Verhaltensweisen Aufmerksamkeit erhält: Sie lernt damit, dass sie bestimmte Ziele durch bestimmte Aktionen doch erreichen kann, obwohl die Rückmeldungen sonst eher negativ sind. So kann die Person z.B. bemerken, dass sie immer dann Aufmerksamkeit erhält, wenn sie gute Leistungen zeigt: Sie wird beachtet, gelobt, man beschäftigt sich mit ihr, zumindest für einen bestimmten Zeitraum. Oder die Person bemerkt, dass sie Aufmerksamkeit erhält, wenn sie besonders „spaßig", „aufgeweckt", „kess" o.ä. ist: Sie kann etwas tun, um gesehen, beachtet zu werden, um Aufmerksamkeit und Anerkennung zu bekommen. Die Person entwickelt somit für ihr Problem aktive Lösungen, sie entwickelt Strategien zum „Überleben" in einer pathogenen Umgebung (vgl. Fiedler, 1996).

Sie kann diese wirksamen Verhaltensweisen zufällig entdecken, nach „Versuch und Irrtum", sie kann sie aber auch von anderen modellhaft lernen, indem sie beobachtet, dass andere damit erfolgreich sind. Die Interaktionspartner können diese „Lösungen" aber auch nahe legen: Sie können z.B. äußern, dass sie sich bestimmte Verhaltensweisen wünschen (Wenn Du doch nur etwas braver wärest!") bzw., dass sie auf bestimmte Handlungen oder Ergebnisse positiv reagieren würden.

Was die Person dabei lernt ist, dass sie, trotz der allgemeinen Frustration wichtiger Motive, ganz bestimmte Effekte mit ganz bestimmten Handlungen erzielen kann. Sie lernt über ihre Umwelt *Kontrolle* auszuüben: Da sie die Kontrolle so einsetzt, dass sie doch noch einen Teil ihrer Bedürfnisse positiv befriedigen kann, soll dies als „positive" Kontrolle bezeichnet werden.

Man muss sehen, dass diese Kontrolle eine Art von „Lösung" für die unangenehme, pathogene Interaktionssituation ist, in der die Person steckt; es ist jedoch immer nur eine unvollkommene Lösung, denn es ändert an der grundlegenden Erfahrung und an den Rückmeldungen wenig: Die Person bekommt eben nur *dann* Aufmerksamkeit, wenn sie sie „erkauft" oder „erarbeitet"; tut sie es nicht, ist die Situation genauso wie vorher. An der grundlegenden Rückmeldung von Nicht-Akzeptierung der Person ändert sich wenig.

Diese Art von Lösung, sich durch bestimmte Handlungen doch noch etwas von dem zu holen, was man dringend braucht, eignet sich vor allem bei solchen Motiven wie dem nach Anerkennung, Wichtigkeit, Verlässlichkeit und Solidarität.

Hier kann man versuchen, die Interaktionspartner durch bestimmte Arten von Handlungen dazu zu veranlassen, einem etwas von dem zu geben, was man in der Beziehung haben will, was man jedoch ohne Ausführung dieser Handlungen nicht bekäme.

Bei den Bedürfnissen nach Autonomie und Verlässlichkeit der Grenzen, der eigenen Domäne, geht es einer Person nicht darum, dass eine andere ihr etwas *gibt* (Zuwendung, Anerkennung o.ä.), sondern es geht darum, dass eine Person die eigenen Handlungen der Person zulässt, sich also *nicht einmischt*. Die Frustration liegt hier also nicht darin, zu wenig zu bekommen, sondern darin, *zu viel* zu bekommen: zu viel Reglementierung, zu viel Einmischung, zu viel Kritik, zu viele Übergriffe usw.

Für diese Situation benötigt eine Person daher andere Lösungen: Die Person muss sich hier *schützen*, sie muss andere Personen von sich fern halten. Wenn die Person ständig kritisiert wird, dann muss sie z.B. versuchen, dem Interaktionspartner keine relevante Information mehr zu geben: Hat dieser nämlich keine Information, kann er auch nicht kritisieren.

Wenn die Person ständig Vorschriften bekommt, kann sie versuchen, die Ausführung zu sabotieren, aber so, dass sie für die Nicht-Ausführung „nichts kann": Sie hat ja alles versucht, aber leider ist XY dazwischen gekommen. Wenn die Person ständig kontrolliert wird, muss sie versuchen, die anderen auf Distanz zu halten: keine engen Kontakte, so wenig wie möglich zeigen, „nicht in die Karten gucken lassen" usw.

Auch durch diese Handlungen übt die Person Kontrolle aus: Da sie aber mit ihrem Handeln eher erreicht, dass etwas *nicht* eintritt, soll hier von *negativer Kontrolle* gesprochen werden.

2.8.2 Intransparente Strategien

Positive und negative Kontrolle implizieren, dass Personen *spezielle Arten von Handlungen entwickeln müssen, um die angestrebten Effekte zu erzielen*.

Jemand, der als Person nicht akzeptiert wird, verwendet ja nur deshalb Leistungserfolge, um Aufmerksamkeit zu bekommen, weil er für anderes Handeln, für seine bloße Anwesenheit und sein Dasein, *keine* Aufmerksamkeit bekommt. Jemand, der andere auf Distanz hält, tut dies, weil andere sonst seine Autonomie und Domäne *nicht* beachten oder respektieren. Die Personen leben somit in pathogenen Situationen, die sich durch eines auszeichnen: die „normalen", „authentischen", alltäglichen Handlungen der Personen sind *nicht* ausreichend, um die zentralen Bedürfnisse zu befriedigen. Wenn die Person sich normal, authentisch verhält, bekommt sie keine Anerkennung, sondern wird ignoriert; sie wird nicht wichtig genommen, ob sie da ist oder nicht, macht keinen Unterschied; sie wird kontrolliert, bevormundet oder, ihre Grenzen werden verletzt.

Positive und negative Kontrolle sind und werden nur dann notwendig, wenn die normalen, alltäglichen, authentischen Handlungen nicht mehr ausreichen. Die Person muss stattdessen spezielle Handlungen und Handlungsstrategien entwickeln, um noch wenigstens einen Teil dessen zu bekommen, was sie braucht. Sie benötigt für diese Art von Problemsituation spezielle Arten von *Lösungen*.

Es wird deutlich, dass diese Lösungen immer darin bestehen, Interaktionspartner zu Handlungen zu veranlassen, die diese „normalerweise" nicht tun würden: Der Interaktionspartner *gibt* ja unter normalen Bedingungen keine Anerkennung; er soll durch spezielles Handeln dazu *veranlasst* werden. Der Interaktionspartner übt normalerweise Kontrolle aus; er soll mit speziellen Handlungen davon *abgehalten* werden. Die Handlungen üben immer Kontrolle aus, d.h.: Ein Interaktionspartner soll zu etwas gebracht werden, was sonst seinen Zielen, Motiven usw. gar nicht entspricht. Damit aber ist das Handeln eindeutig *manipulativ*: der Interaktionspartner wird „veranlasst", „gezwungen" o.ä.

Um Missverständnissen vorzubeugen, sollte deutlich sein, dass mit „manipulativ" *keine* Wertung oder gar Abwertung gemeint ist. Manipulativ ist die Handlung, weil der Interaktionspartner eindeutig über die relevanten Motive der Person im Unklaren bleibt. Dies ist eine schlichte Tatsache, die als solche nicht ignoriert werden kann und auch nicht ignoriert werden sollte. Wir sollten als Forscher wie als Therapeuten bemüht sein, Dinge zu sehen, wie sie sind (falls wir das können) und uns keinesfalls unsere Wahrnehmung dadurch verzerren zu lassen, dass eine Beschreibung möglicherweise als Wertung missverstanden werden könnte. Als Forscher wie als Therapeut muss ich in der Lage sein, Fakt und Bewertung zu trennen. Eine manipulative Handlung muss ich eine manipulative Handlung nennen können; dennoch kann ich dafür Verständnis aufbringen und muss eine Person dafür keineswegs abwerten. Mein Bemühen um Wertschätzung darf mir aber nicht mein Urteilsvermögen „verkleistern".

Diese Manipulation macht es nun in der Regel erforderlich, dass das Handeln, mit dem der Partner zu bestimmten Aktionen „veranlasst" werden soll, intransparent ist: Die tatsächlichen Ziele, die die Person mit diesem Handeln verfolgt, dürfen gar nicht transparent werden.

Wenn eine Person z.B. keine Anerkennung und Aufmerksamkeit erhält, sich aber durch Leistung diese Aufmerksamkeit holt, dann ist es besser, wenn der Interaktionspartner *nicht* weiß, dass die Leistung im Wesentlichen dazu dient, ihn dazu zu veranlassen, der Person Zuwendung zu geben. Dies könnte sehr wohl dazu führen, dass der Partner seine Aufmerksamkeit wieder abzieht und die Strategie damit scheitert.

Benutzt eine Person die Produktion von „Symptomen" (z.B. Kopfschmerzen) dazu, Aufmerksamkeit zu bekommen, dann ist die Tarnung noch wichtiger: denn sollte der Interaktionspartner merken, dass die Kopfschmerzen gar nicht „echt" sind, oder sollte er bemerken, *dass* er manipuliert wird, dann kann diese Strategie das genaue Gegenteil bewirken: die Person wird erst recht abgelehnt, kritisiert, abgewertet usw.

Wenn die Person, um Übergriffe und Einmischungen zu vermeiden, Aufgaben „passiv-aggressiv" sabotiert, dann ist es absolut zentral, dass der Interaktionspartner glaubt (der zumindest nicht das Gegenteil beweisen kann), dass die Person für die Nicht-Ausführung von Aufgaben nichts kann: denn sonst könnte das die Kontrolle und Einmischung extrem verschlimmern!

Es wird deutlich, dass bei verschiedenen Problemen das Ausmaß der Intransparenz *unterschiedlich* wichtig ist, aber: wichtig ist es in jedem Fall. *Die Lösung besteht darin, intransparente Strategien zu entwickeln, die die Interaktionspartner zuverlässig dazu veranlassen, sich gemäß der interaktionellen Ziele der Person zu verhalten*: Die Handlungen dürfen damit nicht mehr offen und authentisch sein (denn das ist erfolglos oder führt zu aversiven Konsequenzen), sondern sie müssen vielmehr getarnt, intransparent sein und dem Partner möglichst wenig Wahlfreiheit lassen.

Die Person muss daher verdeckte, intransparente Strategien entwickeln, um wesentliche Ziele zu erreichen; und diese Strategien müssen möglichst *zwingend* sein, d.h. sie müssen den Interaktionspartner mit hoher Wahrscheinlichkeit dazu veranlassen, sich im Sinne der Ziele zu verhalten.

Die resultierenden intransparenten, manipulativen Strategien können daher als (Not)-*Lösungen* bezeichnet werden: Die Personen entwickeln sie nicht, weil sie gerne andere Personen manipulieren oder weil sie bösartige interaktionelle Motive aufweisen. Die Personen entwickeln diese Strategien vielmehr, weil sie keine andere Möglichkeit sehen, in der gegebenen Konstellation wichtige interaktionelle Ziele erreichen zu können.

Diese intransparenten Handlungen sind nun aber keine Handlungen auf der Motivebene mehr: es sind Handlungen, wie noch deutlich werden wird, die

- ganz speziellen interaktionellen Zielen dienen;

- in ganz bestimmter, intransparenter Weise ausgeführt werden;

- für die Personen ganz bestimmte Kompetenzen benötigen und

- die zu ganz bestimmten Konsequenzen führen.

Mit diesen Handlungen bewegen wir uns damit auf der zweiten Handlungs-Regulationsebene: *der Spielebene.*

Man muss annehmen, dass derartige Strategien nicht ad hoc geplant werden können; sie können sich vielmehr nur langsam entwickeln: durch Versuch und Irrtum, durch Modellernen u.ä.. Derartige interaktionelle Muster werden sich sehr wahrscheinlich über Jahre hinweg herausbilden und elaborieren. Und sie werden sich durch vielfältige Übung hochgradig automatisieren und schematisieren: Man muss daher annehmen, dass interaktionelle Strategien auf der Spielebene (wie andere Handlungskompetenzen) als Schemata vorliegen, die sehr schnell aktivierbar sind und die das Handeln ohne großen Kapazitätsaufwand steuern können. Eine Person, die über ein entsprechendes Schema verfügt, braucht in einer Interaktionssituation nicht lange nachzudenken, um zu handeln: Sie kann aufgrund des Schemas vielmehr schnell und mühelos handeln (vgl. Bartlett, 1932; Beck et al., 1981; Frederiksen, 1975a, 1975b; Langer & Abelson, 1974; Pichert u. Anderson, 1977; Schwarz, 1985; Spiro, 1980).

Sowohl aus der Annahme, dass die Interaktionsstrategien auf der Spielebene langsam und ungeplant entstehen als auch aus der Annahme, dass sie später schematisch funktionieren, resultiert die Schlussfolgerung, dass eine Person in der Regel über ihre Handlungsintentionen und über ihr Handeln nur *wenig bewusste Repräsentation* aufweisen sollte. Die Person weiß in der Regel nicht, nach welchen Prinzipien sie handelt und sie weiß auch nicht, dass ihr Handeln eine besondere Art des Handelns ist: Für sie ist das Handeln zwingend, notwendig und in sich völlig plausibel. Dies ist ein wesentlicher Grund dafür, warum das interaktionelle Handeln der Person auf der Spielebene „*ich-synton*" ist (vgl. Fiedler, 1994a, 1998; Vaillant & Perry, 1988): Sie empfindet es als „ihr Handeln", als zu sich gehörig, als Teil ihrer Person und nicht als Fremdkörper.

2.9 Die Kosten intransparenter Handlungsstrategien

Die Entwicklung der Spielebene ist auf der einen Seite eine Lösung und bringt der Person somit Gewinne. Diese Lösung hat auf der anderen Seite jedoch hohe Kosten. Ein wesentlicher Kostenfaktor ist der, dass wesentliche interaktionelle Bedürfnisse durch diese Form des Interaktionsverhaltens nicht befriedigt werden können.

Interaktionelle Ziele unterscheiden sich grundlegend darin, in welchem Ausmaß sie „einforderbar" sind, d.h. in welchem Ausmaß man andere Personen dazu veranlassen oder zwingen kann, sich gemäß dieser Ziele zu verhalten. Ich kann eine andere Person dazu zwingen, mir Aufmerksamkeit zu schenken, z.B. dadurch, dass ich leide: Im sozialen Normsystem muss ein Interaktionspartner sich mir zuwenden, wenn ich krank bin, da er ansonsten als brutal, unempathisch, kalt o.ä. beurteilt wird. In bestimmten sozialen Kontexten kann ich daher durch geeignete Maßnahmen einen Interaktionspartner dazu veranlassen, sich mit mir zu beschäftigen: Dieses Interaktionsverhalten des Partners ist prinzipiell einforderbar (ob es im Einzelfall einforderbar ist, hängt vom genauen Kontext und der psychischen Verfassung des Interaktionspartners ab!).

Ich kann jedoch einen Interaktionspartner nicht dazu zwingen, mich zu lieben oder wertzuschätzen. Wenn mich jemand nicht mag, gibt es keine Möglichkeit, ihn dazu zu zwingen, mich zu mögen. Und dies klappt schon gar nicht durch manipulatives Handeln (Bill Murrays Versuche in dem Film „Täglich grüßt das Murmeltier" sind dazu eine sehr gute Illustration).

Das hat eine sehr wesentliche Konsequenz: Eine Person, die beginnt, interaktionelle Ziele manipulativ zu verfolgen, kann dies *nicht* mit jedem beliebigen Ziel oder Bedürfnis tun. Die grundlegenden interaktionellen Bedürfnisse wie Liebe, Zuneigung, Anerkennung und Wertschätzung der Person usw. zeichnen sich alle dadurch aus, dass sie *nicht einforderbar* sind: man kann einen Interaktionspartner prinzipiell nicht zwingen oder veranlassen, diese Bedürfnisse zu befriedigen. Entweder der Interaktionspartner gibt der Person Anerkennung und Liebe oder er tut es nicht: er kann nicht im Hinblick auf solche interaktionellen Ziele manipuliert werden. Die unangenehme Konsequenz daraus ist: realisiert eine Person manipulative Interaktionsformen, dann muss sie auf die Befriedigung elementarer interaktioneller Bedürfnisse verzichten. *Sie muss sich begnügen mit interaktionellen Zielen, die einforderbar sind*: Aufmerksamkeit, Lob, Bewunderung für gutes Aussehen, Anwesenheit des Partners usw.

Da sich die „Spielebene" sehr wahrscheinlich nur langsam, ungeplant, mehr nach Versuch und Irrtum ausbildet, muss man annehmen, dass der Person der „Wechsel" in den interaktionellen Zielen ebenfalls nicht repräsentiert ist: Die Person hat sich ja keineswegs bewusst dafür entschieden, wenigstens Aufmerksamkeit zu bekommen, wenn sie schon Liebe nicht haben kann. Sie hat eher verschiedene Handlungen getestet und diejenige angenommen und elaboriert, die „funktioniert" hat. Ebenso wie bezüglich der interaktionellen Strategien, so muss man auch bezüglich der interaktionellen Ziele auf der Spielebene davon ausgehen, dass die Person *keine Repräsentation davon hat, nach welchen Prinzipien ihr Handeln funktioniert*.

Die interaktionellen Ziele auf der Spielebene sind, wie deutlich wird, *nicht* identisch mit den übergreifenden Motiven der Motivebene: Die interaktionellen Ziele auf der Spielebene sind immer weniger elementar, weniger grundlegend, stehen in der Motivhierarchie immer tiefer. Die Verfolgung und Befriedigung dieser Ziele ist zwar wichtig, aber: Die Person befriedigt damit nicht die grundlegenden interaktionellen Bedürfnisse.

Motivational gesehen ist der Übergang von übergeordneten Motiven (der Motivebene) zu interaktionellen Zielen geringerer Bedeutung (auf der Spielebene) ein hoher psychischer Kostenfaktor: Die Person kann so zwar interaktionell durchaus etwas erreichen (wie z.B. Aufmerksamkeit), verfehlt dabei jedoch gleichzeitig die Befriedigung elementarer Bedürfnisse. Metaphorisiert gesprochen kann man sagen: Die Person bekommt zwar immer wieder etwas Leckeres zu trinken (Aufmerksamkeit); das schmeckt gut und stillt vorübergehend auch den Hunger; aber satt macht es nicht. Die grundlegenden Bedürfnisse bleiben bestehen und werden weiterhin frustriert. Die Strategie geht an den wesentlichen Bedürfnissen vorbei; diese bleiben unbefriedigt. Und dies kann die Person manchmal durchaus wahrnehmen (oft allerdings nur diffus): Sie spürt, dass „etwas nicht stimmt", dass „etwas nicht in Ordnung ist", dass „sie alles hat und doch nicht zufrieden ist" u.ä. (vgl. hier Atkinson & Birch, 1974; Kuhl, 1983a, 1983b; Kuhl & Kazén, 1996), was u.U. sogar zu einer Steigerung des Spielverhaltens (mehr desselben) führen kann.

Diese Nicht-Befriedigung wesentlicher Bedürfnisse kann sich auch in diffuser Unzufriedenheit, einem Gefühl von Leere und Sinnlosigkeit ausdrücken. Auf eine unspezifische Art leidet die Person somit unter ihrem System; nur kann das Leiden nicht identifiziert, nicht benannt und damit auch nicht angegangen werden. Das Leiden kann jedoch u.U. so groß werden, dass sich daraus eine Therapiemotivation entwickelt: eine Motivation, dass „sich etwas ändern muss", ohne dass die Person weiß, wo sie ansetzen soll.

Eine wesentliche Konsequenz aus der Annahme, dass interaktionelle Ziele auf der Spielebene nicht identisch sind mit wesentlichen Motiven und dass daher das Handeln auf der Spielebene diese übergeordneten Motive *nicht* befriedigt, ist „Unstillbarkeit": Das intransparente Spielhandeln macht nicht zufrieden, nicht glücklich, nicht stolz u.ä.. Daher muss die Person, selbst wenn sie „Erfolge" hatte, nach kurzer Zeit wieder neu anfangen. Ein Klient mit einer „narzisstischen Persönlichkeitsstörung", der ein Leistungsziel erreicht hat, kann sich kurze Zeit darüber freuen: dann aber setzt erneut Unzufriedenheit ein und er versucht, diese mit neuem Leistungsstreben zu bekämpfen: diese Strategie ist aber nicht erfolgreich, wenn das zentrale Motiv „Anerkennung" und „Wichtigkeit" heißt. Die Person verfehlt immer wieder die Befriedigung des zentralen Motives, ohne dies zu bemerken und wendet immer wieder die „falsche Lösung" an; aber zufrieden wird sie damit nicht, ein Ziel erreicht sie nicht, sie lebt „an ihren Bedürfnissen vorbei" (vgl. Kuhl & Kazén, 1996).

2.10 Definition intransparenten Handelns

Da auf der Spielebene von „intransparentem Handeln" oder „Spiel-Handeln" oder von „Kontroll-Handeln" gesprochen wird, ist es wesentlich, genau zu definieren, was damit gemeint seien soll.

Von einem Interaktionsspiel (oder kurz: Spiel) soll gesprochen werden, wenn folgende Komponenten vorliegen:

I. Interaktionelle Ziele

1. Die Person hat in einer Beziehung zu einem Interaktionspartner interaktionelle Ziele im Hinblick auf diesen Partner.

2. Sie möchte, dass dieser Partner etwas Bestimmtes glaubt oder nicht glaubt, etwas Bestimmtes tut oder nicht tut usw. was die Person betrifft (Images).

3. Sie führt in der Interaktion bestimmte Handlungen aus, die der Erreichung dieser interaktionellen Ziele (bzw. dieses Ziels) dienen: Diese Handlungen sollen beim Partner bestimmte Effekte erreichen, dieser soll sich in bestimmter Weise verhalten (Appelle).

II. Transparenz der interaktionellen Ziele

4. Die Person macht ihre interaktionellen Ziele dem Partner gegenüber nicht transparent.

5. Die Person realisiert im Gegenteil Handlungen und Strategien, die ihre Ziele tarnen, verschleiern, schwer erkennbar machen.

6. Die Person realisiert darüber hinaus Handlungen, die dem Partner nahe legen, andere als die tatsächlichen Ziele zu vermuten.

III. Manipulation des Partners

7. Dem Interaktionspartner werden die interaktionellen Ziele der Person nicht oder nicht ohne weiteres (ohne besondere Anstrengung, Beratung usw.) erkennbar und deutlich.

8. Er kann daher das Handeln der Person nicht valide beurteilen; diese schränkt seine Wahl- und Entscheidungsmöglichkeiten deutlich ein.

9. Der Partner wird damit manipuliert: er durchschaut nicht, was passiert, seine Entscheidungsfreiheit ist eingeschränkt, er wird zu Handlungen veranlasst, ohne dass er Alternativen zu diesen erkennen kann usw.

IV. Kontrolle des Partners

10. Die Handlungen der Person haben einen zwingenden Charakter: Wenn der Partner nicht in vorgegebener Weise handelt, bekommt er ein schlechtes Gewissen, blamiert sich sozial, steht als verständnislos, wenig einfühlsam, rüde da usw.

11. Dies schränkt die Wahl- und Handlungsmöglichkeiten des Partners ebenfalls stark ein

12. Der Partner wird damit in seinem Denken und Handeln kontrolliert.

V. Fehlende Reziprozität

13. Auf diese Weise muss der Partner in bestimmter Weise handeln. Er hat jedoch keine Möglichkeit, für das, was er tut, Ausgleich zu schaffen: Die Person erhält mehr Aufmerksamkeit und Zuwendung als der Partner; der Partner muss sich stärker bemühen als die Person.

14. Die Beziehung wird damit asymmetrisch und ist nicht mehr reziprok.

Definition

Nach dieser Bestimmung kann man ein Spiel folgendermaßen definieren: Bei einem Interaktionsspiel handelt es sich um eine intransparente, manipulative, kontrollierende und nichtreziproke Verfolgung interaktioneller Ziele in einer Beziehung.

2.11 Einige Charakteristika der intransparenten Handlungsregulation

2.11.1 Interaktionelle Ziele auf der Spielebene

* anders als auf der Motivebene;
* andere Inhalte
* oder andere Intensität, so, dass sie nicht erfüllt werden können

2.11.2 Kompetenzen

Wie auf der Motivebene, so benötigt die Person auch auf der Spielebene Verarbeitungs- und Handlungskompetenzen, um zielführendes Interaktionsverhalten realisieren zu können.

Die *Verarbeitungskompetenzen* bestehen im Wesentlichen darin, zu erkennen, welche Person in welchen Kontexten mit welchen Mitteln zu komplementärem Verhalten veranlasst werden kann. Wenn eine Person z.B. durch die Produktion von Symptomen Aufmerksamkeit gewinnen möchte, muss sie abschätzen können, ob ein Interaktionspartner darauf reagieren wird: Es muss ein Partner sein, der empathisch und hilfsbereit ist, der bereit ist, seine Bedürfnisse zurückzustellen u.ä.

Die Frage der *Handlungskompetenzen* betrifft vor allem die Elaboration und Flexibilität verfügbarer Handlungsstrategien. Eine Person kann über eine große Anzahl von Strategien verfügen, um Aufmerksamkeit zu erringen. Dazu können *positive Strategien* gehören wie z.B. sich attraktiv zu kleiden, zu flirten, charmant zu sein u.ä.

Dazu können aber auch *negative Strategien* gehören wie sich als hilflos als leidend darzustellen. Die Person kann körperliche Symptome produzieren usw.

Eine Person kann jedoch auch ein sehr eingeschränktes Repertoire von Strategien haben, was sie zwingt, die gleiche Strategie immer wieder anzuwenden.

Flexibilität bezieht sich auf die Fähigkeit, Strategien den Anforderungen der Situation bzw. den Möglichkeiten der Interaktionspartner anzupassen: Manche Personen sind hier sehr kreativ und wandeln ihre Strategien je nach Situation ab, andere setzen in allen Situationen die gleiche Strategie ein.

Eine wesentliche Handlungskompetenz bezieht sich auf die *Intransparenz der Strategie*. Manche Personen schaffen es nicht gut, ihre interaktionellen Ziele zu tarnen. Eine Person, die immer dann Kopfschmerzen hat, wenn sie Pflichten übernehmen soll, macht dem Interaktionspartner schnell klar, dass es eigentlich nicht um Kopfschmerzen geht, sondern darum, dass der Partner Verantwortung übernimmt. Die Strategie ist schnell „durchschaubar" und wird damit auch schnell wirkungslos, da die Interaktionspartner sich abgrenzen können, sobald sie erkannt haben, worum es wirklich geht. Andere Personen können dagegen ihre interaktionellen Ziele sehr gut tarnen; dies ist besonders gut möglich, wenn die Strategien sehr elaboriert und flexibel sind. Dies macht es dem Interaktionspartner dann besonders schwer, sich abzugrenzen.

Auch bezüglich der Verarbeitungs- und Handlungskompetenzen kann man annehmen, dass sie in schematisierter Form vorliegen: Eine Person hat aufgrund langer Übung automatisierte Verarbeitungen und schnell und gut verfügbare Handlungsregeln. Dies ist auch, wie wir noch sehen werden, ein besonderes Problem für den Therapieprozess: Der Therapeut muss das Spiel des Klienten mühsam analysieren und Handlungsstrategien entwickeln; der Klient aber kann das Spiel mühelos, weitgehend kapazitätsfrei spielen. Daher ist es auch wesentlich, im Therapieprozess *solche* Interventionen zu realisieren, für die der Klient in seinem Schema *keine* vorgeplanten Strategien mehr hat: Der Therapeut muss es dem Klienten weitgehend unmöglich machen, das Spiel nach seinen Regeln zu spielen.

2.11.3 Konsequenzen des Handelns

Was die Konsequenzen des interaktionellen Handelns auf der Spielebene betrifft, so muss man zwischen kurzfristigen und langfristigen Konsequenzen unterscheiden.

In der Regel sind die Strategien *kurzfristig* erfolgreich. Die Interaktionspartner verhalten sich zunächst eine Zeit lang erwartungsgemäß: Sie befriedigen die interaktionellen Ziele der Person, verhalten sich also komplementär (insbesondere, wenn die Person die Interaktionspartner sorgfältig ausgewählt hat). Sie geben der Person Aufmerksamkeit und Lob, sie nehmen ihr Verantwortung ab usw.

Mit der Zeit haben die Partner jedoch den Eindruck, dass sie bezüglich ihrer eigenen interaktionellen Ziele zu kurz kommen: sie müssen immer Aufmerksamkeit geben, bekommen selbst aber nur wenig Aufmerksamkeit; sie müssen Verantwortung übernehmen, erhalten selbst aber kaum Entlastung usw. Dies führt mit der Zeit zu einer Frustration des Partners und zu abnehmender Motivation, für den anderen „immer da zu sein". Nach einiger Zeit reagieren die Partner dann verärgert: das komplementäre Verhalten kippt um in ein aggressives und ablehnendes Verhalten. *Langfristig* hat das Verhalten auf der Spielebene daher negative Konsequenzen.

Außerdem kann dem Partner nach einiger Zeit auch dämmern, dass ein „Spiel" läuft: der Partner hat den Verdacht, dass die Symptome „nicht echt" sind, dass er manipuliert und ausgenutzt wird, dass es der Person um etwas anderes geht usw. Dieser Verdacht verstärkt in der Regel das Gefühl von Frustration und damit das aggressive Handeln noch: der Partner hat nach einiger Zeit „die Schnauze voll".

2.11.4 Selbst-stabilisierendes System

Diese Konsequenzen sind sehr wesentlich, wenn man verstehen will, wie das System aufrechterhalten wird.

Zum einen folgen die aversiven, negativen Konsequenzen immer erst langfristig auf die positiven. Das System wird immer *erst* bekräftigt und *dann* bestraft. Verhaltenstheoretisch sollte aus einer solchen Abfolge eine hohe Löschungsresistenz des Verhaltens folgen (vgl. Ehlers, 1996; Fliegel et al., 1981; Kaufer u. Phillips, 1975).

Die positiven Folgen, die zunächst eintreten, bekräftigen die Person auch in zweifacher Hinsicht. Sie zeigen, dass das Handeln effektiv ist: Es ist offenbar sinnvoll und zielführend, sich in dieser (manipulativen) Weise zu verhalten; die Person erreicht dadurch ihre interaktionellen Ziele. Dies stärkt die Erfolgserwartung und, durch Versuch und Irrtum, verbessert es auch die Handlungskompetenz.

Es bestätigt implizit aber auch die Grundannahmen: Die Person nimmt ja an, dass authentisches Verhalten sinnlos ist oder aversive Folgen hat und macht nun die Erfahrung, dass manipulatives Verhalten zielführend ist. Dadurch werden die Grundannahmen aus der Sicht der Person verifiziert: man muss sich eben so verhalten, dann bekommt man, was man will (wenn auch nicht, was man braucht, s.o.).

Leider hat im Verarbeitungssystem der Person die langfristig negative Konsequenz *keine* Revision des Handelns zu Folge.

Denn dass der Partner sich nun anders verhält als vorher, kann ja nur am Partner liegen: Man selbst hat sich ja nicht anders verhalten als bisher. Die Person hat wenig Möglichkeiten zu erkennen, dass sie ein Teil des Problems ist: Die Situation legt eine externale Attribution des Problems ebenso nahe wie die Tatsache, dass die Person von ihren Zielen und Strategien nur eine allenfalls vage Repräsentation hat. Auf diese Weise sieht die Person sich nicht als Agenten des Problems, sondern als *Opfer*: Mein Partner war bisher so freundlich und nett, plötzlich und ohne erkennbaren Grund wird er feindselig.

Durch diese Attribution kann eine Revision des Systems *nicht* stattfinden, im Gegenteil: Das Scheitern der Beziehung wird als Bestätigung der Grundannahmen gesehen, das plötzlich aggressive Verhalten des Partners zeigt,

- dass Beziehungen nicht verlässlich sind;
- dass man nicht als Person gemocht wird;
- dass man Beziehungen kontrollieren muss; usw.

Damit wird deutlich: Ist das System erst einmal etabliert, bestätigt es sich selbst, es hält sich selbst aufrecht. Damit ist aber mit einer „Spontanremission" kaum zu rechnen, sondern mit einer großen Zeitstabilität und großen Änderungsresistenz.

2.11.5 Die Anwendung des Schemas auf Interaktionspartner

Wenn man annimmt, dass eine Person interaktionelle Ziele und Strategien auf der Spielebene entwickelt hat und wenn man darüber hinaus annimmt, dass diese Strategien schematischen Charakter haben und ihre Grundlage im Selbstwert, dann folgt daraus, dass sie auf beliebige „passende" Interaktionspartner angewandt werden können und angewandt werden. Diese Ziele und Strategien sind ja nicht an bestimmte Personen gebunden, sondern werden auf *alle* Interaktionspartner angewandt, insbesondere auf solche, die nach Einschätzung der Person in hohem Maße komplementäres Handeln erwarten lassen.

Damit ist aber auch klar, dass das Spielhandeln auch auf den Therapeuten in der Therapiesituation angewandt wird: Der Therapeut ist ein Interaktionspartner, ein besonders wichtiger sogar (von dem man sich besondere Bestätigung u.a. erhoffen kann) und es ist ein Interaktionspartner, der sich schon aus professionellen Gründen empathisch (und das heißt in der Logik des Klienten: komplementär) verhalten muss.

Damit muss man annehmen: *Weist ein Klient eine Spielebene auf, dann besteht eine extrem hohe Wahrscheinlichkeit, dass dieses Handeln auch dem Therapeuten gegenüber realisiert wird.* Und es besteht eine sehr hohe Wahrscheinlichkeit dafür, dass dieses Handeln sehr schnell, wahrscheinlich sogar von Anfang des Kontaktes an, realisiert wird. Da der Klient die relevanten biographischen Schemata auch in der Therapiesituation anwendet, kann man im Sinne von Grawe et. al. (1994) von „Übertragung" sprechen, womit die Anwendung biographisch erworbener Schemata auf „prototypische Interaktionspartner" gemeint sein soll (und nicht mehr!).

Damit aber wird die therapeutische Situation im Hinblick auf Spielhandlungen des Klienten *zu einer sehr wesentlichen diagnostischen Situation*: Gibt es eine Spielstruktur, dann wird sie auch in der Therapie sichtbar und damit analysierbar und dies wahrscheinlich gleich von Anfang an.

2.11.6 Berücksichtigung aller Ebenen in der Therapie

Im Modell wird davon ausgegangen, dass eine Person mit sog. Persönlichkeitsstörungen alle drei der genannten Ebenen aufweist:

- es gibt (nach wie vor) wesentliche interaktionelle Bedürfnisse und Ziele und es gibt auch (mehr oder weniger) authentisches Handeln;

- es gibt Annahmen über das Selbst und/oder über die Effekte interaktioneller Handlungen;

- und es gibt eine Ebene intransparenter Interaktion, eine Ebene der Interaktionsspiele.

Alle drei Ebenen müssen im Therapieprozess berücksichtigt, analysiert und verstanden werden. Und alle drei Ebenen müssen durch therapeutische Strategien bearbeitet werden.

2.12 Ausprägung der Interaktionsstörung: Persönlichkeitsstörung oder Persönlichkeits-Stil

Die relative Ausprägung der drei Ebenen kann sehr unterschiedlich sein (danach richtet sich auch das therapeutische Vorgehen).

Es wird hier angenommen, dass die relative Ausprägung von Motiv- und Spielebene die Stärke oder Ausprägung der Beziehungsstörung (der sog. Persönlichkeitsstörung) bedingt: je stärker die Motivebene im Vergleich zur Spielebene ausgeprägt ist, desto leichter ist die Störung; je stärker die Spielebene im Vergleich zur Motivebene ausgeprägt ist, desto schwerer ist die Störung.

Eine Person mit eher leichter Beziehungsstörung hat nur eine geringe Ausprägung der Spielebene. Man kann sogar annehmen, dass alle Personen in leichter Ausprägung „Spiele" spielen, also in bestimmten Situationen gegenüber bestimmten Partnern gelegentlich manipulatives Verhalten zeigen (Kuhl & Kazén, 1996 sowie Oldham & Morris, 1995 würden hier von „Persönlichkeitsstil" und nicht von „Persönlichkeitsstörung" sprechen). Solange sie das flexibel tun, solange sie sich ausreichend authentisch verhalten können und so lange sie Beziehungen reziprok gestalten können, ist das wohl kein übermäßiges Problem. Wenn ich gelegentlich ein interaktionelles Ziel auf intransparente Weise verfolge, ist dies so lange kein ernsthaftes Beziehungsproblem, solange mein Partner mich auch gelegentlich manipulieren darf und solange wir im Wesentlichen eine authentische Beziehung haben. Ein gewisser Anteil von Spielhandlungen ist für die Beziehung wohl nicht „toxisch". Wahrscheinlich muss man den flexiblen Einsatz manipulativen Verhaltens sogar unter dem Bereich sozialer Kompetenz abbuchen. Auch in der Therapie ist daher ein gelegentliches und vorübergehendes Auftreten von Spielinteraktionen noch kein Zeichen dafür, dass man dafür besondere therapeutische Interventionen benötigt, oder dass man die therapeutische Arbeit auf der Beziehungsebene ansiedeln muss.

Damit muss es den auch kein therapeutisches Ziel sein, einem Klienten die Spielebene komplett zu „nehmen": Vielmehr kann die Therapie darin bestehen, die Motivebene zu stärken, dem Klienten seine Spiele transparent zu machen und ihm so zu ermöglichen, selbst (-regulativ) über sein Handeln zu bestimmen, statt sein Handeln durch automatisierte Schemata bestimmen zu lassen.

Wenn eine Person sich jedoch überwiegend oder ausschließlich in manipulativer Weise verhält, dann liegt eine deutliche Beziehungsstörung vor (wie auch Selbstwertproblematik, s.o.): Die Person kann sich nicht mehr in ausreichendem Maße authentisch verhalten. Sie kann eine Beziehung zu einem Partner nicht mehr reziprok gestalten, der Partner wird nach einiger Zeit nicht mehr motiviert sein, sich komplementär zu verhalten usw.

Auch in der Therapie wird die Person überwiegend auf der Spielebene handeln: Damit entsteht ein Problem auf Beziehungsebene, das auf Beziehungsebene angegangen werden muss. Aber selbst dann, wenn ein Klient überwiegend auf der Spielebene handelt, werden seine grundlegenden Bedürfnisse der Motivebene weiterhin vorhanden sein; und sie werden im Therapieprozess erkennbar sein und können therapeutisch genutzt werden. Und diese Nutzung der Motivebene ist von sehr großer Bedeutung, auch bei Klienten, die sich fast ausschließlich intransparent und manipulativ verhalten.

2.13 Komplementarität zur Motivebene und Komplementarität zur Spielebene

Die Tatsache, dass in dem vorliegenden Modell zwei Ebenen der Handlungsregulation unterschieden werden, macht es auch notwendig, zwei Ebenen von komplementärem Verhalten zu unterscheiden. Auf diese, bei der Konzeption therapeutischer Maßnahmen sehr wichtige Unterscheidung soll hier bereits hingewiesen werden.

Wenn ein Interaktionspartner sich einer Person gegenüber komplementär verhält, dann bedeutet dies, dass er sich bezüglich ihrer interaktionellen Ziele befriedigend verhält: Er verhält sich so, dass die Person (zumindest) *ein* interaktionelles Ziel in der Beziehung erreichen kann. Damit verhält sich der Interaktionspartner „bedürfnisbefriedigend" und bestätigend.

Wenn man betrachtet, dass es auf der Motivebene und auf der Spielebene unterschiedliche interaktionelle Ziele gibt, die unterschiedliche Bedeutungen und Funktionen haben, dann kann und muss man zwei Arten von Komplementarität unterscheiden:

- Komplementäres Handeln zur Motivebene;
- Komplementäres Handeln zur Spielebene.

Komplementäres Handeln zur Motivebene realisiert ein Interaktionspartner z.B. dann, wenn er die Person als Person akzeptiert und wertschätzt: Dies befriedigt das grundlegende Bedürfnis der Person, akzeptiert zu werden. Komplementär zur Spielebene verhält sich ein Interaktionspartner z.B. dann, wenn er für die Person Verantwortung übernimmt, weil diese angeblich zu schwach ist, Entscheidungen für sich selbst zu treffen.

Komplementäres Verhalten zur Motivebene befriedigt ein grundlegendes interaktionelles Bedürfnis der Person: das Bedürfnis, akzeptiert zu werden, das Bedürfnis, in der eigenen Autonomie anerkannt zu werden o.ä.. Die Person, die ein derartiges Bedürfnis hat, fühlt sich durch das komplementäre Verhalten des Interaktionspartners grundsätzlich „richtig behandelt", bestätigt und damit in der Beziehung aufgehoben. Das Gleiche gilt, wenn es sich um hierarchisch niedrigere, jedoch authentische interaktionelle Ziele auf der Motivebene handelt, z.B. das Ziel, vom Interaktionspartner ernst genommen zu werden. Die Person hat bei diesem komplementärem Verhalten des Interaktionspartners den Eindruck

- dass der Partner sich auf sie einstellt;
- dass dem Partner die Beziehung wichtig ist;
- dass sie nicht um die Erfüllung wichtiger Ziele „kämpfen" muss;
- dass sie akzeptiert wird, wie sie ist u.ä.

Komplementäres Verhalten auf der Motivebene hat daher immer eine Verbesserung der Beziehung zu Folge. Und im Therapieprozess hat eine Verbesserung der therapeutischen Beziehung eine Reihe weiterer, sehr wichtiger Konsequenzen:

- der Klient gewinnt Vertrauen zum Therapeuten;
- dem Klienten wird es erleichtert, sich zu öffnen und unangenehme Inhalte zur Sprache zu bringen;
- der Klient muss sich nicht mehr um den Therapeuten kümmern, sondern kann sich auf sich selbst konzentrieren.

Gerade der letzte Aspekt ist von besonderer therapeutischer Bedeutung: Eine gute, vertrauensvolle therapeutische Beziehung, in der der Klient sich angenommen fühlt, ist die Voraussetzung dafür, dass die Therapeut-Klient-Beziehung aus dem Fokus der therapeutischen Arbeit *verschwinden* kann (vgl. Sachse, 1986a, 1986b; 1987). Nur wenn die Therapeut-Klient-Beziehung in Ordnung ist, muss sich der Klient nicht mehr um diese Beziehung kümmern: Der Klient kann sich dann um sich selbst und seine Klärung oder Bewältigungsprozesse usw. kümmern. Daher muss man auch davon ausgehen, dass eine konstruktive Arbeit auf Inhaltsebene (z.B. im Sinne von Explizierungsprozessen, Focusing usw.) *nur* dann möglich ist, wenn die Therapeut-Klient-Beziehung gut ist und das heißt, wenn sie *nicht* mehr im Fokus des therapeutischen Geschehens steht (vgl. Sachse et al., 1992). Die Therapeut-Klient-Beziehung muss als eine Art „Hintergrundvariable" oder als ein tragendes Fundament vorhanden sein, um inhaltlich arbeiten zu können, muss jedoch die „Therapeut-Klient-Beziehung" den Arbeitsfokus der Therapie räumen und anderen relevanten Themen und Bearbeitungen Platz machen. Daher muss man auch annehmen, dass bei Arbeit auf der Inhaltsebene Prozesse, die in der Psychoanalyse als „Übertragung" bezeichnet werden, gerade *keine* Rolle spielen: Es ist völlig unsinnig und kontraindiziert, einer inhaltlichen Klärungsarbeit ein Übertragungskonzept zu unterlegen. Eine genaue Analyse zeigt, dass inhaltliche Klärungsarbeit und Arbeit an Übertragung sich vielmehr gegenseitig ausschließen: Im ersten Fall *darf* die Therapeut-Klient-Beziehung thematisch gar keine Rolle spielen, im zweiten Fall ist sie thematisch zentral!

Völlig anders verhält es sich mit *komplementärem Verhalten auf der Spielebene*. Dabei geht ein Interaktionspartner nicht nur auf die „Ersatzziele" der Person ein, sondern er geht auch auf das nicht authentische, manipulative Handeln der Person ein. Wenn eine Person z.B. sagt, sie sei zu hilflos, um für sich selbst zu sorgen und der Partner möge doch Verantwortung übernehmen, dann lässt sich der Partner in dem Augenblick manipulieren, in dem er die Verantwortung für die Person übernimmt. *Damit wird der Partner aber zu einem Teil des Spiels*: Der Partner wird dadurch meist in das Spiel integriert, er nimmt der Person Verantwortung ab und *stabilisiert so das System*.

Komplementarität auf der Spielebene bedeutet daher meist, dass der Partner in das manipulative System der Person eingebunden wird: Er wird für die interaktionellen (Ersatz-) Ziele funktionalisiert. In dem Maße, in dem er sich funktionalisieren lässt, *stützt* er jedoch das System der Person: Er trägt dazu bei, dass das manipulative Verhalten funktioniert, er bekräftigt die Person in ihrem dysfunktionalen Handeln und stabilisiert so dass pathologische System.

Außerdem tut er auch nichts, was die Beziehung tatsächlich oder authentisch verbessern würde: Er zeigt der Person ja keine Wertschätzung, Anerkennung o.ä., er übernimmt lediglich die ihm zugeschriebene Verantwortung. Der Partner verbessert durch die Art des komplementären Handelns die Beziehung *nicht*, die Person fühlt sich *nicht* stärker angenommen und ist daher *nicht* veranlasst, die Beziehung als tragfähige Grundlage in den Hintergrund treten zu lassen, im Gegenteil: *Da der Partner in das Beziehungsspiel verwickelt ist, bleibt Beziehung implizit Thema der Interaktion*.

Das komplementäre Handeln hat hier die Bedingungen keineswegs verbessert, ganz im Gegenteil: Der Partner hat das pathologische System der Person bekräftigt und stabilisiert und ist nun selbst in das Beziehungsspiel verstrickt; die Situation ist deutlich *schlimmer* als vorher!

Wenn sich Therapeuten zur Spielebene komplementär verhalten, dann sollten sie es ganz gezielt tun und immer so, dass dies nicht die Verfolgung anderer therapeutischer Ziele sabotiert (siehe unter „Trojanische Pferde").

2.14 Images und Appelle: Die zentralen intransparenten Handlungsstrategien

2.14.1 Einleitung

Auf der Spielebene geht es darum, dass die Person einen Interaktionspartner dazu veranlasst, etwas Bestimmtes zu tun, das ihren interaktionellen (Ersatz-) Zielen entspricht, und zwar so, dass der Partner möglichst nicht erkennt, worum es „eigentlich" geht. Um dies zu erreichen, verwenden Personen unter anderem zwei Vorgehensweisen, die hier als *Images* und *Appelle* bezeichnet werden sollen.

2.14.2 Images

Damit Interaktionspartner etwas für die Person tun, was eigentlich gar nicht ihren eigenen Interessen entspricht, ja möglicherweise sogar ihren eigenen Interessen widerspricht, müssen sie von der Person vorbereitet werden: Der Partner muss in einen Zustand versetzt werden, in dem er bereit ist, den interaktionellen Zielen der Person zu dienen. Eine solche Vorbereitung wird durch die Vermittlung sog. „Images" geleistet. Ein Image ist etwas, was die Person im Interaktionspartner entstehen lässt, aufbauen will: Der Interaktionspartner soll sich ein ganz bestimmtes Bild von der Person machen. Dieses Bild soll nur ganz bestimmte Komponenten enthalten und es soll ganz bestimmte Komponenten nicht enthalten: Der Partner soll also ganz bestimmte Glaubens- oder Überzeugungssysteme ausbilden.

So kann die Person z.B. das Image vermitteln: „Ich bin schwach und hilflos". Dieses Image ist eine gute Vorbereitung dafür, wenn die Person möchte, dass der Partner Verantwortung übernimmt; denn für jemanden, der schwach und hilflos ist muss eine verantwortungsbewusste, hilfsbereite (!) Person Verantwortung übernehmen! So kann eine Person sich also darum bemühen, dass der Partner die Überzeugung entwickelt, die Person

- komme allein nicht klar;
- wisse sich selbst nicht mehr zu helfen;
- leide jedoch unter dem augenblicklichen Zustand;
  - so dass dieser dringend verändert werden muss;
  - jedoch von ihr selbst nicht verändert werden kann. Um dieses Überzeugungssystem im Partner aufzubauen, gibt die Person dem Partner systematisch Information, die entsprechende Schlussfolgerungen nahe legt, ja geradezu erzwingt:

- Sie stellt ausführlich Situationen dar, in denen sie hilflos ist, die sie nicht bewältigen kann;
- Sie stellt dabei ausführlich ihre eigene Hilflosigkeit dar: ihre gescheiterten Versuche, die Situation zu bewältigen, ihre Ängste, ihr Gefühl, paralysiert zu sein, ihre Einsamkeit usw.;
- Sie stellt ausführlich dar, wie unerträglich der Zustand für sie ist: wie stark sie leidet, dass „es immer schlimmer wird" usw.;
- Sie stellt ausführlich dar, wie wichtig es ist, dass der Zustand sich ändert, und zwar schnell;
- und sie stellt dar, dass sie selbst keinen Ausweg weiß.

Um das Image nicht zu verwässern, gibt die Person jedoch Information in *sehr selektiver* Weise: Alle Erfahrungen mit eigener Kompetenz, alle Situationen, in denen sie gut klargekommen ist, alle konstruktiven Lösungsansätze usw. werden *nicht* mitgeteilt oder zumindest in ihrer Bedeutung stark relativiert. Im Image des Partners soll ja gerade nichts vorkommen, das die Person als stark, kompetent, autonom u.ä. erscheinen lassen könnte.

Images werden meist nicht nur über Text vermittelt: Das Image wird nicht nur dadurch aufgebaut, *was* der Klient sagt, sondern auch dadurch, *wie* er es sagt. Die gesamte Darstellungsform, die Art der Gesten, der Mimik, der Betonung, der Pausen usw. unterstreicht das jeweils an den Partner transportierte Image. Eine Person, die das Image „ich bin hilflos" transportiert, gibt sich dem Therapeuten auch nicht stark, gefasst, kraftvoll, sondern sie

- spricht mit gebrochener, weinerlicher Stimme;
- unterbricht ihre Aussage durch Pausen, in denen sie deutlich um Fassung ringt;
- sitzt vorgebeugt, die Stirn in die Hand gestützt usw. (Durch diese Darstellung könnte hier leicht der Eindruck entstehen, dass hier angenommen wird, die Person agiere so in ganz bewusster, intentionaler Weise, im Sinne einer gut überlegten Strategie: Diese Annahme wird hier *nicht* gemacht.)

Das Verhalten der Person wird vielmehr als automatisiert, als der Person selbst schlecht repräsentiert angenommen. Und es wird davon ausgegangen, dass die Person selbst glaubt, „Opfer" zu sein: der Person selbst sind ihre Annahmen, Ziele und Handlungsweisen plausibel und stimmig. Daher ist das Verhalten der Person in Einklang mit ihren Überzeugungen, sie spielt dem Therapeuten keineswegs etwas vor, was sie nicht selbst auch glaubt).

Eine Person dagegen, die das Image vermitteln möchte „ich bin kompetent und komme mit allem klar", wird eher

- mit kraftvoller Stimme sprechen,
- den Partner unverwandt ansehen,
- raumfordernde Gesten realisieren, die die kraftstrotzende Stärke illustrieren usw.

Die Vermittlung eines Images ist daher nicht nur eine Frage der Produktion der richtigen Texte; die Vermittlung eines Images ist eher ein Gesamtkunstwerk, bei dem verbale, paraverbale und nonverbale Ausdruckskomponenten eingesetzt werden, um die jeweils fokale Bedeutung zu illustrieren und zu unterstreichen.

Wenn eine Person ein Image vermitteln möchte, dann möchte sie, dass der Interaktionspartner genau dieses *übernimmt*: Sie möchte, dass das Bild der Person beim Partner genau so entsteht, wie die Person es vermittelt. Und sie möchte, dass der Partner dieses

Bild akzeptiert, also genauso „kauft", wie die Person es vermittelt. Sie möchte dagegen *keinesfalls*, dass der Partner dieses Bild in irgendeiner Weise anzweifelt oder hinterfragt; denn das würde die Erreichung ihrer interaktionellen Ziele deutlich gefährden.

Daher vermittelt die Person das Image auch in ganz bestimmter Weise:

- sie macht deutlich, dass das was sie sagt, *„die Realität"* ist und keineswegs „nur" eine subjektive Sichtweise. Wenn die Person sagt, sie sei hilflos, dann *ist* sie hilflos und sie hat keineswegs „nur" die Einschätzung, hilflos zu sein;
- sie macht oft auch deutlich, dass ihre Aussagen völlig objektiv sind und nicht „nur" subjektive Sichtweisen. Sie versucht dies z.B. dadurch, dass sie „Zeugen" heranzieht, die die Sichtweise bestätigen: „Meine Frau sieht das genauso". Die Logik der Argumentation ist: „Wenn andere das bestätigen, dann ist meine Aussage objektiv und keineswegs „nur" mein Eindruck;"
- sie macht oft auch deutlich, dass sie vom Interaktionspartner *erwartet*, dass dieser das Image akzeptiert. Sie macht das z.B. deutlich durch Fragen wie „Das sehen Sie doch auch so", oder durch Einbezug des Partners als Experten: „Sie als Experte können das doch sicher bestätigen?";
- damit ist manchmal auch implizit eine interaktionelle Drohung verbunden, derart: „Wenn Sie das nicht bestätigen, dann muss ich ernsthaft fragen, ob sie überhaupt ein Experte sind!"

Das bedeutet: Ein Image wird von der Person *so* vorgetragen, dass es vom Interaktionspartner mit hoher Wahrscheinlichkeit übernommen wird. Dazu

- wird der Text sehr *konsistent* auf das Image zugeschnitten
- wird die Information *selektiv* gegeben: Inkonsistente Information wird ausgeblendet;
- wird die Information stark *zugespitzt*, auf die Übermittlung *bestimmter* Information konzentriert;
- paraverbale und nonverbale Darstellungen *unterstreichen* das Image;
- wird an den Partner implizit oder explizit die Erwartung herangetragen, das Image zu übernehmen;
- wird sogar Druck auf den Partner ausgeübt, das Image zu übernehmen.

Im Therapieprozess kommen alle diese Aspekte vor: Auch der Therapeut bekommt ein Image auf diese Weise „vorgesetzt". Dabei wird noch ein weiterer Aspekt deutlich: Ein Klient, der darauf konzentriert ist, dem Therapeuten ein Image zu vermitteln, *ist auf den Therapeuten konzentriert und nicht auf sich.* Dem Klienten geht es dabei intentional nicht darum, eigene Anteile zu klären oder an Fragestellungen zu arbeiten; es geht dem Klienten vielmehr zentral darum, *dem Therapeuten* etwas zu vermitteln. Während der Vermittlung eines Images (das Gleiche gilt auch für den Transport von Appellen!)

- nimmt der Klient keine internale Perspektive ein;
- arbeitet der Klient nicht an inhaltlicher Klärung, hat daher *keinen* Arbeitsauftrag;
- arbeitet der Klient nicht an einer Fragestellung;
- und zeigt der Klient auch keine Explizierung/Klärung eigener Gefühle oder Schemata.

Das bedeutet: *Ein Klient, der ein Image vermittelt, kann nicht gleichzeitig konstruktiv klärend arbeiten!*

Er ist vielmehr mit seiner Aufmerksamkeit nach außen, auf den Therapeuten gerichtet (manchmal auch auf den Kassettenrecorder oder die Videokamera!) und ist darauf fokalisiert,

- das Image richtig zu transportieren und
- die Aufnahme/Akzeptanz des Images durch den Therapeuten zu überwachen.

Der Klient muss sich einmal darauf konzentrieren, das Image richtig darzustellen: er darf keine inkonsistente Information geben, sich nicht in Widersprüche verwickeln, er muss die Darstellung mit dem Text abstimmen usw. Diese Aktion wird wahrscheinlich schon einen Teil der verfügbaren kognitiven Ressourcen verbrauchen.

Der Klient muss aber darüber hinaus auch prüfen, ob und wie das Image beim Therapeuten ankommt; denn die interaktionellen Ziele lassen sich nur dann erreichen, wenn der Therapeut das Image übernimmt. Der Klient muss daher die Übernahme des Images sicherstellen: Er muss überwachen, wie der Therapeut die Information aufnimmt, ob er sie akzeptiert oder in Frage stellt, ob dem Therapeuten etwas unplausibel vorkommt usw. Abhängig von dieser Einschätzung der Image-Übernahme muss der Klient dann u.U. mehr Informationen geben, andere Information nachliefern, die Dramatik der Darstellung erhöhen, mehr Druck auf den Therapeuten ausüben usw. Diese Überwachungs- und Regulationsfunktion ist bei der Vermittlung des Images sehr wesentlich: denn nur so kann der Erfolg der Aktion sichergestellt werden.

2.14.3 Appelle

2.14.3.1 Der Interaktionspartner soll komplementär handeln

Der Transport von Images ist für die Erreichung interaktioneller Ziele noch nicht ausreichend; denn der Interaktionspartner soll ja nicht nur etwas glauben, er soll etwas tun (oder nicht tun). Der Transport von Images ist daher eine *Vorbereitung* für den Transport von Appellen: Der Interaktionspartner soll eine bestimmte Überzeugung über die Person entwickeln und dann auf der Grundlage dieser Überzeugung in bestimmter Weise handeln.

Bei Appellen kann man unterscheiden zwischen
- der Art, wie der Appell *transportiert* wird und
- der Art *des Appells selbst*, also dem, was der Partner tun soll.

2.14.3.2 Der „Transport" von Appellen

Ein Appell kann eher *implizit* transportiert werden, also so, dass der Partner sich zwar angesprochen fühlen kann, sich aber nicht angesprochen fühlen muss. Er kann aber auch direkt und *explizit* transportiert werden, so dass klar ist, dass der Partner gemeint ist, oder er kann mit Druck bis hin zu Erpressung transportiert werden (vgl. Schulz von Thun, 1983).

Ein *impliziter Appell* ist so formuliert, dass es nicht eindeutig ist, ob der Partner nun gemeint ist oder nicht. Eine Person kann z.B. einen impliziten Appell realisieren, indem sie eine allgemeine Aussage macht, z.B.: „Ich brauche dringend Unterstützung". Der Partner kann sich hier angesprochen fühlen, in dem er den Satz interpretiert als „die Person braucht dringend Unterstützung von mir". Der Partner kann aber den Appell auch prinzipiell überhören, in dem er die Aussage nur als Information und nicht als

Aufforderung wahrnimmt: „Die Person braucht Hilfe" (vgl. auch die Ausführungen von Herrmann (1982) zu unterschiedlichen „Aufforderungsvarianten").

Indirekte Appelle haben Vor- und Nachteile. Der Nachteil liegt darin, dass der Partner sie, wenn er will, ignorieren kann: Diese Appelle haben wenig Durchschlagskraft. Der Vorteil liegt darin, dass die Partner, wenn sie den Appell aufnehmen, die Illusion der freien Entscheidung aufrechterhalten können: „Ich musste der Person ja nicht helfen, ich habe es aus freien Stücken getan". Dies ist natürlich sehr vorteilhaft für die Beziehung, denn der Partner hat gar nicht den Eindruck, manipuliert worden zu sein. Er kann so nicht verärgert reagieren und hat sogar noch den Eindruck, etwas besonders Edles getan zu haben. Dies ist zweifellos die hohe Kunst der Manipulation: den Partner für eigene Ziele einzuspannen, aber ihm die Illusion zu vermitteln, alles freiwillig zu tun und auch noch ein besonders gutes Werk zu tun.

Ein weiterer Vorteil des impliziten Appells liegt darin, dass die Person sich eine Rückzugsmöglichkeit offen hält. Sollte der Partner nämlich die Manipulation wittern und darauf verärgert reagieren, kann man alles als bedauerliches Missverständnis (oder sogar als böswillige Unterstellung, ganz wie man will) hinstellen. Sagt der Partner nämlich: „Was verlangst du von mir!? Soll ich etwa die Verantwortung übernehmen?", dann kann man sagen „Davon habe ich doch gar nichts gesagt! Ich habe doch gar nichts von Dir verlangt!" Stimmt, gesagt hat man es nicht, nur *gemeint*; aber darauf kann man nicht festgelegt werden (vgl. Herrmann 1982; Herrmann u. Grabowski, 1994; Hörmann, 1976).

Explizite Appelle sind solche, bei denen die Person deutlich macht,
• dass der Partner gemeint ist;
• dass der Partner etwas tun soll;
• was der Partner tun soll.
So kann die Person z.B. sagen
• „Ich brauche dringend einen Rat von Ihnen".
• „Bitte reden Sie mal mit meiner Frau; auf mich hört sie nicht mehr", o.ä.
Der Vorteil expliziter Appelle ist der, dass die Anforderungen klar sind: Es kann hinterher niemand sagen, er sei nicht gemeint gewesen. Explizite Appelle üben daher deutlich höheren Druck auf Partner aus als implizite Appelle. Sie sind jedoch auch gefährlicher; denn nun kann der Partner sich direkt darauf beziehen, falls er nicht geneigt ist, sich einspannen zu lassen: The partner may strike back.

Reicht eine direkte Formulierung eines Appells nicht aus, um den Partner dazu zu bewegen, sich zielkonform zu verhalten, dann kann die Person *Druck* ausüben: man kann an die Verantwortung des Partners appellieren; man kann dem Partner ein schlechtes Gewissen machen; man kann ein Nicht-Reagieren als moralisch verwerflich hinstellen usw.
So kann die Person z.B. sagen
• „Wenn Sie mir nicht helfen, bin ich verloren"
• „Mich einfach so hängen zu lassen, ist unverantwortlich"
• „Es ist ihre Aufgabe als Therapeut, mich zu unterstützen". usw.
Hier versucht die Person nun, den Partner *offen und direkt zu kontrollieren*: Die Manipulation ist nun wenig subtil und damit gut als solche zu erkennen; sie ist jedoch, da der Druck steigt, trotzdem nicht leicht zurückzuweisen. Während die impliziten Appelle ihre Wirkung im Wesentlichen dadurch entfalten, dass die Partner in das Spiel

verwickelt werden, weil sie nicht merken, was tatsächlich läuft, wirken die Druck-Appelle dadurch, dass sie dem Partner ein Ausweichen unmöglich machen. Wenn der Partner nicht tut, was die Person will, dann ist er schlecht, unmoralisch, inkompetent u.ä.

Man kann somit sagen: *Subtile Appelle wirken durch Verlockung, Druck-Appelle wirken durch Abschreckung.*

Wenn der Druck dieser Art noch nicht ausreicht, kann die Person, sozusagen als letzte Eskalationsstufe, eine *Erpressung* einführen. Dies passiert in der Regel durch eine Selbstmorddrohung (wobei diese wiederum nur angedeutet sein kann oder massiv vorgetragen wird). Die Aussagen können dann lauten:

- „Wenn ich keine Hilfe bekomme, werde ich mich nur noch umbringen können".
- „Wenn ich im Stich gelassen werde, weiß ich nicht, was ich tue" o.ä.

Diese Form des Appells ist in der Regel sehr wirksam: Kaum ein Interaktionspartner will die Verantwortung dafür übernehmen, dass die Person sich umbringt.

2.14.3.3 Arten von Appellen

Man kann grob zwei Arten von Appellen unterscheiden:
- Positive Appelle: Bei diesen sollen die Partner etwas tun;
- Negative Appelle: Bei diesen Appellen sollen die Partner etwas unterlassen.

Bei *positiven Appellen* sollen Interaktionspartner etwas tun, was den interaktionellen Zielen der Person dienlich ist. Hier gibt es sehr viele unterschiedliche Möglichkeiten. Der Partner soll z.B.

- die Sichtweise der Person bestätigen,
- der Person bestätigen, dass sie „normal" ist
- der Person bestätigen, dass sie ganz toll ist, ganz arm dran ist, hilflos ist usw.
- sich mit der Person gegen eine andere Person solidarisieren
- für die Person (rund um die Uhr) verfügbarer sein
- der Person Ratschläge geben
- für die Person Aufgaben übernehmen
- für die Person Verantwortung übernehmen usw.

Positive Appelle, die ein Klient in der Therapie dem Therapeuten gegenüber vorträgt betreffen in aller Regel Handlungen des Therapeuten, die
- den therapeutischen Rahmen überschreiten
  oder
- die den therapeutischen Regeln entgegengesetzt sind.

Der Therapeut soll damit durch Appelle veranlasst werden, sich entweder untherapeutisch oder antitherapeutisch zu verhalten.

Ein typischer Appell, der den therapeutischen Rahmen überschreitet, ist der Appell, „verfügbar" zu sein: Der Klient, der das Image aufgemacht hat, dass es ihm ganz schlecht geht und dass er sich nicht zu helfen weiß, möchte, dass der Therapeut ihm mehr entgegenbringt als nur eine Therapiestunde pro Woche.

Der Klient kann ausführen,
- dass er mehr Stunden pro Woche braucht, weil es ihm so schlecht geht,
- dass er längere Sitzungen braucht, weil er mit 50 Minuten nicht auskommt,

- dass er dringend die Möglichkeit braucht, den Therapeuten privat anzurufen, wenn es ihm mal ganz schlecht geht usw.

Der Therapeut soll hier die Funktion des Lebenshelfers, des Freundes o.ä. übernehmen; auf alle Fälle soll der Therapeut viel mehr tun, als nur eine therapeutische Rolle einzunehmen.

Ein typischer antitherapeutischer Appell ist der Appell, sich mit dem Klienten zu solidarisieren. Ein Klient, der das Image aufgemacht hat, dass er von seiner Frau schlecht behandelt wird, dass seine Frau an dem Problem schuld ist, dass er gar nichts dafür kann und ein Opfer der Partnerin ist, möchte, dass der Therapeut die Meinung des Klienten teilt: Der Therapeut soll bestätigen,
- dass die Frau schuld ist,
- dass der Klient unschuldig ist,
- dass die Frau unmöglich ist usw.

Tut der Therapeut dies, dann verlässt er seine Rolle als Therapeut und nimmt die Rolle eines Freundes ein, der sich mit dem Klienten verbündet. Jedoch tut er noch mehr: Dadurch, dass er die Sichtweise des Klienten bestätigt, nimmt er sich die Möglichkeit, das Problem zu klären; er nimmt dem Klienten die Möglichkeit, seine eigenen Anteile an dem Problem zu klären; er bestätigt und stabilisiert das System des Klienten, er gibt dem Klienten Gelegenheit, sich für einen verschärften Ehekrieg zu munitionieren usw.

Kurz: Der Therapeut verhält sich, folgt er dem Appell des Klienten, *hochgradig antitherapeutisch*.

Bei *negativen Appellen* sollen die Interaktionspartner etwas *nicht* tun, das, wenn sie es täten, den interaktionellen Zielen der Person abträglich wäre. Auch dies spielt in der Therapie eine große Rolle. So versuchen Klienten z.B. den Therapeuten dazu zu veranlassen
- ihre Sichtweise nicht in Frage zu stellen,
- unangenehme Themen nicht zu berühren,
- keine vertiefenden Fragen zu stellen,
- auf Distanz zu bleiben, usw.

Die Bedeutung negativer Appelle ist schwerer einzuschätzen als die positiver Appelle. Folgt der Therapeut einigen dieser Appelle, dann verhält er sich, ebenso wie bei positiven Appellen, eindeutig untherapeutisch oder antitherapeutisch. Dies tut er z.B. dann, wenn er sich dazu veranlassen lässt, dem Klienten keine Fragen mehr zu stellen, den Klienten zu schonen, Konstruktionen nicht mehr zu hinterfragen usw. All dies sollte ein Therapeut nicht tun: Er sollte vielmehr all diese Appelle aufdecken und transparent machen, ihnen jedoch nicht folgen (siehe Kapitel „Therapie").

Es gibt jedoch auch negative Appelle, die ein Therapeut *nicht ignorieren darf*: Signalisiert z.B. ein Klient mit einer sog. schizoiden Persönlichkeitsstörung, dass der Therapeut auf Distanz bleiben soll, dann ist dies ein Signal, das der Therapeut beachten muss. Stellt der Therapeut hier eine zu große Nähe her, dann kann das auf den Klienten bedrohlich wirken und so die Entwicklung einer Therapeut-Klient-Beziehung behindern. Natürlich kann der Therapeut auch diesen Appell transparent machen; anders als bei anderen Appellen, bei denen er sich nicht die Regeln der Therapie vorschreiben lässt, muss er jedoch auf diesen Appell eines solchen Klienten reagieren: Er muss die Distanz wahren, die der Klient als notwendig vorschreibt.

Daher sollte ein Therapeut bei Appellen negativer Art *immer* prüfen, ob sie auf eine „negative" Kontrolle zurückgehen, die typischerweise im Rahmen der sog. schizoiden, schizotypischen, passiv-aggressiven oder paranoiden Persönlichkeitsstörung auftritt. Ist dies der Fall, dann sollte der Therapeut diese Appelle sehr ernst nehmen, denn sie signalisieren Grenzen, die ein Interaktionspartner ohne Genehmigung des Klienten nicht überschreiten sollte.

Derartige Appelle sind z.B.,

- halte Distanz!
- überschreite auf keinen Fall meine Grenzen!
- respektiere mein Tempo!
- erweise Dich erst als vertrauenswürdig, bevor Du etwas von mir verlangst!

3. Folgerungen aus dem Modell der doppelten Handlungsregulation: Interaktionsverhalten von Klientinnen und Klienten im Therapieprozess

3.1 Überblick

Aus dem Modell der doppelten Handlungsregulation können einige Folgerungen über das Interaktionsverhalten von Klienten mit Interaktionsstörungen in der Therapie abgeleitet werden.

Die Spielstruktur wird gravierende Auswirkungen darauf haben, wie ein Klient im Prozess arbeitet, welche Themen er behandelt, wie er die therapeutische Allianz gestaltet und wie er mit dem Therapeuten umgeht.

Diese Folgerungen sollen hier zunächst kurz im Zusammenhang vorgestellt und danach ausführlich erläutert werden.

1. Änderungs-, Therapie und Stabilisierungsmotivation

Den Klienten ist die Problematik als solche wenig repräsentiert; es handelt sich (mehr oder weniger) um eine ich-syntone Störung (Fiedler, 1994a): Die Klienten betrachten ihr Handeln, ihre Ziele usw. als Teil ihrer Person, als "zu sich gehörig".

Die Klienten suchen deshalb in der Regel die Therapie auch nicht auf, um Aspekte ihrer Interaktionsproblematik zu verändern, d.h. sie sind im Hinblick auf diese Problematik gar nicht *änderungsmotiviert*.

Sie wollen im Gegenteil versuchen, ihr System wieder zu stabilisieren, um ihre Ziele weiterhin verfolgen und ihre Handlungen weiterhin ausführen zu können, d.h. sie sind *stabilisierungsmotiviert*: Sie möchten die Therapie dazu nutzen, um ihr System mit Hilfe des Therapeuten "lebbar" zu machen.

2. Zentrale Problembearbeitung

Eine Person, die eine ich-syntone Störung aufweist, die in Bezug auf ihr Handeln zwar Kosten wahrnimmt, aber keinen unmittelbaren „Leidensdruck" spürt, wird in der Therapie keinen „Arbeitsauftrag" erteilen: Sie wird kein Problem definieren (können) und keine therapeutischen Ziele angeben, sie wird auch keine Fragestellungen aufwerfen (z.B. „Warum tue ich X überhaupt?") und auch kaum Verantwortung für einen therapeutischen Klärungsprozess übernehmen.

Eine Therapie ohne Arbeitsauftrag durchzuführen ist für einen Therapeuten aber sehr schwierig, daher ergibt sich aus dieser Situation das Therapieziel, einen Arbeitsauftrag mit dem Klienten zu entwickeln.

3. Inhaltsbearbeitung

Eine zielgerichtete Bearbeitung eines psychischen Problems impliziert, dass ein Klient ein Problem definiert und seine therapeutische Bearbeitung für relevant hält: Weist ein Klient jedoch eine ich-syntone Störung auf, dann ist diese Voraussetzung nicht gegeben.

Man muss daher annehmen, dass in diesem Fall auch die Inhaltsbearbeitung beeinträchtigt ist. Klienten mit ich-syntoner Störung werden Schwierigkeiten haben, ihr Interaktionsverhalten als zentrales Thema der Therapie zu definieren und wenig motiviert sein, die Inhaltes dieses Themas konkret und stringent zu bearbeiten.

4. Vermeidungsstrategien

Arbeiten Therapeuten (aus ihrem Verständnis der Therapie heraus) an einer *Veränderung* des Erlebens und Handelns, fassen Klienten mit Interaktionsstörungen das oft als Bedrohung auf: Als Abwertung ihrer Person, als Versuch, ihnen wichtige Lebensbereiche "wegzunehmen" u.a. Dies aktiviert Gegenmaßnahmen der Klienten ("the system strikes back") in Form von Vermeidungshandlungen, Kritik am Therapeuten u.a.

5. Dysfunktionale Problemkonstruktionen

Eine Person, die Interaktionsstrategien als Teil ihrer Person, ihrer Identität betrachtet, kann diese kaum hinterfragen, sie hält die damit verbundenen Sicht-, Erlebens- und Verhaltens-weisen für zwangsläufig.

Diese Interpretation erschwert es ihr auch, die Reaktionen anderer als Folgen ihres eigenen Handelns wahrzunehmen; sie sieht diese Reaktionen eher als einen Teil „der Realität", auf den sie keinen Einfluss hat.

6. Schwierigkeiten in der Übernahme der Klientenrolle

Ein Klient, der eigentlich kein Problem bei sich wahrnimmt und der damit auch keine Änderungsmotivation aufweist, sieht häufig auch nicht die Notwendigkeit, eine Klientenrolle einzunehmen.

Stattdessen nimmt er andere Rollen in der Interaktion zum Therapeuten ein, die häufig für Therapeuten zu „schwierigen Interaktionssituationen" führen.

7. Beziehungsmotivation der Klienten

Die therapeutische Beziehung aktiviert die Beziehungsmotive der Klienten: Der Klient wird vom Therapeuten angenommen und bildet die Erwartung, dass er in dieser Beziehung wichtig genommen werden kann, akzeptiert werden kann usw.

Die Aktivierung der für den Klienten jeweils zentralen (und in der Motivhierarchie hoch stehenden) Motive hat zur Folge, dass der Klient in der Therapie stark *beziehungsmotiviert* ist: Er möchte, dass der Therapeut ihm eine Beziehung anbietet, die seine zentralen Motive befriedigt (und diese Intention ist ihm, da Motivaktivierung automatisiert geschieht, wahrscheinlich gar nicht bewusst).

Bietet ihm der Therapeut aber mit seinen Handlungen gar nicht eine solche Beziehung an, sondern stattdessen z.B. "Strategien zur Veränderung", dann wird der Klient frustriert, was entsprechend reaktantes Verhalten zur Folge hat: Der Klient "sabotiert" die Therapie, indem er z.B. keine relevanten Informationen gibt, ausweicht, den Therapeuten kritisiert usw. Er wirkt -vom Therapeuten aus gesehen, der einen "kooperativen Klienten" erwartet- als interaktionsschwierig.

8. Testverhalten

Die therapeutische Situation aktiviert aber nicht nur die Beziehungsmotive, sondern auch die negativen Schemata. Das empathische und akzeptierende Beziehungsangebot erweckt die Hoffnung, in dieser Beziehung akzeptiert (usw.) werden zu können, aber auch gleichzeitig die Angst, nicht akzeptabel zu sein und damit doch wieder irgendwann abgelehnt zu werden. Und damit aktiviert es wieder das dem Klienten bekannte Dilemma einschließlich der Lösungen, die der Klient dafür entwickelt hat: Das intransparente Spielverhalten.

Und dieses führt oft zu einem ganz speziellen Interaktionsverhalten: Den Interaktions-Tests oder den Beziehungs-Tests. Dabei testen die Klienten, ob die Therapeuten ihr implizites Versprechen halten, den Klienten auch dann noch zu akzeptieren, wenn er sich nicht „wunschgemäß" verhält oder ob ihre Schemata stimmen, dass Beziehungen nichts bringen und nicht verlässlich sind.

3.2 Änderungs-, Therapie- und Stabilisierungsmotivation

3.2.1 Einleitung

Aufgrund der bisherigen Analysen muss man davon ausgehen, dass es massive therapeutische Konsequenzen hat, wenn ein Klient in Therapie kommt, der eine doppelte Handlungsregulation aufweist.

Derartige Konsequenzen sind deshalb zu erwarten, da man davon ausgehen muss, dass Personen, die eine Spielebene aufweisen, die entsprechenden Handlungen auch in der therapeutischen Interaktion zeigen werden. Das bedeutet: *Eine bei einem Klienten vorliegende Spielebene wird immer in der Therapie relevant.*

Dies folgt aus den Grundannahmen des Modells, dass Personen, die eine Handlungsregulation auf der Spielebene aufweisen, die entsprechenden Handlungen *allen* relevanten Interaktionspartnern gegenüber realisieren. Daraus folgt, dass sie diese Handlungen auch in der therapeutischen Beziehung gegenüber dem Therapeuten realisieren werden. Man kann sogar annehmen, dass ein Therapeut als ein besonders relevanter Interaktionspartner eingeschätzt wird; als eine Person,

- deren Rückmeldung und Bestätigung aufgrund ihres Expertenstatus besonders „wertvoll" sind;

- von der aufgrund ihrer Rolle angenommen werden kann, dass sie sich besonders empathisch und fürsorglich verhalten wird und von der daher komplementäres Verhalten auf der Spielebene in besonders hohem Maße erwartet werden kann.

Es besteht daher eine *besonders hohe Wahrscheinlichkeit* dafür, dass Personen ihr Handeln auf der Spielebene gegenüber Therapeuten realisieren werden.

Und es besteht eine hohe Wahrscheinlichkeit, dass der Klient das Handeln auf der Spielebene *von Anfang an realisiert*, also vom ersten Augenblick des therapeutischen Kontaktes an. Denn wenn der Klient interaktionelle Ziele auf der Spielebene verfolgt, dann ist es äußerst sinnvoll, von Anfang an an der Bildung relevanter Images zu arbeiten und dem Therapeuten keine Möglichkeit zu geben, image-inkonsistente Information zu erhalten: Würde ein Klient sich selbst öffnen, dem Therapeuten Einblick in sein System gewähren oder an der Klärung internaler Determinanten arbeiten, dann würde er zweifellos die Verfolgung interaktioneller Ziele auf der Spielebene selbst sabotieren.

Wenn eine Spielebene aber immer in der Therapie auftaucht, dann ist die entscheidende Frage: *Welche Konsequenzen hat eine Spielstruktur eines Klienten für die therapeutische Arbeit?* Diese Konsequenzen sind vielgestaltig und sollen nun im Einzelnen analysiert werden.

3.2.2 Therapieziele des Klienten

Die erste und vielleicht wesentlichste Konsequenz aus dem Vorliegen einer Spielebene beim Klienten ist die, dass ein Klient ganz bestimmte Ziele im Hinblick auf die Therapie aufweist, und zwar Ziele, die den Therapiezielen des Therapeuten in aller Regel *nicht* entsprechen.

Ein Therapeut verfolgt in der Therapie im Wesentlichen Ziele, die auf eine *konstruktive Veränderung* des Klienten abzielen: Der Klient soll sich und sein System so verändern, dass er eine neue Selbstregulation entwickelt, die ihm eine höhere Lebensqualität ermöglicht. Und er verfolgt das Ziel, dass der Klient letztlich vom Therapeuten unabhängig wird, dass er sein Leben ohne Hilfe und Unterstützung bewältigen kann und dass er Kompetenzen in der Therapie entwickelt, mit neuen Krisen allein konstruktiv fertig zu werden („Psychotherapieziel Selbstbehandlung", Fiedler, 1981; Fiedler & Konz, 1981; Maiwald & Fiedler, 1981).

Der Therapeut möchte daher,
- dass der Klient sich mit sich selbst auseinander setzt;
- dass der Klient die Bereitschaft zeigt, eigene Problemanteile wahrzunehmen und zu bearbeiten;
- dass der Klient, trotz aller Ambivalenz die Bereitschaft zeigt, sich und sein System zu verändern;
- dass der Klient sich bereit zeigt, sich mit den Interventionen des Therapeuten auseinander zu setzen usw.

Ein Klient, der eine Spielstruktur aufweist, verfolgt diese Ziele jedoch nicht: Die interaktionellen Ziele und Handlungsstrategien auf der Spielebene zielen darauf ab, andere Personen so zu manipulieren, dass sie den eigenen Zielen dienlich sind und dass diese Ziele möglichst wenig verändert werden müssen. Der Klient verfolgt somit Ziele, die im Wesentlichen auf *Bestätigung und Stabilisierung seines Systems* hinauslaufen und die das interaktionelle Ziel implizieren, *Kontrolle über den therapeutischen Prozess zu erlangen.*

Der Klient möchte z.B.

- dass der Therapeut seine Sichtweise bestätigt;
- dass der Therapeut sich mit ihm solidarisiert;
- dass der Therapeut Verantwortung für ihn übernimmt;
- dass der Therapeut für ihn arbeitet (Ratschläge gibt, Arbeit abnimmt usw.);
- dass der Therapeut die Konstruktionen des Klienten *nicht* hinterfragt;
- dass der Therapeut den Klienten schont;
- dass der Therapeut keine unangenehmen Themen, die der Klient vermeiden möchte anspricht;
- dass der Therapeut den Klienten nicht mit seinen eigenen Handlungen konfrontiert.

Alle diese Ziele laufen darauf hinaus, *dass der Therapeut für die interaktionellen Ziele des Klienten funktionalisiert werden soll.* Dies ist genau das, was der Klient auch im Alltag mit anderen Interaktionspartnern tut: Er versucht, sie für die eigenen Ziele zu funktionalisieren. Damit versucht der Klient aber, den Therapeuten *in sein System einzubauen: Der Therapeut soll als Stabilisator verwendet werden, als eine Person, die das System des Klienten stützt, stabilisiert und aufrechterhält.*

Der Therapeut soll dem Klienten helfen, seine Ansichten zu stabilisieren, ihn bei Auseinandersetzungen mit dem Partner zu unterstützen, ihn zu exkulpieren. Aber auch Symptome zu reduzieren, psychische Entlastung zu schaffen usw. Das bedeutet aber: Die interaktionellen Ziele auf der Spielebene bedeuten nicht, dass der Klient in Therapie kommt, um sich und sein System zu ändern; *sie bedeuten vielmehr, dass der Klient in Therapie kommt, um sein System mit Hilfe des Therapeuten zu stabilisieren.* Der Klient kommt in Therapie, um sein System mit Hilfe des Therapeuten *lebbar* zu machen, d.h. *er kommt in Therapie, um sich und sein System nicht ändern zu müssen!*

Ein Therapeut kann jedoch diese Ziele des Klienten *keinesfalls übernehmen:* Denn nach diesen Zielen zu handeln, würde bedeuten, dass dysfunktionale System des Klienten zu bestätigen, zu stabilisieren und zu elaborieren. Würde ein Therapeut diesen zielen folgen, dann würde er sich in höchstem Maße *antitherapeutisch* verhalten.

3.2.3 Therapiemotivation statt Änderungsmotivation

Aufgrund dieser Analyse ist es auch äußerst wesentlich, zwischen Therapiemotivation und Änderungsmotivation zu unterscheiden.

Änderungsmotivation bedeutet, dass ein Klient willens und bereit ist, sich im und durch den Therapieprozess zu verändern. Natürlich ist diese Motivation immer ambivalent (Caspar, 1982; Caspar & Grawe, 1980, 1985; Grawe, 1982, 1987a; Sachse, 1992a, 1996a): Ein Klient hat immer neben der Tendenz, sich zu ändern, auch die Tendenz, das System beizubehalten und zu „reparieren": Ein Klient hat immer neben der Hoffnung auf konstruktive Änderungen auch Angst vor der Veränderung, Angst davor, Stabilität zu verlieren, auf unangenehme Inhalte zu stoßen usw.

Daher muss man Änderungsmotivation immer als Resultierende aus verschiedenen Tendenzen verstehen; aus Annäherungstendenzen und aus Vermeidungstendenzen.

72

Änderungsmotivation bedeutet dann in dieser Sicht, dass die Tendenzen zur Änderung größer sind als die Tendenzen zur Vermeidung oder zu Stabilisierung.

Therapiemotivation ist dagegen lediglich die Tendenz, eine Therapie aufzusuchen. Und hier muss man sich sehr deutlich klar machen, dass Änderungsmotivation nur *ein* möglicher Grund ist, in Therapie zu kommen. Ein Klient kann nämlich auch eine ganze Reihe von Gründen haben, in Therapie zu kommen, wenn er *nicht* änderungsmotiviert ist. Ein Klient kann, wie ausgeführt, eine Therapie aufsuchen, um sein System mit Hilfe des Therapeuten zu stabilisieren. Das bedeutet im Extremfall: *Ein Klient kann in Therapie gehen, um sein System nicht ändern zu müssen.* Die Intention, das eigene System zu stabilisieren, kann ebenso gut ein Grund sein, in Therapie zu gehen wie die Intention, das eigene System zu verändern.

Für Therapeuten ist es sehr wesentlich zu erkennen, dass die Tatsache, dass ein Klient in Therapie kommt, keineswegs zwangsläufig impliziert, dass der Klient änderungsmotiviert ist: Sie kann ebenso gut implizieren, dass der Klient sein System *nicht* ändern will, jedoch den Therapeuten zur Stabilisierung seines Systems benötigt.

3.2.4 Unterschiedliche Arten von Therapiemotivation

Man muss nach den bisherigen Analysen annehmen, dass das Vorliegen einer Spielebene bei einem Klienten immer auch impliziert, dass der Klient in der Therapie eine Motivation aufweist,

- den Therapeuten für seine Ziele zu funktionalisieren;
- sein System mit Hilfe des Therapeuten in irgendeiner Weise zu stabilisieren.

Man kann auch annehmen, dass das Ausmaß dieser Stabilisierungsmotivation umso größer ist, je stärker die Spielebene gegenüber der Motivebene ausgeprägt ist: Klienten mit sehr ausgeprägter Spielebene werden auch in sehr hohem Maße versuchen, Interaktionspartner zu funktionalisieren; und sie werden dies ebenfalls mit dem Therapeuten versuchen. Sie werden daher versuchen, den Therapeuten „in ihr System einzubauen".

Bezüglich der Arten und Gründe für eine stabilisierende Therapiemotivation kann es Unterschiede geben: Die Klienten könnten unterschiedliches vom Therapeuten wollen und sie können dies auch aus Unterschiedlichen Gründen wollen. Im Folgenden sollen einige der m.E. besonders häufigen intentionalen Strukturen aufgezeigt werden, die Klienten mit Spielstrukturen aufweisen können. Wiederum handelt es sich nur um eine Beschreibung von Prototypen, die dem Therapeuten eine Analyse des Problems erleichtern soll.

3.2.4.1 Therapie als Alibi

Die Intentionsstruktur „Therapie als Alibi" resultiert dann, wenn ein Klient von einem Partner (oder einer anderen relevanten Bezugsperson) „in Therapie geschickt wird", selbst jedoch kein Interesse an einer Veränderung hat.

Der Klient empfindet sein eigenes Verhalten selbst als in Ordnung oder als nicht störend: wie er lebt, wie er handelt, seine Ziele, Überzeugungen und Regeln sind für ihn stimmig; er möchte das alles so lassen oder hat zumindest nicht den Eindruck, es müsste sich daran etwas ändern. Möglicherweise würde er eine Veränderung sogar als Beeinträchtigung, Verlust, Einschränkung o.ä. erleben. Dieses Handeln geht dabei in aller Regel auf eine Spielebene zurück: Es ist ein intransparentes, den Partner manipulierendes Handeln. Der Partner setzt den Klienten in aller Regel auch erst dann unter Druck, sich zu verändern, wenn er selbst nicht mehr bereit ist, sich komplementär zu verhalten. Die Botschaft ist dann oft: „Entweder Du änderst Dich oder ich verlasse Dich!"

Der Partner ist bezüglich der Problemdefinitionen jedoch anderer Meinung als der Klient: Er leidet unter dem Verhalten des Klienten, empfindet bestimmte Überzeugungen oder Handlungen als störend, einschränkend, abstoßend usw. Möglicherweise hat sich der Partner eine ganze Zeit lang damit arrangiert, in der Hoffnung, dass der Klient sich ändert oder dass der Partner ihn ändern kann. Doch irgendwann kommt der Partner an den Punkt, an dem „es reicht": Er ist nicht länger bereit, das Verhalten des Klienten zu akzeptieren und er glaubt auch nicht mehr, dass es sich ohne gezielte Interventionen ändert. Daher beginnt er nun, den Klienten unter Druck zu setzen: Entweder der Klient unternimmt etwas Konkretes, geht in Therapie und zeigt so eine Bereitschaft zur Veränderung, oder der Partner muss die Konsequenz ziehen und ihn verlassen. Möchte der Klient jedoch nicht, dass die Beziehung beendet wird, dann beginnt an dieser Stelle das Alibi-Spiel.

Der Klient ist hier in einer Zwangslage: Er muss einerseits aktiv werden, handeln und muss sich in Therapie begeben. Damit kann der Partner zufrieden gestellt werden, denn der Klient signalisiert: „Guck mal, was ich für Dich tue! Ich unternehme etwas und ändere mich!"

Tatsächlich will sich der Klient jedoch durch die Therapie nicht ändern, und dafür hat er meistens zwei gewichtige Gründe:

1. Er findet sein Verhalten nicht änderungsbedürftig, sondern hat u.U. sogar Sorge, dass eine Änderung ihm Nachteile bringt. Und dies ist wohl auch korrekt: Denn der Klient müsste seine interaktionellen Ziele und Strategien auf der Spielebene aufgeben, die er bisher (einigermaßen!) erfolgreich eingesetzt hat.

2. Eine Veränderung seiner Person würde dem Partner Recht geben: Wenn der Klient sich ändert, dann erkennt der Klient die Definition des Partners an, dass er an dem Problem schuld ist. Wenn er sich ändert und das Interaktionsproblem daraufhin verschwindet, dann hatte sein Partner Recht. Er, der Klient hatte die Verantwortung für die Misere, er war „schuld". Wenn er diese Definition seines Partners nicht akzeptieren will, resultiert daraus, dass er sich auch nicht ändern darf.

Aus dieser Konstellation resultiert für den Klienten in der Therapie eine doppelte Aufgabe:

1. Auf der einen Seite darf die Therapie nicht erfolgreich sein: Der Klient darf nicht in die Gefahr geraten, sich durch Therapie zu ändern. Daraus resultiert die Aufgabe, in der Therapie möglichst wenig effektiv zu arbeiten: Der Klient muss die therapeutische Arbeit so weit wie möglich sabotieren, er darf Interventionen des Therapeuten nicht umsetzen, er darf sich möglichst nicht mit der Klärung eigener Aspekte beschäftigen, kein neues Verhalten ausprobieren usw.

2. Andererseits muss der Klient jedoch eine Zeit lang in der Therapie bleiben, um dem Partner gegenüber guten Willen zu zeigen. Wäre die Therapie nach wenigen Stunden

schon zu Ende, wäre das fatal: der Partner wäre verärgert, könnte dem Klienten mangelnde Änderungsbereitschaft vorwerfen und seine Trennungsdrohung wahr machen. Der Klient muss daher in Therapie bleiben.

Angesichts seiner Arbeitssabotage riskiert er jedoch, vom Therapeuten aus der Therapie geworfen zu werden. Daher muss er etwas tun, was den Therapeuten gütlich stimmt, er muss den Therapeuten „füttern". Dies kann er tun, indem er

- dem Therapeuten gegenüber betont, wie wichtig Therapie für ihn ist und wie toll es ist, endlich einen Therapieplatz gefunden zu haben;
- wie wohl er sich in der Therapie fühlt und wie gerne er jedes Mal zur Therapiestunde kommt;
- wie groß seine Erkenntnis ist: dass ihm nun Dinge deutlich werden, die er so noch gar nicht kannte usw.;
- wie groß schon jetzt der therapeutische Fortschritt ist und welche deutlichen Veränderungen er schon gemacht hat;
- den Therapeuten für einzelne Interventionen lobt („das ist eine sehr gute Frage");
- den Therapeuten überhaupt für seine Kompetenz lobt („sie verstehen mich viel besser als mein früherer Therapeut") usw.

Das Problem besteht jedoch darin, dass diese Art von Balanceakt nicht stabil sein kann. Der Partner, der den Klienten zur Therapie getrieben hat, will letztlich ja nicht, dass der Klient sich weiter Therapie in Therapie befindet: Letztlich will er *Veränderungen* sehen. Da der Klient die Therapie sabotiert, sind Veränderungen aber gar nicht möglich: Der Partner wird daher mit der Zeit ungehalten werden und den Klienten erneut unter Druck setzen. Hier kann der Klient eine Lösung anbringen, die funktional ist: Er muss dem Therapeuten den schwarzen Peter für den Misserfolg zuschieben. Dann kann er seinem Partner gegenüber folgendes Argument aufmachen:

- du hast ja gesehen, wie motiviert ich war, mich zu verändern;
- ich bin immer zur Therapie gegangen;
- ich habe hohe Erwartungen in die Therapie gesetzt;
- leider zeigt sich nun, dass der Therapeut nicht kompetent ist;
- daher breche ich jetzt besser den untauglichen Versuch ab;
- ich bin aber motiviert, es mit einem neuen Therapeuten erneut zu versuchen.

Auf diese Weise kann der Klient auf Zeit spielen: Wie lange ihm das gelingt, hängt entscheidend vom Partner ab.

Die innertherapeutische Konsequenz dieser Strategie kann sehr dramatisch sein, insbesondere, wenn der Therapeut nicht bemerkt hat, dass im Therapieprozess etwas nicht stimmt. Dann ist der Therapeut über Stunden gelobt worden und dann setzt sich der Klient zu Beginn einer Stunde hin und sagt: „Ich bin mit unserer Arbeit leider völlig unzufrieden. Ich habe den Eindruck, dass sich im Grunde doch gar nichts getan hat. Ich glaube, sie haben mich bis jetzt noch nicht richtig verstanden. Das richtet sich nicht gegen Sie persönlich, aber ich glaube, sie sind für mein Problem nicht kompetent genug. Ich hatte gleich den Eindruck, dass sie noch so jung sind, aber ich wollte Ihnen eine Chance geben".

Der Therapeut, der sich stundenlang im Lob des Klienten gesonnt hatte, bekommt nun unvermittelt einen Kübel Jauche über den Kopf. Leider hat der Klient hier dann auch nicht ganz Unrecht: Die Tatsache, dass der Therapeut die immer vorhandenen Warnsignale übersehen hat, zeigt, dass er tatsächlich nicht kompetent genug war.

Das Erste, was einen Therapeuten beim Vorliegen eines Alibi-Spiels warnt, ist in der Regel die Empfindung von *Diskrepanzen*: Der Klient behauptet, die Therapie sei für ihn wichtig, aber er arbeitet nicht; der Klient sagt, es habe sich schon viel verändert, aber der Therapeut kann nicht sehen, was; der Klient macht das Image auf, ein kooperativer Klient zu sein, der Therapeut fühlt sich jedoch stattdessen sabotiert, hilflos, mattgesetzt; der Klient sagt, er arbeite so intensiv, aber der Therapeut kann kaum ein Thema benennen, an dem der Klient kontinuierlich arbeitet usw. Die Aussage des Klienten stimmt nicht mit dem Eindruck überein, den der Therapeut hat: Der Therapeut kann die Aussagen des Klienten nicht nachvollziehen, nicht auf Daten beziehen.

3.2.4.2 Umgrenzte Probleme: Co-Morbidität mit Achse-I-Störungen

Klienten, die eine Spielstruktur aufweisen, können ihre eigenen Verhaltens- und Erlebensweisen, ihre Ansichten und Motive in Ordnung finden und der Meinung sein, dass diese nicht zu verändert werden brauchen bzw. dass sie nicht verändert werden sollten.

Sie können jedoch andere Probleme aufweisen, die keineswegs „ich-synton" sind, sondern die den Klienten in hohem Maße stören und die nach Ansicht des Klienten dringend verändert werden sollten, und zwar möglichst schnell. Diese Probleme sind in der Regel Co-Morbiditäten mit sog. „Achse-I-Störungen" (des DSM IV, vgl. Alnaes u. Torgersen, 1988, 1991; Andreali et al., 1989; Blaskfield & Davis, 1993; Flick et al., 1993; Fydrich et al., 1996; Fydrich, Schmitz et al., 1996; Mavissakalian et al., 1993; Rossiter et al., 1993; Sanderson et al., 1992, 1994; Shea et al., 1987), z.B.:
- Panik: Der Klient zeigt ein Paniksyndrom, das sehr unangenehm und belastend ist, das die Lebensqualität erheblich einschränkt;
- Depression: der Klient leidet unter einem dysphorischen Zustand, der Aktivitäten lähmt und schwer auszuhalten ist;
- Somatisierungs-Störung: Der Klient zeigt eine hohe Zahl (wechselnder) körperlicher Beschwerden, die ihn beeinträchtigen und veranlassen, Ärzte aufzusuchen;
- Sexuelle Schwierigkeiten: Störungen der Appetenz oder Beeinträchtigungen der Sexualfunktionen motivieren den Klienten dazu, therapeutische Hilfe in Anspruch zu nehmen.

In allen diesen Fällen hat der Klient aus seiner eigenen Perspektive den Eindruck, ein klar umgrenztes, isoliertes Problem zu haben: Er hat eine Panikstörung, das ist nicht in Ordnung. Der „Rest" seiner Person ist jedoch in Ordnung.

Daraus folgt
- dass die Panik mit seiner Person oder Persönlichkeit nichts zu tun hat;
- dass daher in der Therapie andere Inhaltsaspekte auch nicht berücksichtigt werden müssen;
- dass daher die Panik isoliert behandelt werden kann und behandelt werden muss.

Prominent ist daher in diesem Fall ein *eingeschränkter Arbeitsauftrag*:

Es soll in der Therapie an der Panik gearbeitet werden und nur daran. Die Bearbeitung aller anderen Aspekte der Person, des Lebens, sollen aus der Bearbeitung ausgeklammert werden. Dabei kann die Eingrenzung als solche heftig vorgetragen werden.

Der Klient

- kann bereits zu Therapiebeginn betonen, dass nur das von ihm explizit thematisierte Problem behandelt werden soll
- dass er nicht über andere Inhaltsbereiche sprechen möchte, weil „alles in Ordnung ist": Der Klient macht damit *thematische Sperren* auf.

In der Regel reagiert der Klient auf ein Überschreiten der thematischen Sperre mit *direkter Kontrolle* des Therapeuten. Thematisiert der Therapeut doch andere Inhalte (z.B. weil er meint, dass diese bei der Analyse des explizit genannten Problems eine Rolle spielen), dann kann sich der Klient explizit wehren oder den Therapeuten strafen. Besonders beliebt ist das *Verschlimmerungsargument*:

- der Klient betont, dass es ihm nun nach der (unerlaubten) Intervention des Therapeuten schlecht gehe: Die Frage des Therapeuten habe „alles aufgewühlt", den Klienten völlig hilflos gemacht u.ä.;
- der Klient kann auch am Ende der Stunde deutlich machen, dass es ihm psychisch sehr schlecht geht: Er weiß gar nicht, wie er mit diesem Zustand „über die Woche kommen soll"; alles ist schlimmer als vorher; der Therapeut hat durch seine Fragen alles wieder hochgeholt, ohne jedoch dem Klienten wirksame Hilfe anzubieten u.ä.;
- oder aber der Klient bringt dieses Argument zu Beginn der nächsten Stunde: nach der letzten sei er „völlig aufgelöst gewesen", „habe sich gar nicht beruhigen können", habe eine „entsetzliche Woche durchgemacht" usw.

Der Sinn dieses Vorgehens ist klar: Folgt der Therapeut nicht den Regeln des Klienten, dann muss er diszipliniert werden. Der Klient signalisiert somit, dass die Vorgehensweise des Therapeuten nicht nur nicht hilfreich, sondern im Gegenteil, geradezu antitherapeutisch sei: Der Therapeut stürzt den Klienten in Verzweiflung, er gibt ihm keine Hilfe, er verschlimmert den Zustand, er erkennt nicht einmal, was er tut. So hat sich der Klient die Therapie wirklich nicht vorgestellt; das Vorgehen ist geradezu verantwortungslos; es weist auch auf geringe Kompetenz, mangelndes Einfühlungsvermögen hin.

Der Klient erwartet hier vom Therapeuten

- dass dieser hier ein schlechtes Gewissen wegen seiner Handlungen bekommt;
- dass er Angst bekommt, von dem Klienten weiter abgewertet zu werden;
- dass er sich für sein ungebührliches Vorgehen entschuldigt;
- und, vor allem, dass er verspricht, derartige Interventionen nie mehr zu verwenden und sich stattdessen an die Regeln des Klienten zu halten.

3.2.4.3 Kostenreduktion

Ein Klient kann bemerken, dass seine Lebensweise, seine Ziele, seine Handlungen u.a. hohe Kosten erzeugen und den Eindruck haben, dass diese Kosten nicht mehr tragbar sind. Dabei kann es sich um sehr unterschiedliche Arten von Kosten handeln:

- der Klient kann bemerken, dass seine Gesundheit leidet: Er bekommt ernsthafte Herzprobleme, Bluthochdruck u.ä., die gesundheitlichen Probleme beginnen u.U., ein gefährliches Ausmaß anzunehmen;
- die Leistungsfähigkeit kann abnehmen: der Klient bemerkt, dass er erschöpft ist, dass seine Konzentrationsfähigkeit abnimmt, dass er die „Kontrolle über sich verliert";

- der Klient fühlt sich psychisch belastet: Er hat den Eindruck, niedergeschlagen, bedrückt zu sein, er fühlt sich unwohl, angespannt, unruhig; er kann dies aber an keinem speziellen Problem festmachen;
- der Klient kann bemerken, dass er durch sein Verhalten zunehmend Probleme mit anderen Menschen bekommt: Andere reagieren negativ, ziehen sich zurück usw.

In diesen Fällen kann ein Klient in Therapie kommen, *um seine Kosten zu reduzieren*. Der Klient möchte dabei die Kosten seines Handelns, seines Systems reduzieren, *damit er ansonsten alles beim Alten lassen kann*. Die intentionale Struktur dieses Spiels besteht also gerade darin, *nicht* an einer Veränderung der eigenen Person, eigener Ziele, Motive, Überzeugungen usw. zu arbeiten, sondern diese beizubehalten, die dysfunktionalen Aspekte des Systems, die Kosten, Belastungen usw. jedoch abzubauen. Der Auftrag an den Therapeuten lautet daher *„Machen sie mein System lebbar!"*.

Daraus resultiert ein *eingeschränkter Arbeitsauftrag*: Es soll an der Reduktion der Kosten gearbeitet werden (an den Symptomen, an dem Stress, an der „mangelnden Leistungsfähigkeit" usw.) und an sonst gar nichts. Eine Bearbeitung anderer persönlicher Aspekte, Motive, Ziele, Überzeugungen, kommt nicht in Frage (ist sogar „verboten").

Aus dem System resultiert aber nicht nur ein eingeschränkter, sondern auch ein *paradoxer Arbeitsauftrag*: Der Klient will „stressresistenter" gemacht werden, die eigentlichen Ursachen des Stress, die Ziele, Verarbeitungen usw. dürfen aber nicht angegangen werden. Der Klient will seine Symptome beseitigt haben, die psychischen Grundlagen dieser Symptome dürfen aber nicht bearbeitet werden. Dies ist ungefähr so, als würde ein Patient zum Arzt gehen und sagen: „Ich habe Magenschmerzen und die will ich weghaben. Aber Schlauchschlucken ist mir unangenehm, Röntgen belastet meinen Körper usw. Und Tabletten nehme ich auch nicht, denn das lehne ich ab. Aber behandeln Sie mich ja richtig, und tun sie es schnell!" Dies ist die klassische Struktur von „wasch mir den Pelz, aber mach mich nicht nass": es soll etwas geändert werden, aber ohne Kosten, ohne Mühe, ohne, dass man dafür etwas aufgeben muss.

Nun muss man dazu aber sagen: könnte man zaubern, wäre man wahrscheinlich kein Therapeut geworden, sondern könnte in anderen Kontexten wesentlich mehr Geld verdienen: Möchte der Klient einen Schamanen, ist er hier an der falschen Adresse. Dies muss man sich selbst und gegebenenfalls auch einem Klienten klar machen. Man kann hier wunderbar Schiller zitieren (Jungfrau von Orleans): „Kann ich Armeen aus dem Boden stampfen? Wächst mir ein Kornfeld auf der flachen Hand?" Nicht dass ich wüsste!

3.2.4.4 Gesundheitskostenreduktion

Klienten, die einen Herzinfarkt hinter sich haben und in Rehabilitation kommen, zeigen gute Beispiele für den Auftrag „mach mein System lebbar, aber lass es ansonsten unangetastet". Sie möchten, dass der Therapeut sie „wieder fit macht", dass sie möglichst schnell wieder möglichst leistungsfähig werden, damit alles so weitergehen kann wie bisher (das erinnert mich immer an den Huxley-Spruch aus „Schöne neue Welt": „Lieber Ford mach mich schnell, wie dein erstes T-Modell").

Diese Klienten zeigen meist wenig Bereitschaft, sich und ihr System zu ändern: Sie halten ihre Leistungsziele für angemessen, sie benötigen diese zur Definition ihrer Identität (es sind Identitätsziele im Sinne Gollwitzers, 1986, 1987a, 1987b, 1989). Es wäre für sie die Arbeit an einer neuen Identität, würden sie wirklich ihre Normen, Standards und Ziele überdenken, klären und verändern. Dies ist jedoch mit großer Angst verbunden und wird systematisch vermieden: Die Vermeidung ist dadurch möglich, dass diese Ziele als angemessen, nicht klärungs- oder veränderungsbedürftig definiert werden. Damit macht der Klient an dieser Stelle deutlich thematische Sperren auf: Der Therapeut soll ja nicht auf die Idee kommen, Ziele, Motive oder Normen zu hinterfragen. Stattdessen wird ein klarer und eingeschränkter Arbeitsauftrag an den Therapeuten gegeben: Machen sie mich wieder fit! Stellen sie mich wieder so weit her, dass ich genau dort weitermachen kann, wo ich vor dem Herzinfarkt war!

Teilaufträge dieses Arbeitsauftrages können sein:

- Machen sie mich stressresistenter!
- Bringen sie mir Entspannungstraining bei, damit ich mich schnell und effektiv regenerieren kann!
- Sorgen Sie dafür, dass ich leistungsfähiger bin als vorher.

Es ist aus psychologischem Verständnis heraus wohl völlig klar, dass ein Therapeut derartige Aufträge nicht ausführen kann: So ist z.B. „Stress" ein komplexer Vorgang, bei dem Ziele, Motive, Interpretationen, Coping-Ressourcen usw. eine Rolle spielen und in komplexer Weise interagieren (vgl. Eiff 1979; Laux, 1983; Lazarus, 1981, 1982; Nitsch, 1981; Sachse, 1995; Schwarzer, 1987). Man wird es daher wohl kaum fertig bringen, den Klienten „stressresistenter" zu machen, ohne die komplexen Ursachen des Stress zu analysieren (zumindest wird man es nicht auf Dauer schaffen). Aber selbst wenn man es könnte, sollte man sich m.E. als Therapeut genau überlegen, ob man es tun sollte. Denn dem Auftrag des Klienten zu folgen bedeutet letztlich, ein pathologisches, ungesundes System zu stabilisieren. Ich bezweifle, dass unsere Aufgabe als Therapeuten darin besteht, dysfunktionale Systeme zu stabilisieren (vielleicht von wenigen Ausnahmen abgesehen: z.B., wenn man einen schwer kranken Krebspatienten in seinem System stabilisiert); ich persönlich habe massive Probleme mit einem solchen Arbeitsauftrag. Und ich glaube, dass die Übernahme eines solchen Auftrages, zumindest bei der Reduktion von Gesundheitskosten, den Klienten *gefährdet*: Ein Herzinfarkt-Rehabilitations-Patient, den ich „stressresistent" mache, wird dies nutzen, um so zu arbeiten wie bisher, ja er wird vielleicht sogar, stressresistent wie er nun ist, noch mehr arbeiten. Dann aber kann ich die Tür der Intensivstation gleich offen lassen, denn der nächste Herzinfarkt ist absehbar. Es fragt sich daher, ob ich es wirklich therapeutisch verantworten will, den Klienten ungewarnt diesen Weg gehen zu lassen.

3.2.4.5 „Mach' mich gelassen"

Ein interessanter, eingeschränkter Arbeitsauftrag ist auch, „gelassener" zu werden. Der Klient hat den Eindruck, ständig von eigenen Gefühlen gestört, irritiert, abgelenkt, beeinträchtigt zu werden. Er ärgert sich zu viel, regt sich zu viel auf, ist „emotional labil" usw.

Der Klient betrachtet diese Gefühle nicht als persönlich relevante Informationen, die etwas Wichtiges über ihn aussagen und die man vielleicht ernst nehmen sollte, sondern nur als „lästiges Rauschen", das die Erreichung von Zielen stört und das dringend „abgestellt" werden muss. Der Klient will daher mit Hilfe des Therapeuten lernen, seinen Ärger zu kontrollieren, gelassener zu werden, sich weniger aufzuregen. Dies impliziert aber, dass der Therapeut auf keinen Fall Motive, Ziele, Überzeugungen usw. hinterfragt oder analysiert, denn dies würde den Klienten ja noch mehr aufregen, noch instabiler machen, würde Gefühle evozieren zu kontrollieren.

3.2.4.6 Mülleimer

Klienten können in Therapie kommen, um sich mit Hilfe des Therapeuten zu entlasten: Sie haben niemanden, mit dem sie reden können, dem sie ihr Leid klagen können, niemanden, der ihnen zuhört. Dazu nutzen sie dann einen Therapeuten. Ihre Intention ist dabei nicht, sich oder ihr System zu verändern und daher in der Therapie systematisch zu arbeiten; ihre Intention ist vielmehr, die Therapiestunde zur seelischen Entlastung zu nutzen. Sie kommen in die Therapie um, „sich auszukotzen", sie benutzen den Therapeuten als eine Art Mülleimer, der allen seelischen Krempel aufnimmt, der sich die Woche über angesammelt hat. Ihre Intention ist daher ganz klar systemstabilisierend: Sie möchten sich mit Hilfe des Therapeuten so weit entlasten, dass ihr System lebbar wird. Die Mülleimer-Strategie reduziert die Kosten und reduziert damit gleichzeitig die Motivation des Klienten in der Therapie konstruktiv-verändernd zu arbeiten.

Das Mülleimer-Spiel macht sich im Wesentlichen dadurch bemerkbar, dass der Klient nicht an einem Problem oder Thema arbeitet: Der Klient zeigt vielmehr ein ausgeprägtes „thematisches Vagabundieren" (Dörner, 1988; Dörner et al., 1983; Vogel, 1993; Vogel u. Schulte, 1991). Der Klient erzählt dabei Geschichten. Er erzählt, was sich die Woche über ereignet hat, was sich früher ereignet hat, was ihn daran stört usw. Dabei wechseln die Inhalte im Sinne eines freien Assoziierens. Der Klient weist damit (oft zur Verzweiflung des Therapeuten) keine thematische Stringenz auf: Er kommt von einem Aspekt auf den anderen, verliert sich in völlig irrelevanten Details, walzt Nebenaspekte exzessiv aus usw. Diese Art von Gesprächen bezeichnen wir als „Friseur-Gespräche". Das Gespräch könnte ohne weiteres in der gleichen Form außerhalb der Therapie stattfinden: beim Friseur, an der Bar, im Zug. Das Gespräch hat damit jede Spezifität verloren, die es als therapeutisches Gespräch ausweisen könnte: Der Klient hat die Therapie in eine Alltagskommunikation verwandelt (und der Therapeut hat das zugelassen!).

Der Klient hat kein vordringliches Thema oder Problem, das er behandeln möchte oder behandeln muss: Es ist eigentlich alles wichtig.

Damit hat der Klient auch keinen Arbeitsauftrag: Der Therapeut weiß nicht, woran oder woraufhin der Klient eigentlich arbeiten will:

- es wird kein Problem klar;
- die idiosynkratische Problematik bleibt unklar: Was genau belastet *den Klienten* eigentlich?
- das Ziel bleibt unklar: was genau will der Klient eigentlich erreichen?

- Der Klient hat auch *keinerlei Fragestellungen* hinsichtlich bestimmter Problemaspekte oder Inhalte. Es werden keine Inhalte als wichtig, zentral oder relevant erkennbar. Dem Therapeuten bleibt damit unklar, warum der Klient eigentlich in Therapie kommt: Was der Klient inhaltlich vom Therapeuten will ist nicht identifizierbar. Trotzdem ist dem Klienten die Therapie wichtig und er hält seine Termine immer ein: Der Therapeut fragt sich jedoch zunehmend, was der Klient überhaupt bearbeiten, erreichen, tun will.

Der Therapeut versucht hier manchmal, um Struktur in den Prozess zu bringen, den Klienten auf ein Thema festzulegen: Er bittet den Klienten, bei einem bestimmten Aspekt zu bleiben und diesen dann ganz genau zu betrachten. Die Standardentgegnung des Klienten ist dann, dass er dem Therapeuten im Prinzip zustimmt: Sicher ist dieses Thema wichtig, und man sollte schon dabei bleiben. Jedoch sei leider in der letzten Woche so viel passiert, es habe sich so viel „angestaut", darüber müsse der Klient zunächst reden, das belaste ihn ansonsten zu stark. Das sei nur ganz kurz nötig, allenfalls fünf Minuten: Die fünf Minuten dauern dann jedoch fünfzig und in der nächsten Stunde setzt sich diese Struktur ungebrochen fort. Der „Wochenspiegel" dominiert das therapeutische Geschehen.

Bei dieser Interaktion wird besonders drastisch deutlich, dass eine Analyse der Inhalte, ein Verstehen auf der Inhaltsebene nicht weiterführt: die Inhalte sind trivial, irrelevant, leer. Auf der Inhaltsebene greift das Verstehen ins Leere.

Erst wenn man die Inhaltsebene verlässt und sich ansieht, *welche Funktionalität das Handeln des Klienten hat*, versteht man, was im Prozess passiert. Man versteht das Verhalten des Klienten, wenn man sich fragt:

- Was will der Klient vom Therapeuten?
- Worum geht es dem Klienten *eigentlich*?
- Was will er mit seinem Verhalten erreichen?
- Was soll der Therapeut für ihn tun?

Diese Fragen beziehen sich im Wesentlichen auf *interaktionelle Intentionen* des Klienten, es sind daher *Fragen auf der Beziehungsebene*. Sobald man den Fokus der Analyse von der Inhalts- auf die Beziehungsebene „verlegt", versteht man, was passiert: das vorher rätselhafte, konfuse Klientenverhalten wird dann plötzlich sinnvoll und zielorientiert.

3.2.4.7 Therapie in „ich-dystoner Phase"

Klienten, die ansonsten ihr Verhalten, ihre Ziele und Überzeugungen gut und funktional finden, können Phasen haben, in denen es ihnen nicht gut geht (Fiedler, 1994a). So kann ein Klient mit einer sog. „Narzisstischen Störung" im Allgemeinen mit sich und seinen Standards zufrieden sein. Eine Phase von Misserfolgen und Kritik kann das System jedoch völlig umkippen: Der Klient ist depressiv, hält sich für einen völligen Versager, glaubt, völlig unattraktiv zu sein usw. In dieser Phase kann das Bedürfnis nach therapeutischer Hilfe groß sein.

Die hervorstechende Intention ist jedoch auch hier nicht, das System grundlegend zu hinterfragen, zu klären und zu verändern: Die Intention ist vielmehr, in den positiven Zustand zurückzukehren, und diesen Zustand dann zu stabilisieren. Auch hier sollen somit die Kosten des Systems reduziert werden: der Klient möchte „nicht mehr abstürzen", möchte „gegen Kritik unempfindlich werden", möchte sich selbst besser unter Kontrolle haben.

Der Arbeitsauftrag an den Therapeuten ist damit deutlich eingeschränkt. Der Therapeut soll ganz bestimmten Zielen folgen und anderen nicht, der Klient bestimmt damit die Regeln des therapeutischen Arbeitens. Die Aufgabe des Therapeuten besteht hier - nach Meinung des Klienten - auch wesentlich darin, den Klienten zu bestätigen und zu bestärken; dem Klienten zu bestätigen wie toll er eigentlich ist, dass seine Ansichten richtig sind, dass sie jedoch von anderen verkannt werden usw.

3.2.5 Therapeutische Konsequenzen aus den unterschiedlichen Motivationen von Therapeut und Klient

3.2.5.1 Analyse der Änderungsmotivation

Eine sehr wesentliche Konsequenz, die aus der bisherigen Analyse gezogen werden muss, ist die, dass Therapeuten sich der Tatsache bewusst sein sollten, dass Klienten völlig andere Intentionen haben können als die Therapeuten, ja, dass sie Intentionen haben können, die den therapeutischen Zielen diametral entgegengesetzt sind. Therapeuten müssen Abschied nehmen von der naiven Annahme, dass Klienten in die Therapie kommen, „um zu wachsen" oder um das therapeutische Angebot begeistert aufzunehmen. Therapeuten müssen vielmehr dafür sensibilisiert sein, „dass es ganz anders sein kann". Daraus aber folgt: *Ein Therapeut muss in jedem Einzelfall sehr sorgfältig klären, wie die Motivation des Klienten beschaffen ist.*

Er kann keinesfalls eine bestimmte Art von Motivation a priori voraussetzen: *es muss vielmehr ein integraler Bestandteil der therapeutischen Prozessanalyse werden, die Änderungsmotivation des Klienten zu erfassen.*

Hier sollte ein Therapeut allerdings nicht einer zweiten naiven Annahme aufsitzen: der Annahme nämlich, man könnte die Änderungsmotivation des Klienten dadurch erfassen, dass man den Klienten danach fragt (entweder direkt oder mit Hilfe von Fragebögen). Denn zum einen sind Klienten in aller Regel so klug, dass sie durchaus beurteilen können, was in der Therapie von ihnen erwartet wird: Sie wissen, dass eine Therapie im Prinzip nicht dazu da ist, das eigene System mit Hilfe des Therapeuten zu stabilisieren. Und folglich werden sie etwas Entsprechendes auch nicht angeben. Vielmehr werden sie angeben, dass sie sich ändern wollen, dass sie dies sehr wichtig finden usw.

Desweiteren muss man auch nach der bisherigen Analyse davon ausgehen, dass sie von ihren intentionalen Zielen und Strategien auf der Spielebene nur ansatzweise eine Repräsentation besitzen: Damit aber *können* sie zum großen Teil gar nicht angeben, was ihre Intentionen in der Therapie „wirklich" sind. Es macht daher herzlich wenig Sinn, den Klienten nach seiner Motivation zu fragen: Die Antwort kann kaum als valide gelten.

Ebenso wenig hilfreich ist es, mit dem Klienten Ziele der Therapie zu erarbeiten und zu glauben, man habe damit einen Indikator für Änderungsmotivation in der Hand: Denn der Klient kann auch hier entweder seine tatsächlichen interaktionellen Ziele gar nicht nennen, weil er sie nicht repräsentiert hat, oder aber er wird nicht naiv genug sein, dem Therapeuten zu sagen, dass er die Absicht hat, diesen zu missbrauchen.

Änderungsmotivation kann man nur erfassen, indem man den Klienten einem realen *Test* aussetzt und betrachtet, was der Klient tatsächlich tut. Wenn man den Klienten in eine reale therapeutische Situation bringt und wenn der Therapeut Anforderungen an den Klienten stellt, dann kann man beobachten, ob der Klient das tut, was ein änderungsmotivierter Klient tun würde. Und zwar würde ein änderungsmotivierter Klient z.B.

- einen Arbeitsauftrag definieren;
- Fragestellungen aufwerfen;
- eine internale Perspektive einnehmen;
- Verantwortung für den Therapieprozess übernehmen usw.

Auf all diese Aspekte wird später noch ausführlich eingegangen. Indem man also bereits relativ früh im Therapieprozess erhebt, ob diese grundlegenden *Merkmale der Bearbeitung* vorliegen oder nicht, kann man erfassen, ob eine Änderungsmotivation vorliegt oder nicht. Diese Argumentation folgt der Erkenntnis, dass reale Interaktionstests valider sind als Fragebogenerhebungen, wenn die erhobenen Informationen

1. schlecht repräsentiert sind und

2. einem Trend zur Antwort nach sozialer Erwünschtheit unterliegen (vgl. z.B. die Ergebnisse zur prädiktiven Validität von Fragebogen vs. Verhaltenstests beim sog. „Typ-A-Verhalten"; Jenkins et al., 1974; Rosenman et al., 1964; Rosenman et al., 1975; Weinstein et al., 1986).

3.2.5.2 Erarbeitung einer Änderungsmotivation

Eine weitere Konsequenz aus den angestellten Überlegungen ist die, dass bei Klienten mit einer Spielstruktur eine therapeutische Änderungsmotivation im Therapieprozess erst *erarbeitet* werden muss. Wenn der Klient nicht mit deutlicher Änderungsmotivation in die Therapie kommt, dann muss es ein primäres Ziel sein, eine solche Motivation zu erarbeiten. Genauer gesagt, müssen die Klienten durch die Therapie in die Lage versetzt werden, eine *Entscheidung* zu treffen: entweder eine Entscheidung dafür, an einer Klärung und Veränderung ihres Systems zu arbeiten oder eine Entscheidung, ihr System so beizubehalten, wie es ist. Sollten sie die Entscheidung treffen, ihr System so beizubehalten, wie es ist, dann muss der Therapeut dies akzeptieren: Nur der Klient hat über sein Leben zu entscheiden. Hier allerdings kann (und sollte) der Therapeut ebenfalls eine Entscheidung treffen: die Entscheidung, sich nicht im System des Klienten funktionalisieren zu lassen, nicht als Stabilisator des dysfunktionalen Klientensystems zu agieren. Der Therapeut kann und sollte dann eine weitere „Therapie" unter diesen Prämissen ablehnen, da sie ansonsten gegen alle Regeln verantwortungsvollen therapeutischen Handelns verstoßen würde.

Entscheidet sich der Klient für eine Veränderungsarbeit, hat man eine wesentliche Grundlage zur Therapie geschaffen: Und damit ist man dann meist schon aus der schwierigsten therapeutischen Phase heraus.

3.3 Zentrale Problembearbeitung

3.3.1 Einleitung

Wenn Klienten eine Handlungsregulation auf der Spielebene aufweisen und somit nur eine *begrenzte Änderungsmotivation* im Hinblick auf den Therapieprozess zeigen, jedoch eine ausgeprägte Motivation, ihren Zustand mit Hilfe des Therapeuten zu stabilisieren und „lebbar" zu machen, dann sollte dies gravierende Auswirkungen auf die therapeutische Arbeit haben.

In einem solchen Fall muss man annehmen, dass die Klienten

- keinen Arbeitsauftrag definieren;
- oder, wenn, dann nur einen eingeschränkten Arbeitsauftrag;
- keine Fragestellungen aufwerfen, denen sie im Therapieprozess folgen wollen, um Probleme und Problemaspekte zu klären und zu verstehen;
- keine oder nur wenig Verantwortung für die therapeutische Arbeit übernehmen;
- eine externale oder von sich selbst „losgelöste" Perspektive einnehmen, sich also so mit sich selbst beschäftigen, als ginge es um eine andere Person;
- und, vom Explizierungsniveau aus betrachtet (vgl. Sachse, 1988a; 1990a; 1990b; 1990c; 1991a; 1991b; 1992a; 1992b; 1992c; Sachse u. Maus, 1987), nur auf Berichtebene arbeiten, intellektualisierende oder allenfalls zuschreibende Bewertungen abgeben.

3.3.2 Der Arbeitsauftrag

3.3.2.1 Definition von „Arbeitsauftrag"

Wenn Klienten in Therapie kommen und nicht nur „therapiemotiviert" sind, sondern auch, bei allen bestehenden Ambivalenzen, *änderungsmotiviert*, dann haben sie eine Idee, woran und woraufhin in der Therapie gearbeitet werden soll.

Ein Klient, der unter einem gegebenen Zustand leidet und diesen verändern will, hat in aller Regel schon über vier Aspekte nachgedacht, kann und wird diese in der Therapie angeben und sie nutzen, um die Therapie zu strukturieren.

Diese Aspekte sind:
a. Problemdefinition
b. Problembewertung
c. Zielperspektive
d. Veränderungsmittel

a. Problemdefinition:

Der Klient kann sein Problem beschreiben, definieren; er kann angeben, worin sich das Problem zeigt, in welchen Situationen es auftritt, welche Personen daran beteiligt sind usw.

Er kann *Beispiele* für sein Problem angeben. Der Hörer kann sich so ein Bild von dem Problem machen (Verhalten des Klienten, Ort, Zeit, agierende Personen u.ä.). Auf Grund der Problembeschreibung wird deutlich, um was für ein Problem es sich handelt und somit, was das (Ober-) Thema der Therapie sein soll (woran gearbeitet werden soll).

b. Problembewertung

Eine reine Problembeschreibung genügt nicht, um einen therapeutischen Arbeitsauftrag zu definieren. Eine Person kann ein Problem beschreiben (z.B. „Ich habe große Angst, auf einen Turm zu steigen"), dieses Problem jedoch als so irrelevant bewerten („was soll ich auf dem Turm?"), dass eine therapeutische Bearbeitung dieses Problems als unnötig erscheint.

Um einen therapeutischen Arbeitsauftrag zu definieren, muss eine Problembewertung hinzukommen, die deutlich macht,

- dass das Problem den Klienten stört;

- dass das Problem mit wichtigen Zielen und Bedürfnissen des Klienten unvereinbar ist;

- und zwar in solchem Ausmaß, dass es geändert oder beseitigt werden soll.

Es ist in jedem Fall notwendig, im Therapieprozess neben der Beschreibungsdimension auch die Bewertungsdimension des Problems zu kennen. Denn es ist die *Bewertung*, die ein Problem überhaupt erst zum Problem macht; die definiert, was eine Person überhaupt *belastet*, stört, beeinträchtigt.

c. Zielperspektive

Man kann und muss davon ausgehen, dass ein Klient, der unter einem Problem leidet, sich Gedanken darüber gemacht hat, wie ein Zustand ohne Problem aussehen würde: er denkt darüber nach, wie es anders und besser sein könnte; er hat Phantasien über einen Idealzustand u.ä. Dies bedeutet *nicht*, dass ein Klient so konkrete Zielvorstellungen haben muss, dass diese schon zu Beginn der Therapie völlig klar sind. Es bedeutet auch nicht, dass die Zielvorstellungen des Klienten so realisiert sind, dass man sie in der Therapie übernehmen und verfolgen kann. Viele der Klientenziele werden vielmehr diffus, unkonkret, unrealistisch sein. Dennoch *hat* ein Klient Ziele: Und dass er sie hat zeigt, dass er motiviert ist, den augenblicklichen Zustand in einen anderen, besseren Zustand zu überführen. Das Vorhandensein von Zielen kann daher als ein Indikator von Änderungsmotivation angesehen werden. Dagegen wird ein Klient, der seinen Zustand gar nicht ändern, sondern stabilisieren will, auch keine Ziele angeben: Er denkt gar nicht über Zielzustände nach, weil er den Zustand gar nicht verlassen will. Das Fehlen von Zielen, von Phantasien über Idealzustände u.a. kann daher als Indikator für eine Stabilisierungsmotivation angesehen werden.

d. Veränderungsmittel

Das Gleiche gilt für Veränderungsmittel: Ein Klient, der einen Zustand als unangenehm empfindet, der den Zustand ändern und verlassen will, hat nicht nur über Ziele nachgedacht, sondern auch über Mittel, den Ist-Zustand in einen Soll-Zustand zu überführen. Er hat vielleicht schon verschiedene Möglichkeiten ausprobiert (die erfolglos waren). Zumindest aber hat er schon über Lösungswege nachgedacht. Wiederum können diese Lösungswege unkonkret, diffus, unsinnig sein; wiederum geht es hier nicht um die Qualität der Lösung, sondern darum zu sehen, dass der Klient sich *bemüht* hat. Denn nur ein Klient, der den augenblicklichen Zustand nicht verlassen will, hat noch nie über Möglichkeiten der Veränderung nachgedacht.

Das Gleiche gilt auch, wenn Klienten sagen, sie hätten schon „alles versucht", und nun gebe es keine Lösung mehr: In diesem Fall signalisiert der Klient, dass er nicht gewillt ist, sich hier und jetzt um eine Lösung zu bemühen. Auch dies weist auf eine geringe Änderungsmotivation hin, denn wenn ich den Zustand wirklich ändern will, dann werde ich jede sich bietende Gelegenheit ergreifen, um nach Lösungen zu suchen.

3.3.2.2 Fehlender Arbeitsauftrag

Erkennt man in einem gegebenen Therapieabschnitt *keinen* Arbeitsauftrag, dann muss man die Frage aufwerfen, ob ein Klient überhaupt *änderungsmotiviert* ist: Stört den Klienten ein Aspekt seines Zustandes überhaupt so, dass er diesen verändern will? Hat er überhaupt die Intention, sich von einem gegebenen Zustand weg- und auf einen Zielzustand zuzubewegen?

Hat der Klient keine Änderungsmotivation, dann kann er andere Motivationen haben, um in Therapie zu kommen oder zu bleiben, d.h. der Klient ist *therapiemotiviert*: Er kann die Intention haben, ein Image zu „verkaufen" (z.B. besonders belastet zu sein); Solidarität zu erhalten, sein System mit Hilfe des Therapeuten zu stabilisieren usw. An der *Änderungsmotivation* des Klienten bestehen jedoch Zweifel.

Dies ist dann ein *sehr wichtiger diagnostischer Hinweis*: Findet man keinen Arbeitsauftrag, dann begründet das bereits einen „Spielverdacht". Es *beweist* noch *nicht*, dass ein Interaktionsspiel vorliegt, es begründet aber immer eine sorgfältige und ausführliche Analyse in dieser Richtung. Das Fehlen eines Arbeitsauftrages ist einer der wichtigsten Indikatoren, die eine Spielanalyse begründen. Und es ist bereits *ein* Indikator, ein Puzzle-Stück in einer umfassenden Analyse.

3.3.2.3 Eingeschränkter Arbeitsauftrag

Ein eingeschränkter Arbeitsauftrag liegt vor, wenn ein Klient
- einen bestimmten Ist-Zustand angibt, an dem gearbeitet werden soll und der auf einen bestimmten Soll-Zustand hinauslaufen soll und
- gleichzeitig definiert, dass in der Therapie *nur* daran und daraufhin und an sonst gar nichts gearbeitet werden soll oder darf.

Der Arbeitsauftrag ist damit nicht nur *spezifisch* in dem Sinne, dass der Klient weiß, woran er arbeiten will: Dies wäre wohl eher ein wünschenswerter Zustand, denn es erleichtert die Arbeit, wenn Klienten schon wissen, woran sie arbeiten wollen und was sie erreichen wollen. Das Problematische an dieser Art von Arbeitsauftrag ist die *Einschränkung*, dass *nur dieser* Problemaspekt bearbeitet werden soll und nur *dieses* Ziel angestrebt werden darf. Damit setzen die Klienten gleichzeitig (implizit oder explizit) Grenzen. Sie definieren, dass bestimmte Lebensbereiche nicht behandelt werden dürfen, dass andere Aspekte ihrer Person nicht verändert werden sollen, dass bestimmte Ziele gar nicht diskutiert werden dürfen usw.(vgl. den Abschnitt „thematische Sperren")

Ein eingeschränkter Arbeitsauftrag weist darauf hin, dass der Klient nur eine *eingeschränkte Änderungsmotivation* hat: Der Klient will bestimmte Aspekte ändern, andere aber konstant halten. Damit liegt der Verdacht nahe, dass hier systemstabilisierende Intentionen eine Rolle spielen: Der Klient will u.U. seine Kosten reduzieren, aber ansonsten sein System unangetastet lassen. Daher müssen auch eingeschränkte Arbeitsaufträge immer zu weiteren, ausführlicheren Analysen Anlass geben.

3.3.3 Fragestellungen

Wenn, wie in der Zielorientierten Gesprächspsychotherapie, die Repräsentation und Umstrukturierung internaler Problemdeterminanten ein wesentliches Therapieziel ist (Sachse, 1996a, 1996b), dann ist es günstig, wenn ein Klient selbst *Fragestellungen* in dieser Richtung aufwirft. So kann dem Klienten z.B. selbst auffallen, dass er sich seinem Vater gegenüber sehr unterwürfig, vorsichtig und zurückhaltend verhält, ansonsten aber sicher und assertiv ist. Diesen Widerspruch bemerkend, kann sich der Klient selbst fragen, was ihn zu einem solchen Verhalten veranlasst, das ansonsten gar nicht „zu ihm passt". Er fragt sich selbst, welche Gründe bei ihm selbst vorliegen, die ihn zu einer solchen Handlung veranlassen.

Solche Fragestellungen, die ein Klient selbst aufwirft, sind für den Therapieprozess aus drei Gründen positiv:
- Sie weisen auf eine Motivation des Klienten hin, sich mit internalen Determinanten auseinander zu setzen: der Klient ist neugierig, will selbst an dieser Stelle Klarheit und Veränderung herstellen.
- Der Klient nimmt bereits eine für einen Klärungsprozess günstige Perspektive ein: Er betrachtet bereits vom „Ich" aus internale Determinanten. Damit muss der Klient vom Therapeuten nicht mehr in eine „Ausgangsposition" zur Klärung geführt werden, sondern er nimmt diese schon selbst ein.
- Fragestellungen strukturieren den Therapieprozess: Ein Klient, der einer Fragestellung folgt, bleibt bei einem Thema, analysiert Information gezielt, geht zielgerichtet vor im Klärungsprozess. Daher sind Fragestellungen ein wesentlicher „Motor" konstruktiver therapeutischer Arbeit.

Findet man bei Klienten schon zu Beginn des therapeutischen Prozesses derartige Fragestellungen, ist dies ein günstiges Zeichen hinsichtlich einer konstruktiven Bearbeitung.

Findet man jedoch bei einem Klienten durchweg keinerlei Fragestellungen, dann ist dies ebenfalls ein Indikator für geringe Änderungsmotivation: Denn Klienten, die sich intensiv mit einem Problem auseinander setzen um es zu verändern, werden bei komplexeren, emotionalen, persönlichen Problemen mit sehr hoher Wahrscheinlichkeit auf Aspekte stoßen, die sie nicht verstehen: Sie reagieren emotional und wissen nicht warum, sie können ihr Verhalten nicht kontrollieren und verstehen nicht, wieso usw. Daher führt eine intensive Auseinandersetzung mit persönlichen Problemen fast zwangsläufig zu Fragestellungen: zu Aspekten, die man nicht versteht, aber verstehen möchte und verstehen muss, um Ansatzpunkte für eine Problemlösung finden zu können. Ein Fehlen von Fragestellungen deutet daher darauf hin, dass der Klient sich kaum mit seinem Problem auseinander setzt; und dies deutet auf eine geringe Änderungsmotivation hin.

3.3.4 Verantwortung für den Prozess

Im Therapieprozess muss man davon ausgehen, dass Therapeut und Klient ein „Arbeitsteam" bilden, das sich zeitweise zusammenschließt, um etwas Bestimmtes zu bearbeiten und zu erreichen. In der Therapie bilden Klient und Therapeut ein Team, das an dem Problem des Klienten arbeitet.

In dieses Team bringt jeder der Teilnehmer spezifische Kompetenzen ein: der Klient seine Kompetenzen als Inhalts-Experte und der Therapeut seine Kompetenzen als Prozess-Experte (vgl. Gerl, 1981; Sachse, 1984; 1986a; Sachse & Maus, 1991).

Beide haben damit auch spezifische *Verantwortungen*. Dies gilt auch für den Klienten: Auch der Klient muss für bestimmte Prozessaspekte Verantwortung übernehmen. Da nur der Klient Informationen über sich geben kann, muss er Verantwortung dafür übernehmen, dass relevante Information bereitgestellt wird. Da nur er seine Schemata usw. aktiv verändern kann, muss er die Verantwortung dafür übernehmen, dass er dies tut. Wie er das tun kann, die Bearbeitungsanregungen usw., kann er vom Therapeuten erhalten. Aber *umsetzen* muss der Klient diese Aspekte selbst: Kein Therapeut kann einen Klienten ändern, sondern er kann nur Impulse zur Änderung geben, die der Klient umsetzen muss.

Klienten können nun diese Verantwortung für den Therapieprozess dem Therapeuten übergeben: Der „Experte" soll nun nicht nur dem Klienten helfen, sondern Entscheidungen treffen, Anweisungen geben, Hilfen, Ratschläge usw.

Diese *Übergabe von Prozess-Verantwortung an den Therapeuten* kann in unterschiedlicher Weise auftreten:

- Es gibt Klienten, die dem Therapeuten sagen: „Ich gebe Ihnen jetzt Informationen, damit sie sich ein möglichst genaues Bild machen können und dann sagen sie mir, was ich tun muss". Hier hat der Klient ein „medizinisches Modell" von Psychotherapie im Kopf. Nach der Diagnose wirft man eine Pille ein und damit ist es getan. Im Wesentlichen, so impliziert das Modell, arbeitet der Therapeut. Der Klient ist eher ein unbeteiligter Statist an dieser Vorstellung.
- Klienten teilen dem Therapeuten mit, dass ihr Problem gerade darin besteht, dass sie selbst gar nichts tun können, und dass sie deshalb „getragen" oder „erlöst" werden müssen; und der Therapeut möge sich doch bitte eine dementsprechende Methode überlegen, mit der das zu erreichen ist.
- Manche Klienten geben nicht mal von sich aus Information, sondern erwarten, dass der Therapeut sagt, was er wissen will. Das Gespräch läuft nur, wenn der Therapeut

es in Gang hält, von sich aus trägt der Klient nichts zur Kommunikation bei. Der Therapeut muss hier, will er ein Gespräch „am Laufen halten", sich ständig neue Impulse und Fragen ausdenken, die den Klienten anregen, etwas zu sagen. Er hat damit für das Fortschreiten der Kommunikation die alleinige Verantwortung. Dies macht sich dann in der sog. *FAP-Struktur* (Frage-Antwort-Pause) bemerkbar:

– Therapeut stellt eine Frage oder gibt eine Anregung
– Klient gibt ein kurzes Statement
– Pause
– Therapeut stellt eine Frage oder gibt eine Anregung
– Klient gibt ein kurzes Statement
– Pause, usw.

Auch mangelnde Prozess-Verantwortung auf Seiten des Klienten ist ein Zeichen für geringe Änderungsmotivation: denn ein Klient, der unter einem Zustand leidet, wird auch versuchen, diesen Zustand *aktiv* zu ändern: d.h. er wird tun, was immer er kann, um den Zustand zu verlassen. Lediglich bei depressiven Klienten ist die Abgabe der Verantwortung ein Symptom der Störung selbst: Hier geht der Klient von seiner eigenen Hilflosigkeit aus und daraus resultiert logischerweise die Abgabe von Verantwortung. Außerhalb des Störungsbereiches der Depression kann man davon ausgehen, dass Verantwortungsabgabe eher ein Zeichen einer Stabilisierungs-Intention ist: der Therapeut soll den Zustand reparieren, er soll den Klienten bestätigen, führen; der Therapeut soll ein Bestandteil des Klienten-Systems werden.

3.3.5 Perspektive

3.3.5.1 Arten von Perspektive

Klienten nehmen in ihrer Aufmerksamkeit immer eine bestimmte Perspektive ein: Sie betrachten etwas von einem bestimmten Standpunkt aus (vgl. hierzu Konzepte und Ergebnisse der Theorie der objektiven Selbstaufmerksamkeit: z.B. Duval u. Wicklund, 1972; Fenigstein, 1987; Frey et al., 1984; Sachse, 1995). Perspektive lässt sich damit als ein Vektor betrachten, der gekennzeichnet ist durch

• den Ausgangspunkt der Betrachtung und
• den Betrachtungsgegenstand.

Hier ist es wesentlich, zwischen drei Arten der Perspektive zu unterscheiden:

• der internalen,
• der externalen,
• der losgelösten.

3.3.5.2 Internale Perspektive

Bei der internalen Perspektive betrachtet die Person sich selbst. Sie nimmt eigenes Handeln, eigene Emotionen, eigene Gedanken, eigene Überzeugungen usw. in den Fokus ihrer Aufmerksamkeit.

Diese Perspektive ist die Voraussetzung für jede Art von Klärungsarbeit: Um eigene Problemanteile, automatische Gedanken, Gefühle, Überzeugungen zu erkennen, zu klären, zu verstehen und zu repräsentieren ist es notwendig, dass ein Klient eine solche Perspektive einnimmt und über längere Zeit hinweg aufrechterhält. Ohne die Einnahme einer solchen Perspektive ist eine Klärung eigener Problemdeterminanten unmöglich (vgl. Mc Farland & Sparks, 1985; Scheier, Buss & Buss, 1978; Turner, 1978, 1980).

3.3.5.3 Externale Perspektive

Der Klient betrachtet hier externale Aspekte: Die Situation, das Verhalten anderer Personen, deren Emotionen, auch deren Handlungen ihm gegenüber usw.

Der Klient hat hier *nicht* eigene Aspekte, sondern „Fremdaspekte" im Fokus seiner Aufmerksamkeit.

Die (gelegentliche) Einnahme einer externalen Perspektive ist für jede therapeutische Arbeit wesentlich: Ein Klient muss oft erst eine Situation *beschreiben*, bevor er eigene emotionale Reaktionen auf diese Situation klären kann. Ein Klient muss auch Erkenntnisse über sich wieder auf konkrete Situationen beziehen: Wie will ich nun mit dieser Situation umgehen? Für eine klärungsorientierte Therapie ist es daher wesentlich, dass ein Klient zwischen einer externalen und internalen Perspektive „Hin und Her" schalten kann.

Ein Problem tritt erst dann auf, wenn der Klient ausschließlich oder überwiegend eine externale Perspektive einnimmt: dann kann er Situationen nicht mehr oder kaum noch auf sich beziehen; eine Klärung eigener Problemanteile kommt zu kurz.

Klienten, die ihren Zustand gar nicht verändern wollen, sind auch nicht motiviert, eigene Problemanteile zu klären. Damit entfällt für sie auch die Notwendigkeit, eine internale Perspektive einzunehmen. Das durchgängige Fehlen einer internalen Perspektive, insbesondere das *Nicht-Einnehmen* einer solchen Perspektive nach einer entsprechenden therapeutischen Intervention, deutet daher auf geringe Änderungsmotivation hin.

3.3.5.4 Losgelöste Perspektive

„Losgelöste Perspektive" bedeutet, dass ein Klient sich so betrachtet und beschreibt, als betrachtete er eine andere Person: Er ist distanziert, unbeteiligt, neutral. Er signalisiert, dass er mit den beschriebenen Verhaltensweisen, Emotionen usw. im Grunde nichts zu tun hat.

Eine solche Perspektive wird manchmal (aber keineswegs notwendigerweise) durch den Gebrauch von „man" erkennbar: „Man fühlt sich schlecht in einer solchen Situation". Der Klient kann aber durchaus das Wort „Ich" gebrauchen, und trotzdem so sehr von den Ereignissen distanziert sein, dass er „abgelöst" ist: Das Ganze geschah einem anderen.

Diese Perspektive dient in hohem Maße dazu, das ganze Problem auf Distanz zu halten; damit zeigt der Klient jedoch keine Intention, sich „dem Problem zu stellen", es zu bearbeiten. Daher passt eine losgelöste Perspektive zu einer mangelnden Änderungsmotivation.

3.3.6 Explizierung

Explizierung ist der Prozess, durch den ein Klient eigene Motive, Ziele, Schemata, emotionale Verarbeitungen klärt, versteht und repräsentiert. Da dieser Prozess bereits mehrfach ausführlich erläutert wurde (siehe Sachse, 1992a), soll dies hier nicht wiederholt werden.

Es soll hier lediglich betont werden, dass Klienten, die keine Änderungsmotivation aufweisen, mit sehr hoher Wahrscheinlichkeit gerade *nicht* an der Klärung eigener Motive, Ziele, Emotionen arbeiten werden. Sie werden sich daher kaum auf eigene Gefühle als wesentliche Informationsquelle über eigene Motive beziehen; und sie werden kaum versuchen, eigene Gefühle, Motive, affektive Schemata zu verstehen: Sie werden daher keinen Explizierungsprozess aufweisen.

Sie werden sich stattdessen überwiegend auf der Berichtebene bewegen. Oder aber, sie werden versuchen, ihr Problem theoretisch zu verstehen, ohne es wirklich zu analysieren, also eine Intellektualisierung vornehmen.

Aufkommende Gefühle sollten sie eher anderen Personen zuschreiben: „Ich ärgere mich über X, weil X bescheuert ist" und nicht: „ich ärgere mich über X, weil ich enttäuscht bin". Es ist daher mit einer zuschreibenden Bewertung zu rechnen.

3.4 Inhaltsbearbeitung

3.4.1 Einleitung

Ein Klient, der sich in der Therapie befindet, der jedoch sich und sein System nicht verändern möchte, steht in einem Dilemma. Auf der einen Seite muss er dem Therapeuten etwas mitteilen: er muss irgendwie deutlich machen, warum er überhaupt in Therapie ist und er muss die Therapiezeit irgendwie füllen.

Auf der anderen Seite möchte er aber nicht an der Klärung und Veränderung eigener Problemaspekte und Problemdeterminanten arbeiten. Und er möchte dem Therapeuten auch keine Anhaltspunkte dafür geben, Interventionen zu realisieren, die den Klienten in Schwierigkeiten bringen. Denn wenn der Therapeut die Motivation wirklich versteht, dann

- kann er die Konstruktionen des Klienten hinterfragen,
- kann er dem Klienten deutlich machen, dass eine Veränderung unabdingbar ist.

Daher möchte der Klient den Therapeuten möglichst nicht „in seine Karten" gucken lassen.

Eine mögliche Lösung für dieses Dilemma besteht darin, dem Therapeuten zwar Informationen zu geben, jedoch in einer Weise, dass der Therapeut mit diesen Informationen kaum etwas anfangen kann.

Dieses Ziel kann man realisieren, indem

- die gegebenen Informationen so unkonkret sind, dass der Therapeut nicht oder nicht richtig versteht, worum es eigentlich geht. Kann der Therapeut das Problem nicht richtig rekonstruieren, dann kann er auch keine weiterführenden oder vertiefenden

Fragen stellen. Die Unkonkretheit paralysiert den Therapeuten so weit, dass dieser keine sinnvollen, weiterführenden Interventionen realisieren kann;

- das Problem so geschildert wird, dass die Schilderung kaum nachvollziehbar ist;
- das Problem so wenig stringent geschildert wird, dass der Hörer vollständig verwirrt wird;
- dass überwiegend periphere und irrelevante Inhaltsaspekte geschildert werden, die keinen Rückschluss darüber erlauben, worum es „wirklich" geht.

3.4.2 Unkonkretheit

Der sprachliche Aspekt der Konkretheit oder Unkonkretheit einer Aussage ist für die Bearbeitung von Problemaspekten, insbesondere für die Bearbeitung von *Inhalts*aspekten, im Therapieprozess von großer Bedeutung.

Ein Klient kann einen bestimmten Inhalt sehr konkret, anschaulich und damit für den Therapeuten gut verständlich und hoch nachvollziehbar darstellen; oder aber er kann den Inhalt sehr abgehoben, abstrakt, allgemein und für den Therapeuten schwer verständlich darstellen. Damit erleichtert oder erschwert er dem Therapeuten das Verstehen, die Modellbildung und damit das Ableiten von Prozesszielen und Interventionen. Der Klient fördert damit den Therapieprozess oder behindert ihn (Sachse, 1992a).
Wird ein Problem nur unkonkret geschildert, dann erschwert dies

- die Identifikation der *wesentlichen Aspekte*: Wenn man nicht genau betrachtet, was das Problem ist, dann kann man auch nicht wesentliche von unwesentlichen Aspekten unterscheiden.
- die Ableitung *weiterführender Fragen*: Kann man nicht einmal angeben, worum es geht, dann weiß man auch nicht, in welcher Richtung man das Problem weiter analysieren sollte.
- die *Änderung der Perspektive:* Wie soll man die Sichtweise auf ein Problem ändern, wenn nicht klar wird, was das Problem ist bzw. wie die augenblickliche Sichtweise auf das Problem aussieht?

Eine extreme Form von Unkonkretheit: Nebel

Das Ausmaß an Unkonkretheit kann so weit gehen, dass ein Therapeut gar nicht mehr rekonstruieren kann, worum es dem Klienten eigentlich geht oder von welchem Thema eigentlich die Rede ist. In diesem Fall sprechen wir von *Nebel*: Der Therapeut verliert wie im Nebel die Orientierung, kann keine gerichteten Fragestellungen mehr entwickeln und hat auch keine therapeutischen Ziele mehr (außer dem, wieder Klarheit zu haben).

Konkretisierende Fragen: Seifen-Phänomen

Sehr interessant sind die Reaktionen der Klienten auf konkretisierende Fragen des Therapeuten. Konkretisierende Fragen sind solche, die die Konkretheit bestimmter Informationsaspekte erhöhen sollen, z.B.

- „Was genau meinen sie mit x ?"
- „Was genau haben sie dann getan?"
- „Könnten Sie das noch genauer schildern?"

- „Was bedeutet es für sie, dass ihr Partner x getan hat?"

Prinzipiell gibt es dann drei Fälle:

- durch die Antwort des Klienten nimmt die Konkretheit zu: Der Hörer weiß nun besser, genauer, differenzierter o.ä., was der Klient gemeint hat.
- nach der Antwort ist die Unkonkretheit genau so groß wie vorher.
- nach der Antwort ist die Unkonkretheit größer als vorher: Man hat als Hörer jetzt noch mehr Verständnisfragen als vorher, das Bild ist eher unklarer, verworrener, interpretationsbedürftiger geworden.

Diesen Fall bezeichnen wir als *„Seifen-Phänomen"*, da es an die Situation erinnert, in der Badewanne eine verloren gegangene Seife zu greifen: Sobald man versucht zuzufassen, flutscht sie einem weg, nicht ohne die Finger gehörig zu verschmieren. Die Situation ist nach der Intervention schlimmer als vorher.

3.4.3 Mangelnde Nachvollziehbarkeit

Die Repräsentation, die ein Klient von einem Thema/Problem bzw. von Problemaspekten hat, kann in sich stimmig, konsistent und (einigermaßen) widerspruchsfrei sein (vollständige logische Konsistenz ist wohl nur im Computer erreichbar).

Die Repräsentation kann jedoch auch unstimmig und widersprüchlich sein: Sie enthält gleichzeitig Erfahrungen (Repräsentationen erlebter Situationen, eigener Handlungen, Handlungsergebnisse usw.) oder Annahmen/Überzeugungen, die sich widersprechen, ohne dass der Klient sie (z.B. durch übergeordnete Annahmen) zusammenfügen kann. In vielen Fällen bemerkt der Klient die Widersprüche und Unstimmigkeiten nicht einmal, und wenn, dann eher als diffuse Störung, dass „irgendwas nicht stimmt".

Unstimmigkeiten, nicht nachvollziehbare Schlussfolgerungen u.ä. können einen Therapeuten verwirren; der Therapeut kann verleitet werden, einen großen Teil seiner Ressourcen auf das Lösen kognitiver Rätsel zu verwenden und so den Überblick über das Problem und die Interaktion zu verlieren.

3.4.4 Mangelnde Stringenz

Klienten unterscheiden sich sehr stark darin, wie stringent sie ein Thema darstellen: Im (extrem) positiven Fall bauen Klienten ihre Darstellung nach einer „story grammar" (Thorndyke, 1977) auf: Sie geben zuerst die Überschrift, das *Thema* an, definieren dieses, geben Erläuterungen zum Verständnis, berichten zu Einzelaspekten Beispiele, wobei immer klar ist, für was diese Beispiele denn Beispiele sind usw.

Der Ablauf ist so, dass ein Hörer dem Text gut folgen kann: Der Hörer kann organisierende Meta-Propositionen aufbauen, an die Zusatz- und Detailinformationen angelagert werden können usw., so dass ein klares und konsistentes Bild des Themas entsteht (van Dijk & Kintsch, 1983).

Im extrem ungünstigen Fall weisen die Aussagen des Klienten keine erkennbare Organisation auf: Der Klient erzählt ein Beispiel, aber, da er vorher das Thema bzw. das Problem gar nicht benannt hat, über das nun gesprochen werden soll, weiß der Hörer gar nicht, für was das Beispiel überhaupt ein Beispiel sein soll.

Beispiele enthalten im Allgemeinen so viele Informationen, dass sie Illustration für sehr unterschiedliche Aspekte sein können. Daher kann es dem Therapeuten sehr schwer fallen, aus einem „Beispiel" allein das Thema zu rekonstruieren. Gibt der Klient keine Angaben darüber, worüber gesprochen werden soll, kann dem Hörer dies trotz aller „Beispiele" weitgehend unklar bleiben: Ein Verstehen des Gesagten ist kaum möglich, geschweige denn ein Verstehen des Klienten.

Eine andere Form niedriger Darstellungs-Stringenz liegt vor, wenn der Klient sich von *Assoziationen* ablenken lässt: Der Klient berichtet z.B. von Angst, die er beim Einkaufen hat; während der Erzählung erwähnt er Frau Müller mit ihrem Hund; er geht daraufhin dazu über, über die Gefährlichkeit von Hunden zu sprechen; im Zuge dieses Themas erwähnt er die hohen Kosten für Hundefutter; das bringt ihn dazu, über hohe Lebenshaltungskosten im Allgemeinen zu sprechen; dies wiederum führt ihn zur Politik... .

Eine solche Darstellungsform macht es unmöglich, ein zentrales Prozessziel von Therapie zu realisieren: Der Klient muss eine Zeit lang bei *einem* Thema, bei *einem* Problemaspekt bleiben und diesen gründlich klären, ansonsten ist ein Erkenntnisfortschritt nicht möglich.

Darstellungsformen niedriger Stringenz machen es dem Therapeuten schwer, den Klienten zu verstehen: Dies beeinträchtigt die Bildung eines Klientenmodells, die Ableitung von Zielen und damit die Bildung sinnvoller Interventionsstrategien (Becker & Sachse, 1998; Sachse, 1992a). Der Therapeut kann somit, lässt er den Klienten hier gewähren, in seinen therapeutischen Möglichkeiten extrem eingeschränkt werden. Daher muss die Überwindung dieses Problems zu einem vorrangigen prozessualen Therapieziel werden.

3.4.5 Geringe Relevanz

Für jeden Klienten gibt es Themen, die sehr eng mit seinen zentralen Problemen, Motiven, Zielen zu tun haben und Themen, die für ihn von untergeordneter Bedeutung sind. Hat der Klient z.B. ein Selbst-Konzept-Problem (er zweifelt daran, kompetent und für andere akzeptabel zu sein), dann ist eine geschilderte Episode, in der er vom Chef kritisiert wurde, sehr relevant: Dieses Beispiel illustriert ein zentrales Problem des Klienten; seine Selbstzweifel, seine leichte Verletzlichkeit, seine Selbstabwertung usw. Erzählt der Klient dagegen eine Episode, in der seine Befürchtungen deutlich werden, mit seinem Geld nicht auszukommen, dann kann dies, gemessen an seinen zentralen Problemen, ein Nebenschauplatz mit geringer Relevanz sein.

Für Therapeuten ist es manchmal schwierig zu entscheiden, ob ein bestimmtes Thema von hoher oder geringer Relevanz ist: Meist muss man bereits einiges über den Klienten wissen, um dies beurteilen zu können. Für einen Klienten, der nicht an einer Veränderung arbeiten will, bietet sich hier eine gute Möglichkeit: Er benennt einen Lebensbereich, in dem er eine Störung empfindet und thematisiert diese in der Therapie.

Der Störungsbereich ist für den Klienten aber von geringer Bedeutung. Auf diese Weise gelingt es dem Klienten
• in der Therapie ein *Thema* zu haben,
• an einem Thema zu „arbeiten",

- gleichzeitig aber sicher zu sein, dass sich an den zentralen Themen nichts ändern muss, denn diese werden nicht einmal genannt.

Das „Halten der Therapie an irrelevanten Themen" ist damit eine besonders effektive Strategie von Klienten, die keine Änderungs-, sondern eine Stabilisierungsmotivation aufweisen.

3.4.6 Geringe Zentralität der Themen

Jedes Thema und damit auch jedes Problem hat zentrale und periphere Aspekte (während *Relevanz* die unterschiedliche persönliche Bedeutung *zwischen verschiedenen* Themen oder Problembereichen anspricht, meint Zentralität die unterschiedliche persönliche Bedeutung von Aspekten *innerhalb* des gleichen Themas). Bestimmte Aspekte sind für den Klienten von zentraler Bedeutung, bilden den „Kern" des Themas. Andere Aspekte sind von geringerer oder untergeordneter Bedeutung, sie gehören zwar zu dem Thema und können für ein Problemverständnis wesentlich sein, sind aber peripher.

Eine solche Struktur kann man für alle Themen und für alle Probleme von Klienten annehmen: Um einen „zentralen Bedeutungskern" lagern sich periphere Bedeutungsaspekte an, bis hin zu solchen Aspekten, die nur noch locker mit dem Thema/Problem verbunden sind.

Für die Rekonstruktion eines Problems ist es von entscheidender Bedeutung, den zentralen Kern dieses Problems zu treffen, also zu verstehen, was die *im System des Klienten* wesentlichsten, bedeutsamsten Problemaspekte sind. Ein Verstehen dieser zentralen Aspekte bedeutet, systemtheoretisch gesprochen, eine Rekonstruktion zentraler Systemparameter; eine Rekonstruktion derjenigen Variablen eines Systems, deren Veränderung die größten, umfangreichsten, weitreichendsten und nachhaltigsten Veränderungen des Systems nach sich zieht. Daher ist es therapeutisch von größter Bedeutung, bei der Rekonstruktion eines Problems (möglichst schnell) von peripheren zu zentralen Problemaspekten vorzustoßen (vgl. Becker & Sachse, 1998).

Für einen Klienten mit geringer Änderungs- und hoher Stabilisierungsmotivation kann es umgekehrt von großer Bedeutung sein, in der Peripherie des Problems zu bleiben: Auf diese Weise kann er verhindern, dass der Therapeut das Problem versteht, dass er versteht, worum es „eigentlich" geht.

3.5 Vermeidungsstrategien

3.5.1 Vermeidung: Ein wirksamer Schutz gegen unangenehme Selbst-Einsichten

Klienten haben in mehr oder weniger großem Ausmaß die Intention, die Betrachtung und Bearbeitung internaler Determinanten zu vermeiden. Denn richtet man die Perspektive der eigenen Aufmerksamkeit nach innen und betrachtet man eigene Selbstaspekte, eigene Überzeugungen, Ziele, Werte, Motive und deren aktuellen Bezug zu Problemen, dann können Aspekte deutlich werden, die der Person in gar keiner Weise angenehm sind.

So kann z.B. erkennbar werden

- dass man selbst in sehr viel höherem Maße zur Entwicklung und Aufrechterhaltung eines Problems beigetragen hat, als man bisher geglaubt hat oder glauben wollte.
- dass man (infolgedessen) für Probleme in sehr viel höherem Ausmaß selbst Verantwortung hat, als man annehmen möchte.
- dass man selbst Überzeugungen und Werte aufweist, die anderen (eigenen) Werten und Zielen eklatant widersprechen und die man daher selbst nur schwer akzeptieren kann.
- dass das eigene Überzeugungssystem deutlich inhomogener und konflikthafter ist, als man glauben möchte.
- dass die eigene Identität weniger klar und definiert ist, als einem lieb ist.
- dass man in viel höherem Maße gezwungen ist, an sich selbst Veränderungen vorzunehmen, als man möchte.
- dass es notwendig ist, wichtige Ziele aufzugeben oder zu modifizieren, dass man sich von zentralen Lebensplänen verabschieden muss usw.

Die Auseinandersetzung mit der eigenen Person und eigenen Problem-Determinaten kann zu schmerzhaften Erfahrungen führen und daher hoch aversiv sein. Somit kann die *Antizipation*, die Auseinandersetzung mit sich selbst könnte Derartiges bewirken, Angst auslösen. Damit aber ist ein *Vermeidungs-Verhalten* wahrscheinlich: Klienten, die derartige Erfahrungen erwarten, werden eine *Vermeidungstendenz* aufweisen, eine Tendenz, einer solchen Auseinandersetzung mit sich selbst *auszuweichen* (vgl. auch Beck & Freeman, 1993; Caspar u. Grawe, 1980, 1985).

Das *Ausmaß dieser Vermeidungstendenz* ist bei verschiedenen Klienten unterschiedlich groß.

Extrem ausgeprägt ist die Vermeidungstendenz bei Klienten, die interaktionelle Spiele realisieren: Sie sind gar nicht motiviert, ihr System zu verändern, sondern wollen es im Gegenteil stabilisieren. Daher ist es wesentlich, alle Aktionen zu verhindern, die das gegenwärtige System in Frage stellen können, also speziell alle Aktionen, die die Unhaltbarkeit des Zustandes, den eigenen Anteil an und speziell die eigene Verantwortung für Probleme deutlich machen könnten.

Die Intention, die Auseinandersetzung mit eigenen Problemdeterminanten zu vermeiden, kann auf sehr unterschiedliche Weise realisiert werden. Klienten realisieren sehr unterschiedliche Strategien, mit deren Hilfe dieses Ziel erreicht werden kann. Diese Strategien sind unterschiedlich gut von Therapeuten durchschaubar, dienen noch unterschiedlich vielen anderen Zielen und sind sehr unterschiedlich leicht therapeutisch bearbeitbar. Auf derartige Strategien soll im Folgenden genauer eingegangen werden.

Bezüglich der Klärungsprozesse und der Klärungsambivalenz soll von *Vermeidung* gesprochen werden, wenn der Klient einer Tendenz folgt, einen Inhaltsbereich nicht zu klären bzw., wenn er bestimmten Aspekten ausweicht usw. Dabei wird angenommen, dass die Nicht-Klärung, die Abwendung der Aufmerksamkeit intentional ist oder in der Biographie einmal intentional war: Der Klient hat oder hatte in seinem eigenen Motiv- und Wertesystem Gründe dafür, sich mit bestimmten Dingen nicht zu beschäftigen. Bestimmte Wünsche, die er wahrnimmt, können anderen wichtigen Motiven oder internalisierten Normen widersprechen und ihre Fokalisierung könnte so zu massiven Konflikten führen; bestimmte Erkenntnisse über die eigene Person können dem Selbstkonzept eklatant widersprechen und ihre Erörterung könnte massive Selbstzweifel oder Identitätskrisen auslösen. In allen diesen Fällen würde eine Beschäftigung mit bestimmten Inhalten einen aversiven Zustand auslösen: einen Konflikt, eine Identitätskrise, den Druck, sich zu verändern, die Angst, Anforderungen nicht gerecht zu werden usw. Diese aversiven Zustände kann die Person vermeiden, wenn sie die Auseinandersetzung mit diesen Inhaltsaspekten vermeidet.

Vermeidungen und Vermeidungsstrategien, so wird hier angenommen, können sich im Verlauf der Biographie zu hoch automatisierten Prozessen entwickelt haben (vgl. Kuhl, 1983a; Lazarus, 1982, 1984): Ein bestimmter, von der Person einmal als bedrohlich definierter Stimulus kann ohne weitere kognitive Analyse, hoch automatisiert, schnell und ressourcenfrei ein Schema aktivieren, das bestimmte Strategien der Vermeidung aktiviert, z.B.: eine Desaktivierung der schema-aktivierenden Inhalte („Ich habe den Faden verloren"), eine weitere Erhöhung der Aktivationsschwelle („Ich komme nicht dran"), einen Übergang auf andere Themen usw. Diese Strategien sind, laufen sie erst einmal automatisiert ab, „unbewusst", d.h. die Person bemerkt oft selbst nicht, dass eine Vermeidung stattfindet und wenn, kann sie über die ablaufenden Prozesse keinerlei Angaben machen und diese auch nicht direkt kontrollieren.

Klienten, die eine Spielebene aufweisen, können Vermeidungsstrategien aus internalen wie aus interaktionellen Gründen anwenden.

Internal kann es für einen Klienten extrem unangenehm sein, sich mit seinen negativen Selbstkonzept-Aspekten oder seinen negativen Interaktions-Erwartungen zu beschäftigen. Noch aversiver, ja geradezu bedrohlich kann es für den Klienten sein, sich mit den in der Biographie gemachten Erfahrungen der Ablehnung, der Frustration wesentlicher Bedürfnisse und der Abwertung auseinander zu setzen: Die Erinnerung an diese Erfahrungen kann für den Klienten so schmerzlich sein, dass er sie kaum aushalten kann.

Aversiv kann es für einen Klienten aber auch sein, sich mit seinem manipulativen Interaktionsverhalten zu beschäftigen: Zu erkennen und einzusehen, was der Klient mit anderen macht, kann dem eigenen Selbstkonzept („ich bin fürsorglich", „ich bin das Opfer") extrem widersprechen; daher kann auch bezüglich dieser Themen Vermeidung auftreten.

Interaktionell kann bei einem Klienten mit Spielebene Vermeidung auftreten aufgrund der biographischen Erfahrung, dass jedes „sich zeigen", jedes „sich authentisch verhalten" zu Kontrolle, Abwertung, Kritik und/oder Ablehnung geführt hat. Aus dieser Erfahrung resultiert die allgemeine Regel „lass dir nicht in die Karten schauen", denn dies ist gefährlich. Im Extremfall kann ein Klient sogar eine Annahme aufweisen wie „alles was Du sagst, kann (und wird) gegen Dich verwendet werden!" Ein Klient, der eine derartige interaktionelle Überzeugung aufweist, wird einem Therapeuten kaum Problemaspekte, die er für sehr zentral, sensibel, peinlich hält, mitteilen. Bevor er hier dem Therapeuten erlaubt ihm „in die Karten zu schauen", benötigt er ein sehr hohes Ausmaß an Vertrauen: Er muss sicher sein, dass der Therapeut mit diesen Inhaltsaspekten vorsichtig umgeht, dass er sie *nicht* gegen den Klienten verwendet und dass er den Klienten nicht bei Kenntnis dieser Aspekte ablehnt. Dieses Vertrauen zu gewinnen, kann viel Zeit kosten. Es kann, aus Sicht des Klienten, auch nötig sein, den Therapeuten immer wieder zu testen; z.B. indem der Klient den Therapeuten kritisiert, um festzustellen, ob dieser den Klienten trotzdem akzeptiert.

3.5.2 Vermeidungsstrategien

Es gibt eine Reihe sehr unterschiedlicher Strategien, mit deren Hilfe eine Person zu verhindern versuchen kann, sich mit eigenen Problemanteilen auseinander zu setzen. Diese Strategien setzen an unterschiedlichen Stellen an und arbeiten mit sehr unterschiedlichen Mitteln. Nach diesen Ansatzpunkten oder Vorgehensweisen, die in den jeweiligen Strategien impliziert sind, kann man diese Strategien zusammenfassen.

Es gibt Vermeidungsstrategien, die relativ „früh" ansetzen: Sie versuchen bereits bei einer Problembeschreibung, das Problem so zu definieren oder zu konstruieren, dass sich keine Fragen oder Fragestellungen ergeben oder ergeben könnten, die auf internale Determinanten gerichtet sind. Das Problem erscheint dann so, dass eigene Anteile des Klienten gar keine oder keine nennenswerte Rolle spielen, so dass eine Betrachtung, eine Klärung, Bearbeitung dieser Anteile unnötig, ja geradezu sinnlos oder falsch erscheint. *Diese Strategien verhindern somit bereits, dass man Ansatzpunkte für eine explizierende Arbeit findet.* Folgt ein Therapeut diesen Konstruktionen (hält er sie für plausibel, stimmt er ihnen implizit zu), dann erübrigt sich von vornherein eine klärende Arbeit. Die Vermeidung setzt daher „früh" an, sie verhindert bereits jeden Einstieg in eine Klärungsarbeit. Einige, besonders prominente Strategien dieses Typs sollen hier behandelt werden.

Klienten lassen sich manchmal darauf ein, ihre Aufmerksamkeit nach innen zu lenken und eigene Motive, Überzeugungen usw. zu betrachten. Im Verlauf dieses Prozesses wird ihnen aber deutlich, auf welche problematischen Aspekte sie stoßen bzw. sie befürchten, auf derart problematische Aspekte stoßen zu können. In dem Augenblick, wo der Klient bemerkt oder antizipiert, dass der Prozess auf das Offenlegen schmerzlicher Aspekte hinausläuft, setzt ein Vermeidungsimpuls ein, *eine Tendenz, eine weitere Konfrontation mit den unangenehmen Inhalten zu vermeiden.* Dieser Impuls kann konkrete Vermeidungshandlungen auslösen, kann dazu führen, dass Klienten Vermeidungsstrategien anwenden. Vermeidungstendenzen oder Vermeidungsstrategien müssen dabei aber keineswegs bewusst repräsentiert sein: Vielmehr kann der Einsatz von Vermeidungsstrategien schon aufgrund diffuser, nicht bewusst repräsentierter Hinweisreize automatisiert geschehen. So werden durch bestimmte cues beim Klienten Schemata aktiviert, die zu bestimmten Blockierungen des Prozesses führen, ohne dass der Klient sich bewusst ist, dass überhaupt eine Blockierung des Prozesses stattfindet und ohne dass er diesen Prozess beeinflussen könnte.

Die Tatsache, dass derartige Blockierungen automatisiert-unbewusst ablaufen *können*, heißt jedoch nicht, dass sie dies immer tun; manchmal setzen die Klienten solche Strategien bei entsprechenden Hinweisreizen auch bewusst-intentional ein.

3.5.3 Relativieren

Um eine Klärungsarbeit betreiben zu können, benötigt man konkrete, definierte Ausgangspunkte: Um zu bearbeiten, *was* an einer Situation für den Klienten bedrohlich ist, muss erst klar sein, *dass* die Situation bedrohlich ist. Um herauszuarbeiten, aus welchen Motiven ein Klient seinem Vater gegenüber verschüchtert handelt, muss klar sein, *dass* der Klient verschüchtert handelt.

Jede weiterführende, klärende, explizierende Fragestellung setzt voraus, dass man einen Inhaltsaspekt herausgearbeitet hat, an den man eine solche Frage stellen bzw. aus dem man eine solche Frage ableiten kann. Ist jedoch ein solcher Inhaltsaspekt *nicht* bestimmbar, dann ist es auch nicht möglich, weiterführende Fragen abzuleiten: Die explizierende Arbeit wird so verhindert.

Eine Möglichkeit, klärende Arbeit und damit die Betrachtung *eigener* Problemdeterminanten zu verhindern, ist Relativierung.

Bei *Relativierung* nimmt der Klient eine gerade getroffene Aussage teilweise wieder zurück, schwächt sie ab, bezeichnet sie als unsicher oder unzulässig o.ä.

Damit *verhindert* er eine *Festlegung* auf diese Aussage: Die Aussage bleibt unbestimmt und ist daher als Ausgangspunkt weiterer Klärungsstrategien unbrauchbar.

Der Klient kann Relativierungen auf sehr unterschiedliche Weise durchführen. Er kann z.B. den *Geltungsbereich der Aussage* einschränken. Er sagt:" Ich fühle mich durch meinen Vater verunsichert" und relativiert dann: „Aber nur manchmal".

Oder er *bezweifelt die Validität* seiner Aussage: „Ich weiß selbst nicht, ob ich mich durch meinen Vater verunsichert fühle".

3.5.4 Bagatellisieren

Eine andere Möglichkeit, eine Bearbeitung des Problems zu erschweren und eine klärende Arbeit zu verhindern, ist Bagatellisierung.

Der Klient schildert ein Problem, bestimmte Symptome usw. Der Therapeut macht dann eine Fragestellung dazu auf (z.B.: „Was ist an diesem Problem für sie besonders belastend"?). Hier könnte der Klient nun beginnen, in eine explizierende Arbeit einzusteigen. Um das zu verhindern, kann er stattdessen abwiegeln: Das Problem sei eigentlich nicht so schlimm, man müsse das gar nicht weiter behandeln, es lohne sich im Grunde gar nicht, sich weiter darum zu kümmern. Geht der Therapeut darauf ein, ist das Problem weg: Es ist aus dem Fokus und damit aus der Bearbeitung entschlüpft.

Wendet ein Klient diese Strategie exzessiv an, kann es passieren, dass gar keine Probleme mehr deutlich werden. Dies war z.B. bei einer unser Psychosomatik-Klientinnen zu Therapiebeginn der Fall: Sie hatte ihre körperlichen Beschwerden, aber darüber hinaus zerrannen dem Therapeuten alle Probleme sofort wieder zwischen den Fingern: Angeblich war nichts so wichtig oder belastend, dass es hätte thematisiert werden müssen.

3.5.5 Normalisieren

Der Klient benennt hier ein Problem. Möglicherweise sieht er sogar eigene Determi-
nanten des Problems. Er definiert jedoch dieses Problem und /oder die entsprechenden
Determinanten als *normal*: Das Problem weicht nicht von der (meist sozial) definierten
Norm ab, es ist *durchschnittlich*.

Diese Normalisierung kann konkret auf unterschiedliche Weise geschehen. So sagt
ein psychosomatischer Klient: „Es gehört ja schon zum guten Ton, Magengeschwüre
zu haben. Das erwartet man in unserer Firma". Ein Alkoholpatient sagt: „Ich trinke nicht
mehr als normal. Wenn sie mich als Alkoholiker bezeichnen, müssen sie 60 Millionen
Bundesbürger als Alkoholiker bezeichnen".

Die Botschaft an den Therapeuten ist: „Entweder es ist eigentlich gar kein Problem
(denn es ist o.k.), oder es ist ein Problem, das die meisten Menschen haben".

Wenn es kein Problem ist, muss ich mich auch nicht damit befassen. Wenn es ein
Problem ist, das die meisten haben, dann ist es *nicht spezifisch* mein Problem. Und wenn
das so ist, dann müssen wir auch nicht spezifisch bei mir gucken.

Im Gegenteil: Bei mir zu gucken würde fast bedeuten, von mir zu verlangen, die
Verantwortung für andere mit zu übernehmen. Dazu bin ich selbstverständlich nicht
bereit.

Der Klient macht so, explizit oder implizit, eine Argumentationsfigur auf, aus der
sich zwangsläufig ableitet, dass

1. kein Grund besteht, dass er seine Problemanteile klärt und

2. ein solches Vorgehen geradezu eine Zumutung wäre.

Damit schottet sich der Klient vor entsprechenden Interventionen des Therapeuten ab:
Alle Vorgehensweisen, die die Perspektive internalisieren und den Klienten zur Bearbeitung eigener Anteile veranlassen, werden so als nicht zulässig definiert.

Eine Variante ist die *„Normalisierung der Problementstehung"*: Hier sagt der Klient,
es sei ja unter solchen Bedingungen, unter denen er lebe, ganz normal, dass man diese
Symptome/Probleme bekomme. In diesem Fall ist die Botschaft sehr klar und einfach:
„Mein Problem hat ausschließlich mit externen Faktoren zu tun und nicht mit internen.
Daher erübrigt sich die Klärung internaler Determinanten".

3.5.6 Generalisieren

Eine mit dem Normalisieren eng verwandte Strategie ist das Generalisieren: Hier betont
der Klient nicht so sehr den Aspekt des „Normalen", sondern den Aspekt des „Unspezifischen".

Der Klient betont, dass ein Problem für ihn nicht spezifisch ist: „Das Problem haben
andere auch" oder „das haben alle". Die Botschaft an den Therapeuten ist hier: „Dieses
Problem ist etwas Verbreitetes. Wenn es verbreitet ist, kann es nicht an spezifischen
Determinanten liegen, die mit mir zu tun haben. Wenn es aber nicht an spezifischen
Determinanten liegt, dann brauchen wir auch nicht auf meine Determinanten zu
schauen".

100

Wie man sieht, ist diese Argumentationsfigur sogar noch besser als die der Normalisierung: Der Klient weist hier dem Therapeuten nach, dass interne, idiosynkratische Determinanten gar keine Rolle spielen *können*. Damit wäre es völlig unsinnig, ja geradezu kontraindiziert, eine klärende Arbeit anzusetzen. Dem Klienten ist es so gelungen, seine Anteile aus dem Problem herauszukürzen.

Kann der Therapeut auf diese Argumentationsfiguren nicht angemessen reagieren, dann hat der Klient hier wesentliche Regeln der Therapie definiert und zwar so, dass wichtige Probleme nicht mehr klärbar, nicht mehr bearbeitbar sind: Der Therapeut ist dann mattgesetzt.

3.5.7 Nebenschauplätze aufmachen

Will man als Klient an einem bestimmten Problembereich nicht arbeiten, bestimmte Aspekte nicht offen legen und hinterfragen, dann muss man den Prozess nicht unbedingt blockieren. Man kann auch inhaltlich von den „heißen" Themen ablenken und das Gespräch auf andere Aspekte führen, deren Behandlung oder Bearbeitung einem weitaus angenehmer ist, weil hier keine unangenehmen Selbstaspekte zu gewärtigen sind. In der therapeutischen Interaktion kann man aber nicht einfach unvermittelt das Thema wechseln (das wäre ja auch eher eine Blockade!), sondern man muss den Therapeuten auf ein neues Thema oder einen neuen Aspekt führen. Und dies tut man am besten so, dass der Therapeut dies entweder gar nicht bemerkt oder aber so, dass er das neue Thema ganz besonders interessant findet, also mit dem Wechsel einverstanden ist.

Als Klient kann man diese Bedingungen gut dadurch realisieren, dass man in dem augenblicklichen Thema einen Nebenschauplatz aufmacht und diesen als ein noch zentraleres, wichtigeres, belastenderes, aktuelleres o.ä. Problem darstellt.

Zum Beispiel beschreibt der Klient ein Interaktionsproblem mit seiner Frau; die Bearbeitung beginnt, sich dem Thema Sexualität zu nähern. Da macht der Klient das Problem auf, dass er sich seiner Frau gegenüber in wesentlichen Zielen nicht durchsetzen kann. Der nächste Zug bringt dann die Entlastung: Er betont, dass dieses Nicht-Durchsetzen-Können eigentlich immer ein Problem ist, das ihn stark belastet und das auch in anderen Situationen von großer Bedeutung ist usw.

Klienten kombinieren manchmal die Strategie, Nebenschauplätze aufzumachen, mit einer anderen Strategie, die den Therapeuten die Verarbeitung der Klienteninformation erschwert: *Die Klienten sprechen extrem schnell.* Auf diese Weise arbeitet ein Therapeut, der versucht, mit seiner Verarbeitung dem Klienten zu folgen, immer an der Grenze seiner Kapazität, d.h., die Verarbeitungskapazität ist dauerhaft ausgelastet. Damit steht dem Therapeuten aber nicht mehr genügend Kapazität zur Verfügung, über den Prozess des Klienten zu reflektieren. Dies aber muss ein Therapeut, wenn er überhaupt erkennen will, dass ein Klient einen Nebenschauplatz aufmacht: Der Therapeut muss erkannt und registriert haben, dass das bisherige Thema wichtig/zentral/ belastend o.ä. war; er muss überhaupt erkennen, dass der Klient das Thema verschiebt; er muss die Relevanz des neuen Themas abschätzen; er muss dessen Relevanz mit der des alten Themas vergleichen. Erst *dann* kann er sagen, dass der Klient einen *Nebenschauplatz* aufmacht. Dies alles kann der Therapeut aber nur erkennen, wenn ihm dazu genügend kognitive

Ressourcen zur Verfügung stehen. Und hier kann ein Klient systematisch dafür sorgen, dass das nicht der Fall ist (z.B. auch durch Unklarheit oder Detailreichtum).

Die Veränderung des thematischen Schwerpunktes kann manchmal sehr subtil und langsam erfolgen, so dass ein Therapeut den Wechsel kaum bemerkt. Und selbst wenn er ihn bemerkt, so muss er noch beurteilen, ob das alte Thema weniger relevant ist als das neue bzw. ob das „neue" Thema nicht einfach eine stringente Weiterentwicklung eines an sich relevanten Themas ist. Dies kann ein Therapeut meist nur aufgrund des Klientenmodells entscheiden, das er bis zu diesem Zeitpunkt über den Klienten gebildet hat. Der Therapeut hat aufgrund des Modells eine Vorstellung davon, welches die zentralen, therapeutisch relevanten Themen des Klienten sind und er hat eine Vorstellung davon, welchen Fragen man im Therapieprozess bezüglich dieser Themen folgen sollte. Aufgrund dieses Wissens kann er meist (zumindest grob) abschätzen, ob ein Thema oder eine Themenentwicklung in Richtung auf eine relevante Bearbeitung verläuft oder nicht. Hat der Therapeut Zweifel, ob die Richtung konstruktiv ist, dann kann er seine Beobachtungen (Themenwechsel) und seine Bedenken (ob das neue Thema relevant ist) mit dem Klienten besprechen: Er kann dem Klienten hier auch deutlich machen, dass es ein wichtiges therapeutisches Prinzip ist, bei einem Thema zu bleiben und dies zu klären, bevor man auf neue Aspekte übergeht.

Wichtig für den Therapeuten ist hier aber auch das Modell über die Bearbeitung: Ein Therapeut hat nach kurzer Zeit bereits Wissen darüber, wie ein Klient mit eigenen Problemen umgeht (zumindest *kann* ein Therapeut, wenn er Information richtig verarbeitet, ein solches Wissen haben!). Ein Therapeut weiß damit, ob der Klient dazu neigt, ein Thema stringent zu bearbeiten, auch dann, wenn es unangenehm, schmerzlich oder peinlich wird, oder ob ein Klient dazu neigt, „heißen Bereichen" auszuweichen. Der Therapeut hat im letzteren Fall dann auch Informationen darüber, *wie* ein Klient brisanten Inhalten ausweicht, d.h. er kennt die bevorzugten Vermeidungsstrategien des Klienten. Dies erleichtert es dem Therapeuten in hohem Maße, eine Vermeidungsaktion eines Klienten auch als solche zu erkennen: Der Therapeut kann auch die Strategie „Nebenschauplätze aufmachen" sehr viel schneller erkennen, wenn er derartige Strategien beim Klienten bereits kennt. Daher ist das Klientenmodell, die therapeutische Wissensbasis über den Klienten, für die Bearbeitung von Vermeidungsstrategien von großer Bedeutung.

3.5.8 Thematische Sperren

Klienten können versuchen, einer Bearbeitung eines bestimmten Themas von vornherein vorzubauen. In diesem Fall bemühen sie sich, bestimmte Themenbereiche zu „sperren". Sie tun dies dann meist in einer Weise, die nicht weiter auffällt: Sie sagen nicht, dass sie bestimmte Themen nicht behandeln *wollen*, sie sagen vielmehr, dass bestimmte Themen *nicht behandelt werden müssten*.

Typische Argumente sind:

- *dieser Themenbereich ist in Ordnung*: So sagen viele unserer Psychosomatik-Klienten schon zu Beginn der Therapie völlig ungefragt, ihre Ehe sei „völlig in Ordnung" (das Rezept dazu sollten sie publizieren, damit ließe sich viel Geld machen!):Dieser dezente Hinweis enthält die Botschaft an den Therapeuten, man möge dieses Thema doch bitte aus der Bearbeitung ausklammern, denn es enthalte ja keinerlei Probleme.

- *„das Problem habe ich schon gelöst"* oder „das ist nicht mehr aktuell": Auch hier ist die Botschaft, die Behandlung dieser Aspekte sei reine Zeitverschwendung und sollte daher besser unterbleiben.

- *„das ist mir schon alles klar"*, ist ein häufiges Statement. Soll heißen: Lassen wir das und wenden wir uns etwas anderem zu. Und implizit stellt der Klient die Frage an den Therapeuten: „Willst Du das etwa bezweifeln?!"

- *„das habe ich alles schon gesagt"*: Dies ist eine besonders interessante Variante, denn sie enthält nicht nur die Botschaft, es ist Zeitverschwendung, es noch mal zu besprechen. Sie enthält implizit gleichzeitig eine Warnung an den Therapeuten: „Wenn Du das noch mal fragst, muss ich mich fragen, ob Du nicht zugehört hast oder mich nicht ernst nimmst!" Die Aussage enthält gleichzeitig eine *Einschüchterung des Therapeuten*, denn dieser steht, nach Meinung des Klienten, in der Gefahr, sich lächerlich zu machen.

3.5.9 „Ich weiß nicht"

Eine besonders beliebte Blockade weiterer Bearbeitung ist gleichzeitig eine besonders einfache: Wenn die Klienten aufgefordert werden, etwas genauer zu betrachten, wenn sie gefragt werden, was sie eigentlich wollen usw., dann antworten sie oft mit „ich weiß nicht".

Diese Reaktion hat auf unerfahrene Therapeuten in der Regel eine verheerend destruktive Wirkung: Ihnen geht es dann genauso und sie wissen auch nicht mehr, was sie nun tun sollen. Der einfache Satz hat daher eine verblüffend paralysierende Wirkung auf den Prozess, obwohl man ihm, wie wir sehen werden, verblüffend einfach und effektiv begegnen kann. Daher haben wir diese Strategie in der Supervision auch den „Klienten-Bluff" genannt: Die Klienten bluffen ihre Therapeuten, die daraufhin das Spiel verloren geben.

Der Satz „ich weiß nicht" wird besonders dann verwendet, wenn Therapeuten die Perspektive der Klienten nach innen lenken und sie auffordern, sich bezüglich bestimmter Problemaspekte mit eigenen relevanten Motiven, Werten, Überzeugungen zu beschäftigen. Es ist eine Art Standardantwort auf Fragen wie:

- „Was ist Ihnen wichtig an X?"
- „Was geht Ihnen zu dieser Situation durch den Kopf?"
- „Was wollen Sie damit erreichen?"
- „Was ist so schlimm für Sie an dieser Situation?"usw.

Es ist nun ganz wesentlich zu sehen, dass die Antwort „ich weiß nicht" zweierlei bedeuten kann:

- der Klient hat keine „gute" Antwort,
- der Klient will den Prozess blockieren.

Der Klient hat keine „gute" Antwort

Klienten antworten manchmal auf eine vertiefende (oder auch konkretisierende) Frage deshalb mit „ich weiß nicht", weil sie glauben, dass der Therapeut eine „gute", ausführliche Antwort hören möchte, sie aber keine solche Antwort haben. Sie wissen vielleicht selbst nicht so genau, was sie in einer Situation spüren, ihnen gehen vielleicht nur chaotische Gedanken durch den Kopf u.ä. Sie wissen vielleicht selbst mit diesen Informationen nicht viel anzufangen; viele Klienten halten auch diffuse Gefühle o.ä. nicht für eine relevante Informationsquelle, sondern eher für „Störgeräusche", die man konsequent ausblenden muss. Viele Klienten trauen sich auch nicht, einem Therapeuten solch „unklare" Information zu geben, z.B. aus Angst, sie könnten sich blamieren.

In solchen Fällen heißt die Antwort „ich weiß nicht" eigentlich: „Ich weiß es selbst nicht so genau und ich traue mich nicht, das so zu sagen, was ich weiß." In diesem Fall hat der Klient durchaus nicht die Intention, den Prozess zu blockieren: Er kommt vielmehr aufgrund ungünstiger Annahmen nicht weiter.

Der Klient will den Prozess blockieren

Die Antwort „ich weiß nicht" kann jedoch eine ganz andere Intention haben: Der Klient sagt „ich weiß nicht", weil er einer bestimmten Spur nicht weiter folgen will. Die Bearbeitung eines bestimmten Inhaltes kann dem Klienten zu unangenehm, zu heiß werden. In diesem Fall kann er sagen, dass er nicht weiß, was er spürt, was ihm durch den Kopf geht usw. Damit verhindert er es, dem Therapeuten Informationen für weitere, unangenehme Fragen zu geben. Der Prozess ist damit an dieser Stelle abgeblockt und der Klient kann so verhindern, sich mit aversiven Aspekten weiter auseinander zu setzen.

„Ich weiß nicht" ist daher oft mehr als nur die Aussage, dass der Klient an dieser Stelle Schwierigkeiten hat; es ist eine *aktive Blockade des Prozesses.*

Die Strategie „ich weiß nicht" hat wegen ihres euphemistischen Charakters einen entscheidenden Vorteil gegenüber einer offenen Verweigerung. Würde der Klient z.B. sagen, „ich will da nicht hingucken", oder „darauf antworte ich nicht", dann müsste er für diese Blockade die Verantwortung übernehmen. Er könnte dann vom Therapeuten aufgefordert werden, diese Blockade zu begründen, zu bearbeiten usw. Sagt der Klient aber „ich weiß nicht", dann kann er dafür nicht verantwortlich gemacht werden; denn für sein schlechtes Gedächtnis oder sein Nicht-Können kann schließlich keiner was. Manchmal ist man in der Supervision beim Hören von Klienten-Statements unwillkürlich an politische Untersuchungsausschüsse erinnert, in denen auf die Frage: „Haben sie von X Geld erhalten?" die Antwort kommt: „Daran kann ich mich nicht erinnern". Manchmal gibt es nichts Praktischeres als ein schlechtes Gedächtnis.

3.5.10 Fragen beantworten, die man nicht gestellt hat

Eine andere, besonders elegante und oft vom Therapeuten nur schwer zu erkennende Strategie, von einem Thema abzulenken und „unter der Hand" einen neuen inhaltlichen Fokus zu etablieren, ist „Fragen beantworten, die man nicht gestellt hat".

Der Therapeut stellt eine Frage. Der Klient antwortet mit einer (längeren) Antwort. Wenn man dann aus der gegebenen Antwort zurückschließt, wie die Frage dazu hätte heißen müssen, auf welche Frage dies also eine Antwort ist, dann sieht man, dass die so rekonstruierte Frage mit der Ausgangsfrage nur noch wenig zu tun hat. Im Zuge der Beantwortung ändert der Klient implizit die Frage so, dass er auf eine ganz andere Frage antwortet. Die Antwort steht aber noch (und das ist wesentlich) in einem locker-assoziativen Inhaltsverhältnis zur Ausgangsfrage. Die Strategie kann daher als *pseudo-kommunikativ* bezeichnet werden: Scheinbar, oberflächlich betrachtet, setzt der Klient die Kommunikation fort, tatsächlich „würgt er aber einen bestimmten Inhaltsaspekt ab".

Aus diesem Grund ist der Therapeut hier auch häufig irritiert: Er hat den Eindruck, dass der Klient schon „irgendwie" geantwortet hat, spürt aber, dass etwas nicht stimmt, weiß aber so schnell nicht zu sagen, wo der Fehler liegt. Um dies zu ergründen, hört er dem Klienten dann besonders aufmerksam zu: Und damit folgt er diesem dann auf die neue Fährte.

Die beim Therapeuten erzeugte Irritation ist besonders dann dem Klienten nützlich, wenn der Therapeut die Schwierigkeit noch auf sich attribuiert: Er habe vielleicht nicht richtig zugehört, eine unverständliche Frage gestellt usw. In diesem Fall wird der Therapeut dem Klienten, um seinen „Fehler" wiedergutzumachen, besonders bereitwillig folgen. Diese Strategie ist, so kann man in Supervisionen immer wieder sehen, sehr erfolgreich, insbesondere bei weniger erfahrenen Therapeuten, die sich Schwierigkeiten in hohem Maße selbst zuzuschreiben pflegen.

3.5.11 Attribution

Eine wichtige Frage ist, auf welche Arten von Ursachen der Klient ein Problem (das er gerade bearbeitet) oder einen bestimmten Zustand attribuiert. Wie ausgeführt, ist es für eine explizierende Psychotherapie eine notwendige Voraussetzung, zumindest zeitweise, internal zu attribuieren, davon auszugehen, dass eigene Determinanten an dem Problem zumindest *mit*-beteiligt sind. Dies ist die logische Voraussetzung dafür, dass es Sinn macht und notwendig ist, sich therapeutisch mit diesen Determinanten zu beschäftigen.

Attribuiert ein Klient völlig external, auf Situationen oder andere Personen, dann macht die Bearbeitung eigener Motive usw. gar keinen Sinn; der Klient kann eine explizierende Arbeit dann auch mit diesem Hinweis blockieren.

Ähnliches gilt, wenn der Klient auf stabile Faktoren attribuiert, die jenseits seiner Kontrolle, Beeinflussung und damit seiner Veränderungsmöglichkeiten liegen bzw., die er so *definiert*. Auch dann ist die Bearbeitung dieser Faktoren sinnlos. Dies gilt z.B., wenn ein Klient ein Verhalten auf seine „unveränderliche Persönlichkeit" attribuiert oder ein Psychosomatischer Klient seine Symptome auf „Vererbung".

Mit der Attribution der Problemursachen auf andere Personen ist oft der Anspruch an diese Personen verbunden, *sie* sollten sich ändern. Da man diesen Personen die Verantwortung für die eigenen Probleme zuschreibt, so schreibt man ihnen auch die Verantwortung für die *Veränderungen* zu. Man selbst sieht gar nicht ein, warum man sich ändern soll, man kann ja schließlich nichts dafür (ja, sich zu ändern würde noch bedeuten, dass man selbst die Verantwortung für etwas übernimmt, für das man gar nichts kann, und das kommt nicht in Frage!).

Eine solche Struktur ist bei *Eltern-Problemen* überaus häufig: Die Klienten, die ihren Eltern die Verantwortung geben für ihre Probleme, verlangen von den Eltern auch, dass *diese* etwas ändern; zumindest sollen sie ihre „Schuld" und Verantwortung eingestehen. Aus der Sicht der Klienten mag dieser Wunsch nachvollziehbar sein, er ist jedoch völlig verheerend: Denn die Eltern denken in aller Regel nicht daran, das zu tun und die Klienten sind nicht bereit, darauf zu verzichten. Daraus resultiert eine ebenso unbewegliche wie unerfreuliche Patt-Situation. Und: Die Klienten nehmen sich, wie es typisch ist für diesen Fall, durch die Abgabe von Verantwortung die Möglichkeit, von sich aus etwas zur Veränderung des Systems zu tun. Es ändert sich erst dann etwas, wenn der Klient an *sich*, seinen Motiven usw. etwas ändert, wenn er sich tatsächlich von den Eltern emanzipieren kann und infolgedessen auf diese dann anders reagiert.

3.6 Dysfunktionale Problemkonstruktionen

3.6.1 Der konstruktive Charakter persönlicher Probleme

Klienten weisen Repräsentationen von Situationen, eigenen Kompetenzen, eigenen Motiven usw. auf, d.h. sie haben Wissensstrukturen über diese Aspekte. Diese Repräsentationen können die „tatsächlichen" Situationen usw. mehr oder weniger differenziert, selektiert, konkret usw. abbilden.

In keinem Fall ist die Repräsentation aber mit dem Repräsentierten identisch. Sie kommt durch komplexe Verarbeitungen zustande, die das Repräsentierte in vielfältiger Weise verändern: Bestimmte Aspekte werden weggelassen, andere hinzugefügt; einige Aspekte werden durch Schlussfolgerungen verändert usw.

Da dies für alle Repräsentationen gilt, gilt es auch (und wahrscheinlich sogar besonders) für die Repräsentation der eigenen Probleme und Problemaspekte. Das, was der Klient über sein Problem „weiß", glaubt, und somit auch dem Therapeuten berichten kann, ist keineswegs die „Realität", sondern eine *Realitätskonstruktion*. Es ist seine *Sichtweise* der Realität, die bereits geprägt ist von selektiver Aufmerksamkeit, selektiver Abstraktion, Katastrophisierung usw. (vgl. Beck et al., 1981).

Daher muss man sich als Therapeut immer klar machen: *Was der Klient schildert, ist immer eine Konstruktion des Problems, niemals die Realität des Problems.* Es ist wichtig, sich das klar zu machen, denn das kann verhindern, dass man, z.B. von depressiven Klienten, in ihre Konstruktionen verwickelt wird.

Aus der Erkenntnis „es ist nur eine Konstruktion", resultieren aber auch essentielle therapeutische Prinzipien (P):

P 1.   Jede Konstruktion ist prinzipiell hinterfragbar:

auf Stimmigkeit, auf Herkunft, auf konstruktive Elemente, auf ihre Funktionalität.

106

P 2.   Jede Konstruktion kann prinzipiell unvalide sein:

Sie kann die Verhältnisse falsch, voreingenommen, verzerrt wieder geben.

P 3.   An jeder Konstruktion sind eigene Anteile der Person, internale
Determinanten beteiligt:

Dass der Klient einen Problembereich genau so und nicht anders konstruiert, liegt an seinen Überzeugungen, Zielen, Werten, Normen und Motiven.

P 4.   Jede Konstruktion enthält damit nicht nur Informationen über die „Realität",
sondern auch Informationen über internale Determinanten des Klienten:

Da grundsätzlich immer internale Determinanten des Klienten an einer Konstruktion beteiligt sind, ist es auch immer möglich, diese aufgrund der Konstruktion wieder zu identifizieren.

P 5.   Jede Konstruktion ist prinzipiell veränderbar:

Da eine Konstruktion davon abhängt, welche Information man wie gewichtet, welche Motive gerade welchen Stellenwert haben usw., kann jede Konstruktion durch Änderung dieser Elemente tief greifend verändert werden.

P 6.   Jede Konstruktion kann eine Funktionalität haben:

Es kann sein, dass eine Konstruktion im Dienste bestimmter Motive steht, ohne dass dem Klienten dies klar ist.

3.6.2 Dysfunktionale Problemkonstruktionen als Strategien

Klienten unterscheiden sich nun sehr stark darin, in welchem Ausmaß sie von der Gültigkeit der vorstehenden Annahmen überzeugt sind: Einige Klienten halten ihre Annahmen für Konstruktionen und für prinzipiell hinterfragbar, auch wenn ihnen das bei ganz zentralen „Glaubenssätzen" schwer fallen mag. Andere Klienten sind überzeugt, dass ihre Ansichten „die Realität" sind und prinzipiell nicht hinterfragbar oder veränderbar sind.

Es ist offensichtlich, dass letztere Annahme eine klärende Psychotherapie enorm erschwert: Denn man müsste sich ja fragen, was der Klient in der Therapie will, wenn nichts veränderbar ist.

Dennoch kommen Klienten manchmal in Therapie, obwohl sie nichts verändern wollen und es stellt sich die Frage: warum?

Klienten, die eine Spielstruktur aufweisen, kommen in Therapie, um ihr System mit Hilfe des Therapeuten zu stabilisieren. Sie möchten, dass der Therapeut ihr System lebbar macht, dass er Ihnen hilft, die Kosten zu senken; sie möchten, dass der Therapeut Verantwortung übernimmt und zu einem „Stabilisator" innerhalb ihres Systems wird. Sie möchten dagegen nicht, dass der Therapeut ihr System in Frage stellt; sie möchten nicht, dass deutlich wird, dass sie selbst zu dem Problem entscheidend beitragen und sich daher die therapeutische Veränderungsarbeit primär auf sie selbst richten muss.

Diese Ziele können die Klienten mit Hilfe bestimmter Problemkonstruktionen erreichen.

Definieren sie ihr Problem nicht als Folge ihrer Verhaltensweisen, Verarbeitungen usw., sondern als „die Realität", dann kürzen sie sich selbst aus der Problemdefinition heraus: Damit definieren sie, dass sie selbst keinen Anteil an dem Problem haben, dass sich die Therapie folgerichtig auch nicht auf sie konzentrieren muss. Der Therapeut muss ihnen vielmehr Hilfestellungen geben, besser mit „der Realität" fertig zu werden.

Sie können das Problem auch *zwangsläufig* definieren: Es musste so kommen, sie selbst haben es nicht verursacht; im Gegenteil, sie hatten nie eine Wahl und tragen damit auch keinerlei Verantwortung für das Problem. Damit sind sie in hohem Maße auf Hilfe und Unterstützung von außen angewiesen.

Sie können das Problem auch als *unlösbar* definieren: Sie haben schon „alles" versucht, jedoch finden sie keine Lösung; sie leiden jedoch stark unter dem Zustand. Daraus folgt, dass sie dringend jemanden brauchen, der ihnen aktive Hilfe anbietet, der sich extrem bemüht, sie aus dem Dilemma herauszuführen.

Diese Konstruktionen, so wird deutlich, sind sehr gut geeignet, Interaktionspartner, und damit auch Therapeuten, dazu zu veranlassen, sich aktiv unterstützend um die Klienten „zu kümmern": Ratschläge zu geben, verfügbar zu sein, Verantwortung zu übernehmen.

3.6.3 Realitätskonstruktionen als Realität

Der Klient schildert ein Problem und die dazugehörenden Komponenten: eine typische Situation, seine Interpretation, seine Handlungskonsequenzen usw. Was der Klient schildert, ist, bis in die Beschreibung der Situation hinein, im Grunde nichts weiter als *seine* Auffassung des Problems, seine Sichtweise davon; was er hier in Sprache umsetzt, ist seine Repräsentation, also seine Konstruktion der Realität, des Problems.

Der Klient nimmt der Schilderung gegenüber jedoch ganz deutlich diese Haltung *nicht* ein: Für ihn ist es nicht seine Sichtweise, die subjektiv gefärbt ist und damit potentiell unvalide sein kann usw. Für ihn ist die Beschreibung ein exaktes und valides *Abbild* der Realität, es ist die Realität.

Und der Klient möchte, dass der Therapeut dies akzeptiert und diese Interpretation übernimmt. Er möchte dagegen keinesfalls, dass der Therapeut seine Sichtweise in Frage stellt, überprüft, relativiert, analysiert usw. Sagt der Therapeut etwa: „Das sehen sie so", dann antwortet der Klient: „Das sehe ich nicht so, das *ist* so". Oder der Klient vergewissert sich ständig beim Therapeuten, ob der das denn auch „verstanden" habe, ob er das „nachvollziehen" könne u.ä. Das heißt, er prüft, ob der Therapeut der Konstruktion des Klienten folgt oder davon abweicht.

Beispiele für das Anbieten von Realitätskonstruktionen als Realität sind:
* Eine Klientin sagt, es sei für sie so schwierig, zu Ämtern zu gehen. Es sei „selbstverständlich" viel schwerer, zu Ämtern zu gehen, als zum Metzger. Dagegen muss man sagen: Nein, das ist keinesfalls selbstverständlich (also: die Realität), sondern es ist *ihre* ganz spezifische Bewertung!

- Eine Klientin erzählt, dass sie als Zehnjährige beim Aufsagen eines Gedichts auf der Bühne die erste Zeile vergessen hatte und diese ihr vorgesagt werden musste: „Das war natürlich eine ganz peinliche Situation". Nein: Die Klientin bringt in diese Situation schon bestimmte Prädispositionen mit, die sie die Situation als peinlich erleben lassen, und die geklärt werden können (Dass dies nicht „Realität" ist, zeigte mir meine damals neunjährige Tochter, die auf eine ähnliche Situation völlig gelassen reagierte: Man muss sich als Therapeut hüten, derartige Konstruktionen für *plausibel* zu halten).
- Eine interessante und komplexe Form von Konstruktion findet man bei narzisstischen Spielen: Der Klient ist davon überzeugt, dass er ein Recht darauf hat, dass andere für ihn da sind, ihn versorgen, nach seinen Regeln handeln usw. Der Klient nimmt dabei nicht mehr wahr, dass diese Ansprüche auf sein Motivsystem zurückgehen, also relativierbar und (dringend!) hinterfragbar sind, sondern hält dieses Recht für gegeben, für Realität: *Das ist so, das steht ihm zu.*
- Interessant ist auch die Variante, bei der Klienten Teile ihrer Person als „Realität" definieren: „Ich bin eben so. Das ist nun mal Teil meiner Persönlichkeit."

Hier wird die Konstruktion besonders grotesk, jedoch ist der Widerstand gegen ein Hinterfragen besonders groß. Die Botschaft an den Therapeuten ist, „komm ja nicht auf die Idee, diese Aspekte zu betrachten, sie offen zu legen und zu hinterfragen!", oder: „Lass die Finger von meiner Persönlichkeit!"

Der Vorteil, eine Konstruktion für die Realität zu halten und so auch anzubieten, liegt darin, dass man als Klient die eigenen Anteile an dem Problem herauskürzen kann (Entsprechendes gilt auch für Zwangsläufigkeits- und Unlösbarkeitskonstruktionen). Betrachtet man eine Konstruktion als „selbst gemacht", dann ist klar, dass eigene Anteile, Motive, Werte, Sichtweisen usw. eine große Rolle spielen: Damit geraten diese aber sofort in den Fokus, werden offen gelegt und hinterfragbar. Ist das, was man berichtet, aber „die Realität", dann hat dies mit eigenen Anteilen *gar nichts* zu tun: Ist man verantwortlich für die Realität? Das Problem, so besagt die Konstruktion, liege eben nicht in der eigenen Person, sondern in der Situation: Diese ist eben aversiv, peinlich, unangenehm usw. Damit machen die Klienten eine typische Objektion im Ach'schen (1935) Sinne: Sie verlegen internale Prozesse nach außen. Die Konstruktion hat damit eine deutliche Schutzfunktion: Eigene Anteile werden vor einer Betrachtung, Bewertung, Veränderung geschützt.

Von daher ist es auch nicht verwunderlich, dass Klienten, die diese Arten von Konstruktionen verwenden, in der Regel *ihre* eigenen, persönlichen Bewertungen, Motive usw. in ihren Schilderungen gar nicht deutlich werden lassen: Was *sie* eigentlich wollen, wie *sie* das sehen usw., bleibt unklar.

So sagt eine Klientin z.B.: „Meine Mutter darf nicht enttäuscht werden, das würde sie nicht verkraften" und nicht: „*Ich* kann es nicht ertragen, meine Mutter zu enttäuschen."

3.6.4 Zwangsläufigkeitskonstruktionen

Der Klient definiert nicht nur ein Problem als *die* Realität; er definiert darüber hinaus diese Realität auch noch als zwangsläufig. D.h. seine Konstruktion enthält die Aussage, dass die Situation, so wie sie ist, sich zwangsläufig so entwickeln musste: „Wenn man ein solches Elternhaus hat wie ich und im Leben so beschissen worden ist, dann bleibt einem nichts anderes übrig als zu saufen."

Zwangsläufigkeitskonstruktionen dienen damit oft einer Exkulpierung: Die Klienten können damit ihrer Umwelt deutlich machen, dass sie „für gar nichts etwas können". Damit impliziert der Klient einige wesentliche Aspekte:

- Das Problem oder der augenblickliche Zustand ist nicht durch ihn herbeigeführt worden, sondern durch „Umstände".
- Eigenes Handeln, eigene Entscheidungen haben dabei eine untergeordnete Rolle gespielt.
- Daher hat der Klient für den Zustand auch nur begrenzt Verantwortung, wenn überhaupt!
- Der Klient hätte, selbst bei gutem Willen und reichlich Kompetenzen, den Gang der Ereignisse nicht aufhalten können. Deshalb kann man ihm auch für konsequentes Nicht-Handeln keinen Vorwurf machen.

Um eine Zwangsläufigkeitskonstruktion entwickeln zu können, muss ein Klient bestimmte konstruktive Strategien verwenden. Diese zu verstehen ist für den Therapieprozess sehr wesentlich, weil sich daraus therapeutische Interventionsmöglichkeiten ableiten lassen. *Diese konstruktiven Elemente sind*:

- Ein Klient muss sich als *passiv* darstellen, als jemanden, der nichts beeinflusst und beeinflussen kann. Dieses Image stimmt jedoch meist mit anderen Darstellungen des Klienten *nicht* überein.
- Der Klient stellt Ereignisfolgen so dar, als hätte er nie irgendwelche Entscheidungen getroffen, ja, als hätte er nie Handlungsalternativen gehabt (und das sei immer noch so). Dies ist psychologisch völlig unsinnig: Denn nähme man dies wirklich ernst, müsste man den Klienten für einen Zombie halten, der entweder völlig instinktgeleitet, voll programmiert oder ferngesteuert durch die Welt läuft (was dem Klienten selbst wohl weniger recht wäre).
- Der Klient kürzt oft jede historische Entwicklung des Problems heraus: Er betont, bestimmte Folgen seien *heute* zwangsläufig, verschweigt dabei aber, dass sie sich ja in ganz bestimmter Weise *entwickelt* haben: *Probleme und Situationen haben eine Geschichte*. Die Situation ist nicht einfach so wie sie ist, sondern die Klienten haben sie zum großen Teil aktiv und Entscheidungen treffend *so gestaltet*. Ein Klient war nicht vom Schicksal gezwungen, ein Haus zu kaufen, welches er sich finanziell nicht leisten kann und war nicht gezwungen, finanziell in der Klemme zu sitzen: Der Hauskauf hat vielmehr wichtige kompensatorische Funktionen gehabt und der Klient hat sich bewusst über Bedenken hinweggesetzt. Ein Klient ist nicht einfach gegen seinen Willen von einer Frau geheiratet worden, die nun Zuhause das Kommando hat; und es folgt nicht zwangsläufig aus dieser Situation, dass man sein Geld für Computer ausgeben muss, um „noch was vom Leben zu haben".

Als Therapeut muss man sich eines völlig klar machen: *Keine Sichtweise, keine Entscheidung, keine Bewertung, keine Handlung, keine Konsequenz ist zwingend. Es lassen sich immer alternative Sichtweisen, Bewertungen usw. denken, die ebenfalls hätten realisiert werden können. Keine Konstruktion ist zwingend, und wenn sie noch so zwangsläufig erscheint.*
und:

Wenn eine Entscheidung, Bewertung usw. nicht zwangsläufig ist, dann hat sie etwas mit dem Klienten zu tun. Dann geht sie auf dessen Motive, Überzeugungen usw., auf die „inneren Determinanten" zurück. Und wenn das so ist, dann muss man diese inneren Determinanten klären.

3.6.5 Unlösbarkeitskonstruktionen

Das Problem wird vom Klienten so konstruiert (und die Konstruktion als Realität definiert!), dass es nicht lösbar ist. Gegen alle Lösungsversuche, die der Klient erwogen hat, gibt es schwerwiegende Einwände: der eine würde das Problem nur verschlimmern, der zweite ist dem Partner nicht zuzumuten, für den dritten fehlt das Geld, der vierte scheitert an mangelnden Kompetenzen usw. Und sollte der Therapeut hier auf die (abenteuerlich unsinnige) Idee kommen, dem Klienten weitere Lösungen anzubieten oder zu versuchen, den Klienten davon zu überzeugen, dass ein Weg doch gangbar ist, wird er sicher damit das gesamte kreative Potential des Klienten aktivieren: Der Klient wird dieses nutzen, um dem Therapeuten zu beweisen, dass alles nicht geht, und dass sogar die meisten Vorschläge die Misere nur noch vergrößern würden.

Es ist hier bei der Beurteilung dieser Konstruktionen *extrem* wesentlich, dass der Therapeut *nicht* in die inhaltliche Diskussion einsteigt. Denn auf der inhaltlichen Ebene wird er immer mattgesetzt und vor allem:

Es geht nicht um die Inhalte. Man muss sich nämlich fragen, was diese Konstruktion, vorgetragen in einer Interaktionssituation, ja in einer therapeutischen Situation, eigentlich soll. Wozu soll es gut sein, einem Therapeuten (oder einem anderen Interaktionspartner) zu beweisen, dass ein Problem unlösbar ist? Was hat der Klient davon? Was will der Klient damit erreichen?

Die Perspektive, die bei der Analyse und auch bezüglich therapeutischer Interventionen hier weiterführt, ist die der *interaktionellen Funktionalität.* Die entscheidende Frage ist nicht: Was sagt der Klient? Die entscheidende Frage ist: *was will der Klient beim Interaktionspartner erreichen*? Dies muss im Einzelfall sehr sorgfältig analysiert werden.

Es gibt hier verschiedene Möglichkeiten, die man prinzipiell in Erwägung ziehen kann.

a. Die Konstruktion kann eine Komponente in einem Spiel sein, z.B. in einem „Armes-Schwein-Spiel": Der Klient macht durch diese Konstruktion dem Interaktionspartner erst richtig klar, *wie* schlecht es ihm geht, denn nun steckt er auch noch in einer ausweglosen Situation.

b. Die Konstruktion kann aber auch genutzt werden, um einen Partner, ebenso den Therapeuten, unter Dauerstress zu halten:

   – dem Partner (und dem Therapeuten) wird deutlich gemacht, dass die Situation schlimm/ unerträglich usw. ist, dass sie dringend geändert werden muss;
   – gleichzeitig wird aber vermittelt, dass diese durch den Klienten nicht geändert werden kann;

- darüber hinaus wird vermittelt, dass der Partner (der Therapeut!) für eine solche Veränderung zuständig ist, schon weil man selbst keine Lösung weiß, der Partner (der Therapeut!) dagegen kompetent und außerdem verpflichtet ist, sich hier anzustrengen;
- der Partner (der Therapeut!), der all diese Konstruktionen annimmt, übernimmt es so, sich ständig Gedanken über die Person und die Lösung der Probleme zu machen;
- die Person hat damit den Partner (den Therapeuten!) voll für sich vereinnahmt und kann, durch Hervorrufen schlechten Gewissens („Es hat sich immer noch nichts getan"), die Dynamik jederzeit anheizen.

3.7 Schwierigkeiten in der Übernahme der Klientenrolle

3.7.1 Klienten- und Therapeutenrolle: Das therapeutische Arbeitsteam

Im Therapieprozess sollten Therapeut und Klient eine Art von „therapeutischer Arbeitsbeziehung" eingehen, eine „therapeutische Allianz", die darauf gerichtet ist, die Probleme des Klienten konstruktiv zu bearbeiten (vgl. Bordin, 1975, 1976, 1980; Horvarth & Greenberg, 1989; Marziali, 1984; Marziali et al., 1981; Morgan, 1978; Morgan et al., 1982).

Bei therapeutischer Allianz kann man zwei Aspekte unterscheiden, die miteinander interagieren:
• Die Gestaltung der therapeutischen Beziehung durch den Therapeuten.
• Die Umgangsweise des Klienten mit dieser therapeutischen Beziehungsgestaltung.
Im vorliegenden Zusammenhang liegt der Fokus vor allem darauf, wie Klienten mit dem therapeutischen Angebot umgehen. Eine solche therapeutische Allianz umfasst eine Reihe von Aspekten, z.B.:
• Dass Therapeut und Klient eine vertrauensvolle Beziehung entwickeln, in der der Klient dem Therapeuten sowohl persönlich als auch bezüglich seiner Kompetenz vertraut.
• Dass der Klient akzeptiert, dass es in der Therapie um *seine* Probleme geht und nicht um die Probleme des Therapeuten.
• Dass infolgedessen der Klient über seine Probleme spricht, die persönliche Sphäre des Therapeuten aber nicht Gegenstand der Kommunikation ist.
• Dass der Klient akzeptiert, dass der Therapeut Einfluss auf den Klienten nimmt und bereit ist, sich mit den Interventionen des Therapeuten auseinander zu setzen.
• Dass der Klient somit akzeptiert, dass die Beziehung asymmetrisch ist.
• Dass der Klient akzeptiert, dass Therapeut und Klient im Therapieteam unterschiedliche Rollen einnehmen, die weder aufhebbar noch umkehrbar sind.
• Dass der Klient akzeptiert, dass der Therapeut bei aller Beziehungsaufnahme auch Distanz hält und halten muss, um dem Klienten effektiv helfen zu können.
• Dass der Klient auch Verantwortung für den Therapieprozess übernehmen muss: Z.B. muss der Klient dafür sorgen, dass relevante Themen zur Sprache kommen, dass er

dem Therapeuten relevante Informationen gibt u.ä. (da er vom Therapeuten keine telepathischen Fähigkeiten erwarten kann).

Diese Art therapeutischer Allianz bedeutet für den Therapeuten, dass er zusammen mit dem Klienten ein Arbeitsteam bildet, in dem jeder ein bestimmter Experte ist (vgl. Gerl, 1981):

- Der Therapeut ist Experte für den Prozess, für die Bearbeitung der Probleme des Klienten; der Therapeut ist Experte dafür, wie im Therapieprozess gearbeitet werden soll.
- Der Therapeut ist bei dieser Definition des Therapieteams ein eher „neutraler Moderator", ein Experte, der dem Klienten hilft, konstruktiver als bisher mit dem Problem umzugehen; der Therapeut ist jedoch selbst nicht in die Probleme des Klienten involviert. Gerade diese „inhaltliche Neutralität" erlaubt es dem Therapeuten, anders mit dem Klienten zu arbeiten, als es ein (noch so kompetenter) Freund könnte.
- Der Klient ist dagegen ein Experte für die Inhalte: Der Klient muss entscheiden, was er thematisiert; er muss dem Therapeuten Informationen zur Verfügung stellen; und er muss letztlich die Veränderungen vollziehen und in sein Leben integrieren.

3.7.2 Dysfunktionale Klientenrollen

Bei Klienten, die eine Handlungsregulation auf der Spielebene zeigen, lässt sich jedoch diese Art von therapeutischer Allianz nicht ohne weiteres aufrechterhalten. Denn der Klient kommt nicht in die Therapie, um ein Problem zu thematisieren und zu bearbeiten. Er kommt vielmehr mit einem Interaktionsverhalten in die Therapie, das er auf den Therapeuten richtet: Der Klient versucht, den Therapeuten für seine Ziele zu funktionalisieren. Der Therapeut ist damit nicht länger ein neutral-distanzierter Arbeitspartner des Klienten; *vielmehr wird er durch die Interaktion des Klienten zum Teil des Klientenproblems.* Damit aber hat der Klient die „normale" therapeutische Allianz ausgehebelt: Aus dem Prozessexperten wird ein funktionalisierter Interaktionspartner.

Diese Beziehungsgestaltung durch den Klienten wird nicht immer im Therapieprozess offensichtlich, insbesondere dann nicht, wenn der Klient das Image aufmacht: „Ich bin ein kooperativer Klient", wie es besonders ausgeprägt bei Alibimotivationen vorkommt. Manchmal aber wird die Nicht-Einnahme der Klientenrolle durch den Klienten auch offen erkennbar. In diesen Fällen versucht der Klient, eine andere Rollendefinition gegen den Therapeuten durchzusetzen. Dabei kann der Klient seine Rolle in zwei Richtungen umdefinieren,

- als Rollengleichheit oder
- als Rollendominanz.

3.7.2.1 Rollengleichheit

Bei dem Versuch, Rollengleichheit herzustellen, versucht der Klient die Asymmetrie zwischen Therapeut und Klient aufzuheben. Er versucht, die therapeutische Beziehung in eine egalitäre Beziehung umzudefinieren: In eine freundschaftliche, kumpelhafte, kollegiale Beziehung. Dazu verwenden Klienten unterschiedliche Strategien:

- Ein Klient kann dem Therapeuten deutlich machen, dass er auch schon einige psychologische Fachbücher gelesen hat, und nun sein Problem mit dem Therapeuten diskutieren möchte, von Kollege zu Kollege.
- Ein Klient kann dem Therapeuten ein Beziehungsangebot machen, das den therapeutischen Rahmen sprengt: mal ein Glas Bier zusammen trinken, sich am Sonntag treffen usw.
- Ein Klient kann mit dem Therapeuten einen impliziten Konsens herstellen. Dies ist besonders gut in gleichgeschlechtlichen Dyaden zu beobachten, wenn die Klientin der Therapeutin z.B. sagt: „Sie wissen ja, wie die Männer sind; man kann sich nicht auf sie verlassen"; oder der Klient sagt dem Therapeuten: „Wir wissen ja, dass man mit Frauen nicht logisch argumentieren kann".

3.7.2.2 Rollendominanz

Bei dem Versuch, *Rollendominanz* herzustellen, macht der Klient deutlich, dass er die Regeln der Interaktion bestimmt und dass der Therapeut sich unterordnen soll.

Eine Möglichkeit, dies zu erreichen, ist, den Therapeuten zu kritisieren oder abzuwerten, möglichst schon ganz zu Anfang der Therapie, damit die Regeln der Interaktion sofort klar sind.

So kann ein Klient einem Therapeuten z.B. sagen

- „Haben Sie überhaupt eine richtige Therapieausbildung?"
- „Ich musste solange auf diesen Therapieplatz warten, das ist eigentlich unverantwortlich".

Bei einer Supervision sah ich kürzlich ein besonders schönes Beispiel: Der Therapeut, der dem Klienten erläuterte, dass alle Therapien auf Video aufgezeichnet würden, und dies mit regelmäßiger Supervision begründete, wurde vom Klienten, in entrüstetem Tonfall gefragt: „Was, *Sie* brauchen noch Supervision?" Diese Art von Klientenvorgehen kann im Ernstfall nach dem Motto laufen: „Alles was Sie sagen, kann gegen Sie verwendet werden".

Eine andere Möglichkeit, Rollendominanz herzustellen, besteht darin, dem Therapeuten nachzuweisen, dass er selbst einen Therapeuten nötig hat. Dies kann reichen von relativ normalen Fragen wie „Was machen Sie denn, wenn Sie Probleme haben", bis zu abwertenden Statements der Art: „Man weiß ja, dass alle Psychologen selbst einen Schuss haben. Deshalb studieren sie ja Psychologie".

Für den Therapeuten erzeugt die Auflösung der therapeutischen Allianz eine ganze Reihe gravierender Schwierigkeiten. Die offenen Rollen-Umdefinitionen stellen Therapeuten vor sehr schwierige Interaktionssituationen, die sie in der Regel erst nach einem speziellen Training wirklich beherrschen. Therapeuten sind meist ohne spezielles Training überfordert, wenn sie ohne Warnung „angeschossen" werden: denn sie haben keine abrufbaren Handlungskompetenzen, stehen unter Zeit-, Handlungs- und Rechtfertigungsdruck, sind meist persönlich betroffen und all das steigert nicht gerade ihre Kreativität. Daher ist inzwischen das Training schwieriger Interaktionssituationen einschließlich entsprechender Selbsterfahrung ein integraler Bestandteil unserer Therapieausbildung.

Die im Abschnitt „Therapie" dargestellten Strategien und Interventionen haben, neben spezifischen Zielen, immer auch das Ziel, eine therapeutische Allianz wiederherzustellen, bei der der Therapeut der Prozessexperte ist und mit dem der Klient an der Klärung und Lösung der Klientenprobleme arbeitet: Der Therapeut soll, trotz der Involvierung in das Spiel, wieder zu einem handlungsfähigen Experten werden, der den ablaufenden Prozess versteht, strukturiert und steuert und dem Klienten so möglichst effektiv helfen kann.

3.7.3 Kontrolle des Therapeuten

„Kontrolle" ist eine besondere Form von Rollendominanz: Hier versucht der Klient, die Regeln der Therapie zu bestimmen und dem Therapeuten so vorzuschreiben, an welchen Themen wie gearbeitet werden soll und darf und an welchen und wie nicht gearbeitet werden darf. Bei „Kontrolle" laufen die Kontrollprozesse des Klienten nicht mehr über die Bearbeitungsebene (z.B. durch „Fragen beantworten, die man nicht gestellt hat"), sondern über die Beziehungsebene: der Klient teilt dem Therapeuten offen mit, was er von diesem erwartet. In der Regel beginnen Klienten mit direkter Kontrolle auch erst, wenn indirekte Kontrollversuche scheitern, z.B. wenn ein Therapeut Vermeidungsstrategien des Klienten konsistent transparent macht und der Klient merkt, dass der Therapeut sich auf diese Weise *nicht* kontrollieren lässt. Der Kontrolle müssen aber nicht in jedem Fall subtilere Kontrollversuche vorhergehen: Manche Klienten „steigen mit direkter Kontrolle ein" und machen dem Therapeuten sehr schnell deutlich, was in der Therapie laufen soll und was nicht.

3.7.3.1 Tuning

„Tuning" ist die subtilste Variante einer direkten Kontrolle.

Als „Tuning" bezeichnen wir subtile Kontrollprozesse, mit deren Hilfe der Klient den Therapeuten „richtig einstellt". So kann ein Klient z.B., wenn er vom Therapeuten geschont werden möchte, dem Therapeuten bei der Begrüßung mitteilen, dass er heute ungeheure Kopfschmerzen hat und nicht in der Lage ist, sich richtig zu konzentrieren. In der Regel verfehlt das seine Wirkung auf den Therapeuten nicht: Der Therapeut geht vorsichtig, schonend und zart fühlend mit dem Klienten um. Diese Kontrollprozesse sind oft so subtil, dass den Therapeuten ihr Schonverhalten gar nicht bewusst ist oder sie sich an die Gründe ihres Handelns (z.B. in der Supervision) gar nicht mehr erinnern können.

3.7.3.2 Verbale Konditionierung des Therapeuten

Klienten geben Therapeuten manchmal positive wie negative Rückmeldungen und „konditionieren" auf diese Weise den Therapeuten. Natürlich ist es prinzipiell in Ordnung, wenn Klienten dem Therapeuten positive oder negative Rückmeldung geben; und natürlich sollte sich der Therapeut damit auseinander setzen. Wenn die Hypothese besteht, dass ein Klient eine Spielstruktur aufweist, dann sollte ein Therapeut sich aber nicht nur fragen: „Was mache ich gut und was mache ich falsch bei diesem Klienten"? Er sollte sich außerdem fragen: „Will der Klient mich mit seinen Rückmeldungen zu bestimmten Handlungen veranlassen?" Und wenn ja: „Sind das therapeutisch sinnvolle Handlungen?"

Therapeuten können vom Klienten durch *positive Rückmeldungen* zu bestimmten Handlungen veranlasst werden, die therapeutisch *nicht* sinnvoll sind. Möchte ein Klient z.B. bestimmte Inhalte vermeiden und stellt ein Therapeut eine Frage nach einem relativ irrelevanten Problemaspekt, dann kann der Klient sagen: „Das ist eine sehr gute Frage!" Ein Klient kann so den Therapeuten verbal darauf konditionieren, den kältesten Spuren zu folgen und sich intensiv mit peripheren Inhalten zu beschäftigen.

Bei einem solchen Vorgehen des Klienten kann ein Therapeut eine Zeit lang ein positives Gefühl haben, das Gefühl, dass der Klient sich in der Therapie wohl fühlt.

In der Regel entsteht jedoch nach einiger Zeit beim Therapeuten ein Störgefühl, das zurückgeht auf die Diskrepanz zwischen der *positiven* Rückmeldung durch den Klienten und dem *negativen* Eindruck, den der Therapeut von der Qualität der Problembearbeitung hat.

3.7.3.3 Direkte Kontrolle

„Direkte Kontrolle" ist die am wenigsten subtile und wirksamste Kontrollstrategie, die Klienten anwenden können.

Direkte Kontrolle besteht darin, dass dem Therapeuten bestimmte therapeutische Maßnahmen (einzelne Fragen, ganze Strategien „verboten" werden sollen mit dem Argument, diese Maßnahmen wirkten sich schädigend auf den Klienten aus:

Dem Therapeuten wird damit massiv ein „schlechtes Gewissen" gemacht mit dem Ziel, dass der Therapeut zusagt, diese Maßnahme nie wieder anzuwenden.

Direkte Kontrolle kann bei einzelnen Fragen in der Therapiestunde angewandt werden, die dem Klienten unangenehm sind. Wenn der Therapeut eine solche Frage stellt, bei der der Klient bemerkt, dass er sich nun unangenehmen Inhalten stellen muss, dies aber nicht will, und bei der der Klient bemerkt, dass er ihr nicht ohne weiteres ausweichen kann, kann er dem Therapeuten negative Rückmeldung geben, z.B.: „Diese Frage bringt mich jetzt völlig durcheinander" oder „durch diese Frage kommt jetzt alles wieder hoch. Jetzt geht es mir viel schlechter als vorher!"

Eine andere Möglichkeit besteht darin, die Verstehenskompetenz des Therapeuten anzuzweifeln. Stellt der Therapeut eine Frage, die dem Klienten unangenehm ist, kann er auch sagen: „Diese Frage zeigt, dass Sie mich überhaupt nicht verstanden haben". Diese Argumente wie
- diese Intervention war wenig hilfreich
- die Frage geht am Thema vorbei
- sie verstehen mich nicht
- ihre Frage verwirrt mich
- jetzt geht es mir schlechter als vorher

zielen alle darauf ab, den Therapeuten davon abzubringen, im Prozess etwas bestimmtes zu tun; und sie tun dieses, indem sie die Kompetenz des Therapeuten in Zweifel ziehen oder dem Therapeuten ein „schlechtes Gewissen" machen.

Das erwartete komplementäre Verhalten ist dann, dass der Therapeut sagt: „Bitte entschuldigen Sie. Ich werde es nie wieder tun". Damit ist diese Art von Kontrolle schon ziemlich massiv: Sie setzt den Therapeuten unter Druck.

Dieser Druck auf den Therapeuten wächst noch stark, wenn sich der Klient nicht über eine einzelne Intervention beschwert, sondern wenn er die gesamte Therapie dadurch massiv in Frage stellt, dass sie seinen Zustand angeblich verschlimmert. Diese Strategien wenden Klienten meist nach oder vor einer Therapiestunde an.

So sagt z.B. eine Klientin nach der Therapiestunde zum Therapeuten: „Jetzt bin ich völlig aufgewühlt. Ich fühle mich schrecklich. Ich kann gar nicht mehr richtig sehen. So komme nicht doch nicht über die Woche! Das kann aber so nicht weitergehen."

Sehr effektiv ist es in der Regel auch, die Beschwerde zu Beginn der nächsten Stunde vorzutragen und zu sagen, man habe aufgrund der vorigen Stunde die ganze Woche über gelitten, so könne die Therapie nicht fortgesetzt werden und man halte den Therapeuten außerdem für geradezu verantwortungslos. (Ein Beispiel dafür ist die „Kritik-Klientin", s.u.).

Durch diese Strategie wird der Therapeut massiv unter Druck gesetzt: Er soll einsehen, dass er sich völlig falsch verhalten hat, dass er sich für sein Verhalten entschuldigen muss und (vor allem!), dass er sich auf keinen Fall weiter so verhalten darf. Akzeptiert er die Ausführungen des Klienten, dann bestimmt der Klient die Regeln der Therapie.

3.8 Beziehungsmotivation des Klienten

Im Modell der doppelten Handlungsregulation wird davon ausgegangen, dass Klienten mit Persönlichkeitsstörungen ausgeprägte Beziehungsmotive hoch in ihrer Motivhierarchie aufweisen:

Diese Motive steuern nach wie vor in hohem Maße die Verarbeitung, das Erleben und Handeln des Klienten, allerdings nicht mehr sehr stark für die authentische, sondern eher über die intransparente Handlungsregulation.

3.8.1 Der Klient will eine Beziehung

Wenn aber ein Klient ein (oder mehrere) Beziehungsmotiv(e) hoch in der Hierarchie aufweist, dann versucht er, viele (im Extremfall sogar alle) Interaktionssituationen im Hinblick auf dieses Motiv zu gestalten:

Ist das Motiv z.B. „Wichtigkeit", dann ist es zentral für den Klienten, in Interaktionssituationen wichtig zu sein.

Wichtigkeit kann für einen Klienten in interaktionellen Zielen spezifiziert („operationalisiert") sein wie:
• Ich möchte, dass ich ernst genommen werde.
• Ich möchte, dass man mir zuhört.
• Ich möchte, dass ich beachtet werde.

- Ich möchte, dass man sich für mich und das, was ich sage, interessiert u.ä.

Ist das Motiv zentral, dann achtet der Klient in Interaktionssituationen ganz besonders darauf, ob Interaktionspartner diese Intentionen erfüllen, der Klient überprüft (wahrscheinlich völlig automatisiert, ohne großen Ressourcen-Aufwand):
- Werde ich vom Interaktionspartner ernst genommen?
- Hört er mir zu?
- Beachtet er mich?
- Interessiert er sich für mich?

Kommt er bei dieser Prüfung zu positiven Antworten, dann verbucht er die Beziehung als positiv, vertrauensvoll, der Interaktionspartner „erwirbt Beziehungskredit".

Kommt er jedoch zu negativen Schlussfolgerungen, dann verbucht er die Beziehung als negativ, als aversiv, u.U. sogar als bedrohlich und bucht dem Interaktionspartner Beziehungskredit ab.

Diese Überlegungen führen damit zu den Schlussfolgerungen:
- Personen mit Interaktionsstörungen werden Interaktionen in hohem Maße nach ihren vorherrschenden Beziehungsmotiven gestalten und bewerten.
- Die Entwicklung der Beziehung hängt wesentlich davon ab, ob die Person ihre Beziehungsmotive als befriedigt wahrnimmt oder nicht.
- Nimmt sie ihre Beziehungsmotive als befriedigt wahr, dann bildet sich eine vertrauensvolle Beziehung aus (der Interaktionspartner erhält „Beziehungskredit").
- Nimmt sie ihre Beziehungsmotive als frustriert wahr, dann bildet sich keine vertrauensvolle Beziehung aus oder die Beziehung verschlechtert sich (der Interaktionspartner erhält Beziehungskredit „abgebucht").

3.8.2 Starke Aktivierung der Beziehungsmotive in der Therapie

In der Therapie, so muss man annehmen, werden die Beziehungsmotive der Klienten stark aktiviert, stärker als in „normalen Interaktionsbedingungen".

Dies liegt daran, dass ein Therapeut, der sich an therapeutische Regeln zum Aufbau therapeutischer „Allianz" hält, Bedingungen schafft, die praktisch alle Beziehungsmotive triggern:
- Akzeptierung des Klienten, eine Atmosphäre von „als Person angenommen" werden;
- Wichtigkeit: Den Klienten respektieren, ernst nehmen, sich für den Klienten interessieren, ihm zuhören usw.
- Verlässlichkeit schaffen: Für den Klienten da sein, ihm Zeit geben, Beziehung konsistent über längere Zeit anbieten;
- Solidarität schaffen: Sich auf den Klienten konzentrieren, keine Aufträge von Dritten annehmen, keine Information nach außen geben, dem Klienten einen Schutzraum gewähren usw.;
- Autonomie fördern: Dem Klienten etwas zutrauen, Ressourcen fördern, dem Klienten Entscheidungsfreiheit lassen, keine Vorschriften machen, Entscheidungen des Klienten respektieren;
- Grenzen und Territorien respektieren: Nicht intrusiv sein, nur so weit gehen, wie der Klient es erlaubt, nie abwertend sein, nie indiskret sein usw.

Die therapeutische Situation, die durch die durch entsprechendes Interaktionsverhalten des Therapeuten gekennzeichnet ist, sollte die dominanten Beziehungsmotive stark auslösen und damit *in der therapeutischen Beziehung aktualisieren:* Dies bedeutet, dass ein Klient mit Interaktionsstörungen sein Handeln in der Therapie in sehr hohem Maße nach seinen dominanten Beziehungsmotiven ausrichtet.

Ein Klient, der ein dominantes Motiv nach Wichtigkeit hat, will in der Therapie vom Therapeuten auch primär eine Bestätigung von Wichtigkeit; ein Klient, der ein dominantes Motiv nach Anerkennung hat, will vom Therapeuten in der Therapie primär Anerkennung usw.

3.8.3 Verfolgen der Beziehungsmotive durch intransparentes Handeln

Aus dem Modell der doppelten Handlungsregulation kann man ableiten, dass ein Klient, der in der therapeutischen Interaktion bestimmte Beziehungsziele verfolgt (wie z.B. „wichtig sein"), diese mit Hilfe derjenigen Strategien verfolgen wird, die er in seiner Biographie gelernt hat: Diese sind im Wesentlichen intransparente Interaktionsstrategien.

Eine Klientin mit einer histrionischen Persönlichkeitsstörung wird sehr wahrscheinlich ein starkes Motiv nach Wichtigkeit aufweisen und dieses Motiv wird sehr wahrscheinlich in der therapeutischen Interaktion aktualisiert.

Sie möchte damit vom Therapeuten Aufmerksamkeit haben, ernst genommen werden usw. Da sie im Laufe ihrer Biographie eine intransparente Handlungsregulation gelernt hat, wird ihr Motiv durch diese Handlungsregulation „gebrochen":
Aufgrund dieser Handlungsregulation
- will sie nicht nur wichtig sein, sondern *die Wichtigste*;
- will sie nicht nur Aufmerksamkeit, sondern *völlige, ungeteilte, absolute Aufmerksamkeit*;
- will sie nicht nur, dass der Therapeut sich um sie kümmert, sondern dass er *verfügbar* ist usw.

Das ursprüngliche Motiv „Ich möchte wichtig sein" Wird in der intransparenten Handlungsregulation zu „Ich will den unwiderlegbaren Beweis, dass ich die Wichtigste bin."

Der Therapeut soll daher nicht nur zeigen, dass er die Klientin wichtig nimmt, er soll es *beweisen* und die Kriterien dieser Beweisführung sind sehr hoch gesetzt.

Und der Ausgang ist dichotom: Entweder erreicht der Therapeut diese Kriterien und liefert den Beweis oder er erreicht die Kriterien nicht und scheitert.

Falls er scheitert, wird er massiv unter Druck gesetzt, oft mit der Strategie „direkter Kontrolle", z.B.
- Wenn Sie in der Therapiestunde auf die Uhr schauen (= mir nicht Ihre ungeteilte Aufmerksamkeit schenken), dann irritiert mich das so, dass ich nicht mehr denken kann.
  oder
- Wenn Sie mich aus der Therapie nach Hause schicken, obwohl es mir nicht gut geht (= und mir auf diese Weise zeigen, dass Sie sich nicht genug um mich kümmern), dann überstehe ich die Woche bis zur nächsten Therapiestunde nicht u.ä.

Da die authentische Regulation kaum noch funktioniert, kann die Klientin dem Therapeuten nicht explizit und offen sagen: „Ich möchte von Ihnen, dass Sie mich beachten und ernst nehmen."; sie kann ihre Bedürfnisse gar nicht offen und authentisch anmelden (aus der Erfahrung heraus, dass eine solche Strategie nicht funktioniert, ja sogar das Gegenteil dessen erreicht, was man anvisiert hat).

Sie kann ihre Bedürfnisse nur noch manipulativ einfordern. Und sie kann, da sie aufgrund ihrer negativen Schemata davon ausgeht, dass Interaktionspartner ihre Motive eher nicht freiwillig befriedigen, ihre Motive nicht „anmelden", sondern nur „einfordern", indem sie massiv Druck auf den Interaktionspartner ausübt, die Bedürfnisse zu befriedigen.

Der Therapeut muss daher in der Beziehung zu einem Klienten/einer Klientin mit Persönlichkeitsstörung nicht nur damit rechnen,

- dass der Klient/die Klientin eine bestimmte Art von Beziehung angeboten bekommen will,
- sondern auch, dass diese Beziehung massiv „eingeklagt" wird, dass der Therapeut massiv unter Druck gerät, wenn er dem Klienten/der Klientin diese Beziehung nicht anbietet u.ä.

3.8.4 Das grundsätzliche Missverständnis in der Therapie von persönlichkeitsgestörten Klienten

Betrachtet man die beiden Aspekte, „Ich-Syntonie" und „Beziehungsmotivation", dann wird deutlich, dass Klienten mit Persönlichkeitsstörungen zu Therapiebeginn *eine völlig andere Ausgangslage oder Eingangsvoraussetzung in die Therapie aufweisen als Achse-I-Klienten (z.B. Angst-Klienten).*
Es wird aufgrund der Analyse deutlich, dass diese Klienten

- aufgrund ihres fehlenden „Leidensdrucks" und der fehlenden Einsicht, ein Teil des Problems zu sein, keine starke Intention haben, Probleme zu definieren und zu bearbeiten, also keine starke Intention nach therapeutischer Arbeit haben;
- jedoch aufgrund ihrer starken und durch die Situation stark angeregten Beziehungsmotive eine starke Intention haben, in der Therapie eine bestimmte Art von Beziehung zu erhalten.

Damit kann man sagen:

Ein Klient mit Persönlichkeitsstörungen hat (zumindest zu Beginn der Therapie) keine Intention, therapeutisch zu arbeiten, dafür aber eine starke Intention, vom Therapeuten eine bestimmte Art von Beziehung angeboten zu bekommen, die bestimmte Beziehungsmotive befriedigt.

Therapeuten, die im Therapieprozess nicht rechtzeitig erkennen, dass der Klient eine Persönlichkeitsstörung aufweist bzw. die nicht wissen, welche Konsequenzen dies für die Beziehungsgestaltung in der Therapie hat, unterliegen einem grundlegendem Missverständnis, dass nach meinen Supervisionserfahrungen in aller Regel zu massiven Beziehungskomplikationen in der therapeutischen Arbeit führt.
Die Therapeuten machen, wie bei Achse-I-Patienten, die Annahme,

- dass der Klient in die Therapie kommt, um sich und sein System mit Hilfe des Therapeuten zu verändern;
- dass der Therapeut dem Klienten daher Therapie anbieten kann und sollte, d.h. Methoden der Problemanalyse, der Zieldefinition, der Verhaltens- und Erlebensänderung usw.;
- dass der Klient motiviert ist, die therapeutischen Vorschläge aufzunehmen und umzusetzen.

Aus den Überlegungen zum Modell der doppelten Handlungsregulation folgt jedoch ganz eindeutig, dass *keine* dieser Annahmen zutreffend ist:
- Der Klient ist zu Therapiebeginn nicht änderungs-, sondern stabilisierungsmotiviert.
- Der Klient will daher keine Therapiemaßnahmen angeboten bekommen oder steht solchen zumindest hoch ambivalent gegenüber.
- Der Klient ist motiviert, eine bestimmte Art von Beziehung angeboten zu bekommen.

Erkennen Therapeuten diese spezifische Ausgangssituation der Klienten mit Persönlichkeitsstörungen nicht, dann
- passt ihr Angebot überhaupt nicht auf die Problemdefinition und Bedürfnislage des Klienten;
- machen sie damit dem Klienten ein Angebot, das diesen gar nicht erreichen kann;
- bemühen sie sich aufgrund ihrer Vorannahmen oft gar nicht zu verstehen, was der Klient eigentlich will;
- bleiben sie damit aber auf ihrer inhaltlichen Kommunikationsebene, während sich der Klient weiterhin auf der Beziehungsebene bewegt: Klient und Therapeut reden dann gediegen aneinander vorbei;
- hat der Therapeut den Eindruck, dass der Klient seine, des Therapeuten Bemühungen sabotiert, was ihn u.U. hilflos und ärgerlich macht und was oft dazu führt, den Druck auf den Klienten zu erhöhen, endlich in der Therapie mitzuarbeiten, was beim Klienten Reaktanz verstärkt usw., bis die therapeutische Allianz zerstört ist (was manchmal recht schnell der Fall ist!).

3.8.5 Die Ausgangsbedingung für den Therapeuten

Die Klienten mit Persönlichkeitsstörungen, die mit völlig anderen Eingangsvoraussetzungen in die Therapie kommen als Achse-I-Klienten, schaffen somit auch für den Therapeuten eine andere Ausgangsbedingung.

Der Therapeut muss offensichtlich diesen Klienten (insbesondere zu Therapiebeginn) ein anderes therapeutisches Angebot machen als Achse-I-Klienten, er muss sich in anderer Weise auf diese Klienten einstellen.

Die Annahme, dass Klienten in die Therapie kommen, um eine bestimmte Art von Beziehung zum Therapeuten zu erhalten und die Annahme, dass die Klienten diese Beziehungsziele auf intransparente Weise verfolgen, hat für Therapeuten eine wesentliche Implikation.

Der Therapeut wird, ob er will oder nicht, als Interaktionspartner in das Interaktionsverhalten des Klienten verwickelt: Aus dem neutralen Prozessexperten, der zusammen mit dem Klienten die Probleme des Klienten bearbeitet, wird so unversehens *ein Teil des Klientenproblems*.

Der Therapeut wird somit in der gleichen Weise für die interaktionellen Ziele des Klienten funktionalisiert, wie andere Interaktionspartner das auch werden. Anders als andere Interaktionspartner hat der Therapeut aber die Möglichkeit, mit diesem Klientenverhalten völlig anders umzugehen, als das im Alltag möglich wäre.

Der Therapeut

- kann das Interaktionsverhalten des Klienten analysieren und verstehen;
- kann rekonstruieren, welches die Spielstrukturen, Annahmen und Motive des Klienten sind;
- kann dem Klienten dies transparent machen, so dass der Klient auch selbst versteht, was er tut;
- kann dem Klienten ganz neue Beziehungserfahrungen vermitteln, solche, die er im Alltag nicht machen kann;
- kann mit dem Klienten am Aufbau neuen, konstruktiveren Interaktionsverhaltens arbeiten.

Dass der Klient seine Interaktionsprobleme direkt in die Therapie einbringt, ist also einerseits ein Problem und eine Gefahr für den Therapeuten, der er allerdings durch gute Prozessanalyse begegnen kann; andererseits ist es auch eine wesentliche Chance, denn der Therapeut kann unmittelbar mit *dem* therapeutisch arbeiten, was der Klient tut.

3.9 Testverhalten

So genannte „Interaktionstests", die Klienten mit ihren Therapeutinnen und Therapeuten durchführen, lassen sich aus dem Modell der doppelten Handlungsregulation ableiten.

Wie ausgeführt, muss man davon ausgehen, dass die therapeutische Situation dominante Beziehungsmotive des Klienten in der Therapiesituation triggert, z.B. das Motiv nach Wichtigkeit und das Motiv nach verlässlicher Beziehung.

Die therapeutische Situation veranlasst den Klienten zu der Annahme, dass diese Motive durch den Therapeuten befriedigt werden könnten: Der Therapeut gestaltet die therapeutische Beziehung so, dass der Klient sich mit den Motiven „aufgehoben" fühlt.

Dies erzeugt im Klienten auch eine Hoffnung, diese Motive nun in dieser Beziehung (endlich einmal) angemessen realisiert zu bekommen.

Das Modell der doppelten Handlungsregulation macht jedoch deutlich, dass Klienten mit Persönlichkeitsstörungen nicht nur Motive aufweisen, sondern, aufgrund ihrer biographischen Erfahrungen, auch Schemata, und diese Schemata sind in der Regel negativ.

So weist eine Person, deren Motiv nach Wichtigkeit, durchweg frustriert wurde ein Schema der Art auf

- Ich bin nicht wichtig.
- Ich kann nicht ernst genommen werden usw.

Eine Person, deren Motiv nach verlässlicher Beziehung frustriert wurde, weist ein Schema der Art auf

- Beziehungen sind nicht verlässlich.
- Beziehungen können jederzeit gekündigt werden.
- Jeder Konflikt bedroht die Beziehung usw.

Theoretisch muss man nun annehmen, dass die therapeutische Situation nicht nur die Motive aktiviert, sondern ebenfalls die relevanten Schemata: Die Hoffnung des Klienten, die Beziehung könne nun vertrauensvoll und verlässlich sein, sollte sofort das Schema aktivieren, dass Beziehungen nicht verlässlich sein können usw.

Damit führt aber die therapeutische Beziehung bei Klienten mit Persönlichkeitsstörungen praktisch unvermeidbar zu Ambivalenzen und Konflikten. Die gleiche Situation löst gleichzeitig

- die Hoffnung aus, dass wichtige Beziehungsmotive erfüllt werden
und
- die Angst aus, dass sie nicht erfüllt werden und der Klient erneut enttäuscht wird.

Dieser Konflikt, so kann man annehmen, ist umso größer

- je stärker die therapeutische Situation die relevanten Schemata und Motive aktualisiert
und
- je extremer Motive und Schemata ausgeprägt sind.

Hat eine Person z.B. nur eine leichte „histrionische Tendenz", dann ist das Motiv nach Wichtigkeit u.U. nicht sehr ausgeprägt; auch sind negative Schemata nicht stark ausgebildet.

Die gleichzeitige Aktivierung von Motiven und Schemata sollte daher nicht sehr konfliktträchtig sein.

Weist eine Person dagegen ein sehr starkes Motiv nach Wichtigkeit und nach Verlässlichkeit auf und hat gleichzeitig, extrem negativ formulierte Schemata (Ich bin toxisch für Beziehungen; niemand kann mich wichtig finden; Beziehungen können gar nicht verlässlich sein u.ä.), dann ist mit einem extremen internalen Konflikt zu rechnen: Auf der einen Seite gibt es, aufgrund der starken Motive, ein extremes Bedürfnis, sich auf die angebotene Beziehung „einzulassen", zu vertrauen; auf der anderen Seite gibt es aber eine extreme Angst, erneut enttäuscht zu werden, diese Enttäuschung u.U. nicht mehr verkraften zu können usw., also eine sehr starke Tendenz, sich auf die angebotene Beziehung *nicht* einzulassen.

Man kann daher schließen:

Je stärker Motive und Schemata ausgeprägt sind, desto stärker ist der internale Konflikt im Hinblick auf ein Einlassen auf die (therapeutische) Beziehung.

Eine wesentliche Frage ist nun, wie eine Person diesen internalen Konflikt lösen kann. Die Antwort darauf ist: Durch *Interaktionstests*.

Wenn eine Person einerseits die Tendenz hat, sich auf die Beziehung zum Therapeuten einzulassen und damit zu hoffen, dass Wichtigkeit und Verlässlichkeit befriedigt werden, jedoch andererseits die Angst aufweist, erneut enttäuscht zu werden, dann kann die Person den Interaktionspartner und sein Beziehungsangebot aktiv testen.

So kann sie z.B. den Therapeuten kritisieren und sehen,

- ob er trotzdem das Beziehungsangebot aufrechterhält, sich als verlässlich erweist
- oder ob er das Beziehungsangebot in Frage stellt und sich als nicht verlässlich erweist.

Die Person kann sich aber auch auf andere Weise regelwidrig, „ungezogen", „nicht pflegeleicht" verhalten und sehen, wie sich der Interaktionspartner verhält, wenn man nicht seinen Erwartungen entspricht. So kann der Klient die Therapie sabotieren, Hausaufgaben verweigern, Beziehungsangebote machen, den Therapeuten als Mülleimer missbrauchen usw. und beobachten, was der Therapeut macht:

- Bleibt er zugewandt, „steht er weiterhin zum Klienten", steht er zu seinem Beziehungsangebot, nimmt er den Klienten weiterhin ernst usw.
oder
- bricht er das Beziehungsangebot ab, stellt er es in Frage, macht er deutlich, dass es gar nicht ernst gemeint war usw.

Aus der Sicht des Klienten sind derartige Tests *immer sinnvoll*, denn sie bringen immer Klarheit:

- Besteht der Therapeut den Test, dann kann sich der Klient ein Stück weiter auf die Beziehung einlassen, er gewinnt (etwas) mehr Sicherheit.
- Besteht der Therapeut den Test nicht, dann braucht der Klient sich gar keine weiteren Hoffnungen zu machen, sich nicht weiter anzustrengen und kommt aus der Unsicherheit und dem Konflikt heraus.

Daher ist das Testverhalten für die Klienten verlockend: Es hat *fast immer* Vorteile, es schafft fast immer Klarheit (bis auf die Fälle, in denen der Klient das Verhalten des Interaktions-partners nicht eindeutig interpretieren kann).

Aus den Ausführungen wird auch deutlich, dass der Test aus Sicht des Klienten

- keineswegs dazu dient, die Beziehung zum Therapeuten zu beenden, sondern nur dazu, sie zu klären;
- keineswegs dazu dient, den Therapeuten zu ärgern, sondern nur dazu, ihr zur „Stellungnahme" zu zwingen;
- keineswegs dazu dient, die Therapie zu sabotieren, sondern nur der Beziehungsklärung.

Ableitbar aus dem Modell der doppelten Handlungsregulation ist aber noch ein anderer Aspekt des Testverhaltens.

Man kann schließen, dass Interaktionstests der Klienten mit den Therapeuten umso „härter" werden und umso länger andauern, je massiver der internale Konflikt der Klienten ist, d.h. je extremer Motive und Schemata der Klienten sind.

Hat ein Klient nur mäßig starke Beziehungsmotive und mäßig negative Schemata, dann hat er nur einen mittelstarken Konflikt zwischen Hoffnung und Angst: Dieser Konflikt kann bereits durch einen relativ „leichten" Test geklärt werden. Es genügt dann schon, dass man den Therapeuten in seiner Kompetenz kritisiert und beobachtet, wie er damit umgeht.

Weist ein Klient jedoch massive Beziehungsmotive auf und stark negative Schemata, dann erlebt er einen extremen Konflikt zwischen Hoffnung auf Motivbefriedigung und Angst vor Enttäuschung: Dieser Konflikt kann dann nur noch durch einen massiven Test geklärt werden.

Der Interaktionspartner muss dann unmissverständlich und glasklar beweisen, dass er sein Beziehungsangebot ernst meint und verlässlich ist, ansonsten kann sich der Klient nicht einmal probeweise auf eine Beziehung einlassen: Das wäre einfach zu bedrohlich.

Der Therapeut muss in einem solchen Fall hart getestet werden: Es genügt nicht, seine therapeutische Kompetenz in Zweifel zu ziehen, man zieht besser auch seine Integrität als Person in Zweifel (und sagt ihm z.B., dass man ihn für „eine reduzierte Persönlichkeit" hält) und beobachtet dann genau, wie er sich dann verhält.

Kündigt der Therapeut die Beziehung auch unter derart extremen Belastungen nicht, dann kann man es in Erwägung ziehen, ihn vorläufig als vertrauenswürdig einzustufen.

Diese Überlegungen machen verständlich, warum die Interaktionstests von histrionischen Klienten und Borderline-Klienten unterschiedlich sind.

Klienten mit histrionischer Störung weisen, verglichen mit Borderline-Klienten zwar auch starke Beziehungsmotive, jedoch nur „relativ schwach negative" Schemata auf: Daher ist der Konflikt zwischen Hoffnung auf Erfüllung der Motive und Angst vor Enttäuschung deutlich geringer als bei Borderline-Klienten.

Daher sind Interaktionstests auch nicht mit der Härte und nicht in der Häufigkeit nötig wie bei Borderline-Klienten.

Klienten mit histrionischer Störung testen den Therapeuten häufig durch Kritik:

- der Therapeut hat etwas wichtiges übersehen;
- die Therapie geht nicht schnell genug;
- der Therapeut ist nicht kompetent genug;
- der Therapeut behandelt die Klienten nicht richtig usw.

Typisch für diese Art der Kritik ist aber, dass sie bei aller Massivität

- so gut wie immer den Therapeuten *in seiner Rolle als Therapeut* kritisiert und
- so gut wie nie den Therapeuten *als Person* angreift.

Eine histrionische Klientin würde so gut wie nie den Therapeuten eine „reduzierte Persönlichkeit" nennen, ihm aber durchaus vorwerfen, als Therapeut „unverantwortlich" gehandelt zu haben.

Auch testen Klienten mit histrionischer Störung den Therapeuten nicht oft: Besteht der Therapeut 3 bis 4 Tests ist die Aktion oft ausgestanden (vorausgesetzt natürlich, der Therapeut geht konstruktiv mit diesen Tests um!).

Borderline-Klienten begnügen sich meist nicht damit, den Therapeuten in seiner Rolle als Therapeut anzugehen; sie werten den Therapeuten vielmehr als Person ab.

Dabei haben sie oft ein sehr gutes Gespür dafür, wo der Therapeut selbst unsicher ist und nutzen diese Information für ihren Test, was den Test natürlich zuverlässiger macht: Bleibt der Therapeut trotz dieser extremen Beziehungsbelastung beim Klienten, dann hat er einen „Härtetest" bestanden.

Borderline-Klienten machen dabei Aussagen wie

- „Sie sind eine reduzierte Persönlichkeit."
- „Offenbar haben Sie selbst massive Sexualprobleme."
- „Ich wundere mich, dass ihre Frau es bei Ihnen aushält." u.ä.

Borderline-Klienten überschreiten dabei die Therapeut-Person-Grenze: Sie richten ihre Abwertung nicht auf die Funktion, sondern auf die Person des Therapeuten.

Aufgrund der massiv negativen Schemata wirkt ein „bestandener" Test auch immer nur kurzzeitig: Der Klient fasst Vertrauen zum Therapeuten, er kann die Beziehung für tragfähig und verlässlich halten, die Schemata sind unter Kontrolle: Bis neue Stimuli diese wieder anregen, der Konflikt sich wieder zuspitzt und ein neuer Test notwendig wird.

Die extrem negativen Schemata eines Borderline-Klienten lassen sich nur extrem schwer widerlegen, daher ist damit zu rechnen, dass Tests sehr lange notwendig bleiben, bis der Klient zumindest den Therapeuten für vertrauenswürdig hält; und selbst dann können die Schemata durch ungünstige Umstände jederzeit wieder aktiviert werden.

Das Modell der doppelten Handlungsregulation macht auch deutlich, dass es bei Personen mit massiven internalen Motiv-Schema-Konflikten, wie bei Borderline-Klienten, paradoxe Interaktionseffekte geben wird.

So muss man z.B. annehmen, dass durch eine besonders „gute" Therapiestunde mit einem Borderline-Klienten (der Klient vertraut dem Therapeuten, gibt viele Inhalte preis, „arbeitet" gut u.ä.), sowohl die Beziehungsmotive als auch die Schemata besonders stark aktiviert werden: Einerseits aktiviert die „gute" Stunde die Hoffnung auf eine vertrauensvolle und verlässliche Beziehung, andererseits aber auch die Angst, diese zu verlieren, die Angst, sich bereits zu weit ausgeliefert zu haben, sich verletzbar gemacht zu haben u.ä.

Diesen internalen Konflikt kann der Klient dann durch einen (u.U. besonders harten) Test in der nächsten Stunde wieder regulieren.

Daher sollte ein Therapeut bei Borderline-Klienten nach einer besonders „guten" Stunde eher nicht mit einer Fortsetzung dieser Art von Arbeit rechnen, sondern mit einem Test.

Und der Therapeut sollte sich klar machen, dass der Test nicht dazu dient, ihn zu ärgern oder zu sabotieren, er sollte sich klar machen, dass der Test ein Teil der Störung ist, dass der Klient den Test durchführen muss, um seine gestörte internale Regulation wieder herzustellen.

4. Therapeutische Strategien zum konstruktiven Umgang mit spezifischem Interaktionsverhalten der Klienten im Therapieprozess

4.1 Einleitung

Klientinnen und Klienten mit Persönlichkeitsstörungen kommen mit anderen Intentionen und anderen Interaktionsmustern in die Therapie als Klientinnen und Klienten ohne Persönlichkeitsstörungen; dies erfordert die Überlegung, ob es nicht sinnvoll und notwendig ist, diesen Klienten auch spezifische therapeutische Angebote zu machen.

Aus dem Modell der doppelten Handlungsregulation lassen sich verschiedene therapeutische Strategien ableiten, die sinnvoll auf die spezifischen Eingangsvoraussetzungen der Klienten „passen"; diese sollen nun dargestellt werden.

Wie deutlich geworden ist, manifestieren sich Probleme von Klienten mit Spielstrukturen im Therapieprozess vor allem auf Bearbeitungs- und Beziehungsebene. Dies hat zur Folge, dass die Klientenprobleme auch primär auf Bearbeitungs- und Beziehungsebene angegangen werden müssen. Aus diesem Grund werden nun therapeutische Strategien und Interventionen auf Bearbeitungs- und Beziehungsebene beschrieben. Dabei sollte deutlich sein, dass der *Schwerpunkt* der therapeutischen Arbeit auf Beziehungsebene liegt: Das Problem des Klienten lässt sich im Wesentlichen als Beziehungsproblem auffassen und es muss somit als Beziehungsproblem behandelt werden. Dies bedeutet jedoch nicht, dass man als Therapeut die aktuellen Bearbeitungsprobleme ignorieren könnte. Ein Therapeut muss in der Lage sein, im Therapieprozess auftretende Bearbeitungsschwierigkeiten konstruktiv zu handhaben. Ansonsten besteht die Gefahr, dass er sich durch ungünstige Interventionen zusätzlich in Schwierigkeiten bringt. Es muss jedoch völlig deutlich sein, dass man bei Klienten mit Spielstrukturen günstige Interventionen auf Bearbeitungsebene nicht als ausreichend auffassen kann. Ein Therapeut sollte vielmehr in der Lage sein, konstruktive und zielführende Interventionen auf der Beziehungsebene zu realisieren.

Die im Folgenden dargestellten Interventionen und Strategien stellen Handlungsmöglichkeiten von Therapeuten dar. Diese sollten m.E. zur Kompetenz des Therapeuten gehören, damit er als Experte den Klienten mehr zu bieten hat als konstruktive Haltungen und allgemeine soziale Kompetenz: Ein verantwortungsvoller Therapeut sollte m.E. spezifisches Wissen und sollte spezifische Kompetenzen aufweisen und nicht nur über undifferenzierte „Erfahrung" verfügen. Die hier beschriebenen Interventionsmöglichkeiten bilden dabei heuristische Handlungsräume: Ein Therapeut muss aufgrund seines Klientenmodells entscheiden, welche der Handlungsmöglichkeiten er wann anwendet, wie anwendet, wodurch an den Klienten adaptiert usw. Interventionsmöglichkeiten und Verarbeitungskompetenz sind die Grundlagen (vgl. Chase u. Simon, 1973; Gäßler, 1994; Gäßler & Sachse, 1992; Gruber, 1994): Expertise selbst ist jedoch ein Merkmal von Therapeuten, nicht von Büchern oder von Manualen. Mit den hier gemachten Vorschlägen kann ich hoffentlich zur Entwicklung von Expertise von Therapeuten beitragen.

4.2 Therapeutischer Umgang mit fehlender Änderungs- und vorhandener Stabilisierungsmotivation

Wie ausgeführt, kommen Klienten, die eine Persönlichkeitsstörung aufweisen, in aller Regel nicht mit einer Änderungsmotivation in die Therapie: Die Störung ist ich-synton, die Klienten betrachten die Aspekte der Persönlichkeitsstörung entweder gar nicht als „störend" oder, falls doch, als „zu sich gehörend" und damit als nicht veränderbar oder als etwas, das nicht verändert werden sollte. Die Klienten kommen somit nicht mit dem Anliegen in die Therapie, sich oder ihr System zu verändern; sie kommen im Wesentlichen mit dem Anliegen, *eine bestimmte Art von Beziehung „angeboten" zu bekommen:* Der Therapeut soll ihnen z.B. Aufmerksamkeit geben und sie wichtig nehmen; er soll sie bewundern und anerkennen; er soll ihre Grenzen respektieren und solidarisch sein usw.

Therapeuten müssen, wenn sie sich auf den Klienten und dessen Intentionen einstellen wollen, wenn sie dem Klienten ein geeignetes Beziehungsangebot machen wollen, verstehen, dass dies so ist (und verstehen, *welches* die Beziehungswünsche des Klienten sind): Sie sollten *nicht* den Fehler machen, dem Klienten sofort „therapeutische Programme" anzubieten oder mit ihm „Veränderungsziele" zu erarbeiten (denn dann würden sie dem Klienten und auch dem Supervisor (!) deutlich zeigen, dass sie nicht verstehen, worum es dem Klienten geht).

Sobald Therapeuten verstehen, welches die zentralen Anliegen des Klienten sind, können sich Therapeuten auf den Klienten einstellen, d.h. sie können eine *differentielle Beziehungsgestaltung* realisieren: Sie können sich so verhalten, dass der Klient sich verstanden fühlt, akzeptiert fühlt und die Bereitschaft entwickelt, sein System zu betrachten und zu verändern.

Im Rahmen einer auf den Klienten zugeschnittenen Beziehungsgestaltung kann der Therapeut den Klienten (dosiert) mit seinen Annahmen, Motiven, Zielen, Kosten, Schwierigkeiten konfrontieren, so dass der Klient langsam eine erweiterte, neue Perspektive seines Systems erlangen kann. Der Therapeut kann beginnen, Annahmen des Klienten in Frage zu stellen, den Klienten aufmerksam zu machen „dass es auch anders sein könnte", dass der Klienten Verhalten, Interpretationen, Ziele verändern könnte usw.

Alle diese Interventionen haben nur *ein Ziel:* Sie sollen es dem Klienten ermöglichen, sich und sein System aus anderer Perspektive sehen zu können, andere mögliche

Sichtweisen zu entwickeln zu können, zu verstehen, was der Klient selbst tut, welche Effekte dies hat usw., *damit der Klient in die Lage versetzt wird, eine Entscheidung zu treffen.* Der Klient hat, so muss man einer ich-syntonen Störung annehmen, vor der therapeutischen Arbeit nur bestimmte Perspektiven auf sich und sein System zur Verfügung: Er weist bestimmte, unhinterfragte Konstruktionen über sein Problem auf, hat feste Überzeugungen, wie er und die Welt sein sollten usw. Damit sieht er keine Alternativen zu seinen Sichtweisen, Zielen, Handlungen: Damit ist er aber auch nicht in der Lage, sich auch nur für eine Prüfung, geschweige denn für eine Veränderung zu entscheiden. Wenn der Klient in Therapie kommt, weil er mit sich und seinem System nicht mehr zufrieden ist, dann ist es sachimmanent notwendig, dass der Klient zuerst erkennen muss, was er will, was er tut, welche Kosten dies hat usw. Erst dann kann er in der Lage sein, sich zu entscheiden, ob er den Zustand so belassen will, wie er ist oder ob er sich und sein System verändern will und, wenn ja, wie und auf welche Ziele hin.

Daher kann man sagen: Kommt ein Klient mit einer ich-syntonen Störung in Therapie und ist er mit seinem System in irgendeiner Weise unzufrieden, erkennt aber nicht warum und erkennt auch keine Alternativen, weist also keinerlei Grundlagen für eine Entscheidung auf, dann muss logischerweise das erste Therapieziel darin bestehen, ihn entscheidungsfähig zu machen. Dies impliziert immer, dass der Therapeut zuerst, bis zur Entscheidung des Klienten, das Ziel verfolgt, dass der Klient Klarheit über sich und sein System gewinnt, dass er sich erst zur Veränderung entscheiden muss bevor an Veränderungen gearbeitet wird (d.h. dass vorher auch keine „Therapiemanuale" o.ä. durchgeführt werden!) *und* dass der Therapeut immer auch eine Entscheidung des Klienten respektieren muss, sich und sein System *nicht* zu verändern (was nicht heißen muss, sein System zu stabilisieren, denn nun hat der *Therapeut* Entscheidungsfreiheit!).

Diese Vorgehensweise ist therapeutisch sehr wesentlich, denn nur dadurch kann man das Dilemma lösen, dass ein Therapeut mit einem Klienten arbeitet, der keinen Arbeitsauftrag erteilt: Das Ziel ist dann nämlich in jedem Fall, herauszufinden, ob der Klient sich zu einem Arbeitsauftrag entscheidet oder nicht. *Dieser* Auftrag, eine Entscheidung zu finden, lässt sich ableiten aus der Tatsache, dass der Klient in die Therapie kommt und mit sich und seinem System unzufrieden ist: Damit ist klar, dass man herausfinden muss, was in der Therapie getan werden kann. Alles andere, jede weitere therapeutische Intervention auf Seiten des Therapeuten, wäre aber wohl kaum zu rechtfertigen.

4.3 Therapeutischer Umgang mit dysfunktionaler Problembearbeitung

4.3.1 Therapeutischer Umgang mit fehlendem Arbeitsauftrag

Hat ein Klient keinen Arbeitsauftrag an das Therapieteam, dann kann dies darauf hindeuten, dass der Klient keine Änderungsmotivation aufweist. Der Klient kommt zwar in die Therapie, möchte sich und sein System aber nicht ändern. *D.h.: Er ist therapiemotiviert, aber nicht änderungsmotiviert.*

Er möchte die Therapie nutzen, jedoch nicht zu einer eigenen Veränderung. Er möchte damit etwas von der Therapie bzw. durch die Therapie erreichen, was nicht den Aufgaben und Zielen der Therapie entspricht; in gewisser Weise versucht er damit, das therapeutische Angebot zu „missbrauchen".

Der Klient kann z.B. die Absicht haben, sein System mit Hilfe des Therapeuten zu stabilisieren: Er kann die Therapie dazu nutzen, seine „Kosten" zu senken, damit er alles andere unverändert lassen kann („machen sie mich stressresistent, damit ich weiterhin 18 Stunden am Tag arbeiten kann, ohne einen zweiten Herzinfarkt zu bekommen").

Er kann auch in die Therapie kommen, um sich vom Therapeuten Unterstützung geben zu lassen, z.B. in der Auseinandersetzung mit einem Partner: Er möchte, dass der Therapeut bestätigt, dass er Recht hat, dass eigentlich der Partner in Therapie gehört usw.

Eine wesentliche Interventionsmöglichkeit des Therapeuten liegt darin, den Arbeitsauftrag bzw. das Fehlen des Arbeitsauftrages explizit anzusprechen. Der Therapeut macht damit den Arbeitsauftrag zum expliziten Thema der Interaktion.

Der Therapeut kann den Klienten explizit fragen
• woran er in der Therapie arbeiten will;
• was er konkret erreichen will;
• was der Klient selbst daran tun kann und tun will, das Ziel zu erreichen.

Der Therapeut kann den Klienten auch mit Beobachtungen von Widersprüchen konfrontieren und sehen, wie der Klient damit umgeht, z.B.:
• Der Klient kommt in Therapie, hat aber in jeder Stunde ein neues Thema. Der Therapeut macht deutlich, dass auf diese Weise eine kontinuierliche Arbeit kaum möglich ist und fragt den Klienten, was er eigentlich geklärt und bearbeitet haben will.
• Der Klient sagt, dass er etwas ändern will, lässt sich aber nicht einmal probeweise auf neue Sichtweisen ein. Der Therapeut konfrontiert den Klienten mit der Frage, was es dem Klienten so schwer macht, neue Perspektiven zumindest auszuprobieren oder mit der Frage, wie der Klient etwas ändern will, wenn er nicht einmal die Perspektive ändert.

Alle diese konfrontierenden Fragen erfordern, dass der Therapeut dem Klienten beziehungsmäßig zugewandt bleiben kann. Fragt der Therapeut den Klienten vorwurfsvoll/ärgerlich/genervt: „Wie wollen Sie eigentlich etwas ändern, wenn Sie nicht einmal hingucken?", dann wird dies den Klienten eher zu Reaktanz veranlassen, zwischen Therapeut und Klient entsteht ein Machtkampf. Worum es stattdessen geht, ist, dem Klienten aufzuzeigen, was er mit sich und anderen tut, damit er dies ändern kann, falls er das will. Der Therapeut akzeptiert das Verhalten des Klienten aber auch dann, wenn er es nicht ändern will. Seine Interventionen haben nicht das Ziel, dass der Klient sich ändern soll; sie haben das Ziel, *dem Klienten eine Veränderung zu ermöglichen*.

4.3.2 Therapeutischer Umgang mit eingeschränktem Arbeitsauftrag

Ein Therapeut kann einen eingeschränkten Arbeitsauftrag normalerweise *nicht* übernehmen, da damit immer die Gefahr verbunden ist,
• das zentrale Problem zu verfehlen;

- das pathologische System zu stabilisieren;
- das Problem zu verschlimmern.

Wenn ein Therapeut einen eingeschränkten Arbeitsauftrag erkennt, sollte er daher explizit machen,
- *dass* der Klient einen eingeschränkten Arbeitsauftrag an den Therapeuten richtet,
- wie dieser formuliert ist,
- *dass* er ihn nicht annehmen will,
- warum er ihn nicht annehmen will.

Der Therapeut sollte also die Situation transparent machen und Stellung beziehen.

Auf alle Fälle (entweder noch vor der Stellungnahme oder danach) sollte der Therapeut mit dem Klienten klären, wozu und wieso der Klient die therapeutische Arbeit derart eingeschränkt haben möchte:
- Wieso ist es für den Klienten so wichtig, nur diesen einen Aspekt zu bearbeiten?
- Wieso ist es für den Klienten wichtig, bestimmte andere Aspekte auszublenden?

4.3.3 Therapeutischer Umgang mit mangelnder Prozessverantwortung

Übergibt der Klient die Prozessverantwortung an den Therapeuten, dann sollte dieser auf jeden Fall klären, worauf dies zurückgeht.

Hier lassen sich im Wesentlichen drei Gründe unterscheiden:
- *Es liegt an der Art der Störung:* Depressive Klienten können z.B. aufgrund ihrer Störung nur wenig Verantwortung für den Prozess übernehmen. In diesem Fall muss der Therapeut dies durch eigene Aktivität, eigene Interventionen usw. gezielt kompensieren.
- *Es liegt an mangelhafter oder fehlender Therapiekonzeption:* Klienten können eine völlig falsche Vorstellung davon haben, wie Therapie funktioniert. So kennen z.B. psychosomatische Klienten oft nur ein medizinisches Modell und übertragen dies auf Psychotherapie: „Der Klient gibt dem Therapeuten Information; der Therapeut stellt eine Diagnose und wählt eine Therapie aus; der Therapeut sagt daraufhin dem Klienten, was er tun soll; der Klient tut dies und wird geheilt". Diese geradezu märchenhafte Vorstellung von Psychotherapie ist leider nicht ganz realistisch. Daher muss der Therapeut dem Klienten deutlich machen, dass Therapie *von der aktiven Mitarbeit des Klienten abhängig ist.* Der Therapeut kann dem Klienten schon sagen, was er tun soll; dann aber muss der Klient es auch tun und er muss sehr viel mehr tun, als eine Tablette zu schlucken.
- *Es liegt an einem Interaktionsspiel:* In Interaktionsspielen (z.B. „Armes-Schwein-Spiel: Ich bin besonders belastet, arm dran") übergeben die Klienten dem Therapeuten die gesamte Verantwortung für den Prozess. Sie tun dies, weil sie angeblich nicht in der Lage sind, selbst etwas zu unternehmen („Dornröschen-Spiel: Ich kann mir nicht allein helfen, ich muss erlöst werden") oder Verantwortung zu übernehmen. Es erscheint mir daher sinnvoll, die Möglichkeit eines Interaktionsspiels mit zu bedenken, wenn der Therapeut eine Verantwortungsabgabe durch den Klienten erkennt.

Der Therapeut muss im letzteren Fall die Übergabe der Verantwortung an ihn transparent machen. Er kann z.B. dem Klienten sagen:

- „Sie möchten, dass ich die Verantwortung dafür übernehme, was hier in der Therapie passiert".
- „Sie möchten, dass ich für Sie Entscheidungen fälle" o.ä..

Ein Therapeut sollte derartige Konfrontationen erst dann machen, wenn er diese Aussagen auch *belegen* kann. Er muss nämlich damit rechnen, dass der Klient keineswegs möchte, dass der Therapeut die Übergabe der Verantwortung bemerkt. Daher ist auch weniger damit zu rechnen, dass ein Klient Aussagen dieser Art einfach akzeptiert und sagt: „Da haben Sie völlig Recht, ich möchte, dass Sie die Verantwortung übernehmen". Der Therapeut sollte eher damit rechnen, dass der Klient mit einer Gegenfrage antwortet, z.B.: „Wie kommen Sie denn da drauf"? Und dann sollte der Therapeut in der Lage sein, dem Klienten zu sagen, wie er darauf kommt!

Dem Klienten zu sagen, wie der Therapeut darauf kommt, soll dem Klienten deutlich machen, dass der Therapeut wirklich Anhaltspunkte für seine Aussage hat; es macht auch deutlich, dass ein Therapeut Aussagen dieser Art nicht „aus dem hohlen Bauch" macht. Der Klient hat gewissermaßen ein Recht darauf, dass der Therapeut Aussagen dieser Art auch belegen kann. Belegbarkeit bedeutet aber noch keineswegs, dass der Therapeut mit der Aussage Recht haben muss: Natürlich kann sich der Therapeut in seinem Eindruck irren. Da dies so ist, darf der Therapeut seinen Eindruck niemals gegen den Klienten durchsetzen: wenn der Klient sagt, der Eindruck des Therapeuten sei falsch, dann lässt der Therapeut seinen Eindruck als *seinen Eindruck* stehen; er versucht aber auf keinen Fall, den Klienten dazu zu zwingen, den Eindruck zu übernehmen und er deutet auch keinesfalls die Ablehnung des Klienten als Widerstand der Art: „Sie wollen das ja nur nicht wahrhaben".

Der Therapeut sollte derartige Rückmeldungen daher auch immer als „Ich-Botschaften" formulieren: „*Ich* habe den Eindruck, dass Sie...". Dies macht deutlich, dass der Therapeut dem Klienten nichts zuschreiben will, sondern den Klienten nur auf etwas Wichtiges aufmerksam machen möchte.

Dass der Klient den Eindruck des Therapeuten nicht teilt, verhindert aber nur, dass der Therapeut seinen Eindruck dem Klienten nicht aufzwingt; es muss keineswegs implizieren, dass der Therapeut seinen Eindruck revidieren muss. Der Therapeut kann sehr gute Gründe für diesen Eindruck haben. In diesem Fall kann der Therapeut auch nach einiger Zeit seinen Eindruck *erneut* formulieren. Zweck dieses Vorgehens ist es, dem Klienten gegenüber wichtige Aspekte immer wieder zu *markieren*: Der Therapeut macht damit deutlich, dass der Klient sich damit auseinander setzen sollte; er akzeptiert jedoch, dass der Klient dies noch nicht tut. Dass der Klient es nicht tut, hindert den Therapeuten jedoch keineswegs daran, diese Aspekte *immer wieder zu markieren*.

4.3.4 Therapeutischer Umgang mit fehlenden Fragestellungen

Auch die Beobachtung, dass ein Klient keine Fragestellung aufwirft, kann der Therapeut zum Thema machen.
Er kann z.B.
- den Klienten fragen, was ihm selbst unklar ist, worüber er sich selbst wundert o.ä.;
- den Klienten bitten, zentrale Leitfragen für die therapeutische Arbeit zu definieren.

132

Der Therapeut kann dem Klienten aber auch „sein Staunen zur Verfügung stellen". Er kann dem Klienten mitteilen, dass es ihn sehr erstaunt,

- dass dem Klienten offenbar gar keine Problemaspekte unklar sind; dies ist deshalb erstaunlich, weil Probleme meist hoch komplex sind und Menschen sehr selten nur alle Aspekte durchschauen;
- dass der Klient sich nicht über seine Verhaltensweisen wundert; denn viele Menschen tun Dinge, die sie selbst nicht verstehen und über die sie sich wundern.

Der Therapeut markiert auf diese Weise die Bearbeitung des Klienten und kann sie so zum Thema der Therapie machen: Wie kommt es, dass der Klient sich keinerlei Fragen stellt?

4.3.5 Therapeutischer Umgang mit problematischer Perspektive

Ein zentrales therapeutisches Prinzip ist hier: Internalisiere die Perspektive!

Nimmt ein Klient in hohem Maß eine externale Perspektive ein, dann besteht die Aufgabe des Therapeuten darin, die Perspektive des Klienten konsistent und stringent immer wieder nach innen zu lenken. Der Klient soll *eigene* Anteile an einem Problem, an einer Interaktion klären und das kann er nur, wenn er relevante eigene Anteile in den Fokus der Aufmerksamkeit nimmt.

Beschreibt der Klient eine Situation, fragt der Therapeut, sobald die Beschreibung konkret genug ist:

- „Welche Gefühle löst die Situation *in Ihnen* aus?"
- „Was bedeutet diese Situation für *Sie?*"

Beschreibt der Klient eine andere Person, dann fragt der Therapeut:

- „Wie empfinden *Sie* diese Person X?"
  oder
- „Wieso ist es für *Sie* so wichtig, sich ausführlich mit dieser Person zu beschäftigen?"

Der Therapeut versucht immer wieder, die Aufmerksamkeit des Klienten von der Beschreibung externaler Sachverhalte, aber auch von der Beschreibung eigener Symptome, auf relevante eigene Anteile (Emotionen, Verarbeitungen, Schemata) zu lenken. Klienten beschreiben oft eigene körperliche Reaktionen (Reaktionen bei Angst, Stress, psychosomatische Beschwerden) genauso, als ob es sich um *externe* Sachverhalte handelte: Auch hier ist es wichtig, zu klären, welche Relevanz dies *für den Klienten hat.*

Nimmt der Klient trotz wiederholter Interventionen des Therapeuten immer wieder eine externale oder losgelöste Perspektive ein, dann kann der Therapeut dies zum Thema machen:

- „Ich habe Sie schon mehrfach darauf aufmerksam gemacht, wie wichtig es ist, nach „innen" zu schauen, sich mit eigenen Gefühlen und Gedanken zu beschäftigen. Ich bemerke aber, dass Sie immer wieder nach außen gucken, sich mit den Situationen, anderen Personen o.ä. beschäftigen. Ich würde gerne mit Ihnen darüber sprechen, was das für Sie so wichtig macht, nach außen zu gucken und *nicht* auf Ihre eigenen Gefühle."

4.3.6 Therapeutischer Umgang mit ungünstigen Explizierungsniveaus

Ungünstige Arten von Bearbeitung kann der Therapeut dem Klienten vor allem transparent machen, wenn der Klient intellektualisiert.

In dem Fall kann ein Therapeut z.B. sagen:

- „Ich habe den Eindruck, dass Sie nach Erklärungen für Ihr Fühlen und Handeln suchen. Dabei fällt mir jedoch auf, dass Sie nicht schauen, was das Fühlen und Handeln für Sie tatsächlich bedeutet, sondern Sie suchen nach einer Theorie, die Ihr Fühlen erklären könnte. Sie fragen sich nicht: Was ist bei mir?, sondern Sie fragen sich: Wo kriege ich eine Erklärung her?"

Durch derartige Interventionen macht der Therapeut den Klienten darauf aufmerksam, wie dieser mit Inhalten umgeht und er macht die Art der Bearbeitung zum Thema der Therapie.

4.4 Therapeutischer Umgang mit Problemen in der Inhaltsbearbeitung

4.4.1 Therapeutischer Umgang mit Unkonkretheit

Unkonkretheit kann sich auf relevante und auf weniger relevante Inhaltsaspekte beziehen. Natürlich kann und sollte ein Therapeut nicht alle irgendwie unkonkreten Inhaltsaspekte zu konkretisieren versuchen; in peripheren, unwesentlichen Aspekten kann man oft Unkonkretheiten zulassen. Sind jedoch zentrale Aspekte unkonkret, dann sollte der Therapeut dies nicht einfach zulassen oder übergehen. Die Unkonkretheit kann ihm, dem Therapeuten, das Verständnis erschweren, sie kann aber auch überspielen, dass der Klient seine eigenen Konstruktionen auch selbst nicht versteht. Der Therapeut sollte an zentralen Stellen daher grundsätzlich versuchen, Unkonkretheit aufzuheben, indem er konkretisierende Fragen stellt, z.B.:

- „Was meinen Sie genau mit X?"
- „Können Sie das noch etwas genauer sagen?"
- „Ich möchte mir das noch genauer vorstellen können. Können Sie mal ein konkretes Beispiel sagen?"

An dieser Stelle sieht man in Ausbildung und Supervision immer wieder ein Problem: Therapeuten trauen sich oft nicht, deutlich zu machen, dass sie etwas nicht verstehen und sie trauen sich nicht, stringent zu sein. Sie befürchten, dass der Klient sie für etwas beschränkt hält, wenn sie noch mal nachfragen usw. Ich empfehle den Therapeuten hier, mit der Gründlichkeit von Therapie zu argumentieren: Wenn der Klient sagt, „verstehen Sie das etwa nicht?", dann kann der Therapeut antworten

- „Ich verstehe es nicht, aber ich würde es gerne verstehen.";
- „Ich kann mir vorstellen, was sie damit meinen *könnten*; das ist in der Therapie aber nicht genug: In der Therapie geht es darum, absolut genau zu verstehen, was Sie damit meinen. Und das habe ich noch nicht verstanden."

Wichtig ist es nämlich, dass Therapeuten sich nicht mit weiteren Unkonkretheiten oder Unklarheiten abspeisen lassen.

Anders als in einer Alltagskommunikation dürfen Therapeuten in einer Therapie, deren zentrales Ziel Klärung ist, nicht mit Unklarheiten zufrieden sein.

Dies bedeutet aber auch, dass Therapeuten im Therapieprozess Regeln der Alltags-kommunikation bewusst brechen müssen: Im Alltag würde ein Interaktionspartner schon aus Höflichkeit nicht ein zweites Mal nachfragen (oft nicht einmal ein erstes Mal). Im Therapieprozess muss der Therapeut so lange nachfragen

- bis der Inhalt klar ist oder
- bis klar ist, dass auch dem Klienten der Inhalt nicht klar ist und es deshalb ein therapeutisches Ziel ist, an seiner Klärung zu arbeiten.

Der Therapeut muss deshalb manchmal hartnäckig sein und sagen: „Es tut mir Leid, aber es ist mir immer noch nicht klar".

Er kann dem Klienten auch mitteilen, was ihm klar ist und was nicht. Auf diese Weise wird dem Klienten auch ein wesentlicher Aspekt von Therapie deutlich: dass es wichtig ist, genau zu gucken, nicht über Informationen „wegzuhuschen", sondern Unklarheiten, Diskrepanzen usw. als wesentliche Informationsquelle zu betrachten, als Ausgangs-punkte von Klärungsprozessen.

Unkonkretheit als Vermeidung: Bearbeiten

Manchmal sind Klienten jedoch nicht unkonkret, weil ihnen der Inhalt selbst auch unklar ist, sie sind unkonkret, weil sie den Inhalt verschleiern wollen. Die Klienten verwenden Unkonkretheit somit als Vermeidungsstrategie: Diese hilft ihnen, selbst nicht so genau hinzuschauen und erschwert auch dem Therapeuten das Verstehen und Intervenieren. In diesen Fällen helfen meist konkretisierende Fragen nicht: Die Antworten werden nicht konkreter oder die Klienten weichen auf andere Vermeidungsstrategien aus, z.B.: „Ich weiß nicht". Bemüht sich ein Klient auf eine konkretisierende Frage hin nicht einmal um Konkretisierung, wird die Antwort noch unkonkreter, oder reagiert der Klient mit anderen Vermeidungen, dann sollte der Therapeut davon ausgehen, dass Unkon-kretheit eine *Strategie* ist und keine mangelnde Fähigkeit, sich konkret auszudrücken: Der Klient will (oft nicht bewusst!) unkonkret sein.

Als Intervention hilft es dann oft, wenn der Therapeut diese Intention hinterfragt:
- „Warum ist es so wichtig für sie, unkonkret zu bleiben?"

Manchmal ist es wesentlich, dem Klienten deutlich zu machen, was er tut; z.B.:
- Th: Warum ist es so wichtig für sie, unkonkret zu bleiben?
- Kl: Das ist mir gar nicht wichtig.
- Th: O.k. Dann gucken Sie mal: Was bedeutet X genau für sie?
- Kl: Das weiß ich nicht.
- Th: Was mir auffällt ist, dass sie *sofort* antworten, dass sie es gar nicht wissen. Das ist mir schon mehrfach aufgefallen. Was spricht dagegen, sich Zeit zu nehmen, und es zumindest zu versuchen?
- Kl: Eigentlich nichts.

Der Therapeut kann jetzt entweder die Spur verfolgen, die der Klient vermeidet, um die Gründe der Vermeidung weiter zu klären, z.B.
- Th: Was bedeutet „eigentlich"?

oder der Therapeut kann den Klienten veranlassen, jetzt wirklich zu klären, z.B.

- Th: Gut, wenn Sie sich darauf einlassen wollen, dann gucken Sie noch mal: Was bedeutet X genau für sie?

4.4.2 Therapeutischer Umgang mit mangelnder Nachvollziehbarkeit

Kann ein Therapeut eine Darstellung des Klienten nicht nachvollziehen, dann sollte er den Klienten fragen und um Klärung bitten, und zwar sofort: Es ist wichtig, dass das Verstehen des Therapeuten nicht abreißt und auch zu überprüfen, ob der Klient hier vielleicht selbst Klärungsbedarf hat.

Das Gleiche gilt für Widersprüche: Der Therapeut sollte den Klienten auf Widersprüche aufmerksam machen und mit ihm daran arbeiten, was diese bedeuten. Sehr oft bringt diese Bearbeitung neue Information, neue Spuren, die im Klärungsprozess weiterführen.

Therapeuten trauen sich oft nicht, den Klienten hier direkt zu fragen oder zu konfrontieren. Damit nehmen sie sich aber selbst eine Quelle konstruktiver Bearbeitung. Ganz wesentlich ist es hier (wie bei jeder Konfrontation), dass der Therapeut *dem Klienten* deutlich macht, dass die Intervention dazu dient, dem Klienten etwas klar zu machen. Der Klient soll eingeladen werden, seine eigenen Inhalte ernst zu nehmen und als relevante Informationsquellen zu verwenden. Es geht dem Therapeuten absolut nicht darum, dem Klienten Unstimmigkeiten nachzuweisen oder Vorwürfe zu machen: Im Gegenteil, der Therapeut teilt dem Klienten mit, wie sehr er sich für den Klienten und eine weitere Klärung interessiert. Genau diese Haltung muss der Therapeut dem Klienten aber auch *aktiv* vermitteln: „Lass uns sehen, was der Widerspruch bedeutet. Der Widerspruch ist o.k., wir nehmen ihn als wichtigen Hinweis. Es ist völlig in Ordnung, dass es Widersprüche gibt: Sie machen aber auf Wichtiges aufmerksam".

4.4.3 Therapeutischer Umgang mit mangelnder Stringenz

Mangelnde Stringenz kann im Therapieprozess immer mal vorübergehend vorkommen, z.B. wenn Klienten verwirrt sind, den Faden verlieren o.ä. In solchen Fällen kann der Therapeut meist durch das Wiederaufgreifen wesentlicher Aspekte dem Klienten schnell aus der Verwirrung heraushelfen.

Schwieriger ist die Situation, wenn beim Klienten eine mangelnde Stringenz durchweg auftritt, also bei einem Thema (oder mehreren Themen) längere Zeit anhält. In diesem Fall sollte ein Therapeut mit seinen Interventionen in hohem Maße strukturierend eingreifen.

Der Therapeut sollte hier

- in keinem Fall längere Zeit einfach zuhören in der Hoffnung, die Aussagen würden ihm dann klarer: Das Gegenteil wird der Fall sein!
- den Klienten nicht einfach „machen lassen", sondern in hohem Maße prozessdirektiv sein: Fragen stellen, Direktiven geben, den Klienten auf die Art der Bearbeitung aufmerksam machen usw.;

- versuchen zu verstehen, was er verstehen kann und versuchen, das Verstandene explizit zu äußern; so präzise, kurz und zentral wie möglich;
- jedoch nicht für den Klienten arbeiten: Er sollte „Verstehen entstehen lassen" und nicht ins Schwitzen geraten, wenn er verwirrt ist: Das Ganze braucht Zeit und lässt sich nicht erzwingen;
- auf keinen Fall versuchen, alle Informationen mitzubekommen: Er sollte versuchen, eine Struktur zu erkennen, zu verstehen, „was der Klient ihm damit sagen will";
- dabei sollte er versuchen, Details, Informationen, irrelevante Aspekte usw. möglichst schnell als solche zu identifizieren und dann versuchen, diese systematisch aus der Verarbeitung auszublenden;
- er sollte sich daher auf Strukturen, übergreifende Aspekte, relevante „Zentren" konzentrieren und alles ignorieren, was ihn davon wegbringen kann.

Der Therapeut sollte hier dem Klienten gegenüber eine stark direktive, strukturierende Haltung einnehmen. Er kann den Klienten unterbrechen, ihm Fragen stellen, ihn auf Aspekte hinweisen usw. Der Therapeut streut damit händeweise Sand in das dysfunktionale Treiben des Klienten.

Der Therapeut kann dazu
- die Themenaspekte, die er bereits identifizieren kann, explizit formulieren und benennen, so dass sie nicht mehr im Darstellungschaos verloren gehen können;
- die benannten Themen(-Aspekte) schriftlich, für den Klienten gut sichtbar (Tafel, Meta-Plan) festhalten, so dass der Klient sie sehen oder vom Therapeuten darauf hingewiesen werden kann;
- eine Themenstruktur (Aspekte des Themas, Situationen, Zeitabläufe u.ä.) graphisch veranschaulichen, um dem Ganzen eine erkennbare Struktur zu geben;
- den Klienten veranlassen, explizit Arbeitsaufträge oder Fragestellungen zu einem Thema/Problem zu formulieren, die in der Regel eine Bearbeitung stark strukturieren helfen;
- den Klienten immer wieder aufmerksam machen, wenn der Therapeut etwas nicht versteht, einer Beschreibung nicht folgen kann, nicht weiß, worum es geht: Der Therapeut sollte sich nicht verwirren lassen, sondern jede Unklarheit dem Klienten sofort zurückmelden und um Klärung bitten;
- den Klienten fragen, was dieser ihm „eigentlich" sagen will; wofür dieses Beispiel ein Beispiel ist; woraufhin der Klient jetzt argumentiert u.ä.;
- den Klienten zu einem zu bearbeitenden Thema zurückführen, wenn der Klient dieses Thema verlässt („ich würde gern noch mal auf X zurückkommen", „X ist mir noch nicht klar geworden").

4.4.4 Therapeutischer Umgang mit mangelnder Zentralität

Auch eine (über längere Zeit bestehende) geringe Zentralität des Klienten in seiner Inhaltsbearbeitung sollte ein Therapeut nicht einfach hinnehmen: Dazu ist dies zu wenig konstruktiv für den therapeutischen Prozess.

Hat ein Therapeut bereits, zumindest ansatzweise, eine Vorstellung davon, welches für den Klienten wesentliche Inhaltsaspekte sind, dann sollte er konsequent diese aufgreifen und den Klienten bitten, bei diesen zu bleiben.

137

Der Therapeut kann hier
- diese Aspekte markieren, z.B. „mir fällt hier X auf".
- in diesen Aspekten weiter gehende, z.B. konkretisierende Fragen stellen, z.B.: „Was meinen Sie genau mit X?".
- die Bedeutung mit den Klienten validieren: „Mein Eindruck ist, dass der Aspekt X für sie besonders wesentlich ist. Ist das so?"

Der Therapeut kann so
- die Aufmerksamkeit des Klienten auf bestimmte Aspekte fokussieren;
- die Aufmerksamkeit darauf halten oder zurückbringen;
- zu dem fokussierten Inhaltsaspekt weitere Fragen stellen („Was heißt das für Sie?", „stellen Sie sich das einmal genauer vor", „was ist für Sie das Wichtige daran"? usw.).

Auf diese Weise kann der Therapeut aus dem gleichförmigen Inhaltshorizont langsam wesentliche Aspekte als Figuren herausarbeiten und so zentrale Aspekte gewinnen.

Schwieriger ist die Aufgabe dann, wenn es dem Therapeuten gar nicht gelingt, eine „Spur" zu finden, Hinweise darauf, welche Aspekte dem Klienten wesentlich sein könnten. In diesem Fall muss der Therapeut den Klienten mit dieser Frage konfrontieren. Der Klient soll selbst systematisch seine Inhaltsaspekte danach beurteilen, welche ihm wichtiger und welche ihm weniger wichtig sind.

Der Therapeut kann hier Fragen stellen wie
- „Sie haben nun einige Aspekte dieses Problems dargestellt. Ich möchte Sie bitten, einmal zu beurteilen, welche Aspekte Ihnen besonders wichtig sind!"
- „Welcher Aspekt ist ihnen am unklarsten? Zu welchem haben Sie eine Frage (und welche?)"?

Sagt der Klient „alles ist wichtig" oder „ich weiß nicht" oder übergeht er die Frage des Therapeuten, kann der Therapeut hier insistieren, z.B.: „Ich weiß, dass diese Frage schwierig ist. Aber für die Therapie ist es sehr wichtig, sich einmal anzusehen, welche Aspekte besonders wichtig sind. Ich möchte Sie daher bitten, dies hier einmal zu tun. Ich brauche keine perfekte Antwort. Wenn Sie eine Idee haben, eine Ahnung davon, was wichtig ist, dann ist das schon gut." Der Klient soll hier lernen, worauf es ankommt: Nicht auf das Erzählen, sondern auf das Bearbeiten von Inhalten.

Falls dies der Fall ist, können diese Schwierigkeiten und Ängste des Klienten zum Thema der Therapie werden.

Wird der Therapeut vom Klienten „getestet", kann dies auf Schwierigkeiten des Klienten hinweisen, Beziehungen zu anderen Personen aufzunehmen, Vertrauen zu fassen, u.ä.. Auch diese Aspekte kann der Therapeut transparent und damit zum Thema der Therapie machen.

Ein Therapeut sollte eine Kommunikation im Sinne eines Friseurgesprächs nicht zulassen: Therapeut und Klient können mal, sozusagen als Arbeitspause, über weniger relevante Aspekte sprechen; das ist natürlich nicht das Problem. Spricht der Klient jedoch über längere Zeit immer wieder irrelevante Themen an, so muss dies als bedeutsam betrachtet werden und der Therapeut muss sich fragen, was das soll (abgesehen davon, dass es eine Vergeudung knapper Zeit-Ressourcen ist).

Der Klient kann
- durch dieses Vorgehen den Therapeuten testen, z.B. ob der Therapeut auch auf einer „normalen" Interaktionsebene zugewandt ist,
- dadurch die Bearbeitung relevanter und damit unangenehmer Themen *vermeiden*,

- aber möglicherweise auch nicht wissen, wie er effektiv vorgehen soll.

Daher kann und sollte der Therapeut (neben der Durchführung einer Spielanalyse) das Klientenverhalten ansprechen, z.B.: „Mir ist aufgefallen, dass sie schon einige Male in der Therapiestunde Themen angesprochen haben, von denen ich den Eindruck habe, dass sie Ihnen gar nicht so wichtig sind, dass das keine Probleme sind, über die Sie dringend sprechen müssten. Ich würde gerne mit Ihnen darüber sprechen, was das bedeutet, warum Sie diese Themen ansprechen".

Wird deutlich, dass der Klient nicht weiß, was er in der Therapie machen soll, kann der Therapeut hier *strukturierende Statements* realisieren: Er kann dem Klienten erläutern, dass es wichtig ist, zentral wichtige Probleme zu identifizieren und zu thematisieren, eigene Problemaspekte zu betrachten usw. Und der Therapeut lässt sich vom Klienten die Erlaubnis geben, den Klienten aufmerksam zu machen, falls dieser auf irrelevante Aspekte „abdriftet".

Wird deutlich, dass der Klient Themen vermeidet, dann sollte dies geklärt werden:
- Hat es mit der Therapeut-Klient-Beziehung zu tun, hat der Klient Schwierigkeiten, Vertrauen zum Therapeuten zu fassen o.ä.?
- Hat der Klient Angst, sich mit bestimmten Selbst-Aspekten auseinander zu setzen o.ä.?

4.5 Therapeutischer Umgang mit Vermeidungsstrategien

4.5.1 Therapeutischer Umgang mit externaler Attribution

Klienten können external attribuieren, um eine Auseinandersetzung mit eigenen Schemata generell zu vermeiden. In diesem Fall ist eine derartige Attribution nicht transitorisch, sie zieht sich durch den Therapieprozess durch.

Hält ein Klient an externen Attributionen fest, dann kann man annehmen, dass er dafür motivationale Gründe hat: Es ist wichtig für ihn, das zu tun (vielleicht hat er Angst, sich eigenen Selbstaspekten zu stellen, vielleicht ist es ihm peinlich o.ä.). Therapeutisch ist es dann wichtig, diese motivationalen Aspekte zum Thema der Therapie zu machen. Der Therapeut kann daher eine Frage der folgenden Art aufwerfen:
- „Was macht es so wichtig für Sie, die Ursachen für Ihr Problem immer außen zu sehen?"
  oder
- „Was macht es so schwierig für Sie, mal nach innen zu gucken und sich einmal zu fragen, was sie selbst zu dem Problem beitragen?"

4.5.2 Therapeutischer Umgang mit Normalisieren/Generalisieren

Eine Strategie wie „Normalisieren" oder „Generalisieren" soll dazu dienen, den eigenen Anteil aus dem Problem herauszukürzen: Wenn etwas „normal" ist, oder wenn es

„generell" gilt, dann hat es nicht etwas speziell mit mir zu tun. Die Botschaft an den Therapeuten ist damit:

- Ich habe ein Problem X.
- Dieses Problem ist normal/verbreitet.
- Daher muss es an generellen Faktoren liegen (Firma, Gesellschaft).
- Damit hat es nichts mit mir zu tun.
- Da es nichts mit mir zu tun hat, brauchen wir nicht bei mir zu suchen.
- Lassen Sie uns daher gar nicht über mich reden.

Durch diese Schlussfolgerungskette hat sich der Klient (explizit oder implizit) aus der therapeutischen Arbeit ausgeblendet und verabschiedet. Akzeptiert der Therapeut dies, dann ist eine klärende Psychotherapie an dieser Stelle praktisch zu Ende (Matt in sechs Zügen). Therapeuten spüren dies häufig, sind aber durch das Argument leicht gebluft, weil sie nicht wissen, wie sie damit umgehen sollen.

Die therapeutische „Gegenstrategie" ist im Grunde recht einfach. Sie baut auf dem „Grundpostulat der explizierenden Psychotherapie" auf. Die Schlussfolgerungskette, der der Therapeut dabei folgt, ist folgende:

- Der Klient hat ein Problem X.
- Dieses Problem X besteht darin, dass der Klient auf Situation Y mit der Reaktion Z reagiert.
- Diese Reaktion ist nicht zwangsläufig.
- Selbst wenn viele Personen auf Y mit Z reagieren, so können andere Personen sehr wohl völlig anders reagieren.
- Wenn es Personen gibt, die anders reagieren, dann ist diese Reaktion nicht zwangsläufig.
- Wenn die Reaktion des Klienten jedoch nicht zwangsläufig ist, dann hat sie etwas mit dem Klienten zu tun.
- Wenn sie etwas mit dem Klienten zu tun hat, dann müssen die speziellen, idiosynkratischen internalen Determinanten des Klienten genauer betrachtet werden.
- Daher muss der Klient im Mittelpunkt der Therapie stehen.

Die Ableitung des Therapeuten kommt damit zu einer ganz anderen Konsequenz als die des Klienten: Der Klient schließt, man müsse seine Person nicht weiter betrachten und der Therapeut schließt, dass man genau dies tun muss.

Der entscheidende Unterschied in den Ableitungen ist der, dass die Reaktion *nicht* als zwangsläufig angenommen wird. Selbst wenn acht Millionen Menschen gleich reagieren, ist es nicht zwingend anzunehmen, dass dies am Reiz liegt: Diese Menschen können ähnliche Ziele und Schemata haben, die sie so und nicht anders reagieren lassen. Liegt es aber an den Menschen, dann muss man diese betrachten, denn dann liegt die Ursachenquelle dort.

Die Folgerung der Zwangsläufigkeit geht völlig verloren, sobald es nur eine Ausnahme gibt: Sobald es Menschen gibt, die anders reagieren, zeigt dies, dass es individuelle Unterschiede in der Verarbeitung gibt, d.h. dass Verarbeitungen die Reaktionen vermitteln. Dann aber muss man sich diese Verarbeitungen ansehen und nicht die Reize, denn dann bestimmen offenbar die Charakteristika der Menschen über die Reaktionen und nicht die Situationen.

Das Gleiche folgt auch, wenn der Klient zu unterschiedlichen Zeiten, unter unterschiedlichen Umständen unterschiedlich reagiert. Auch dann ist seine Reaktion nicht zwangsläufig, sondern hat etwas mit seinen jeweiligen Verarbeitungen, Stimmungen zu tun.

Und man kann gar nicht aus den Reaktionen auf die Verarbeitung schließen. Selbst wenn acht Millionen Menschen auf Y mit Z reagieren, so kann das immer noch aufgrund unterschiedlicher Verarbeitungen passieren. Die einzelnen Verarbeitungen können hoch individualisiert sein, und die des Klienten kann es ebenfalls sein. Und: Man kennt die Verarbeitung des Klienten nicht. Und wenn man sie nicht betrachtet, dann lernt man sie auch nicht kennen.

Der Therapeut sollte sich daher von Normalisierungs- oder Generalisierungs-Argumenten niemals bluffen lassen.

Sagt der Klient z.B., "Magengeschwüre sind in der Firma normal", dann kann der Therapeut antworten: „Das mag schon sein, dass die Firma sehr stressig ist. Dennoch wissen wir, dass jeder anders auf Stress reagiert. Und wir wissen noch nicht, wie Sie auf den Stress reagieren. Bevor wir das nicht wissen, können wir ihnen nicht helfen. Daher müssen wir uns das jetzt genauer anschauen."

Der Therapeut vermeidet es hier strikt, mit dem Klienten zu argumentieren. Er akzeptiert die Annahme des Klienten, dass die Firma stressig ist, leitet jedoch eine andere Konsequenz daraus ab und macht dem Klienten deutlich, dass dieser Weg notwendig ist, wenn der Klient eine Veränderung erreichen will.

Sagt der Klient „Wenn Sie mich als Alkoholiker bezeichnen, dann müssen Sie 60 Millionen Bürger als Alkoholiker bezeichnen", kann der Therapeut sagen: „Es mag sein, dass sie nicht mehr trinken als andere. Damit wissen wir aber noch nicht, wie viel Sie trinken, wir wissen nicht, ob oder wie gut oder schlecht der Alkohol Ihnen bekommt und wir wissen nicht, wie abhängig Sie sind. Nicht die anderen, sondern Sie sind in Therapie, also müssen wir uns sehr gründlich ansehen, was mit Ihnen ist".

Der Therapeut kann hier der Regel folgen:

• Ob das Problem normal ist, verbreitet, esoterisch oder was auch immer, ist völlig uninteressant.

• Interessant ist, wie der *Klient reagiert*, was der Klient tut, welche Verarbeitungen der Klient hat.

• Kennt der Klient diese nicht, lenkt der Therapeut die Arbeit darauf.

Ähnlich kann der Therapeut mit verwandten Argumenten umgehen, z.B. dem Argument, es sei nutzlos, sich aufzuregen und deshalb brauche man auch in der Therapie über Ärger nicht zu sprechen. Hier kann der Therapeut antworten:

„Es kann sein, dass es nutzlos ist, sich aufzuregen. Das ist aber gar nicht die Frage. Die Frage ist, was lösen Situationen der Art X in Ihnen aus? Wie gehen Sie mit dem Ärger um?"

oder

„Man weiß, dass emotionale Reaktionen in gar keiner Weise davon beeinflusst werden, ob sie "nützlich" sind oder nicht. In manchen Situationen ist man wütend, egal ob das nützlich ist oder nicht. Die Frage ist daher: Was passiert mit Ihnen in der Situation?"

4.5.3 Therapeutischer Umgang mit Bagatellisieren

Bagatellisierung ist eine Strategie, durch die der Klient eine weitere Bearbeitung eines Inhalts-aspektes blockieren kann: Wenn alles nicht so schlimm ist, dann lohnt es kaum, sich länger darüber zu unterhalten.

Hier sollte ein Therapeut sich m.E. nicht bluffen lassen: Gerade zu Beginn einer Therapie (und dort tritt diese Strategie besonders häufig auf) ist es noch gar nicht so entscheidend, unbedingt an den zentralsten Problemaspekten zu arbeiten. Vielmehr ist es wesentlich, dass der Klient lernt, wie man überhaupt in der Therapie arbeitet. Dies lernt er aber nicht aus Vorträgen des Therapeuten, sondern dies lernt er, indem der Therapeut ihm durch entsprechende Interventionen zeigt, worum es geht und was wichtig ist.

Außerdem ist es therapeutisch meist nicht wesentlich, wo man einsteigt: *Ein Therapeut, der stringent arbeitet, kommt mit einem kooperativen Klienten praktisch von jeder beliebigen Stelle zu zentralen Inhaltsaspekten.*

Daher ist das Argument des Klienten, etwas Bestimmtes sei „nicht so schlimm", „nicht so wichtig" u.ä., hochgradig irrelevant: Dies ist absolut kein Grund dafür, hier nicht in die therapeutische Arbeit einzusteigen.

Vielmehr geht es zu Beginn der Therapie und zu Beginn jedes neuen therapeutischen Themas erst einmal darum, überhaupt einzusteigen.

Der Therapeut antwortet daher:

- „Sie sagen, es ist nicht so schlimm. Aber es ist schon schlimm. Was ist denn schlimm daran?"

oder

- „Sie sagen, es sei nicht schlimm, nur etwas unangenehm. Mir ist aber noch nicht klar, was "unangenehm" für sie hier bedeutet. Können Sie das noch genauer sagen?"

Der Therapeut reagiert hier mit einer Haltung, die oft im Umgang mit Vermeidungsstrategien wesentlich ist. Es ist die Haltung: *„Im Gegenteil".* Der Klient sagt, man brauche diesen Aspekt nicht genauer anzusehen, aber die Intervention des Therapeuten vermittelt: Im Gegenteil, wir müssen uns diesen Aspekt sogar besonders gründlich ansehen.

Der Klient sagt, seine Anteile spielten für das Problem keine Rolle. Die Intervention des Therapeuten vermittelt: Im Gegenteil; die Anteile des Klienten spielen eine zentrale Rolle. Der Klient vermittelt, bestimmte Aspekte seien nun ausreichend behandelt. Die Intervention des Therapeuten vermittelt: Im Gegenteil; sehr viele Aspekte sind noch völlig unverständlich.

Diese Haltung des „Im Gegenteil" bewahrt den Therapeuten sehr oft davor, vom Klienten gebluft zu werden. Es bewahrt den Therapeuten damit davor, sich vom Klienten steuern und kontrollieren zu lassen; der Therapeut sollte aber gerade nicht zulassen, dass der Klient den Prozess kontrolliert, denn dann realisiert dieser im Therapieprozess die gleiche Art von Vermeidung, die er im Alltag auch realisiert. Damit aber wird die Therapie ineffektiv. Der Therapeut sollte daher solchen dysfunktionalen Strategien des Klienten ein „im Gegenteil" entgegensetzen. Wollen wir, dass Therapie die Fortsetzung des Alltags und damit genauso ineffektiv wird? Im Gegenteil!

4.5.4 Therapeutischer Umgang mit Relativieren

Für Relativierung gilt im Prinzip das Gleiche wie für Bagatellisierung: Der Therapeut sollte sich nicht bluffen lassen und nicht die Definition des Klienten übernehmen. Selbst wenn ein bestimmter Problemaspekt nur einmal aufgetaucht ist, kann man daran u.U. paradigmatisch sehr viel über Verarbeitungen, Schemata usw. des Klienten lernen. Daher besteht therapeutisch absolut kein Grund dafür, einen Inhaltsaspekt nicht aufzugreifen, nur weil er selten auftritt.

Nimmt der Klient eine Aussage wieder zurück, so ist das ebenfalls kein Grund, damit nicht zu arbeiten. Sagt der Klient z.B.: „Angst ist es nicht. Ich weiß nicht so recht, was es ist", dann hat der Therapeut hier eine Vielzahl von Möglichkeiten, sinnvoll zu intervenieren, z.B.:

- Der Therapeut kann den Klienten fragen, was er denn genau spürt. Der Klient soll sein Gefühl ernst nehmen und es klären.

- Der Therapeut kann, im Sinne des Focusing, ein Gefühl auch klären, wenn es nicht klar bezeichnet werden kann: Selbst mit diffusen Empfindungen kann klärend weitergearbeitet werden.

- Der Therapeut kann die Frage aufwerfen, warum es so wichtig für den Klienten ist, alles wieder zu relativieren; oder was es dem Klienten so schwer macht, eine klare, präzise Aussage zu machen. Damit macht der Therapeut das Bearbeitungsproblem selbst zum Thema der therapeutischen Arbeit.

4.5.5 Therapeutischer Umgang mit „Ich weiß nicht"

Die Klientenaussage „ich weiß nicht" ist der größte Bluff des Therapieprozesses: Immer wieder sieht man hier hilflose Therapeuten, die es offenbar auch nicht wissen, wodurch dann zwei Unwissende hilflos dasitzen und blockiert sind. Anders als einige Kolleginnen und Kollegen der klassischen GT erachte ich Hilflosigkeit in der Therapie nicht als eine existentiell wertvolle Erfahrung: Der Klient kommt zur Therapie, weil er sich bereits hilflos fühlt und möchte nun eine andere Erfahrung machen. Er möchte lernen, mit Problemen fertigzuwerden, anders zu handeln, kompetent zu sein usw. Der Klient verfügt bereits außerhalb der Therapie über existentielle Erfahrung der Hilflosigkeit und wird daher auf eine Wiederholung innerhalb der Therapie gut verzichten können.

Und der Therapeut sollte in der Lage sein, dem Klienten mehr zu vermitteln als Hilflosigkeit: Der Therapeut wird, wie jeder Arzt und jeder, der Probleme bearbeitet, immer wieder an seine Grenzen kommen. Er sollte seine Grenzen aber durch den Erwerb spezifischer Kompetenzen so weit hinausschieben, wie er kann; dies ist er m.E. sich selbst, vor allem aber dem Klienten schuldig. Ist er bereits bei einem Standard-Bluff blockiert, steht's schlecht um ihn. Daher sollte er wissen, was machbar ist.

Der therapeutische Umgang mit der Antwort „ich weiß nicht" hängt davon ab, ob der Therapeut den Eindruck hat, dass der Klient im Prozess weiterarbeiten möchte, jedoch nicht weiß, wie er dies tun kann, bzw. sich selbst durch zu hohe Erwartungen blockiert oder ob der Klient eine weitere Bearbeitung des Themas verhindern möchte.

Der Klient hat keine „gute" Antwort

Hat der Therapeut den Eindruck, der Klient sagt „ich weiß nicht", weil er glaubt, der Therapeut erwarte eine „gute", elaborierte Antwort, die der Klient aber nicht liefern kann, dann sollte der Therapeut dem Klienten den Druck nehmen. Der Therapeut kann hier z.B. sagen: „Ich weiß, dass sie hier noch keine perfekte Antwort haben. Das ist auch klar, denn wir arbeiten hier an Aspekten, die Ihnen ja auch noch gar nicht klar sind. Deshalb arbeiten wir ja auch daran. Ich erwarte daher von ihnen keine perfekte Antwort. Das Einzige was wir brauchen, sind Spuren, Hinweise, mit denen wir weiterarbeiten können. Ich möchte sie daher bitten, einmal bei diesem Punkt (in dieser Situation) zu bleiben und zu schauen: Was geht Ihnen da durch den Kopf? Was spüren Sie?"

Der Klient will den Prozess blockieren

Klienten, die sich im Prozess in oben beschriebener Weise selbst blockieren, bemühen sich meist in hohem Maße selbst um Klärung: Sie bemühen sich auch darum, Fragen des Therapeuten zu beantworten, haben dabei jedoch Schwierigkeiten. Klienten, die jedoch den Prozess blockieren wollen, zeigen dagegen gar keinen Versuch, die Fragen des Therapeuten zu beantworten: Bevor der Klient überhaupt versucht hat, zu tun, was der Therapeut angeregt hat, bevor er sich eine Situation und eigene Gefühle darin überhaupt angesehen hat, antwortet der Klient schon: „Ich weiß nicht".

Zur Einschätzung, ob der Klient Inhalte vermeidet, müssen jedoch noch mehr Aspekte berücksichtigt werden, wie z.B. fehlende Explizierung, fehlender Arbeitsauftrag usw.

Kommt der Therapeut zu dem Schluss, ein „ich weiß nicht" wird vom Klienten im Sinne einer Blockade verwendet, dann handelt der Therapeut nach der Devise: „Im Gegenteil". In diesem Fall ist die Botschaft des Klienten an den Therapeuten ja: „Lassen Sie uns diesen Inhaltsaspekt möglichst nicht weiter/genauer ansehen bzw. möglichst schnell verlassen." Der Therapeut signalisiert dem Klienten jedoch mit seinen Interventionen: „Im Gegenteil: Lassen sie uns diesen Inhaltsaspekt besonders genau betrachten". Denn schon allein die Tatsache, dass der Klient einen Aspekt nicht betrachten will, lässt bereits erkennen, dass dieser Aspekt für den Klienten sowohl relevant als auch ungeklärt bzw. unintegriert ist. Und dies wiederum weist daraufhin, dass er bearbeitungsbedürftig ist.

Der Therapeut kann hier also sagen: „Ich weiß, dass es Ihnen schwer fällt, hier zu bleiben und weiter zu gucken. Das ist auch ganz klar. Denn wenn sie hier alles ganz einfach beantworten und erzählen könnten, dann wäre ja alles schon geklärt. Und wenn es geklärt wäre, dann bräuchten wir nicht mehr zu gucken. Ich möchte Sie also bitten, hier zu bleiben und genau zu schauen, was sie spüren oder was Ihnen durch den Kopf geht."

Der Therapeut geht damit zunächst sehr ähnlich vor, wie im Falle des „zu hohen Drucks". Sagt der Klient dann aber immer noch „ich weiß nicht", dann erhöht der Therapeut hier den Druck: „Ich weiß, dass es schwierig für sie ist, aber ich möchte, dass sie trotzdem dabeibleiben. Man weiß immer irgendwas: Man spürt etwas, denkt etwas, selbst wenn es noch so diffus ist". Der Therapeut setzt damit eine „Gegennorm", nämlich, dass es psychologisch zu erwarten ist, dass eine Person irgendwelche Hinweise hat, was in der Tat ja auch zutreffend ist. Damit erhöht sich die Verpflichtung des Klienten, an dieser Stelle zu bleiben, das Ausweichen wird erschwert.

Sagt der Klient dann dennoch, dass ihm gar nichts einfällt, dann geht der Therapeut auf die Meta-Bearbeitungsebene und macht das Verhalten des Klienten selbst zum Thema: „Ich möchte gerne mit Ihnen darüber sprechen, was es Ihnen jetzt so schwer macht, dabei zu bleiben und zu gucken." Der Therapeut kann den Klienten auch konfrontieren, z.B.: „Ich stelle Ihnen eine Frage, und sie sagen sehr schnell "ich weiß nicht". Sie nehmen sich gar keine Zeit, hinzugucken und festzustellen, ob sie etwas finden. Was spricht für sie dagegen, es einmal zu versuchen, das Thema hier weiter zu klären?" Damit bietet der Therapeut eine Bearbeitung der Bearbeitung an: Die Vermeidung selbst wird zum Thema der Therapie.

4.5.6 Therapeutischer Umgang mit „Fragen beantworten, die man nicht gestellt hat"

Diese Ausweichstrategie ist bei Klienten sehr beliebt. Therapeuten haben oft Schwierigkeiten, diese Strategie zu erkennen, da die Klienten ja eine Antwort geben und diese Antwort meistens mit der Frage „irgendwas" zu tun hat. Daher ist es oft nötig, Therapeuten systematisch darin zu trainieren, eine Klientenantwort daraufhin zu überprüfen, ob sie auf die Frage eingeht oder nicht.

Beim therapeutischen Umgang mit dieser Vermeidungsstrategie folgt ein Therapeut dem Prinzip: „Das Ganze noch einmal von vorn!"

Bemerkt der Therapeut, dass der Klient eine relevante (z.B. konkretisierende oder vertiefende) Frage im Grunde nicht beantwortet, dann stellt er die Frage neu. Dabei kann er selbst die Verantwortung für das entstandene Problem auf sich nehmen, z.B.: „Ich glaube, ich habe mich gerade etwas unklar ausgedrückt: Meine Frage war..."

Der Therapeut kann hier auch versuchen, die Frage noch klarer, konkreter, kürzer zu formulieren als vorher, so dass sie vom Klienten möglichst nicht missverstanden werden kann.

Beantwortet der Klient die Frage immer noch nicht, dann kann der Therapeut sie erneut stellen, z.B. so: „Ein Aspekt ist mir immer noch nicht klar geworden..." Der Therapeut lässt sich hier also nicht bluffen, sondern fokussiert die Aufmerksamkeit des Klienten immer wieder auf die zentralen Aspekte.

Der Therapeut hat damit zunächst verschiedene Interventionsmöglichkeiten: Er kann

- die Frage präziser, enger stellen; erläutern, was er gemeint hat o.ä., so dass die Möglichkeit eines Missverständnisses weitgehend ausgeschlossen werden kann;
- die Verantwortung übernehmen, insbesondere dann, wenn tatsächlich nicht klar ist, ob die Antwort des Klienten darauf zurückgeht, dass der Therapeut sich unklar ausgedrückt hat, z.B.: „Ich glaube, ich habe meine Frage unklar formuliert. Was ich meinte, war...";
- einen speziellen Punkt herausgreifen, und diesen noch einmal fokalisieren „Ein Aspekt ist mir immer noch unklar, es ist XY. Können Sie noch mal sagen, was sie damit meinen?".

Beantwortet der Klient die Frage erneut ausweichend, dann kann der Therapeut auf die Meta-Bearbeitungsebene gehen: Er macht dem Klienten deutlich, dass dieser die Frage nicht beantwortet hat und macht dies zum therapeutischen Thema.

Z.B.: „Ich möchte sie mal darauf aufmerksam machen, was sie hier in der Therapie tun. Ich habe sie jetzt zweimal nach X gefragt, und sie haben zweimal Y geantwortet. Ich würde gerne mit ihnen darüber sprechen, was es Ihnen so schwer macht, diese Frage zu beantworten."

Hat der Therapeut den Klienten auf derartige Aspekte bereits öfter aufmerksam gemacht, kann die Konfrontation noch weitgehender sein, z.B.: „Mir ist öfter aufgefallen, dass sie auf meine Fragen Antworten gegeben haben, die nicht auf die Fragen passten. Ich habe sie ja auch schon öfter darauf aufmerksam gemacht. Ich würde gerne darüber sprechen, wieso es so schwierig für sie ist, auf meine Fragen einzugehen."

Wiederum sei betont: Der Therapeut muss solche Konfrontationen einbetten in eine tragfähige Beziehung und dem Klienten durch die Art der Aussage deutlich machen, dass es ihm nicht, in gar keiner Weise darum geht, den Klienten „zu überführen", zu kritisieren o.ä. Es geht dem Therapeuten nur darum, den Klienten auf bestimmte Aspekte aufmerksam zu machen, damit der Klient selbst versteht, wie er mit sich und mit anderen umgeht. Es geht darum, dass der Klient sein eigenes Handeln repräsentiert und auf diese Weise weiter klären kann, welche Intentionen, Motive, Ziele usw. diesem Handeln zugrunde liegen. Der Therapeut will dem Klienten damit letztlich eine Selbstregulation ermöglichen. Genauso muss der Therapeut dies aber auch vermitteln (können): als ernstlich gut gemeinter Hinweis, selbst etwas wahrzunehmen und als wichtig zu betrachten. Der Therapeut signalisiert: Nehmen Sie ihr Handeln ernst!

4.5.7 Therapeutischer Umgang mit Nebenschauplätzen

Bemerkt ein Therapeut, dass ein Klient ein wesentliches Thema verlässt, obwohl das Thema noch keineswegs geklärt oder ausreichend bearbeitet ist, dann kann er zweierlei tun.

Die erste Vorgehensweise besteht darin, den Klienten wieder zum Thema zurückzuführen, einen Themenwechsel also nicht zuzulassen. Sobald der Therapeut die Themenverschiebung bemerkt, sagt er dem Klienten: „Mir geht noch der Aspekt X durch den Kopf. Den habe ich noch nicht verstanden, aber ich habe den Eindruck, dass er ganz wichtig ist. Ich möchte daher noch mal darauf zurückkommen." Der Therapeut führt den Klienten damit auf einen der verlassenen Themenaspekte zurück und leitet dort eine weitere Bearbeitung ein.

Um dies zu tun, folgt der Therapeut mit seiner Verarbeitung den neuen Aspekten nicht mehr, sondern behält die Aspekte im Kopf, zu denen er zurückkehren möchte. Bei passender Gelegenheit, prinzipiell aber so schnell wie möglich, führt er den Klienten zu den relevanten Aspekten zurück. Der Therapeut kann z.B. sagen „Ich habe immer noch den Aspekt XY im Kopf, den sie erwähnten. Mir ist immer noch nicht klar, was da bei Ihnen genau passiert. Können sie da noch mal genau gucken?

Hier trifft der Therapeut eine Entscheidung, die Entscheidung, dass ein bestimmter Inhaltsaspekt (des Klienten) relevant, jedoch noch keineswegs hinreichend geklärt ist, so dass er noch nicht verlassen werden sollte. Dadurch zeigt der Therapeut dem Klienten, dass es für eine effektive Problembearbeitung wichtig ist, eine Zeit lang stringent an einem Aspekt zu bleiben.

Die zweite Vorgehensweise besteht darin, den Klienten auf den Themenwechsel aufmerksam zu machen und den Wechsel selbst zu thematisieren, z.B.: „Mir fällt auf, dass sie nun beim Thema X sind und das Thema Y verlassen haben." Und „Das Thema Y erscheint mir aber recht wichtig und ich habe den Eindruck, dass es noch sehr unklar ist." Und „Mir ist daher nicht klar, ob sie einen bestimmten Grund haben, das Thema Y zu verlassen."

Wesentlich sind hier wiederum die Interventionen
• Transparentmachen des Klienten-Handelns
• Halten des Klienten an relevanten Inhalten

Der Klient soll dem Prinzip folgen, dass ein Thema über längere Zeit bearbeitet werden muss, damit es überhaupt klärbar ist.

4.5.8 Therapeutischer Umgang mit thematischen Sperren

Kommen thematische Sperren zu Beginn einer Therapie vor, dann sollte ein Therapeut sie zwar registrieren, aber nicht explizit auf sie eingehen. Sehr häufig blenden Klienten bestimmte, unangenehme Themen zu Beginn aus der Therapie aus, weil ihr Vertrauen zum Therapeuten noch nicht ausreicht, derart unangenehme Themen „auszupacken". Dies kann sich dann im Verlauf der Therapie sehr stark ändern: Sobald der Klient dem Therapeuten persönlich und fachlich vertraut, traut er sich auch, peinliche Themen anzusprechen. Auf diese Weise entfallen im Therapieprozess in der Regel viele thematische Sperren, die Klienten zu Beginn aufgemacht haben, von selbst. Aus diesem Grund macht es in der Regel wenig Sinn, diese Sperren zu Therapiebeginn zu bearbeiten. Der Therapeut sollte sie registrieren und speichern, um die entsprechenden Themen später in der Therapie anzusprechen, falls der Klient es nicht von sich aus tut.

Anders liegt der Fall, wenn der Klient später in der Therapie (nach der zehnten Stunde) thematische Sperren aufmacht: In diesem Falle sollte der Therapeut dies nicht übergehen, sondern die Sperre transparent machen und bearbeiten.

Dabei geht der Therapeut davon aus,
• dass prinzipiell alles in der Therapie bearbeitbar sein sollte, da ansonsten u.U. hoch relevante Aspekte ausgeblendet werden können;
• dass nichts als „klar" oder „gelöst" angesehen werden sollte, was nicht geprüft ist;
• dass es keinen Grund gibt, ein Thema nicht noch einmal zu behandeln, z.B. um es noch weiter zu klären, zu verbessern, zu prüfen usw.

Der Therapeut folgt damit wieder der Devise: „Im Gegenteil". Die Botschaft des Klienten ist: „Lass uns nicht hinschauen" und die Botschaft des Therapeuten ist: „Im Gegenteil: Lass uns genau hinsehen."

Sagt der Klient z.B. „Ich habe keinerlei Probleme in meiner Beziehung", dann kann der Therapeut
• eine Gegennorm setzen, z.B.: „Es ist nach allem was man weiß, sehr unwahrscheinlich, dass jemand gar keine Probleme in einer Beziehung hat. Konflikte sind etwas völlig normales. Daher werden sie sicher auch irgendwelche Punkte haben, die sie

stören." Was der Therapeut hier tut, ist eine foot-in-the-door-Strategie: Er möchte den Klienten veranlassen, irgend einen relevanten Inhalt zu thematisieren, und dem Klienten auch deutlich zu machen, dass auch darüber in der Therapie gesprochen werden kann. Er kann dem Klienten erläutern, dass es sinnvoll sei, dennoch wichtige Lebensbereiche in der Therapie auch dann zu thematisieren, wenn sie nicht auffällig problematisch sind, da oft Probleme „verdeckt" sind. Ein solches Argument eignet sich meist in Kombination mit Argument 1.

Der Therapeut macht deutlich,

- dass es Probleme gibt,
- dass man sie anschauen kann und
- dass man in der Therapie grundsätzlich erst dann davon ausgehen sollte, etwas sei o.k., wenn man es geprüft hat.

Besteht der Klient trotz derartiger „strukturierender Aussagen" darauf, einen Bereich nicht bearbeiten zu wollen, dann kann der Therapeut den Klienten fragen, was dagegen spricht, sich bestimmte wichtige Lebensbereiche nochmals gründlich anzusehen: Eigentlich spricht nichts dagegen, insbesondere nicht, wenn man gründlich arbeiten will. Blockiert der Klient hier (z.B.: „Ich weiß ja, das alles in Ordnung ist"), dann kann der Therapeut den Klienten konfrontieren: „Es ist Ihnen wichtig, dass wir auf keinen Fall dieses Thema behandeln, auch nicht probeweise oder aus Gründen der Gründlichkeit."

4.6 Therapeutischer Umgang mit dysfunktionalen Problemkonstruktionen

4.6.1 Therapeutischer Umgang mit „Realitätskonstruktion als Realität"

Die Hauptgefahr für den Therapeuten ist hier die „Plausibilitätsfalle": Der Therapeut mag die Konstruktion, so wie sie vom Klienten vorgetragen wird, für nachvollziehbar, völlig plausibel, ja geradezu zwingend halten. Tut der Therapeut dies, dann stagniert augenblicklich der therapeutische Prozess: Die Konstruktion des Klienten wird nicht weiter analysiert, hinterfragt, in ihrer Funktionalität bearbeitet usw. Die Konstruktion des Klienten wird dagegen (mehr oder weniger explizit) „abgesegnet". Eine therapeutische Bearbeitung kann an dieser Stelle nicht mehr stattfinden.

Daher ist es äußerst wesentlich, dass der Therapeut lernt, eine Stellung einzunehmen, die ihn (weitgehend, leider nicht völlig) vor der Plausibilitätsfalle schützt. Grundsätzlich ist es m.E. hilfreich, wenn der Therapeut von der Grundannahme ausgeht:

- Es ist überhaupt nichts plausibel.
- Jede Reaktion hat ihre idiosynkratische Wurzel im Klienten.
- Solange diese nicht verstanden ist, ist nichts verständlich.

Der Therapeut sollte sich vorstellen, dass über dem Kopf des Klienten eine große Tafel angebracht ist, auf der steht: „Es ist alles nur eine Konstruktion!".

Nichts ist plausibel, es sei denn, es wird aus dem inneren Bezugssystem des Klienten heraus verständlich.

Diese Grundhaltung führt dazu, dass der Therapeut seine Position von Neugier, von Noch-besser-verstehen-Wollen von Weiter-hinterfragen-Wollen, von Staunen-Können nicht aufgibt. Diese Haltung bewahrt den Therapeuten auch davor, eigene Annahmen und Plausibilitäten auf den Klienten zu übertragen: Hat er die Reaktion des Klienten aus dessen Bezugssystem heraus nicht verstanden, dann kann er die Aussage auch nicht plausibel finden.

Intervention

Tappt der Therapeut nicht in die Plausibilitätsfalle, dann kann er prinzipiell immer zwei Aspekte erkennen,
• die Konstruktion des Klienten;
• den Versuch, die Konstruktion als Realität zu betrachten und „zu verkaufen".
Auf beide Aspekte kann der Therapeut prinzipiell eingehen.

Sagt ein Klient z.B.: „Es ist ja selbstverständlich viel schwieriger, zu Ämtern zu gehen als zum Metzger", dann kann der Therapeut z.B.
• die Befürchtung genauer klären: Was ist für den Klienten so schlimm, zu Ämtern zu gehen?
• den „Realitätsanspruch" thematisieren und klären: Wieso ist das für Sie so selbstverständlich, dass es schwieriger ist, zu Ämtern zu gehen?
Sagt der Klient z.B.: „Ich bin nun mal so. Das ist ein Teil meiner Persönlichkeit", dann kann der Therapeut
• die Konstruktion klären: Was genau meinen Sie mit „Teil meiner Persönlichkeit?"
• den Realitätsanspruch thematisieren: „Es ist wichtig für sie, dass das unveränderlich ist."
• den Realitätsanspruch hinterfragen: „Was macht das für sie so wichtig, diesen Teil von sich als unveränderlich zu betrachten?"
• die mögliche Beziehungsbotschaft aufnehmen: „Sie möchten, dass auch ich diesen Teil von ihnen als unveränderlich ansehe und nicht weiter hinterfrage?"
Alle diese Interventionen bedeuten, dass der Therapeut einer wesentlichen Implikation der Klientenaussage *nicht* folgt: Der Therapeut betrachtet den thematischen Inhalt im Gegensatz zum Klienten als weiter klärbar, weiter hinterfragbar, nicht weiter bearbeitbar. Der Therapeut setzt dem Klienten wieder die Haltung des „im Gegenteil" entgegen: Es ist eben *nicht* die Realität allein; es sind im Wesentlichen die Schemata des Klienten, die von Bedeutung sind. Und deshalb müssen genau diese weiter betrachtet werden.

4.6.2 Therapeutischer Umgang mit Zwangsläufigkeitskonstruktionen

Ist die „Realitätskonstruktion als Realität" im Therapieprozess für den Therapeuten oft schon eine unangenehme Herausforderung, so kann mancher Therapeut bei der Zwangsläufigkeitskonstruktion einen leichten Druck um den Hals spüren: Diese Konstruktionen lösen ebenfalls mit hoher Wahrscheinlichkeit Plausibilitätsannahmen aus, lösen dann aber, wenn der Therapeut sie annimmt, noch mehr Hilflosigkeit aus. Denn in diesem Falle ist das Problem nicht nur „in der Realität" begründet, sondern es musste auch so kommen und der Klient hatte daran keinen Anteil. Was soll man als Therapeut schon mit einer solchen Situation tun?

Nun, man darf es gar nicht dazu kommen lassen! Hier gelten die gleichen Grundeinstellungen wie für Realitätskonstruktionen als Realität. Außerdem kommt hier noch eine wesentliche Grundüberzeugung dazu:

- Die Überzeugung, dass ein Zustand eine Geschichte hat;
- eine Geschichte, in der der Klient eine Serie von Entscheidungen und Wahlen getroffen hat;
- die wiederum sehr viel mit seinen internalen Determinanten zu tun haben;
- weswegen diese internalen Determinanten sehr gründlich betrachtet werden müssen.

Gerade beim Umgang mit dysfunktionalen Konstruktionen kann ein Therapeut vorübergehend hilflos werden: Kein Therapeut kann alles immer sofort verstehen, kann immer kreativ sein, immer sofort die richtige Idee haben. Hier ist es sehr wesentlich, dass ein Therapeut sich selbst nicht unter Druck setzen lässt: Man braucht Zeit, die komplexen Konstruktionen zu verstehen, zu verstehen, was ein Klient damit will usw. Diese Zeit muss man sich als Therapeut auch gönnen. Und man muss sich immer klar machen, dass man nicht hilflos ist, nur weil einem nicht sofort die Lösung einfällt. Hilfreich ist für mich hier immer ein Spruch, der aus einem Fernsehfilm stammt: „Ein toter Punkt ist nur der Zeitraum zwischen zwei Ideen". Hält man sich als Therapeut an grundlegende Prinzipien der Verarbeitung und des Handelns, dann ist man auch nicht hilflos. Hilflosigkeit des Therapeuten ist m.E. in der Therapie kein anzustrebender, sondern ein so weit wie möglich zu überwindender Zustand. Der Grund dafür liegt nicht in meinem Mitleid mit den armen Therapeuten: Ein Therapeut sollte schon mit seiner Hilflosigkeit fertig werden können. Der Grund liegt vielmehr im Sinn von Therapie: Wenn Klienten in der Therapie neue, konstruktive Erfahrungen machen sollen und wenn sie selbst in ungünstigen Bearbeitungen feststecken, dann sollte der Therapeut in der Lage sein, konstruktive Anregungen zu geben. Dies kann ein hilfloser Therapeut aber gerade nicht. Sicher, auch hier kann es konstruktive Prozesse geben, z.B. den, dass der Klient sich gezwungen sieht, nun doch selbst zu arbeiten. Diesen Effekt hat der Therapeut dann aber nicht durch therapeutisches Handeln erzeugt, sondern er hat lediglich Glück gehabt, dass es nicht schief gegangen ist (wenn der Therapeut dies als Strategie angewandt hat, dann war er nicht hilflos, sondern er hat zielgerichtet gehandelt!). Daher sollte man sich um Kompetenz der Therapeuten bemühen, und nicht auf Glück vertrauen.

Intervention

Zwangsläufigkeitskonstruktionen enthalten meist Aspekte von „Realitätskonstruktion als Realität". Diese Aspekte können nach den oben beschriebenen Vorgehensweisen bearbeitet werden. Die Zwangsläufigkeitskonstruktion erhält darüber hinaus den Aspekt, dass alles so kommen musste und man selbst gar nichts dafür kann. Diese Aspekte können nun vom Therapeuten transparent gemacht und hinterfragt werden. Der Therapeut kann z.B. sagen:

- „Sie stellen die Entwicklung des Problems so dar, als hätte sich alles so ergeben müssen. So wie Sie es darstellen, haben sie gar keinen Anteil daran, sie haben gar keine Entscheidungen getroffen."

Der Klient kann dies nun bestätigen (was einen Konsens herstellt), z.B.:

- „Ja, das stimmt. Ich konnte nie was selbst entscheiden. Immer haben andere das gemacht. Oder es ist was passiert, was mich aus der Bahn geworfen hat."

Der Therapeut kann nun hier Verschiedenes tun (man beachte immer, dass ein toter Punkt nur der Zeitraum zwischen zwei Ideen ist; bleiben Sie ganz ruhig und konzentrieren sie sich auf die Funktionalität):

- Er nimmt diese Konstruktion zum Ausgangspunkt einer Klärung (was der Klient meist nicht erwartet), z.B.: „Wie war das für Sie, nie etwas beeinflussen zu können? Wie hat sich das angefühlt, ein Spielball anderer zu sein?"
- Er macht *Implikationen der Konstruktion deutlich,* z.B.: „Sie haben aber auch nie etwas entschieden. Sie sind nicht aus dieser Situation herausgegangen. Sie haben ihr Leben nie in die Hand genommen, nie selbst Verantwortung übernommen."
- *Daraufhin kann sich ein Dialog entwickeln, in dem der Therapeut den Klienten festlegt.* Der Klient wird nun sehr wahrscheinlich mit „mehr desselben" antworten: „Das konnte ich ja nicht. Das war ja gerade das Problem."
- Darauf der *Therapeut:* „Ich höre aber auch nicht, dass sie über eine Veränderung nachgedacht hätten. Genauso wie ich jetzt nicht sehe, dass sie über eine Lösung nachdenken. Sie warten darauf, dass andere Ihnen eine Lösung präsentieren.
- Der *Klient:* „Nein, nein. Ich habe ständig darüber nachgedacht, ich habe aber keine Lösung gefunden. Es gab keine Lösung! Alles war verkorkst!"
- Der *Therapeut* (Ruhe bewahren: Es ist alles eine Konstruktion!): „Sie haben also nichts dagegen, dass wir uns ihre Situation jetzt mal genauer ansehen und gucken, was Sie ändern könnten."

Meist willigen die Klienten an dieser Stelle ein, woraufhin der Therapeut sofort ein konkretes Arbeitsthema vorschlagen muss. Der Therapeut hat so erreicht, dass gearbeitet wird und ist weg von der Darstellung, „wie alles gekommen ist". Doch Achtung: Der Klient wird immer wieder in die alte Schiene rutschen, d.h. der Therapeut muss immer wieder Interventionen realisieren, um den Klienten ans Arbeiten zu bringen.

- Der Therapeut kann auch hier die „Beziehungsbotschaft" explizit machen: „Es wäre Ihnen wichtig, wenn ich akzeptieren würde, dass alles sich zwangsläufig ereignet habe und sie keine Verantwortung hatten."

4.6.3 Therapeutischer Umgang mit Unlösbarkeitskonstruktionen

Aufgrund von Therapie- und Supervisionserfahrung bin ich der Meinung, dass Unlösbarkeitskonstruktionen außerhalb der Depression nur bei Interaktionsspielen vorkommen: Sie sind daher (bei Nicht-Depressiven) m.E. immer ein Hinweis für das Vorliegen eines Interaktionsspiels. Das Paradoxon, jemanden um Hilfe zu bitten und ihm gleichzeitig zu beweisen, dass Hilfe unmöglich ist, macht nur Sinn, wenn es der Person darum geht, diese Person „auf Trab zu bringen". Der Helfer soll sich mehr anstrengen, soll mehr tun, mehr Verantwortung übernehmen, mehr Präsenz zeigen usw. Dem Helfer soll ein schlechtes Gewissen gemacht werden: Der andere leidet so sehr und man selbst tut nicht genug. Der Klient kann durch ein solches Vorgehen vom Helfer u.U. auch erwarten

- dass dieser sich mit dem Klienten solidarisiert: z.B. gegen den verständnislosen Ehemann;
- dass dieser aktiv eingreift, z.B. den verständnislosen Ehemann zurechtweist;

- dass dieser die Sichtweisen des Klienten bestätigt, z.B., dass der Klient so gestresst ist und zu Hause dringend Ruhe braucht; daraufhin kann der Klient zu Hause seine Regeln mit Hilfe des Therapeuten durchzusetzen, usw.

Der Klient, der Unlösbarkeitskonstruktionen aufmacht, möchte in der Regel weder sich noch sein System verändern; er möchte vielmehr erreichen, mehr (oder wieder) Kontrolle über das System zu bekommen. Daher ist eine Spielanalyse beim Vorliegen von Unlösbarkeitskonstruktionen unumgänglich.

Intervention

Nichtsdestotrotz kann und sollte der Therapeut die Art der Konstruktion immer aufdecken: Er sollte deutlich machen, dass der Klient eine Unlösbarkeitskonstruktion *aufmacht* und dass der Therapeut dies *erkannt* hat. Der Therapeut kann hierzu seine bisherigen Erfahrungen mit dem Klienten verbalisieren, z.B.: „Mir ist aufgefallen, dass sie immer dann, wenn wir darüber sprechen, was sie tun können, deutlich machen, dass sie nichts tun können. Sie können nicht in dem Haus wohnen bleiben, weil sie ständig Krach mit ihrem Vater haben; den Krach können Sie nicht ertragen, weil er sie an ihre früheren Erfahrungen erinnert; ihren Vater können sie nicht ändern, weil er ihnen nicht zuhört; ausziehen können Sie nicht, weil sie dann gar nicht mehr klarkommen. Für jede mögliche Lösung gibt es ein Gegenargument. Es erscheint so, als wollten sie mir und sich beweisen, dass es gar keine Lösung geben kann."

Es ist absolut wesentlich, dass der Therapeut hier damit rechnet, dass der Klient versuchen wird, *zu argumentieren*: Er wird versuchen, den Therapeuten davon zu überzeugen, dass er, der Klient, mit seinem Latein am Ende ist, alles versucht und nichts gefunden hat, aber dringend Hilfe braucht. Lässt sich der Therapeut hier auf eine Argumentation ein, ist er verloren (never argue with the client, and never argue with a client who tries to convince you!). Der Klient wird hier eine riesige Fülle von Argumenten, von eigenen Erfahrungen, von Erfahrungen anderer, von der Unbill der Welt aufbieten, die der Therapeut gar nicht alle widerlegen kann.

Also:

- Nicht auf Argumente einlassen!
- Fragen stellen:
- Was will der Klient?
- Wozu dient die Konstruktion?
- Was will der Klient bei sich, bei mir, bei anderen erreichen?

Der *Klient* wird daher sehr wahrscheinlich dem Therapeuten in etwa antworten: „Das will ich ihnen nicht beweisen, das ist so. Ich habe doch schon alles versucht, das habe ich ihnen ja erzählt. Und immer wieder kriege ich eines drüber. Was soll ich denn noch tun?"

Therapeut: Ruhe bewahren. Fragen: Was will die Klientin?

Die Klientin möchte sich als „armes Schwein" darstellen, als jemandem, dem übel zugesetzt wird, der sich nicht helfen kann aber auch nichts dafür kann. Deshalb muss der Therapeut helfen.

Der Therapeut kann zum einen diese Aspekte aufgreifen, z.B. den Aspekt, dass sie allein nichts tun kann. Er kann z.B. sagen: „Sie haben aufgrund dieser Erfahrungen den

Eindruck, dass sie jetzt gar nichts mehr tun können; dass es sich auch nicht mehr lohnt, nach einer Lösung zu suchen."

Darauf der Klient: „Aber es gibt doch keine Lösung. Ich habe ja schon alles probiert."

Therapeut: „Sie haben bisher allein einiges probiert, sicher nicht alles. Was spricht für sie denn tatsächlich dagegen, jetzt noch mal genau zu gucken, die Situation noch mal genauer zu analysieren?"

Klient: „Das hat doch keinen Zweck".

Therapeut: Nun kann der Therapeut das Paradoxon thematisieren: „Sie sagen, es hat keinen Zweck, sie wollen es auch hier mit mir nicht noch einmal versuchen. Dann verstehe ich nicht, warum sie dann mit mir Therapie machen?"

Klient: „Ich dachte, Sie könnten mir eine Lösung sagen."

Therapeut: „Ja, das ist der Punkt. Sie verlassen sich auf mich. Sie wollen gar nicht eine Lösung selbst erarbeiten, sie wollen, dass Ihnen jemand eine Lösung sagt."

Damit hat der Therapeut die Intention des Klienten (zumindest einen Aspekt daraus), konfrontativ auf den Punkt gebracht. Dies ist nötig, denn der Klient muss eine Repräsentation davon erhalten, was er mit sich und anderen tut. Nur dann hat er überhaupt eine Chance, etwas zu ändern.

4.7 Therapeutische Arbeit auf der Beziehungsebene

4.7.1 Beziehungsgestaltung und Beziehungsbearbeitung

Die therapeutische Arbeit auf der Beziehungsebene stellt, wie deutlich geworden ist, aus zwei Gründen den zentralen therapeutischen Arbeitsschwerpunkt, zumindest in der ersten Phase der Therapie, dar.
Die Gründe dafür sind:

1. Ein Klient mit Persönlichkeitsstörungen trägt wesentliche Beziehungsmotive an den Therapeuten heran.

2. Der Klient sucht in der Therapie im Wesentlichen eine persönliche Beziehung und keine Arbeitsbeziehung.

3. Die Beziehungsmotive des Klienten sind in der therapeutischen Situation stark aktiviert.

4. Der Klient verfolgt seine Beziehungsmotive und interaktionellen Ziele auf strategische, intransparente Weise.

Aus diesen Überlegungen leiten sich einige grundsätzliche therapeutische Vorgehensweisen auf der Beziehungsebene ab:

1. Durch eine Betrachtung der Beziehungsebene und der zentralen Beziehungsmotive ist es dem Therapeuten von vornherein möglich, grundlegende therapeutische Missverständnisse und (artifizielle) Interaktionsprobleme gar nicht erst aufkommen zu lassen.

2. Da Beziehungsmotive des Klienten in der therapeutischen Interaktion stark aktiviert sind und das Handeln des Klienten stark bestimmen, ist es wesentlich, dass der Therapeut sich zu diesen Motiven im Rahmen der Therapie komplementär verhält, also seine Beziehungsgestaltung auf den Klienten abstimmt.

3. Da ein Klient mit Persönlichkeitsstörungen in aller Regel keine (klare) Repräsentation der wesentlichen Beziehungsmotive mehr aufweist, ist es wesentliches therapeutisches Ziel, diese Motive wieder zu repräsentieren.

4. Da der Klient auf der Beziehungsebene in hohem Maße im intransparenten Modus, d.h. auf der Spielebene handelt, ist eine therapeutische Bearbeitung der Spielebene ebenfalls von großer therapeutischer Bedeutung.

Auf der Beziehungsebene hat ein Therapeut demnach prinzipiell zwei Arten von Interventionen zur Verfügung:
- Beziehungsgestaltung
- Beziehungsbearbeitung.

Mit *Beziehungsgestaltung* ist gemeint, dass der Therapeut sein Beziehungsangebot an den Klienten genau so (und damit differentiell!) gestaltet, dass der Klient neue, konstruktive Beziehungserfahrungen machen kann.

Zum therapeutischen Bereich der *Beziehungsgestaltung* gehören Aspekte wie
- komplementäre Beziehungsgestaltung zu Beziehungsmotiven des Klienten;
- differentielle Beziehungsgestaltung zu Beziehungsmotiven des Klienten;
- komplementäres Handeln zur Spielebene;
- Entgegenkommen.

Mit *Beziehungsbearbeitung* ist gemeint, dass der Therapeut die Interaktionsprobleme des Klienten zum expliziten Thema der Therapie macht und dann mit dem Klienten zusammen bearbeitet.

Zum therapeutischen Bereich der *Beziehungsbearbeitung* gehören Aspekte wie
- Transparentmachen der Beziehungsmotive
- Transparentmachen intransparenten Handelns.

Therapeutische Strategien wie
- therapeutischer Umgang mit Testverhalten von Klienten;
- Trojanische Pferde

enthalten sowohl Aspekte der Beziehungsgestaltung als auch Aspekte der Beziehungsbearbeitung.

Die therapeutischen *Strategien* auf der Beziehungsebene lassen sich damit in einem Vier-Felder-Schema systematisieren:
- Zum einen zielen die Strategien entweder auf die transparenten, authentischen Aspekte der Handlungsregulation ab, wie z.B. auf Beziehungsmotive; oder sie zielen auf die intransparenten und Spiel-Aspekte der Handlungsregulation ab, z.B. auf manipulative Strategien des Klienten.
- Zum anderen beinhalten die therapeutischen Strategien Vorgehensweisen der Beziehungsgestaltung oder der Beziehungsbearbeitung.

Tabelle 2: Indikation zur Beziehungsbearbeitung

		Art der Vorgehensweise	
		Beziehungsgestaltung	Beziehungsbearbeitung
Strategien zielen ab auf	transparente Aspekte	Komplementäre Beziehungsgestaltung zu Motiven	Transparentmachen der Beziehungsmotive
	intransparente Aspekte	Komplementäres Handeln zur Spielebene	Transparentmachen der Spielaspekte

Alle vier Interventionsstrategien werden im Folgenden genauer dargestellt; um die Beschreibung konkreter und lebendiger zu gestalten, soll diese anhand konkreter Fallbeispiele erfolgen. Aus diesem Grund werden zunächst zwei Fallbeispiele gegeben, die einige der angeführten Probleme plastisch illustrieren.

4.7.2 Fallbeispiele

Zur Illustration der Beziehungsaspekte, die Klienten mit Persönlichkeitsstörungen realisieren, sollen hier zwei kurze Fallbeispiele vorgestellt werden.

Die Falltranskripte stammen von zwei Klientinnen mit der Diagnose „Histrionische Persönlichkeitsstörung".

Sie sollen hier benutzt werden, um einige therapeutische Aspekte zu illustrieren (sie werden später, unter der genauen Analyse der histrionischen Störung systematisch analysiert).

Die Fallbeispiele sind „echte Ausschnitte aus realen Therapien", die einzige vorgenommene Veränderung liegt darin, dass die vom Therapeuten oder Klienten „gesprochene" Sprache manchmal etwas in Richtung auf „Schriftdeutsch" korrigiert wurde, um den Text flüssiger lesbar zu machen.

Die Ausschnitte illustrieren keine Beispiele dafür, wie Therapeuten ideal reagieren; sie illustrieren im Gegenteil Beispiele dafür, wie Therapeuten durch die Klienten-Handlungen in Schwierigkeiten kommen oder sich selbst durch ihr eigenes Handeln in Schwierigkeiten bringen. Dies ist beabsichtigt: Meinen Überzeugungen nach, illustrieren ideal laufende Therapien herzlich wenig, denn reagieren Therapeuten sehr gut, treten viele der möglichen Schwierigkeiten gar nicht erst auf; und damit sieht man die Schwierigkeiten, die diese Klienten bereiten können, überhaupt nicht. Gut laufende Therapien vermitteln den Eindruck, alles sei ganz einfach: und kein Eindruck könnte elementar falscher sein. Daher werden hier Beispiele dargestellt, die nicht ideal laufen, an denen man die auftretenden Schwierigkeiten aber sehr gut sehen kann. Anhand der auftretenden Schwierigkeiten werden dann therapeutische Möglichkeiten ausführlich diskutiert: Es wird herausgearbeitet, was ein Therapeut auf den verschiedenen Ebenen tun könnte.

4.7.2.1 „Kritik-Klientin"

Das folgende Beispiel wird „Kritik-Klientin" genannt; dies deshalb, weil sie in dem angegebenen Ausschnitt ihre Therapeutin heftig kritisiert.

Die Klientin ist eine 35-jährige Frau, allein erziehende Mutter eines 11-jährigen Sohnes, geschieden, berufstätig.

Die Klientin ist wegen Ängsten in eine psychologische Praxis gekommen. Sie hat die Diagnose „Panikstörung ohne Agoraphobie" erhalten. Die Therapeutin hat in der ersten Therapiestunde die Panikstörung exploriert.

In der zweiten Stunde äußerte die Klientin dann, die Angststörung sei eigentlich gar nicht so wichtig. Viel wichtiger seien Schwierigkeiten in Beziehungen. Ihr Wunsch sei es im Wesentlichen, mit der Therapeutin über diese Beziehungsschwierigkeiten zu sprechen. Die Therapeutin akzeptierte dies, worauf die Klientin begann, über ihre Beziehung zu ihren Eltern zu sprechen. Der Therapeutin wurde dabei in der Stunde nicht deutlich, dass die Klientin von dem Thema besonders aufgewühlt war; die Klientin „berichtete" vielmehr über ihre Biographie und verließ die Stunde, ohne dass irgendeine Störung erkennbar gewesen wäre.

Der hier vorgestellte Ausschnitt beginnt ganz zu Anfang der 3. Stunde: die Klientin beginnt sofort, die Therapeutin scharf zu kritisieren und zu attackieren. Die Therapeutin ist (da es keine Warnzeichen gab) davon völlig überrascht und kann das Klientenverhalten nicht im Sinne einer Spielanalyse nutzen. Daher ist es der Klientin möglich, ihre Kritik „voll zu entfalten".

(Die Aussagen von Therapeutin und Klientin sind zur Verbesserung der Verständlichkeit etwas von „Sprachdeutsch" auf „Schriftdeutsch" korrigiert, was den Sinn jedoch nicht verändert).

T1: (1) Wie geht es Ihnen?

K1: (1) Ich muss jetzt sofort auf das letzte Mal zurückkommen. (2) Es hat mir gar nicht gefallen, dass Sie mich so nach Hause geschickt haben, (3) in dem Zustand, in dem ich war. (4) Ich habe mich auch dazu entschlossen, mit Ihnen nur noch über die Angst zu sprechen. (5) Ich fand das unverantwortlich, mich so gehen zu lassen. (6) Ich war total aufgelöst den ganzen Tag, war fix und fertig. (7) Mein Sohn ist dann aus der Schule gekommen, und der war auch völlig irritiert, der wusste nicht, was er mit mir machen sollte. (8) Ich musste Beruhigungstropfen nehmen. (9) Ich war total aufgelöst.

T2: Hmm...

K2: (1) Dann habe ich abends meine Psychologin erreicht, die aus der Selbsthilfegruppe. (2) Ich bin zu dem Schluss gekommen, das nicht so weiterzumachen. (3) Ich kann nicht hier eine Stunde lang reden (4) und dann gucken Sie dauernd auf die Uhr (5) und ich weiß, ich muss raus hier (6) und kann das Gespräch nicht langsam auslaufen lassen.

T3: (1) Ich kann mir vorstellen, dass das für sie eine unangenehme Situation ist.

K3: (1) Und da komm ich auch nicht mit klar. (2) Ich muss nach einer Stunde hier raus. (3) Ich bin total aufgewühlt. (4) Ich kann überhaupt nicht aufhören zu weinen. (5) Ich habe im Auto geheult, während der ganzen Rückfahrt. (6) Das habe ich mir doch ein wenig anders vorgestellt.

T4: (1) Wie haben sie es sich vorgestellt, (2) wie wünschen sie es sich?

K4: (1) Ich habe mir vorgestellt, in Ruhe über alles reden zu können, (2) das Gespräch langsam auslaufen lassen zu können, (3) wie es eben benötigt wird. (4) Ich weiß ja nicht, wie sie ihre Termine gelegt haben. (5) Wenn draußen jemand wartet, ist das für Sie auch eine unangenehme Situation. (6) Aber bei manchen Leuten kann man ein Gespräch nun mal nicht in 5 oder 10 Minuten beenden. (7) Bei meiner früheren Therapeutin brauchten wir manchmal, brauchte sie manchmal eineinhalb Stunden, um das Gespräch mit mir auslaufen zu lassen.

T5: (1) Sie haben natürlich Recht, (2) es kann unangenehm sein, ein Gespräch beenden zu müssen. (3) Aber wenn wir zwei Stunden ansetzen, müssen wir es nach zwei Stunden beenden. (4) Es wird immer das Problem geben, einen Schlusspunkt zu setzen.

K5: (1) Das letzte Mal... (2) als ich von hier wegging, konnte ich gar nicht richtig darüber nachdenken. (3) Erst als ich mit Frau X sprach, wurde es mir klar. (4) Da hab ich mich auch so langsam beruhigt. (5) Ich bin hier weggegangen, da war ich 10. (6) Ich war völlig hilflos. (2) Ich kann überhaupt nicht beschreiben, wie es mir ging.

T6: (1) Ich kann verstehen, dass Sie es so nicht mehr möchten. (2) Ich fände es gut, wenn wir darüber sprechen könnten, wie wir die Therapie für sie angenehmer gestalten können.

K6: (1) Ich hatte mir wirklich vorgestellt, hier endlich mal über alles reden zu können. (2) Ich war halt enttäuscht, das letzte Mal, (4) dass Sie dauernd am Ende auf die Uhr gucken, das hat mich am meisten gestört! (5) Ich war mir nicht sicher: (5) Guckt sie auf die Uhr, weil sie einen anderen Termin hat? (7) Oder weil sie die Situation nicht gut fand? (8) Wenn man als Außenstehender da sitzt und sieht, wie jemand weint, ist das vielleicht ja auch sehr unangenehm. (9) Vielleicht denken Sie: Jetzt wird's aber kritisch. (10) Ich bin mir nicht im Klaren darüber, was sie gedacht haben.

T7: (1) Wenn sie möchten, kann ich es Ihnen gerne sagen.

K7: Ja bitte.

T8: (1) Es war in der Tat der Zeitdruck (2). Der nächste Klient wartete schon und ich wollte ihn nicht so lange warten lassen. (3) Es hatte gar nichts damit zu tun, dass ich die Situation unangenehm fand. (4) Es war der Zeitdruck.

K8: (1) Ich habe mich weggeschickt gefühlt. (2) Da bin ich den ganzen Tag nicht drüber hinweggekommen. (3) Ich konnte überhaupt nicht aufhören zu heulen. (4) Ich habe mit Schrecken an heute gedacht.

T9: (1) Was denken sie, was könnten, was sollten wir ändern?

K9: (1) Ich glaube, ich komme auch mit einer Stunde in der Woche nicht aus. (2) Ich weiß nicht, wie so eine Therapie läuft. (3) Aber ich fühle mich so belastet. (4) Vielleicht sollte ich in eine Klinik gehen. (5) Aber wie soll ich das anstellen mit meinem Sohn?

4.7.2.2 Klientin mit intrusiven Gedanken

Der folgende Ausschnitt stammt von einer Klientin, die zur Therapie in eine private Praxis kam und dort die Diagnose „Zwangsgedanken" erhielt. Eine Reanalyse der diagnostischen Information führte jedoch zu dem Schluss, dass die Klientin nach den Kriterien des DSM III-R eine histrionische Persönlichkeitsstörung aufwies. Ihre Gedanken sind zwar intrusiv, d.h. sie drängen sich auf und die Klientin kann sie nicht gut kontrollieren. Die Gedankeninhalte sind jedoch hoch ambivalent und keineswegs nur abschreckend und bedrohlich. Die intrusiven Gedanken lassen sich weitaus besser als Teil einer histrionischen Störung erklären als Teil einer Zwangsstörung.

Es handelt sich um eine 65-jährige, alleinlebende Frau. Ihr Mann ist vor etwa 15 Jahren verstorben und sie hat seitdem keine Partnerschaft mehr gehabt. Sie lebt völlig isoliert, hat keine Freunde oder Freundinnen. Der einzige Kontakt, den Sie hat, ist der zu einem katholische Priester, Pater A, den sie wegen ihrer Probleme konsultiert und der versucht, ihr zu helfen. Das Hauptproblem, das sie angibt, sind „sündige Gedanken", die sich ihr aufdrängen, die sie nicht will, gegen die sie sich jedoch nicht wehren kann. Es sind im Wesentlichen Gedanken sexuellen Inhalts: Sie stellt sich z.B. vor, wie Pater A onaniert. Sie empfindet diese Gedanken als Beleidigung der betreffenden Personen (daher spricht sie auch von Gedanken, „die gegen andere kommen"), als böswillige Unterstellungen, die sie nicht machen will. Sie hat in den vorigen Stunden, in sehr diffuser und unkonkreter Weise, ein sexuelles Erlebnis aus ihrer Jugendzeit berichtet, das sie heute noch belastet; auch darüber drängen sich ihr heute Phantasien auf (In dem Ausschnitt spricht sie dies an als „Geschehnisse, mit denen ich nicht fertig geworden bin").

Der Ausschnitt beginnt am Anfang der 6. Stunde. In den vorhergehenden Stunden hat die Therapeutin versucht, sich ein einigermaßen klares Bild von den Problemen zu machen. Dies ist ihr jedoch, ihrer eigenen Einschätzung nach, nicht gelungen: Sie empfindet die Klientin als äußerst unkonkret, ausweichend, vermeidend; die Klientin hat keinen Arbeitsauftrag, keine Fragestellungen. Sie betont, dass „es sich bessern müsse", betont aber gleichzeitig, dass es ihr zu belastend sei, über ihre Gedanken und die „Geschehnisse" zu sprechen. Die Therapeutin fühlt sich ebenso mattgesetzt wie unter Druck gesetzt: Die Klientin betont, dass sie ihren Zustand kaum noch ertragen kann und dass die Therapeutin dringend dagegen etwas tun muss; wenn die Therapeutin jedoch versucht, relevante Aspekte zu klären und zu bearbeiten, dann betont die Klientin, dass sie dies nicht kann, dass es sie zu sehr belaste, dass sie darunter zu sehr leidet usw. Die Therapeutin weiß schließlich keinen anderen Rat mehr, als die Klientin unter Druck zu setzen: sie möchte der Klientin klar machen, dass sie arbeiten muss, wenn sie etwas ändern will. Sie möchte der Klientin klar machen, dass sie sich ihren Inhalten stellen muss, wenn sie diese bearbeiten will, selbst dann, wenn die Konfrontation damit schmerzhaft ist. Aus dieser Intention resultiert die Eingangsintervention der Therapeutin: „Können Sie sich vorstellen, dass eine Auseinandersetzung mit diesen Dingen den Zustand erst einmal verschlimmert?" Die Therapeutin stellt der Klientin damit implizit ein Ultimatum:

• entweder befassen sie sich mit den relevanten Inhalten, dann können wir etwas ändern

• oder sie befassen sich nicht damit, dann können wir nichts tun.

Die Idee der Therapeutin ist völlig nachvollziehbar und sehr ehrenwert: Leider funktioniert sie nicht bei Klienten mit einer Spielstruktur. Appelle des Therapeuten, der Klient müsse arbeiten, sind völlig wirkungslos, denn der Klient kann sagen, dass er dies bereits tue, dass er nicht wisse, wie das gehe oder aber, dass er es nicht könne und genau das sein Problem sei. Was immer ein Therapeut in dieser Richtung unternimmt: Es wird lediglich die Kreativität des Klienten beflügeln, dem Therapeuten nachzuweisen, „dass es nicht geht". Es gibt jedoch therapeutische Möglichkeiten. Diese werden dann ausführlich an den entsprechenden Stellen diskutiert.

T1: (1) Ich habe noch einmal über die letzten Stunden nachgedacht. (2) Ich habe den Eindruck, dass wir noch nicht sehr weit gekommen sind. (3) Ich glaube, dass es Ihnen sehr schwer fällt, sich mit den Gedanken, die sie beschäftigen auseinander zu setzen. (4) Können Sie sich vorstellen, dass eine Auseinandersetzung mit diesen ganzen Sachen dazu führen kann, dass Ihr Zustand erst einmal schlimmer wird? (5) Können Sie sich vorstellen, dass wir da durch müssen, damit es sich bessern kann?

K1: (1) Ja, ich möchte vor allen Dingen keine falschen Aussagen und Antworten geben. (2) Die belasten mich ganz schwer. (3) Was ich noch beantworten kann, ist dann gut. (4) Aber wehe, wenn das etwas ist, was falsch ist, was andere belastet. (5) Das ist das Schlimmste, was es gibt. (6) Aussagen vom Anderen machen, die nicht wahr sind. (7) Da ist so viel durcheinander. (8) Nach so vielen Jahren die Einzelheiten noch hinzukriegen, das kann ich einfach nicht. (9) Das ist zu schwer für mich, ich kann nicht.

T2: (1) Ich möchte gerade...

K2: (1) Ja, ich weiß, dass es noch schlimmer werden kann.

T3: (1) Was meinen Sie denn, woher diese Gedanken und Bilder kommen, die sie belasten?

K3: (1) Ja woher kommen sie denn? (2) Aber wenn sie einmal geklärt sind... (3) Wenn sie wissen, woher sie kommen...

T4: (1) Was glauben Sie denn, woher sie kommen?

K4: (1) Ja... (seufzt). (2) Einmal durch Geschehnisse womit ich nicht fertig geworden bin (3) denke ich. (4) Was mich belastet hat. (5) Das lässt mich nicht ruhen.

T5: (1) Das sind die Bilder, die immer wieder hochkommen.

K5: (1) Ja. (2) Aber ich verstehe nicht, (3) es ist alles so lange her (4), dass mich das nicht in Ruhe lässt (5), dass ich diese Personen nicht in Ruhe lasse. (6) Meinetwegen, ich gehe vom Pater raus und denke: Vergessen, vorbei! (7) Aber das mache ich nicht. (8) ich arbeite zurück. (9) Und das wird wieder 'ne neue Belastung.

T6: (1) Was Sie mir sagen ist: (2) „Das ist eine unheimliche Belastung". (3) „Das will ich los sein". (4) Ich glaube aber, dass sie es nur loswerden können, wenn wir uns damit beschäftigen, (5) auch dann, wenn es erst mal schlimmer wird.

K6: (1) Ich kann mich an die ganzen Vorgänge nicht mehr erinnern. (2) Wenn Sie mich fragen: Wie war das? (3) Wie ist das gekommen? (4) Das bringt mich ganz durcheinander! (5) Wenn ich mich da wieder reinversetzen muss, dann erlebe ich das Ganze, das mich sowieso nicht mehr ruhen lässt, noch mal. (6) Ich denke sowieso ohne Fragen daran, (7) das ist schon schlimm genug. (8) Und wenn jetzt noch gefragt wird, das genau zu beantworten (9) das ist so eine Qual für mich. (10) Ich erlebe das alles noch einmal (11) und weiß: Das war alles Deine Schuld. (12) Da hast Du Dein ganzes Leben sowieso vermurkst. (13) Ich meine: Wenn ich es noch nicht richtig beantworten kann, dann ja. (14) Aber ich kann es so genau nicht. (15) Es ist alles so weit weg und so lange her. (16) Es steht mir sowieso bis hier (macht eine Bewegung mit der Hand am Hals entlang).

T7: (1) Mir ist es ganz wichtig...

K7: (1) (Unterbricht die Therapeutin) ich meine, schließlich sind sie die Therapeutin, nicht ich. (2) Aber ich meine, ich gehe immer mehr den Bach hinunter statt rauf (beugt sich vor, offensichtlich sehr leidend).

T8: (1) Deshalb fände ich es doch ganz wichtig...

K8: (1) (Unterbricht) Ich glaube, ich dreh bald durch (unterstreicht das Gesagte indem sie sich heftig nach vorn beugt; sie verharrt dann in dieser Haltung). (2) Ich dreh bei Pater A. bald durch. (3) Wenn ich da was zur Sprache bringe, was mir helfen soll, dann weiß ich schon, das wird mir auch nicht helfen. (4) Meine einzige Sorge ist, woran ich mich klammere: (5) Wie komm ich da raus? (6) Dass ich nicht tagein, tagaus diese ewigen Gedanken habe! (7) Diese Beschuldigungen, die einfach gegen ihn kommen, gegen viele kommen (wiegt mit dem Oberkörper auf und ab). (8) Warum ich diese Beschuldigungen immer habe, gegen Menschen, die mir nichts tun. (9) Das sind die Probleme. (10) Das sind ja vielseitige Probleme, nicht nur ein einziges, (unterstreicht dies mit einer Handbewegung, die das Ausmaß des Problems anzeigen soll).

T9: Wenn wir jetzt an der Vergangenheit noch mal rütteln. (2) Wenn wir uns den ganzen Sachen stellen, (3) dann muss auch klar sein, dass es erst mal schlimmer wird.

K9: (1) Ich habe mein Leben selber zerstört. (2) Ich möchte alles machen um da raus zu kommen. (3) Solange ich noch lebe. (4) Ich weiß nicht, wie viel Zeit mir noch bleibt (stützt den Kopf in die Hand und weint).

T10: (1) Ich möchte...

K10: (1) (Unterbricht) Ich habe jahrelang alles falsch gemacht. (2) Das lässt mich alles nicht los, bis heute nicht (schluchzt).

4.8 Ausräumen des therapeutischen Missverständnisses

Hat ein Therapeut im Therapieprozess die Hypothese, dass der Klient eine Persönlichkeitsstörung aufweist, dann sollte er grundsätzlich davon ausgehen,

• dass der Klient primär in die Therapie kommt, um eine bestimmte Art von Beziehung zu erhalten;

• und zunächst einmal *nicht* in die Therapie kommt, um ein Problem zu bearbeiten.

Folgt der Therapeut nun dem allgemeinen therapeutischen Grundsatz, den Klienten „dort abzuholen, wo der Klient ist", sich auf die Eingangsvoraussetzungen des Klienten einzustellen und ihm *nicht* externe Vorstellungen überzustülpen, dann sollte der Therapeut versuchen, dem Klienten eine für ihn passende Beziehung so weit wie möglich anzubieten und nur so viel an inhaltlicher Bearbeitung zu realisieren, wie der Klient wünscht oder zulässt.

Der Therapeut versucht damit zu vermeiden, am Klienten vorbei zu reden, den Klienten auf ein therapeutisches Programm festzulegen, was dieser gar nicht will, einen Machtkampf mit dem Klienten einzugehen, Reaktanz zu provozieren usw.; der Therapeut versucht vielmehr eine vertrauensvolle Arbeitsbeziehung zum Klienten dadurch herzustellen, dass er versteht, worum es dem Klienten geht, indem er versucht, an den Bedürfnissen und Annahmen des Klienten „anzudocken", für seine Vorgehensweise compliance herzustellen und einen ausreichenden *„Beziehungskredit"* aufzubauen.

Der Therapeut geht nicht davon aus, dass der Klient sein Interaktionsverhalten ändern muss, um seine Therapierbarkeit zu beweisen, dass er erst einmal ein Klienten-Basisverhalten zeigen muss, damit ein Therapeut überhaupt mit ihm arbeiten kann.

Vielmehr betrachtet der Therapeut die beschriebenen Eingangsvoraussetzungen *als Teil des Klientenproblems, auf das sich der Therapeut einstellen muss.*

4.9 Komplementäre und differentielle Beziehungsgestaltung

Ein ganz wesentlicher Aspekt des therapeutischen Umgangs mit persönlichkeitsgestörten Klienten ist die komplementär-differentielle Beziehungsgestaltung des Therapeuten zu den Beziehungsmotiven des Klienten im Rahmen der therapeutischen Regeln.

4.9.1 Beziehungsmotive

Wie in Kapitel 2 ausgeführt, gehen wir nach bisherigen Analysen von Beziehungsmotiven, die in der therapeutischen Arbeit von Bedeutung sind, davon aus, dass Klienten im Wesentlichen recht zentrale Beziehungsmotive aufweisen.

Diese sind:

- *Das Bedürfnis nach Akzeptierung:* Das Bedürfnis, von wichtigen anderen Personen um seiner selbst willen geliebt, geachtet, akzeptiert zu werden.

- *Das Bedürfnis, wichtig zu sein:* Das Bedürfnis, für andere eine Bedeutung zu haben, in ihrem Leben eine Rolle zu spielen.

- *Das Bedürfnis nach verlässlicher Beziehung:* Das Bedürfnis danach, eine Beziehung zu haben, auf die man sich verlassen kann, die tragfähig ist, die nicht ohne weiteres in Frage gestellt werden kann, die Belastungen aushält; es ist ein Bedürfnis nach einer „sicheren Bindung".

- *Das Bedürfnis nach solidarischer Beziehung:* Das Bedürfnis, dass der Interaktionspartner zu einem hält, einen unterstützt, Hilfe gibt, wenn man sie braucht, Geborgenheit realisiert, „auf der eigenen Seite ist".

- *Das Bedürfnis nach Autonomie:* Das Bedürfnis danach, in seiner Selbstbestimmung, Selbstdefinition und Selbstentwicklung akzeptiert zu werden.

- *Das Bedürfnis nach territorialer Unverletzlichkeit der eigenen Domäne:* Das Bedürfnis danach, Bereiche des Lebens als *eigene* Bereiche definieren zu dürfen, Grenzen zu ziehen und das Bedürfnis, dass diese Grenzen von Interaktionspartnern ernst genommen und respektiert werden, und dass diese Partner die eigene Domäne nur betreten, wenn sie eine Erlaubnis dazu haben.

Dabei unterscheiden sich Klienten mit unterschiedlichen Persönlichkeitsstörungen darin, welche dieser Motive hoch in der Motivhierarchie stehen.

Man kann aber annehmen, dass bei jedem Klienten mit Persönlichkeitsstörung eines oder mehrere dieser Motive zentral sind und „in die therapeutische Beziehung hineingetragen" werden.

4.9.2 Komplementäre Beziehungsgestaltung

Der Begriff der „komplementären Beziehungsgestaltung" wird hier so benutzt, wie ihn die Berner Arbeitsgruppe um Klaus Grawe verwendet:

Eine komplementäre Beziehungsgestaltung ist eine solche, bei der der Therapeut sich so verhält, dass ein Beziehungsmotiv eines Klienten so weit wie möglich in der therapeutischen Interaktion befriedigt wird.

Eine solche komplementäre Beziehungsgestaltung ist für den Aufbau einer vertrauensvollen therapeutischen Allianz zwischen Klient und Therapeut von zentraler Bedeutung.

Ein Klient, der in die Therapie kommt, um eine bestimmte Art von Beziehung angeboten zu bekommen und der der Therapeuten gegebenenfalls auf das Vorliegen dieser Beziehung hin testet, macht sein Vertrauen zum Therapeuten wesentlich davon abhängig, inwieweit der Therapeut ihm bezüglich seiner zentralen Anliegen entgegenkommt:

Verhält sich der Therapeut komplementär, dann erwirkt er beim Klienten „Beziehungskredit": Der Klient vertraut ihm, fühlt sich von ihm verstanden, fühlt sich in der therapeutischen Situation aufgehoben hat den Eindruck, hier „richtig" zu sein usw.

Verhält sich der Therapeut jedoch nicht komplementär, dann erhält der Therapeut keinen Beziehungskredit oder rutscht sogar ins Defizit: Der Klient fühlt sich vom Therapeuten nicht verstanden; er hat den Eindruck, dass seine Anliegen nicht gehen und nicht beachtet werden; er hat den Eindruck, in der Therapie „falsch" zu sein; er schätzt den Therapeuten als inkompetent, als unzugänglich, als unempathisch usw. ein; die therapeutische Beziehung verschlechtert sich zusehends.

Komplementäre Beziehungsgestaltung ist damit bei persönlichkeitsgestörten Klienten *die entscheidende Strategie zum Aufbau einer tragfähigen therapeutischen Allianz*.

Und eine tragfähige therapeutische Allianz, daran kann kein Zweifel bestehen, ist die notwendige Voraussetzung für eine konstruktive und erfolgreiche therapeutische Arbeit (siehe Sachse, 2000a).

Beziehungsgestaltung ist etwas, das der Therapeut aufgrund seines Verständnisses vom Klienten (seines Klientenmodells) *aktiv* betreiben muss, das der Therapeut aktiv herstellen muss.

Wenn er z.B. erkennt, dass es für den Klienten wesentlich ist, von einem Interaktionspartner *wichtig* genommen zu werden, dann sollte der Therapeut dem Klienten ganz deutlich und wann immer möglich zeigen, dass der Therapeut den Klienten wichtig nimmt (falls dies der Fall ist!).

Wenn es dem Klienten wichtig ist, dass eine Beziehung verlässlich ist, dann sollte der Therapeut dem Klienten deutlich machen, dass er die Beziehung zum Klienten nicht „kündigen" wird, auch dann nicht, wenn der Klient ihn kritisiert, auch dann nicht, wenn der Therapeut selbst Grenzen setzt u.ä..

Wenn es dem Klienten wichtig ist, Grenzen zu setzen, dann sollte der Therapeut signalisieren, dass er diese Grenzen respektieren wird, gleichzeitig aber auch deutlich machen, dass er sich darüber freuen würde, eine „Eintrittskarte" zu bekommen.

Ein solches komplementäres Handeln des Therapeuten
• signalisiert dem Klienten, dass der Therapeut wichtige Aspekte begriffen hat;

- *zeigt* dem Klienten, dass der Therapeut die Beziehung zu ihm wichtig nimmt;
- *zeigt* dem Klienten, dass er sich auf den Therapeuten verlassen kann;
- vermittelt dem Klienten die wahrscheinlich neue Erfahrung, dass eine Person für ihn „da" ist, ohne sich manipulieren zu lassen, ohne aggressiv zu sein und *ohne* eigene Konturen und Bedürfnisse zu verlieren;
- vermittelt dem Klienten die Erfahrung, dass man sich eigenen Schwächen, Schwierigkeiten und Problemen stellen kann, ohne kritisiert und abgewertet zu werden;
- zeigt dem Klienten, dass er aufhören kann, beim Therapeuten um die Erfüllung von Bedürfnissen zu kämpfen;
- zeigt dem Klienten, dass der Therapeut kein Gegner, kein Manipulationsobjekt o.ä. ist, sondern jemand, der kompetente Hilfe anbietet.

Der Klient macht somit einmal die konkrete Erfahrung, dass er dem Therapeuten trauen und mit ihm zusammenarbeiten kann; er macht aber auch die allgemeine Erfahrung, dass Beziehungen keineswegs so sein müssen, wie er bisher geglaubt hat: Er macht damit eine „korrigierende Beziehungserfahrung" (vgl. Binder u. Binder, 1979; Sachse, 1987; van Kessel, 1975).

Damit wird auch deutlich, dass ein Handeln des Therapeuten wie „Entgegenkommen" prinzipiell (wenn der Therapeut es richtig gestaltet) ein komplementäres Handeln auf der Motivebene ist: Der Therapeut versucht, die Beziehung zum Klienten so zu gestalten, wie der Klient diese Beziehung benötigt.

Komplementäres Handeln zur Motivebene impliziert eine *„differentielle Beziehungsgestaltung"*: es bedeutet nämlich, dass der Therapeut erkennt, welche Beziehungsaspekte *für den Klienten* von zentraler Bedeutung sind und dass der Therapeut daraufhin genau *diese* Beziehungsaspekte besonders deutlich macht, fokalisiert, betont. Damit „holt er den Klienten auf der Beziehungsebene genau dort ab, wo der Klient ist": Und damit ist dieses Handeln des Therapeuten in höchstem Maße klientenzentriert.

4.9.3 Differentielle Beziehungsgestaltung

Die Beziehungsgestaltung des Therapeuten darf jedoch nicht nur komplementär sein, sie muss notwendigerweise auch differentiell sein.

Jeder Klient weist ein anderes Muster zentraler Beziehungsmotive auf, zu dem sich der Therapeut komplementär verhalten muss. Und die jeweiligen Handlungen des Therapeuten sind sehr unterschiedlich.

Einem Klienten Wichtigkeit zu vermitteln erfordert z.B.
- Aufmerksam zuzuhören;
- ihm Interesse zu signalisieren;
- sich mit seinen Aussagen auseinander zu setzen;
- wichtige Fakten nicht zu vergessen;
- nicht auf die Uhr zu schauen und nicht ungeduldig wirken u.ä.

Will der Therapeut dem Klienten Anerkennung vermitteln, dann sind diese Vorgehensweisen jedoch kaum zielführend. Hier sollte ein Therapeut z.B.
- deutlich machen, dass er die Potentiale und Fähigkeiten des Klienten klar wahrnimmt;
- deutlich machen, dass er den Klienten niemals nur unter dem Aspekt von Problemen, sondern immer auch unter dem Aspekt von Ressourcen wahrnehmen wird;

- deutlich machen, dass er dem Auftrag des Klienten folgt, sich durch Therapie weiterzuentwickeln usw.

4.9.4 Komplementarität im Rahmen therapeutischer Regeln

Bei der komplementären oder differentiellen Beziehungsgestaltung handelt es sich immer um eine *therapeutische Beziehungsgestaltung*, d.h. um Beziehung innerhalb eines therapeutischen Rahmens und therapeutischer Regeln.

Dies impliziert,

- dass durch Komplementarität der Rahmen einer therapeutischen Arbeitsbeziehung nicht verlassen werden darf;
- dass durch Komplementarität wichtige therapeutische Ziele und Strategien nicht behindert oder sabotiert werden dürfen.

Daher darf Komplementarität nicht bedeuten, dass man Verantwortung für einen Klienten übernimmt, da es ein wesentliches Therapieziel ist, dass ein Klient selbstregulativ wird und folglich Verantwortung für sich selbst übernimmt; Komplementarität darf auch nicht bedeuten, dass man für den Klienten verfügbar wird, da dadurch der therapeutische Rahmen gesprengt wird usw.

Damit, und das sollte Therapeuten völlig klar sein, sind die Möglichkeiten einer therapeutischen Komplementarität immer begrenzt: diese Begrenzung ist aber zur Erreichung anderer therapeutischer Ziele und zur Durchführung anderer therapeutischer Strategien ganz wesentlich.

4.9.5 Therapeutischer Umgang mit Testverhalten

Ein „Test" ist ein Verhalten eines Klienten, das dazu dient, festzustellen, ob der Therapeut sich so verhält, wie der Klient sich erhofft, oder ob er sich in der Weise verhält, wie der Klient befürchtet. Testverhalten des Klienten resultiert aus einem Konflikt zwischen Beziehungsmotiven und Annahmen/Schemata des Klienten. Hat z.B. ein Klient mit einer histrionischen Störung ein starkes Beziehungsmotiv „Ich möchte wichtig sein.", aber gleichzeitig aufgrund negativer biographischer Erfahrung ein Schema von „Ich bin nicht wichtig.", dann liegt im Verarbeitungssystem des Klienten eine starke Diskrepanz vor. Kommt dieser Klient in Therapie und erfährt, dass der Therapeut in akzeptiert und empathisch behandelt, ihn ernst und wichtig nimmt, dann werden beide Aspekte des Systems aktiviert:

- Das Motiv „Wichtigkeit" wird aktiviert und erzeugt die *Hoffnung* beim Klienten, in dieser Beziehung ernst und wichtig genommen zu werden.
- Das Schema „Ich bin nicht wichtig." wird jedoch ebenfalls aktiviert und erzeugt die *Furcht*, wieder enttäuscht zu werden.

Damit steht die Person in dem Konflikt zwischen den Tendenzen

- sich auf die Beziehung einzulassen und dem Therapeuten zu vertrauen,
- sich nicht auf die Beziehung einzulassen, vorsichtig zu sein und sich zu schützen.

Testverhalten dient nun allgemein dazu, ein solches *Dilemma zu lösen*: Die Person kann nun die Beziehung zum Therapeuten aktiv belasten um herauszufinden, ob der Therapeut vertrauenswürdig ist oder nicht.

Will ein Therapeut konstruktiv mit Testverhalten umgehen, dann muss er zu allererst verstehen, dass das Verhalten des Klienten ein Test ist, d.h. er muss verstehen,

- dass das Klientenverhalten ein Teil des Klientenproblems ist;
- dass der Klient den Test für seine internale Regulation benötigt;
- dass es dem Klienten überhaupt nicht darum geht, den Therapeuten zu kritisieren, abzuwerten u.ä.;
- dass der Klient mit dem Test vielmehr etwas vom Therapeuten wissen will; die Frage ist: „Bist du auch dann auf meiner Seite, bist du auch dann verständnisvoll und solidarisch, wenn ich nicht „nett" bin, wenn ich schwierig bin, garstig, lästig usw.?".

Nur wenn der Therapeut dies versteht (*und* wenn seine eigenen Schemata ihn nicht handlungsunfähig machen!), kann er verständnisvoll reagieren; glaubt er, dass der Klient ihn verletzen will o.ä., dann wird er wahrscheinlich ärgerlich reagieren und bei dem Test „durchfallen".

Der Therapeut sollte dem Klienten daher deutlich machen,

- dass er sich bemüht, den Klienten zu verstehen;
- dass er aufgrund des Klientenverhaltens die Beziehung *nicht* in Frage stellt;
- dass es keine „Vergeltung" gibt und der Therapeut nicht nachtragend ist.

Der Therapeut kann hier aber durchaus Grenzen markieren, wohl wissend, dass der Klient sie sehr wahrscheinlich noch lange nicht einhalten kann, jedoch irgendwann einhalten sollte: Er kann dem Klienten mitteilen, dass er sieht, der Klient Gründe hat, sich so zu verhalten, und dass er diese Gründe akzeptiert; dass er sich aber dennoch wünscht, dass der Klient auch respektvoll mit ihm umgeht; dass er sich bemüht, den Klienten respektvoll zu behandeln und auch daher ein Anrecht hat, vom Klienten ebenfalls respektvoll behandelt zu werden. Der Therapeut signalisiert dies aber als *Wunsch*, nicht als Anspruch, denn ansonsten müsste der Klient davon ausgehen, dass er beim nächsten Test „rausfliegt": Der Therapeut signalisiert jedoch, dass dies nicht der Fall ist, denn er versteht, dass das Verhalten des Klienten ein Teil des Problems ist, dennoch *wünscht* er sich, dass der Klient anders mit ihm umgeht.

Dieses Signal ist wichtig, denn

- der Klient sollte wissen, dass sein Verhalten nicht zur Ablehnung führt, dass es aber eindeutig grenzüberschreitend und problematisch ist;
- der Klient sollte wissen, dass auch an diesem Verhalten therapeutisch gearbeitet werden muss;
- und der Klient sollte auch wissen, dass andere Personen (als der Therapeut) u.U. nicht derart positiv darauf reagieren werden, dass das Verhalten damit interaktionelle Kosten erzeugen kann.

Unter der Voraussetzung, dass bereits eine tragfähige Therapeut-Klient-Beziehung besteht, kann der Therapeut das Testverhalten des Klienten auch direkt als Testverhalten benennen.

Wird er z.B. von einem Klienten persönlich beschimpft, kann er z.B. sagen:

- „Ich habe den Eindruck, dass Sie mich jetzt beleidigen, um zu sehen, ob ich trotzdem auf ihrer Seite bin."
- „Ich kann Ihnen sagen: Ich bin auf Ihrer Seite und bleibe das auch."

- „Ich habe auch den Eindruck von mir, dass ich das immer wieder deutlich mache."
- „Es scheint aber so, als könnten Sie das nicht so recht glauben: Als müssten Sie mich immer wieder testen, immer wieder feststellen, dass ich verlässlich bin, auch wenn Sie mich beschimpfen."

Damit macht der Therapeut deutlich, dass er das Verhalten als Teil des Problems auffasst und er bietet dem Klienten an, darüber zu arbeiten.

4.10 Transparentmachen der Beziehungsmotive

Im Modell der doppelten Handlungsregulation wird angenommen, dass den Klienten mit Persönlichkeitsstörungen ihre zentralen Beziehungsmotive oft nicht mehr repräsentiert sind: Sie wissen nicht mehr, was ihnen zentral wichtig ist.

Dies ist dann wesentlich, wenn das Handeln des Klienten nicht mehr zur Befriedigung zentraler Motive führt, der Klient also (aus welchen Gründen auch immer) „an seinen Motiven vorbeilebt".

Dies führt

- zu perseverierendem, nicht zielführendem Verhalten („mehr desselben");
- zu allgemeiner Unzufriedenheit;
- die jedoch nicht grundlegend beseitigt werden kann, da das Problem gar nicht identifiziert werden kann.

Diese Situation liegt, so macht das Modell der doppelten Handlungsregulation deutlich, bei Klienten mit Persönlichkeitsstörungen vor: Sie verfolgen interaktionelle Ziele mit Strategien, die die zentralen Motive nicht mehr befriedigen und zu Unzufriedenheit führen, sie das Problem jedoch gleichzeitig konservieren.

Eine Strategie, dieses Problem zu überwinden und eine angemessene Selbstregulation wieder herzustellen liegt darin, den Personen zentrale Motive wieder repräsentiert zu machen, so dass sie entscheiden können, ob sie diesen Motiven folgen wollen oder nicht.

Natürlich kann eine therapeutische Strategie nicht darin bestehen, die Klienten nach ihren Motiven zu fragen: Fragen sind per definitionem nur dann sinnvoll, wenn der Klient aufgrund einer Frage eine bestehende Repräsentation „abrufen" kann oder diese aufgrund der Frage schnell herstellen kann.

Beides kann man aber in der Regel bezüglich der grundlegenden Beziehungsmotive nicht annehmen: Klienten können nicht einfach angeben, dass ihr Interaktionsziel „Wichtigkeit" ist oder „Anerkennung".

Daraus resultiert, dass es therapeutisch sinnvoll ist, dass ein Therapeut versucht, aus dem Handeln der Klienten grundlegende Motive des Klienten zu rekonstruieren, diese zu explizieren und dem Klienten so zu helfen, davon eine Repräsentation zu entwickeln.

Dass grundlegende Motive von Klienten auch in manipulativem Handelns erkennbar sind, lässt sich gut an der „Kritik-Klientin" illustrieren: An verschiedenen Stellen kann ein Therapeut diese Motive erkennen und kann sie explizit machen.

Im Grunde werden bei der Klientin grundlegende Motive, grundlegende „Sehnsüchte" sofort deutlich (in K1): sie will nicht „weggeschickt" werden. Insbesondere nicht, wenn es ihr schlecht geht. Dies lässt zumindest die Hypothese zu, dass sie

- ein Bedürfnis hat nach einer verlässlichen Beziehung;
- und nach einer solidarischen Beziehung.

Es ist das Bedürfnis danach, dass jemand für sie da ist, auch dann, wenn und gerade dann, wenn es ihr schlecht geht. Im Prinzip könnte der Therapeut das aufgreifen, z.B.

- Therapeut: „Ich spüre, dass sie ein ganz großes Bedürfnis danach haben, dass sich jemand um sie kümmert und dass sie sich auf diese Person verlassen können."

Bei der Klientin wird aber noch ein anderes Bedürfnis deutlich: das Bedürfnis danach, für eine andere Person *wichtig* zu sein. Dies wird an verschiedenen Indikatoren erkennbar:

- Die Klientin interpretiert das Ende der Stunde als „weggeschickt" werden. Das kann für die Klientin bedeuten, dass die Therapeutin signalisiert: Wenn die Zeit um ist, musst Du raus! Also: Du bist mir nicht wichtig genug, um mich länger mit Dir zu befassen.
- Die Klientin betont, dass sie die andere Psychologin anrufen darf: *Der* ist sie so wichtig, dass die sich intensiv mit der Klientin beschäftigt.
- Die Klientin möchte, dass die Therapeutin ihr mehr Zeit gibt: Die mögliche Botschaft ist: Wenn ich Dir wichtig wäre, dann würdest Du mir mehr Zeit geben!
- Die Klientin fühlt sich fast beleidigt, weil die Therapeutin auf ihre Uhr schaut. Sie fasst das auf als Botschaft der Art: Du und Deine Inhalte sind mir nicht wichtig. Ich bin froh, wenn ich Dich los bin.

Ein zentrales Motiv der Klientin scheint es daher zu sein, *wichtig* zu sein. Und das kann die Therapeutin explizit machen.

- Bereits nach K1: „Sie haben den Eindruck, ich habe Sie „weggeschickt". Haben sie den Eindruck, ich habe Ihnen damit gezeigt, dass Sie mir nicht wichtig sind?"
  oder
- „Wenn Sie den Eindruck haben, dass Sie jemandem nicht wichtig sind, dann macht Sie das total traurig".
- Auf K2 könnte die Therapeutin sagen: „Im Grunde können Sie nur dann Vertrauen zu mir haben, wenn Sie ganz sicher sind, dass ich sie wichtig nehme".
- Auf K4 könnte die Therapeutin sagen: „Sie wünschen sich im Grunde von mir, dass sie mir wichtiger sind, als alle meine anderen Klienten."
  und
- „Was ich spüre, ist eine ganz große Sehnsucht danach, *wichtig* zu sein".
- Auf K6 könnte die Therapeutin sagen: „Es gibt bei Ihnen einen starken Wunsch, eine Sehnsucht danach, jemandem zu vertrauen, mit jemandem wirklich sprechen zu können. Aber Sie spüren, dass Sie das erst können, wenn die andere Person sie wichtig nimmt. Nur dann, wenn Sie wichtig sind, können Sie jemandem vertrauen".

Auch bei der „Klientin mit intrusiven Gedanken" werden Ansätze grundlegender Motive erkennbar. Was die Klientin durchweg massiv signalisiert, ist: „Hilf mir", „sei für mich da", „Nimm mich ernst", „sieh, wie sehr ich Hilfe brauche" u.ä..

Was man erkennt, ist ein *Bedürfnis nach solidarischer Beziehung*: Ein Bedürfnis danach, Schutz zu erhalten, Unterstützung zu erhalten, Zuwendung zu bekommen, schwach und hilfsbedürftig sein zu *dürfen* und damit akzeptiert zu werden. Erstmals wird dieser Aspekt richtig greifbar in K6. Die Klientin signalisiert hier auf der Motivebene: „Ich möchte mich nicht anstrengen müssen!", „ich möchte nicht leiden müssen!", „ich möchte, dass jemand sieht, wie es mir geht!", „Ich möchte, dass jemand für mich da ist". So könnte die Therapeutin hier sagen: „Ich spüre, dass sie eine große Sehnsucht danach haben, dass jemand für Sie da ist. Dass er ihnen zuhört, wirklich versteht, wie es Ihnen geht und wirklich für sie da ist. Und das wünschen Sie sich auch von mir."

Natürlich ist diese Intervention bei K6 noch sehr früh: Es kann sein, dass die Klientin sie hier noch nicht versteht. Besser wäre es wahrscheinlich, wenn die Therapeutin zunächst einige Stellen markieren würde, und diese Intervention erst dann macht, wenn die Klientin sie besser nachvollziehen kann. So könnte die Therapeutin nach K8 intervenieren:

Im Grunde leiden Sie sehr unter Ihrem Zustand. Sie haben aber den Eindruck, dass niemand wirklich versteht, wie sehr sie leiden. Die Personen, die Ihnen helfen wollen, verstehen es auch nicht richtig. Im Grunde sehnen sie sich nicht so sehr nach jemandem, der Ihnen hilft, sondern nach jemandem der sie versteht und für sie da ist".

Zwei Aspekte sind bei solchen Explikationen wesentlich:
- Der Therapeut interpretiert, wenn er sich auf die Ebene der Motive begibt, immer relativ weit: daher sollte er, auch bei guter Belegbarkeit, immer deutlich machen, dass die Aussage *sein* Eindruck ist, er sollte also eine „Ich-Botschaft" senden. Ist die Aussage falsch oder geht sie dem Klienten zu weit, dann hat der Klient so eine bessere „Widerspruchsermöglichung" (Fiedler, 1994a).
- Der Therapeut sollte seine Formulierung sehr grundsätzlich machen: hier geht es ja gerade darum, grundlegende, überdauernde, über einzelne Handlungen und Situationen hinausgehende Motive herauszuarbeiten. Der Therapeut will daher die Aufmerksamkeit, anders als bei der Bearbeitung der Spielstruktur, nicht auf konkrete Beziehungen lenken, in der sich das Bedürfnis manifestiert, sondern er will im Gegenteil die konkrete Situation transzendieren. Er möchte dem Klienten deutlich machen, dass es hier um *grundlegende* Fragen, *überdauernde* Schemata geht.

Die Kombination von „Ich-Botschaft" und Hinweis auf grundlegende Schemata erzeugt aber noch etwas anderes: Es erzeugt die Botschaft an den Klienten, dass der Therapeut versucht, sich so weit wie möglich in den Klienten hineinzudenken, den Klienten so tief wie möglich zu verstehen.

Es ist daher eine Botschaft auf der Beziehungsebene, die besagt,
- es ist mir wichtig, Dich zu verstehen;
- ich möchte Dich so weit verstehen, wie es eben möglich ist;
- ich möchte mit Dir wesentliche Erfahrungen teilen, sie gemeinsam ansehen und bearbeiten;
- ich sage Dir, dass ich Dich mit deinen Erfahrungen akzeptiere und ernst nehme.

Damit verhält sich der Therapeut, wenn er grundlegende Aspekte verbalisiert, auch gleichzeitig komplementär zu wesentlichen Motiven:
- Er akzeptiert den Klienten.
- Er macht deutlich, dass ihm der Klient wichtig ist.
- Er akzeptiert aber auch Grenzen: Wenn der Klient einen Aspekt nicht thematisieren will, muss er dies nicht.

Die „Kritik-Klientin" macht durchweg im gesamten Ausschnitt motivationale Aspekte deutlich, die der Therapeut aufgreifen kann.

In K3 macht die Klientin deutlich, dass es für Sie extrem bedeutsam ist, jemanden zu haben, der sich um sie kümmert: Wenn es ihr schlecht geht, will sie damit gesehen werden und der andere soll für sie *da* sein. Dies könnte die Therapeutin aufgreifen: „Ich spüre bei Ihnen ein ganz großes Bedürfnis danach, gesehen zu werden; dass ein anderer wirklich sieht und erkennt, dass es Ihnen schlecht geht. Und danach, dass er Ihnen hilft, wirklich mal für Sie da ist, sich wirklich um Sie kümmert". Damit kann der Therapeut bei der Klientin zentrale, wesentliche Bedürfnisse aufdecken, die die Klientin ganz offensichtlich nicht befriedigt bekommt und vielleicht nie in ausreichendem Maße befriedigt bekommen hat:

• Das Bedürfnis, für andere wichtig zu sein.
• Das Bedürfnis, nach verlässlicher Beziehung.
• Das Bedürfnis nach solidarischer Beziehung.

Auch hier sollte deutlich werden, dass das Herausarbeiten der Motive nicht nur dazu geschieht, dem Klienten diese Aspekte transparent zu machen; ebenso wie bei der Herausarbeitung von Spielstrukturen dient dies als *Basis einer weiteren therapeutischen Bearbeitung*. Denn wenn klar ist, was diese relevanten und frustrierten Motive sind, dann können therapeutische weiterführende Fragen aufgeworfen werden, z.B.:

• Wie bedeutsam ist dem Klienten heute dieses Bedürfnis?
• Welche Emotionen sind heute immer noch mit der Erfahrung verbunden, z.B. abgelehnt zu sein?
• Welche heute noch relevanten affektiven Schemata haben sich durch diese Erfahrung gebildet?
• Wie stark sind und inwieweit bestimmen die Sehnsüchte des Klienten nach Befriedigung dieses Bedürfnisses auch heute noch sein Handeln, usw.

Was der Therapeut hier therapeutisch anschließen kann, ist ein *Explizierungsprozess*: ein Prozess der Klärung, Rekonstruktion und Veränderung eigener Motive, Schemata, Annahmen. Dieser Explizierungsprozess, so viel sollte deutlich geworden sein, ist aber erst dann möglich, wenn in der Therapie Spielstrukturen, Motive oder Annahmen herausgearbeitet worden sind: Die Voraussetzungen für Explizierungsprozesse müssen erst geschaffen werden (vgl. Sachse, 1996a, 1996b, 1992c; Sachse & Maus, 1991, 1987).

Klienten mit einer narzisstischen Persönlichkeitsstörung sind z.B. völlig davon überzeugt, dass ihr Ziel „Leistung" ist und haben meist keine Ahnung davon, dass es um ein Beziehungsmotiv geht.

4.11 Therapeutische Bearbeitung der Spielebene

Beim Transparentmachen der Spielebene haben therapeutische Interventionen den Zweck, den Klienten eine Repräsentation darüber zu ermöglichen,

• dass sie intransparentes, manipulatives Handeln aufweisen;
• was ihre interaktionellen Ziele sind;
• welches ihre Handlungsstrategien sind;

- welches die kurzfristigen Konsequenzen sind, die sie bekräftigen;
- welches die längerfristigen negativen Konsequenzen sind, also die *Kosten* des eigenen Handelns;
- dass sie diese Kosten durch ihr Handeln erzeugen und somit auch Kontrolle über die Effekte haben;
- warum sie dieses Handeln ausführen und welche Funktion es hatte und hat (biographische Klärung).

Die Klienten habe meist nur eine sehr rudimentäre Repräsentation ihres Spiel-Handelns: Sie wissen manchmal gar nicht, dass sie etwas „außergewöhnliches" tun, sind sich nicht über Ziele im Klaren, bringen negative Konsequenzen nicht mit ihrem eigenen Handeln in Verbindung u.ä. Dieses fehlende „Problembewusstsein" hat zur Folge, dass die Klienten gar nicht darüber reflektieren, ob sie dieses Handeln beibehalten oder verändern wollen, sie können keine Entscheidungen treffen und haben keinerlei Ansatzpunkte für eine Veränderung. Daher ist es therapeutisch notwendig, eine Repräsentation zu erarbeiten, damit die Klienten ihr eigenes Handeln und deren Konsequenzen einschätzen können, sich entscheiden können, ob sie es verändern wollen und, falls ja, Ansatzpunkte gewinnen, wo eine Veränderung ansetzen kann.

4.11.1 Das therapeutische Problem

Die von Klienten mit Persönlichkeitsstörungen in der therapeutischen Beziehung realisierte Spielebene, das intransparente Interaktionsverhalten der Klienten, stellt für Therapeuten in der Regel das größte Problem in der Arbeit mit diesen Klienten dar.

Das Problem resultiert daraus, dass die Therapeuten, genau wie alle anderen Interaktionspartner, in der Gefahr stehen, *in das Spiel verwickelt zu werden* und dann so zu reagieren wie andere Interaktionspartner: völlig komplementär und das System stabilisierend oder aber aggressiv, ablehnend und die Beziehung in Zweifel ziehend.

Genau dies sollten Therapeuten aber *nicht* tun, denn wenn sie es täten, würden sie den Klienten in der Therapie die gleichen ungünstigen und problemstabilisierenden Erfahrungen vermitteln, wie sie die Klienten außerhalb der Therapie machen: Damit würden sie sich aber in hohem Maße atherapeutisch, ja geradezu antitherapeutisch verhalten.

Therapeuten sollten ihren Klienten in der Therapie andere und konstruktive Erfahrungen vermitteln und ermöglichen als außerhalb der Therapie.

Daher sollte ein Therapeut
- das System des Klienten nie stabilisieren oder bestätigen
  und
- dem Klienten nie die Erfahrung vermitteln, dass sein Verhalten die therapeutische Beziehung bedroht: zu Ablehnung, Abwertung, Aggression, Beziehungsabbruch u.ä. führt.

Dies sind die beiden fundamentalsten Prinzipien der therapeutischen Beziehungsgestaltung mit persönlichkeitsgestörten Klienten; leider sind sie viel schwieriger zu realisieren, als es den Anschein hat, denn Therapeuten sind keine Roboter und reagieren leicht wie andere Interaktionspartner auch: systemstabilisierend oder beziehungsbedrohend.

4.11.2 Die therapeutischen Ziele der Arbeit auf Spielebene

Die theoretische Analyse hat deutlich gemacht, dass Klienten, die eine Spielstruktur aufweisen, zentrale *Beziehungsprobleme* aufweisen. Sie gestalten Beziehungen in einer Weise, die ihren eigenen übergeordneten interaktionellen Motiven und Bedürfnissen letztlich widerspricht, sie schaden sich auf Beziehungsebene selbst, sind aber weder in der Lage, ihr Handeln zu verstehen, noch stehen ihnen in ausreichendem Maße alternative Handlungen zur Verfügung.

Ihr Problem besteht damit darin, dass sie eine „zweite Handlungsregulation" aufweisen, eine Regulation auf Spielebene, wobei

* sie dysfunktionale interaktionelle Ziele aufweisen: Ziele, die als „Unterziele" nicht zu den übergeordneten interaktionellen Motiven passen und deren Umsetzung in Beziehungen zu Problemen führt;
* sie dysfunktionale interaktionelle Handlungen ausführen, Handlungen, die zumindest längerfristig zu Beziehungsproblemen und nicht zu befriedigenden Beziehungen führen;
* sie selbst weder ihre Ziele noch die Handlungen noch die Handlungskonsequenzen verstehen; auf diese Weise sind sie gar nicht in der Lage, ihr Handeln zu ändern, sondern „sitzen in einer Selbstbestätigungsfalle fest".

Dieses System, so wird theoretisch deutlich, wird aufrechterhalten sowohl durch komplementäres Verhalten von Interaktionspartnern auf der Spielebene als auch durch aggressiv abweisendes Handeln von Partnern.

Aus der Analyse der Spielstruktur, des intransparenten Handelns und seiner Konsequenzen lassen sich einige grundlegende therapeutische Ziele, Ansatzpunkte und Prinzipien ableiten.

1. Therapeuten sollten sich nicht so verhalten, dass das System des Klienten stabilisiert wird. Da dies im Alltag meist durch komplementäres Handeln zur Spielebene geschieht, sollten Therapeuten damit sehr vorsichtig umgehen.

2. Therapeuten sollten sich dem Klienten gegenüber nicht so verhalten, dass der Klient die Therapeut-Klient-Beziehung als bedroht oder gefährdet erleben kann, d.h. nicht aggressiv, abwertend, ablehnend u.ä.
   Solche Verhaltensweisen bestätigen die Beziehungs- und Selbstkonzept-/Selbstwert-Annahmen des Klienten und untergraben den Aufbau einer tragfähigen Therapeut-Klient-Beziehung.

3. Therapeuten müssen sich in ihrer Beziehungsgestaltung dem Klienten gegenüber *entgegenkommend* verhalten: Sie müssen deutlich signalisieren, dass sie den Klienten als Person akzeptieren, dass sie sich um Verstehen bemühen, dass ihnen die Arbeit mit dem Klienten wichtig ist usw. Sie müssen auch signalisieren, dass sie bereit sind, den Klienten mit seiner Kritik, seiner Sabotage u.ä. zu verstehen und zu akzeptieren.

4. Therapeuten müssen den Klienten ihr Spielhandeln *transparent* machen.
   Da ein „Transparentmachen" aber auf den Klienten hochgradig konfrontativ wirken kann, müssen Therapeuten diese Interventionen so gestalten, dass die Klienten sie annehmen können und dass sie die Therapeut-Klient-Beziehung nicht überziehen.

Die Klienten müssen eine Repräsentation darüber entwickeln,

- was ihre interaktionellen Ziele auf Spielebene sind;
- dass sie diese Ziele in intransparenter, manipulativer Weise im Handeln verfolgen;
- mit Hilfe welcher Strategien sie ihre Ziele verfolgen;
- dass sie sich mit diesem Verhalten beziehungsmäßig selbst schaden;
- dass diese Strategien auch nicht in der Lage sind, ihre tatsächlichen Motive und Bedürfnisse zu befriedigen;
- dass die Klienten selbst in dieser Struktur festsitzen: es ist schwer für sie, die Struktur zu erkennen, zu akzeptieren und zu verlassen;
- dass es für die Klienten in der Biographie wichtig war, solche Strategien zu entwickeln und dass sie sich selbst dafür nicht anklagen sollten;
- dass die Kosten des Verhaltens heute jedoch höher sind als die Gewinne und dass es daher unbedingt nötig ist, sich der Analyse und Veränderung des Problems zu stellen.

Aufgrund der theoretischen Modellannahmen muss man davon ausgehen, dass Klienten derartige Repräsentationen nicht „von selbst" entwickeln: Vielmehr muss der Therapeut den Klienten diese Aspekte aktiv deutlich und transparent machen.

4.12 Das Problem therapeutischen Handelns auf der Spielebene

4.12.1 Komplementäres Handeln auf der Spielebene?

Wie ausgeführt bestätigen und stabilisieren Interaktionspartner das System des Klienten in aller Regel durch ihr komplementäres Handeln zur Spielebene.

Will ein Klient Aufmerksamkeit, dann erhält er Aufmerksamkeit, will er Lob, dann erhält er Lob usw.; damit werden aber seine interaktionellen, intransparenten Strategien ständig bekräftigt und der Klient kann ein alternatives Handeln gar nicht lernen.

Daher ist es evident, dass Therapeuten das System des Klienten auf keinen Fall durch komplementäres Handeln zur Spielebene stabilisieren sollten.

Für Therapeuten gibt es zwei Möglichkeiten, sich nicht-system-stabilisierend zu verhalten:

1. Sie handeln kongruent nicht-komplementär zur Spielebene.

2. Sie realisieren eine besondere Interventionsform, die als „Trojanische Pferde" bezeichnet werden soll.

4.12.2 Nicht-komplementäres Handeln zur Spielebene

Aufgrund der theoretischen Analyse ist deutlich, dass sich der Therapeut nicht zur Spielebene des Klienten komplementär verhalten soll, es sei denn, er realisiert die spezifischen Interventionen der „Trojanischen Pferde".

172

Dieses nicht-komplementäre Handeln ist für Therapeuten sehr schwierig zu realisieren: Therapeuten erkennen oft gar nicht, dass sie komplementär handeln oder, wenn sie es erkennen, rechtfertigen sie es vor sich selbst („dieser Klient ist eine Ausnahme") oder aber, sie wissen nicht, wie sie anders mit diesem Klienten umgehen sollen. Die Erhaltung von Nicht-Komplementarität zur Spielebene ist jedoch von entscheidender Bedeutung, denn ein Therapeut kann das dysfunktionale Handeln des Klienten nur dann transparent machen und verändern, wenn er es *nicht* gleichzeitig bestärkt und stabilisiert.

Damit der Therapeut diesem Prinzip der Nicht-Komplementarität zur Spielebene folgen kann, muss er klären

- wie er analysieren kann, welche Art von Komplementarität ein Klient erwartet;
- was ein komplementäres Handeln bei diesem Klienten bedeuten würde;
- was er stattdessen tun sollte.

Analyse des vom Klienten „angeforderten" komplementären Verhaltens

Klienten fordern den Therapeuten nicht allgemein zu komplementärem Handeln auf; vielmehr hat ein bestimmter Klient ganz bestimmte Vorstellungen davon, was ein Therapeut tun oder nicht tun soll. Wenn ein Therapeut in einer spezifischen Therapie systematisch verhindern will, sich komplementär zu verhalten, dann muss er wissen, was dieser Klient tatsächlich von ihm erwartet. Weiß er dies nicht, kann er oft komplementäres Handeln gar nicht gezielt verhindern.

Um herauszufinden, was im Sinne der interaktionellen Ziele auf der Spielebene für den Klienten ein „angemessenes" komplementäres Handeln wäre, muss der Therapeut sich fragen:

- Was möchte der Klient?
- Was möchte der Klient, was ich glaube und tue?
- Welche Verhaltensweisen meinerseits würde der Klient zu schätzen wissen?

Komplementäres Handeln impliziert aber nicht nur, dass der Interaktionspartner etwas tut, sondern auch, dass er bestimmte Handlungen unterlässt. Der Therapeut sollte sich daher auch fragen:

- Was möchte der Klient, das ich *nicht* denke, glaube oder tue?
- Welche Handlungen würde der Klient überhaupt nicht zu schätzen wissen?

Analysiert man das „angeforderte Therapeuten-Handeln" am Beispiel der „Kontroll-Klientin", dann sieht man z.B.:

- Die Klientin möchte, dass die Therapeutin wegen ihres „unverantwortlichen Handelns" ein schlechtes Gewissen hat. Die Therapeutin soll hier möglichst erschrecken und denken: „Was habe ich der Klientin nur angetan"? Und sie soll erkennen, dass sie nicht nur die Klientin ins Unglück gestürzt hat, sondern praktisch ihren Sohn ebenfalls, der durch das Verhalten der Mutter völlig irritiert worden ist.
- Die Therapeutin, die dies erkennt, soll sich bei der Klientin entschuldigen. Sie soll die Verantwortung für dieses Handeln übernehmen und betonen, dass es ihr Leid tut.
- Die Therapeutin soll daraufhin deutlich machen, dass dies nicht wieder vorkommen wird.
- Und die Therapeutin soll deutlich machen, dass sie die Therapie von nun an nach den Wünschen und Vorstellungen der Klientin gestalten wird: Sie wird von nun an sehr genau darauf achten, wie es der Klientin geht; sie wird der Klientin längere Termine

anbieten; sie wird die Klientin auf keinen Fall mehr aufgewühlt aus der Therapie wegschicken.

- Die Therapeutin erklärt sich somit einverstanden, der Klientin die Kontrolle über den Therapieprozess zu übergeben.

Man kann die Hypothese begründen, dass dieses Handeln der Klientin am besten gefallen würde. Es beschreibt damit die „Komplementaritäts-Erwartung" der Klientin auf der Spielebene.

Die „Klientin mit intrusiven Gedanken" macht der Therapeutin deutlich, dass sie den Vorstellungen der Therapeutin nun wirklich nicht folgen kann:

- Wenn sie sich darauf einlässt, ihre Gedanken genauer zu beschreiben, dann läuft sie Gefahr, „falsche Aussagen gegen andere zu machen" (K1, 1-6); denn das Äußern dieser unmoralischen Gedanken bedeutet schon „falsches Zeugnis abzulegen" gegen andere. Das aber will die Klientin auf keinen Fall. Wenn sie das täte, würde sie noch stärker belastet. D.h. aber: der Versuch, die Gedanken zu klären, würde zu moralisch verwerflichem Handeln führen, welches den Zustand verschlimmert und nicht bessert. Außerdem muss man sich auch fragen, ob die Therapeutin wirklich will, dass die Klientin „falsche Aussagen über andere" macht: Verhält sich eine Therapeutin, die etwas Derartiges verlangt, nicht selbst unmoralisch?
- Selbst, wenn die Klientin sich darauf einlassen wollte, so ist ihr das einfach nicht möglich (K1, 7-8): sie ist eine alte Frau, alles ist lange her und sie kann sich beim besten Willen nicht mehr erinnern (K6, 13-15).
- Wenn die Therapeutin die Klientin veranlasst, sich wieder mit den relevanten Inhalten zu beschäftigen, dann führt das eher dazu, dass die Klientin verwirrt wird (K6, 1-4): Die Interventionen der Therapeutin sind daher nicht klärend sondern verwirrend!
- Am schlimmsten ist jedoch, dass die Konfrontation mit den relevanten Inhalten den Zustand nicht nur „verschlimmert", sondern die Klientin auf völlig verheerende Weise niedermacht: Die Gedanken sind schon so schlimm genug, aber Fragen der Therapeutin sind eine Qual (K6, 5-11). Ihr wird wieder deutlich, dass sie ihr Leben „vermurkst" hat (K6, 12); überhaupt hat die Klientin den Eindruck (trotz Therapie?), dass „ihr Leben immer noch den Bach runtergeht" (K7, 2). Die Idee der Therapeutin mag zwar prinzipiell richtig sein (K7, 1), leider ist diese Idee jedoch nicht auf die Klientin anwendbar: Die Klientin *kann* sich den Inhalten nicht stellen, und das muss die Therapeutin nun mal einsehen!
- Andererseits *muss* ihr aber geholfen werden, denn der Zustand ist unerträglich und wird ständig schlimmer (K8, 1-10; K9, 1-4). Die Klientin macht sehr deutlich, dass sie ihn nicht mehr aushalten kann.

Damit aber erwartet die Klientin,

- dass die Therapeutin sie schont, ihr *nicht* zumutet, sich mit unangenehmen Inhalten zu beschäftigen
- und gleichzeitig, dass sie ihr hilft, ihren Zustand verbessert oder beseitigt.

Das ist die Erwartungsstruktur eines „Dornröschen-Spiels"(siehe unten): „Rette mich, ich kann selbst nichts tun! Brich durch die Hecke und küsse mich wach!"

Dies ist die Erwartung der Klientin an das komplementäre Handeln der Therapeutin auf der Spielebene: Die Therapeutin soll der Klientin intensiv helfen, ohne sie dabei in irgendwelche Schwierigkeiten zu bringen („Wasch mir den Pelz, aber mach mich nicht

174

nass"). Eine solche Komplementarität, das ist deutlich, wäre nun von der Therapeutin nicht einmal dann theoretisch erfüllbar, wenn die Therapeutin sie akzeptieren würde: Als durchschnittlicher Nicht-Magier kann ein Therapeut solches nicht leisten.

Images und Appelle: Komplementäre Erwartungen im Detail

Um die komplementären Erwartungen von Klienten zu verstehen, ist es gut, nicht nur globale Erwartungen zu analysieren, die die Klienten an die Therapeuten haben, sondern auch ganz spezifische Erwartungen darüber, was ein Therapeut genau denken oder tun soll. Dies bedeutet, dass man sehr genau die vom Klienten ausgesandten Images und Appelle analysieren kann: Was will der Klient, was man im Einzelnen denkt, glaubt oder nicht glaubt? Was will der Klient, was man im Detail tut oder nicht tut?

Images und Appelle sollen zunächst an der „Kontroll-Klientin" analysiert werden. Die Klientin gibt der Therapeutin *Images* in der Art

• ich bin schwach, zerbrechlich, labil
• ich kann leicht aus der Fassung gebracht werden
• mit mir muss man daher sehr vorsichtig umgehen
• ich kann selbst nicht richtig auf mich achten
• ich brauche daher jemanden, der auf mich achtet
• ich bin im Grunde schwach und hilflos
• ich brauche daher jemanden, der Verantwortung für mich übernimmt

Auf der Basis dieser Images sendet die Klientin eine Reihe von *Appellen* an die Therapeutin:

• *Sei für mich verfügbar:*
• Gib mir mehr Stunden die Woche!
• Gib mir längere Stunden (auch wenn Dir das schwer fallen sollte, ich brauche es!)!
• Es wäre gut, wenn ich Dich auch außerhalb der Therapie anrufen könnte (wenn es mir schlecht geht)!
• *Halte Dich an meine Regeln:*
• Schenke mir Deine volle Aufmerksamkeit!
• Schone mich!
• Tue auf keinen Fall etwas, was meinen Zustand verschlechtern könnte!
• Mach mich auf keinen Fall hilflos!
• *Übernimm für mich die Verantwortung:*
• Sorge Dich um mich!
• Mach Dir Gedanken darüber, wie es mir geht!
• Wenn es mir schlecht geht, tue etwas für mich, damit es mir wieder besser geht!
• Schick mich nicht weg, wenn es mir schlecht geht!

Diese Appelle sind *Erwartungen an die Therapeutin im Hinblick auf komplementäres Handeln:* Die Therapeutin soll all dies tun und soll es tun, ohne es zu hinterfragen, zu diskutieren und zu relativieren.

Tut die Therapeutin dies jedoch, dann bestimmt die Klientin die Regeln der Therapie: sie bestimmt, *was* in der Therapie bearbeitet wird und *wie* in der Therapie gearbeitet wird.

Damit erzeugt sie zwei Effekte:

- *Sie hebelt die Therapeutin in ihrer Kompetenz aus:*
  Die Therapeutin, die eigentlich die Prozessexpertin sein sollte, bestimmt nicht mehr die Therapie, sondern stellt ihr Wissen und ihre Kompetenz zurück, um die Therapie von einem voreingenommenen Laien bestimmen zu lassen. Die Therapeutin wird damit in ihrer therapeutischen Funktion praktisch mattgesetzt.

- Darüber hinaus *wird die Therapeutin aber noch funktionalisiert:* die Therapeutin soll ja die Klientin an ganz bestimmten Stellen in ganz bestimmter Weise aktiv unterstützen.

Die Therapeutin soll bestätigen, dass die Klientin hilflos ist und soll Verantwortung übernehmen: Tut sie dies, verhindert sie systematisch, dass die Klientin selbst lernt, Verantwortung zu übernehmen. Die Klientin verhindert somit nicht nur, dass die Therapeutin ihr therapeutisches Potential entfaltet; sie baut die Therapeutin sogar als Stabilisator in ihr System ein.

(Man muss bei diesen Ausführungen *immer* beachten, dass ein nicht-komplementäres Handeln auf der Spielebene ja keineswegs das Einzige ist, was ein Therapeut tut; es ist lediglich die Grundlage dafür, *nicht* ins System des Klienten verwickelt zu werden und *deshalb* therapeutisch handlungsfähig zu bleiben!)

Auch die „Klientin mit intrusiven Gedanken" sendet eine Reihe von Images und Appellen.

Die wesentlichsten Images, die sie sendet, sind:

- *Ich bin hilflos:*
  Die Klientin kann sich schon nicht erklären, wie ihre Probleme zu Stande kommen, d.h. sie versteht im Grunde ihre Probleme gar nicht (K5, 1-5). Sie hat im Hinblick auf ihre Probleme auch nicht den Eindruck, dass sie etwas tut, sondern dass etwas mit ihr passiert (K5, 6-9): sie ist praktisch das Opfer eines an sich unverständlichen Problems.

- *Ich bin ungeheuer stark belastet:*
  Die Klientin macht deutlich, dass der ganze Zustand für sie ein Qual ist (K6, 6-10). Sie hat den Eindruck, dass sie ihr ganzes Leben „vermurkst" hat (K6, 12). Das ganze Problem ist kaum noch auszuhalten (K6, 16). Sie geht „immer mehr bergab" (K7, 2). Der Zustand belastet sie so stark, dass sie „bald durchdreht" (K8, 1-2). Der Zustand muss sich unbedingt ändern, sie kann praktisch nichts anderes mehr denken, als dass er sich dringend ändern muss (K8, 4-8). Sie empfindet ihre Probleme selbst als vielfältig und komplex (K8, 8-10). Dies sind die Komponenten eines „Arme-Schwein-Spiels": die Klientin stellt sich als so „arm dran" dar, dass kein Interaktionspartner sich der Aufforderung nach Hilfe entziehen kann.

- *Keiner kann mir helfen:*
  Sie hat den Eindruck, dass auch der Pater ihr nicht helfen kann, obwohl er sich sehr um Hilfe bemüht (K8, 3); aber auch die bisherigen Stunden bei der Therapeutin haben ihr nicht geholfen, der Zustand hat sich weiter verschlimmert (K7,2). Sie hat ihr Leben selbst zerstört, und sie weiß nicht, ob sie den Zustand vor ihrem Tod überhaupt noch ändern kann(K9,1-4). Die Klientin macht hier in Ansätzen eine „Unlösbarkeitskonstruktion" auf; Sinn dieser Konstruktion ist es, dem Interaktionspartner klar zu machen, dass dieser sich extrem anstrengen muss, um das Problem doch noch zu

lösen. Die eigentliche „message" der Unlösbarkeitskonstruktion ist daher: Streng Dich gefälligst mehr an!

- *Die unmoralischen Gedanken „passieren mir, ich selbst bin moralisch":*
Die Klientin betont, dass sie selbst auf keinen Fall etwas Unmoralisches tun will, und dass unmoralische Aussagen sie hochgradig belasten (K1, 1-6).

Auf der Basis dieser Images sendet der Klient Appelle an die Therapeutin:

- *Schonen Sie mich!*
Ihre Fragen quälen mich, verwirren mich, bereiten mir Schwierigkeiten; das ist mehr, als ich ertragen kann. Tun sie das nicht, denn das verschlimmert alles in nicht erträglichem Ausmaß. Weil das so ist, muss ich geschont werden: es muss mir dringend erspart bleiben, mich Dingen zu stellen, die ich nicht ertragen kann.

- *Sieh endlich, wie schlecht es mir geht!*
Die Klientin bemüht sich sehr deutlich, der Therapeutin aktiv zu verstehen zu geben, wie schlecht es ihr geht. Im Verlauf des Ausschnittes gibt sie der Therapeutin immer drastischere Informationen darüber, wie belastet sie ist, und sie unterstreicht diese Signale immer stärker durch nonverbale Informationen (Gesten, Körperhaltung, Weinen). Dies geschieht wahrscheinlich, da sie den Eindruck hat, das dieser Appell von der Therapeutin überhaupt nicht aufgenommen und gehört wird. Die Klientin hat sehr wahrscheinlich überhaupt nicht den Eindruck, dass die Therapeutin sie in ihrer Belastung irgendwie ernst nimmt. Und der Druck, den die Therapeutin ausübt, dass die Klientin sich ihren Inhalten stellen soll, egal, ob es schmerzhaft ist, trägt sicher nicht dazu bei, der Klientin zu vermitteln, dass sie die Belastung der Klientin erkennt. Auf diese Weise eskaliert das Verhalten: die Klientin will, dass die Therapeutin das Belastetsein akzeptiert; die Therapeutin tut dies aber nicht, sondern übt weiter Druck aus. Daraufhin „dreht die Klientin auf": sie demonstriert ihre Belastung in immer höherem Ausmaß. Der Appell wird verstärkt.

- *Tu was für mich, was mir hilft:*
Die Klientin macht der Therapeutin deutlich, dass deren bisheriges Verhalten bisher wenig hilfreich war. Der Klientin geht es aber weiterhin schlecht: Folglich soll die Therapeutin endlich etwas Konstruktives tun, etwas, das der Klientin tatsächlich hilft.

- *Übernimm Verantwortung für mich:*
Die Klientin macht deutlich, dass sie sich selbst nicht helfen kann; dafür ist die Therapeutin zuständig. Die Klientin ist hilflos, aber hoch belastet. Daher benötigt sie jemanden, der *Verantwortung* übernimmt, der sie gewissermaßen an die Hand nimmt und sie aus dem Problem herausführt. Das wäre, nach Ansicht der Klientin, das einzige, was ihr helfen könnte (in gewisser Weise kann die Therapeutin dies auch tun, nämlich dadurch, dass sie der Klientin das Handeln transparent macht, s.u.).

Nicht-komplementäres Handeln: Einhalten der therapeutischen Regeln

Wenn man davon ausgeht, dass ein Therapeut sich nicht-komplementär verhalten soll, dann reicht es zur konkreten Handlungsbestimmung nicht aus, zu spezifizieren, was der Therapeut *nicht* tun soll. Es ist auch nötig zu spezifizieren, was der Therapeut *stattdessen* tun soll.

Eine Art von Handlung, die der Therapeut hier realisieren sollte, ist *Einhalten der therapeutischen Regeln*. Ganz allgemein sollte ein Therapeut im Therapieprozess die

Regeln der Therapie bestimmen (Sachse, 1996a): Der Therapeut ist der Prozessexperte, der den Klienten dazu anregen soll, seine Probleme anders und konstruktiver als bisher zu bearbeiten. Ganz besonders wichtig ist dieses Prinzip bei Klienten mit Spielstrukturen: denn das vom Therapeuten geforderte komplementäre Handeln ist in aller Regel solches, das nicht den Regeln der Therapie entspricht, sondern sie verletzt. Der Therapeut wird vom Klienten zu Handlungen aufgefordert, die er „normalerweise" als Therapeut nicht realisieren würde bzw. die er gar nicht als therapeutisch sinnvoll ansieht. Folgt er dem Klienten bezüglich dessen Erwartungen, dann

• übergibt er dem Klienten die Kontrolle über den Prozess;
• gibt er seinen Experten-Status ab;
• realisiert er untherapeutische oder gar antitherapeutische Handlungen.

Und das Ganze läuft nach dem „devil's principle": Gibt man dem Klienten den kleinen Finger, dann nimmt er die Fußnägel auch noch. Der Klient sagt erst (nach dem foot-in-the-door-Prinzip), dass es doch nur um eine winzige Ausnahme gehe. Ist der Therapeut einverstanden, dann kommt die nächste Ausnahme. Der Therapeut war doch in dem einen Punkt so verständnisvoll, da kann er doch unmöglich diese Bitte nun verweigern usw.

Dies bedeutet aber: Ein Therapeut darf überhaupt nicht über elementare therapeutische Regeln verhandeln; Regeln sind die Basis der Therapie und nicht diskutierbar. Und es ist auch grundsätzlich nicht zulässig, Ausnahmen zu machen, auch nicht kleine oder vorübergehende. Der Therapeut macht ein definiertes therapeutisches Angebot. Der Klient kann sich überlegen, ob er dieses will oder nicht. Wenn der Klient Therapie nur dann machen kann, wenn er den Therapeuten rund um die Uhr erreichen kann, dann erfüllt der Klient schlicht nicht die Voraussetzungen für eine ambulante Therapie. Dann muss der Klient eine Tagesklinik aufsuchen. Wenn der Klient eine Sitzung von 2 ½ Stunden benötigt, dann muss er Institutionen suchen, die derart unsinnige Vorgehensweisen anbieten.

Es ist deutlich, dass das Einhalten von Regeln und das Verhindern von komplementärem Handeln keine großen konstruktiven Wirkungen haben wird; die Funktion dieses Handelns besteht auch nicht darin, große konstruktive Wirkungen zu haben. Die Funktion besteht vielmehr darin, *untherapeutische Wirkungen so weitgehend wie möglich zu vermeiden.* Die Gefahr ist nämlich groß, dass ein Therapeut, der sich komplementär verhält, das System des Klienten so weit bestätigt und stabilisiert, dass keine weitere therapeutische Maßnahme mehr greift. Man muss damit rechnen, dass dies schon auf der motivationalen Ebene der Fall ist: Ein Klient, der stabilisiert, bestätigt und gepflegt wird, wird kaum noch motiviert sein, die Mühe auf sich zu nehmen, sein System zu ändern, wozu denn wohl?! Daher mag die Versuchung für den Therapeuten, sich komplementär zu verhalten, zunächst sehr groß sein; versteht der Therapeut jedoch, dass er damit seine eigene Arbeit sabotiert, ja u.U. sogar unmöglich macht, wird ihm der Spaß daran wahrscheinlich vergehen. Meines Erachtens ist auch das Nicht-Anbieten von komplementärem Handeln zur Spielebene etwas, was das professionelle Beziehungsangebot des Therapeuten vom Beziehungsangebot eines Freundes oder Partners unterscheidet: der Freund mag im Wesentlichen das Ziel haben, dass die Person sich wohl fühlt; der Therapeut hat aber das Ziel, dass der Klient sich konstruktiv ändert. Es mag bedauerlich sein, aber diese Ziele sind nicht identisch!

4.12.3 Trojanische Pferde

Therapeuten können sich bei bestimmten Klienten in einem Dilemma befinden: Sie sehen die Notwendigkeit, eine bestimmte Intervention zu realisieren, sie wissen aber, dass diese Intervention ein Schema aktiviert, das den Klienten „allergisch" reagieren lassen wird. Sie erwarten, dass diese Intervention daher nicht „durchgeht", dass der Klient sich nicht damit auseinander setzen wird, weil er sich durch die Intervention aufgrund seiner Schemata „abgewertet", „beleidigt", „falsch verstanden" u.a. fühlt.

Besonders deutlich wird dieses Dilemma bei Klienten mit narzisstischer Persönlichkeitsstörung: Es kann nötig sein, ein Problem zu klären und den Klienten daher anzuregen, sich diesem Problem zuzuwenden. Ohne eine Bearbeitung des Problems gibt es keine Veränderung: Der Therapeut kommt daher gar nicht an der Intervention vorbei. Der Therapeut weiß andererseits aber, dass es für den Klienten z.B. „ehrenrührig" ist, zuzugeben, dass er ein Problem hat und daher wird schon die Verwendung des Wortes „Problem" dazu führen, dass der Klient einen fünfminütigen Vortrag startet, indem er dem Therapeuten erläutert, dass er keine Probleme hat.

Oder der Therapeut weiß, dass der Klient aufgrund seine negativen Selbstkonzeptes glaubt, dass ein Interaktionspartner ihn für wertlos, für „defizitär" hält, wenn er zugibt, dass er „Probleme" hat; da er aber nicht defizitär gesehen werden will, wird er dem Therapeuten alle seine guten Eigenschaften aufzählen, sobald „Probleme" zur Sprache kommen.

Der Therapeut weiß also, dass der Klient aufgrund seiner Schemata auf bestimmte Interventionen quasi „allergisch" reagiert: mit Abwehr, Vermeidung, Angriff auf den Therapeuten usw.; diese „allergische" Reaktion führt dazu, dass der Klient sich mit der Intervention des Therapeuten nicht konstruktiv auseinander setzen kann: Die (an sich sinnvolle) Intervention kann keinerlei therapeutische Potentiale entfalten. Der Therapeut kann das Vermeidungsverhalten, die Reaktanz, oder was auch immer im Detail der Klient an Handlungen realisiert, auch nicht ansprechen, denn das führt zu neuer Reaktanz: Der Therapeut droht, an dieser Stelle ebenso festzusitzen, wie der Klient.

In diesem Fall besteht die Fragestellung, ob es therapeutische Vorgehensweisen gibt, die den Klienten veranlassen, sich mit der sinnvollen Intervention auseinander zu setzen, ohne dass eine allergische Reaktion ausgelöst wird, die eine konstruktive Bearbeitung blockiert (und die selbst auch nicht therapeutisch bearbeitet werden kann!). Es gilt daher, Interventionen zu finden, die einerseits konstruktive Bearbeitungsprozesse beim Klienten anregen, andererseits aber nicht an Sperren „hängen bleiben" und damit Gegenreaktionen auslösen: Interventionen also, die zwar „potentiell" Reaktanz auslösen, die aber so gestaltet sind, dass der Klient dennoch bereit ist, sich mit ihnen auseinander zu setzen. Es geht somit um Interventionen, die trotz vieler „Sperren" und hochgradig „allergischer Schemata" eine konstruktive Bearbeitung ermöglichen, die letztlich auch zu einer Bearbeitung der „allergischen Schemata" selbst führt.

Wir nennen diese Interventionen „Trojanische Pferde", da sie den „Wall" durchdringen, um dann (anders als das klassische Pferd) *konstruktive* Wirkungen zu entfalten. „Trojanische Pferde" sind solche Interventionen, die ohne „Hülle" vom Klienten nicht angenommen werden können, die aber mit entsprechender „Umhüllung" akzeptabel sind, vom Klienten bearbeitet werden können.

Sagt ein Klient mit einer narzisstischen Störung, der große Angst vor Abwertung hat, z.B.: „Ich habe keine Probleme, ich bin nur hier, um mich weiterzuentwickeln. Ich bin mit einigen Lebensbereichen unzufrieden und möchte dort etwas verbessern.", so würde der Therapeut die Angst des Klienten sofort aktivieren und damit Reaktanz auslösen, wenn er z.B. sagen würde: „Natürlich haben Sie Probleme, sonst wären Sie nicht hier. Ohne Probleme gibt es keine Psychotherapie." Der Klient, der noch gar kein Vertrauen zum Therapeuten hat, muss aufgrund seiner Schemata befürchten, dass der Therapeut ihn als „Problemfall", also defizitär sehen wird, und das will er auf keinen Fall: Damit ist es ihm unmöglich, sich auf die therapeutische Beziehung einzulassen.

Ein Therapeut kann, anstatt den Klienten zu verschrecken, diesen da abholen, wo er ist:

- „Sie sagten, dass Sie keine Probleme haben, dass Sie aber hergekommen sind, um einige Aspekte Ihres Lebens, mit denen Sie unzufrieden sind, zu verbessern. Ich finde, dass das eine sehr gute Idee ist. Bevor wir etwas verbessern können, müssen wir aber, wie Sie sicher wissen, genau verstehen, worum es geht. Daher möchte ich Sie bitten, zu beschreiben, womit Sie unzufrieden sind."

In diesem Fall stellt der Therapeut die Definition des Klienten, insbesondere seine Selbst-Definition als "unproblematisch", gar nicht in Frage und „dockt" damit am System des Klienten an: Damit hat der Klient keinen Grund mehr, sich vor Abwertung zu fürchten und damit auch keinen Grund, „allergisch" zu reagieren. Und damit hat der Therapeut die Möglichkeit, eine konstruktive Intervention so zu formulieren, dass der Klient diese akzeptieren kann: Zu analysieren, worum es geht. Auf diese Weise kann der Therapeut den Klienten kennen lernen, ein Modell aufbauen und auch der Klient kann langsam selbst verstehen, worum es ihm geht: langsam bildet sich eine therapeutische Beziehung und eine konstruktive Bearbeitung aus.

Aus diesem Beispiel wird deutlich, dass eine „Trojanisches-Pferd-Intervention" aus unterschiedlichen Teilen besteht:

- *dem therapeutischen Auftrag*
  Dieser enthält das, was der Klient nun tun soll, womit sich der Klient auseinander setzen soll, was nun Thema der Bearbeitung sein soll. Im obigen Beispiel ist es die „Klärung der Unzufriedenheit".
  Der Auftrag ist damit der wesentliche, der „Arbeitsteil" der Intervention.

- *der Einbettung*
  Der Auftrag allein, so muss man annehmen, würde eine allergische Reaktion beim Klienten auslösen; daher muss der Auftrag eingebettet werden, damit genau dies verhindert werden kann.
  Diese Einbettung muss sehr spezifisch sein, sie muss genau auf die jeweilige „Allergie" des Klienten passen, daher muss der Therapeut, um diese Intervention realisieren zu können, eine Hypothese über die Schemata des Klienten haben.
  Ganz unterschiedliche Fälle sind denkbar:

  – Hat ein Klient Angst vor Abwertung und könnte er den Auftrag dahingehend missverstehen, dann kann der Therapeut deutlich machen, dass er keine Abwertung meint.

– Hat der Klient Angst davor, dass der Therapeut ihn nur noch defizitär definiert, wenn über Probleme gesprochen wird, dann kann der Therapeut deutlich machen, dass er die Ressourcen und Fähigkeiten des Klienten trotzdem wahrnimmt.

– Macht der Klient deutlich, dass er befürchtet, die Kontrolle zu verlieren, wenn er sich auf Interventionen einlässt, dann macht der Therapeut deutlich, dass er jederzeit Kontrolle ausüben kann usw.

• *dem Compliance-Förderer*
Wichtig ist, gerade an Themen, die leicht Abwehr und Reaktanz beim Klienten auslösen, dass der Therapeut alles tut, was möglich ist, um die compliance des Klienten zu fördern. Eine Möglichkeit ist, dem Klienten deutlich zu machen, dass er als Experte für sich selbst auch weiß, das bestimmte Maßnahmen ergriffen werden müssen: Der Klient weiß, dass man gründlich analysieren sollte, bevor man versucht, Lösungen zu finden.

Appeliert der Therapeut an dieses Verständnis des Klienten, dann kann sich der Klient verstanden und respektiert fühlen *und* er kann hinter der Maßnahme stehen, da es auch „seine" ist.

Ein weiteres Beispiel ist ein Klient mit narzisstischer Störung, der sich schnell abgewertet führt, inkompetent fühlt, und befürchtet, wenn er Probleme klärt, nur noch als „Häufchen Elend" dazustehen: Der Therapeut weiß, dass der Klient in dieser Weise allergisch reagiert, wenn er eine konkretisierende Frage nach einem Problemaspekt stellt. Solche Fragen veranlassen den Klienten dann, sehr lange darüber zu sprechen, was er alles kann usw. und der Frage selbst beharrlich auszuweichen. Ein „Trojanisches Pferd" könnte nun deutlich machen, dass der Therapeut den Klienten schätzt und für kompetent hält, so dass der Klient *nicht* genötigt ist, seine Abwehr zu aktivieren und sich stattdessen mit der Frage auseinander setzen kann. Der Therapeut kann dies relativ einfach tun, indem er sagt: „Ich möchte Ihnen gerne eine Frage stellen. Ich weiß, diese Frage ist schwierig und unangenehm. Diese Frage würde ich auch nicht jedem Klienten stellen, aber ich glaube, Sie können sie beantworten." Und dann stellt er die „gefährliche" Frage und gibt damit den Auftrag an den Klienten.

Es ist evident, dass mit solchen Interventionen die Gefahr besteht, den Klienten zu manipulieren; dieser Gefahr kann ein Therapeut nur vorbeugen, wenn er

• davon überzeugt ist und es dem Klienten auch begründen kann, dass der *Auftrag therapeutisch sinnvoll* und konstruktiv ist: nur dann ist das Vorgehen überhaupt zu rechtfertigen;

• die „allergischen" Reaktionen des Klienten gut kennt und es für wahrscheinlich hält, dass die Intervention nur dann vom Klienten angenommen wird, wenn sie die allergischen Punkte vermeidet;

• und wenn er, und dies ist besonders wesentlich, auch die „Einbettung" selbst akzeptiert und glaubt (und nicht einfach etwas sagt, was er selbst für Blödsinn hält);

– sagt er dem Klienten z.B., dass er es für eine gute Idee hält, wenn dieser seine Unzufriedenheit klärt und dass man es nicht „Problem" nennen muss, dann sollte er das auch so wirklich sehen;

– sagt er dem Klienten, dass er diesen für kompetent hält und dass ein „Problem" nur ein Aspekt des Klienten ist und keineswegs bedeutet, dass der Klient insgesamt defizitär ist, dann sollte er das auch glauben;

– sagt er dem Klienten, dass er diesem etwas zutraut, dann sollte dies auch der Fall sein usw.

Der Therapeut sollte diese Aussagen nur machen, wenn er sie selbst akzeptieren kann, wenn sie authentisch sind, denn nur dann sind sie nicht manipulativ und nur dann wird der Klient sie ebenfalls akzeptieren können (denn Klienten durchschauen die Therapeuten recht schnell). Wenn der Therapeut nicht hinter der Aussage stehen kann, dann sollte er sie auch nicht machen.

Aber: Warum sollte ich es als Therapeut nicht akzeptieren, wenn ein Klient sich weiterentwickeln will? Warum sollte ich es nicht akzeptieren, wenn ein Klient in seinen Fähigkeiten wahrgenommen und nicht defizitär definiert werden will? Wenn der Klient, um meine Intervention, auf ein Problem zu schauen, akzeptieren zu können, zuerst die Bestätigung braucht, dass ich ihn nicht abwerte, nur weil er ein Problem hat, was sollte mich als Therapeut hindern, ihm diese Bestätigung zu geben?

Die „Einbettungen" und „Compliance-Förderer" sind grundlegende Aussagen, die ich als Therapeut authentisch machen kann, die ich glauben kann, die ich nicht erfinden muss, die ich aber meist nicht mache, weil Klienten sie meist nicht brauchen: Die meisten Klienten muss man nicht erst auf Ressourcen hinweisen, damit sie sich trauen, auf Probleme zu schauen; bei manchen Klienten ist aber gerade das von großer Bedeutung.

4.12.4 Nicht-aggressives Handeln des Therapeuten

Ein wesentliches therapeutisches Prinzip besteht darin, dass „der Klient in der Therapie andere und konstruktivere Erfahrungen machen soll als im Alltag". Die theoretische Analyse hat gezeigt, dass Klienten mit Spielstrukturen im Alltag mit hoher Wahrscheinlichkeit im Wesentlichen zwei Arten von Interaktionserfahrungen machen:
• die Interaktionspartner verhalten sich komplementär und bestätigend;
• die Partner verhalten sich aggressiv-abweisend.
Wenn der Klient in der Therapie nun andere Erfahrungen machen soll als im Alltag, dann darf sich der Therapeut nicht nur nicht komplementär, sondern auch nicht aggressiv verhalten.
Verhält er sich aggressiv
• untergräbt er damit die aktuelle Therapeut-Klient-Beziehung: Der Klient wird sich abgelehnt, missverstanden, kontrolliert fühlen; dies veranlasst ihn, defensiv und vorsichtig zu sein; langfristig wird es ihn wahrscheinlich veranlassen, die Beziehung zum Therapeuten abzubrechen;
• bestätigt er Grundannahmen des Klienten: Z.B. Grundannahmen, dass Beziehungen nicht verlässlich sind; dass er als Person sowieso nicht akzeptabel ist usw.
Das aggressive Verhalten des Therapeuten steht damit in der Gefahr, den Klienten aktiv zu schädigen: Der Klient macht nun auch mit dem Therapeuten die gleiche Erfahrung, die er sonst im Alltag gemacht hat. Selbst ein Experte lehnt ihn ab; selbst ein Therapeut kann ihn nicht verstehen; selbst auf professionelle Beziehungen kann man sich nicht verlassen usw. Der Therapeut sorgt daher durch sein aggressives Verhalten für eine Schädigung des Klienten.

Somit ist auch das Fehlen von aggressivem Handeln, wie auch das Fehlen von komplementärem Handeln zur Spielebene, noch kein starker positiver Therapiefaktor: es ist jedoch eine notwendige Bedingung, um unkonstruktive Elemente zu vermeiden.

Eine Klientin wie die Klientin mit den „intrusiven Gedanken" ist besonders prädestiniert, Therapeuten aggressiv zu machen: Was Therapeuten hier besonders stark nervt, ist die Kombination von

- *Druck auf den Therapeuten:* Es muss etwas geschehen, die Therapie muss Fortschritte bringen, der Zustand ist nicht auszuhalten

und

- *Sabotage der Arbeit:* Der Klient arbeitet nicht mit, weicht aus, vernebelt, sagt, dass er nicht hingucken kann usw.

Diese Doppelbotschaft vom Klienten setzt Therapeuten gleichzeitig matt und gibt ihnen die Verantwortung für das Scheitern: Dies empfinden Therapeuten, nicht ganz zu Unrecht, als unfair und ungerecht. Und das kann sie ausgesprochen sauer machen (nicht, dass es das sollte; aber die Supervisions-Realität zeigt, dass es das tut: Therapeuten sind keine Roboter und reagieren ebenfalls mit Aktivierung iherer Schemata). Es löst leicht Impulse aus wie „soll der Klient doch seinen Mist allein machen", oder „wenn er nicht arbeiten will, soll er mich in Ruhe lassen!" Diese Reaktionen der Therapeuten sind verständlich; solange die Therapeuten das Problem lediglich auf Inhaltsebene analysieren sind diese Reaktionen wahrscheinlich kaum vermeidbar! Diesen Reaktionen der Therapeuten liegt die falsche Annahme zugrunde, dass die Klienten in Therapie kommen um sich zu ändern und dass es primär um die Bearbeitung problematischer Inhalte geht. Die Klienten „verstoßen" dann gegen diese Regeln und verärgern damit die Therapeuten. Daher muss sich ein Therapeut als Erstes klar machen, dass der Fall völlig anders liegt: Der Klient möchte sein System stabilisieren, er möchte den Therapeuten als Stabilisator einbauen, er möchte dazu die Therapie kontrollieren usw.. Und: Das Ganze tut der Klient nicht, um den Therapeuten zu ärgern, sondern *es ist ein Teil des Problems.* Nur wenn der Therapeut dies erkennt, hat er eine Chance, das Verhalten des Klienten *nicht* als Sabotage, Angriff, Beleidigung, Unverschämtheit o.ä. zu verarbeiten; nur dann kann er den Klienten verstehen; nur dann kann er dem Klienten entgegenkommen, ohne sich zu ärgern!

Wie bereits ausgeführt, kann es jedoch notwendig sein, dass ein Therapeut seinen Ärger über den Klienten in der Supervision bearbeitet; denn dieser Ärger kann bereits (vor allem, wenn der Therapeut erst spät in die Supervision kommt) sehr tief greifend sein und den Therapeuten stark blockieren. Es reicht daher nicht, dem Therapeuten „zu empfehlen, sich nicht zu ärgern": In vielen Fällen muss der Therapeut selbst intensiv daran arbeiten, dass er das Klienten-Handeln überhaupt als Teil des Problems wahrnehmen kann!

4.12.5 Entgegenkommen

Mit „Entgegenkommen" soll hier eine Haltung und Handlung des Therapeuten beschrieben werden, die eine zentrale Grundlage der therapeutischen Bearbeitung der Spielebene ist. Entgegenkommen bedeutet, dass der Therapeut sehr aktiv eine Beziehung zum Klienten aufbaut, unterhält und unterstützt, die es dem Klienten ermöglicht, auch bei ungünstigen Grundannahmen über Beziehungen oder die eigene Akzeptierbarkeit eine vertrauensvolle Beziehung aufzubauen.

Entgegenkommen schließt die „klassischen" Haltungen und Handlungen (Sachse, 1992a) des empathischen Verstehens, des Akzeptierens, der Kongruenz, Echtheit und Transparenz sowie die Variable der „Widerspruchsermöglichung" (Fiedler, 1994a ; Maiwald & Fiedler, 1981) ein. Entgegenkommen geht aber noch über das hinaus, was ein Therapeut „normalerweise" an Verstehen, Akzeptierung und Transparenz realisiert. *Entgegenkommen signalisiert dem Klienten bestimmte Beziehungsaspekte sehr direkt und aktiv, so, dass der Klient sie nur schwer übersehen kann.*

So signalisiert der Therapeut z.B. dem Klienten durch verbalisieren, Nachfragen oder explizite Aussagen, dass es ihm wichtig ist, mit dem Klienten zu arbeiten; er macht deutlich, dass er sich für das, was der Klient sagt, interessiert. Er macht dem Klienten deutlich, dass es ihm wesentlich ist, den Klienten genau zu verstehen; er signalisiert dem Klienten aktiv, dass er den Klienten ernst und wichtig nimmt.

Dieser Aspekt des „Entgegenkommens" ist ein „unspezifisches" Vorgehen des Therapeuten, das er mit jedem Klienten realisiert, der eine Persönlichkeitsstörung aufweist und unterscheidet sich dadurch von den Aspekten einer differentiellen Beziehungsgestaltung, bei der der Therapeut gezielt auf die Beziehungsmotive des Klienten eingeht (Tatsächlich kann der Therapeut mit dem „Entgegenkommen" bereits wichtige Beziehungsmotive eines Klienten befriedigen, z.B. wenn das zentrale Beziehungsmotive eines Klienten „Wichtigkeit" ist.).

Der Therapeut signalisiert dem Klienten durch „Entgegenkommen" insgesamt *ein aktives Wohlwollen*: Die Bereitschaft, sich konstruktiv mit dem Klienten auseinander zu setzen, auch dann, wenn dies schwierig ist; die Bereitschaft, den Klienten zu akzeptieren und ernst zu nehmen, auch wenn der Klient den Therapeuten kritisiert und abwertet; den Willen, dem Klienten zugewandt zu sein, auch wenn der Klient die Therapie sabotiert, wenn er versucht, den Therapeuten zu kontrollieren usw..

Ein ganz wesentlicher Aspekt von Entgegenkommen besteht darin, dass der Therapeut dem Klienten immer wieder, implizit wie explizit, das Ziel seiner Interventionen klar macht. Das Ziel des Therapeuten ist es, dem Klienten zu helfen, sich selbst und sein System zu verstehen. Wenn der Klient sich und sein System versteht, kann er eine Entscheidung treffen, ob er es so lassen will, wie es ist, oder ob er es verändern soll. Und wenn er es verändern will, kann ihm der Therapeut dabei helfen. Was der Therapeut dem Klienten anbietet, ist daher, wieder *selbstregulativ* zu werden: das zu tun, was er wirklich will und nicht etwas zu tun, was ihm selbst schadet und ihn von eigenen Bedürfnissen entfremdet.

Der Therapeut macht dem Klienten immer wieder deutlich, dass es *darum* geht: Konfrontiert der Therapeut den Klienten z.B. mit manipulativen Handlungen und der Klient wirft dem Therapeuten vor, dieser wolle ihn abwerten, dann macht der Therapeut deutlich, dass es darum *nicht* geht:

- Wenn der Therapeut deutlich macht, was der Klient tut, ist damit keinerlei Abwertung durch den Therapeuten verbunden.
- Wenn der Klient dieses Verhalten will, akzeptiert der Therapeut dies.
- Der Therapeut *muss* es jedoch transparent machen, damit der Klient es erkennen und verstehen kann.

Entgegenkommen bedeutet hier also, dem Klienten die Intention des Therapeuten aktiv zu erläutern und ihm dadurch deutlich zu machen, *was der Therapeut dem Klienten anbietet*: eine therapeutische Beziehung, in der sich der Klient wirklich mit sich auseinander setzen kann, in der der Klient keine Manipulation braucht; in der Manipulation auch nicht wirkt; in der er angenommen wird, ohne kontrollieren zu müssen; in der er Dinge so betrachten kann, wie sie sind; in der er Entscheidungen treffen kann, so, wie er sie tragen kann.

Es wird deutlich,

- dass Entgegenkommen eine sehr positive Haltung und Handlung dem Klienten gegenüber ist;
- dass der Therapeut sie nur realisieren kann, wenn er dem Klienten gegenüber nicht aggressiv ist;
- dass er sie aber auch nur dann realisieren kann, wenn er nicht zur Spielebene komplementär ist.

Die Beziehung zwischen Entgegenkommen und Komplementarität ist besonders interessant. Wenn ein Klient einen Interaktionspartner in seinem System funktionalisiert, dann ordnet er den Partner sich selbst unter: Der andere geht in die Rolle eines Stabilisators, Bestätigers usw.. Der Klient hat mit dieser Funktionalisierung zwei Effekte erzeugt:

- Die andere Person ist nicht mehr gleichwertig, sondern, als Teil seines Systems, praktisch als Person abgewertet.
- Die Beziehung, die diese Person dann dem Klienten bietet, ist nicht authentisch, sondern durch Manipulation „erkauft" oder „erschlichen".

Damit ist eine Person, die in eine Komplementarität zur Spielebene geht, in ihrer Bedeutung für den Klienten *abgewertet*: Was aber ist die Akzeptierung, das Signal von Wichtigkeit einer solchen Person dann noch wert? Will ein Therapeut dem Klienten eine vertrauensvolle, authentische, verlässliche Beziehung anbieten, in der der Klient die Erfahrung machen kann, verstanden und wertgeschätzt zu werden, dann sollte sich der Therapeut nicht als Systemstabilisator abwerten lassen.

Entgegenkommen bedeutet, die Beziehungsbasis explizit zu pflegen und zu betonen; auch und gerade dann, wenn der Klient Regeln der Therapie verletzt oder den Therapeuten kritisiert oder abwertet. „Beziehungsbasis pflegen" meint hier nicht, *absolut nicht*, dass der Therapeut sich vom Klienten alles gefallen lassen muss, dass er dem Klienten die Regeln und Kontrolle überlässt o.ä.. Der Therapeut kann dem Klienten sehr deutlich *Grenzen* aufzeigen, den Klienten mit manipulativen Intentionen *konfrontieren* u.ä. (vgl. Fiedler, 1994a). Der Therapeut macht aber deutlich, dass all das *nicht* bedeutet, dass der Therapeut die Beziehung zum Klienten in Frage stellt. Greift der Klient z.B. den Therapeuten persönlich an („Ich glaube, sie sind ein Arschloch, sonst würden sie mich verstehen"), dann kann der Therapeut dem Klienten deutlich machen, dass er nicht will, dass so mit ihm umgegangen wird und dass er auch nicht will, dass der Klient so mit ihm umgeht.

Er macht aber gleichzeitig deutlich,

- dass er den Klienten *nicht* wegen dessen Verhalten ablehnt: Er akzeptiert dieses spezielle Verhalten nicht, aber er akzeptiert den Klienten;
- dass er dem Klienten diese Rückmeldung einer Grenze gibt, *weil* ihm die Beziehung zum Klienten wichtig ist: Der Therapeut möchte nicht so vom Klienten behandelt

werden, weil ihm etwas an der Beziehung liegt; wäre ihm die Beziehung gleichgültig, könnte ihm die Aktion des Klienten ebenfalls gleichgültig sein.

Wird ein Therapeut vom Klienten kritisiert, wie z.B. von der „Kritik-Klientin", dann ist es wesentlich, dass er von sich aus aktiv eine positive Botschaft sendet, der Klientin also entgegenkommt: dies ist sehr wichtig, da die Klientin durch die Kritik die Beziehung in Frage stellt, das Risiko eingeht, dass die Beziehung abgebrochen wird.

Die Klientin „testet" die Therapeutin:

- Wie wird sie reagieren?
- Wird die Beziehung das aushalten?
- Wird sie reagieren wie alle?
- Wird sie mich ablehnen?

Die Klientin unternimmt den Test *in einem inneren Zwiespalt:*

- Sie *hofft,* dass die Therapeutin den Test besteht, dass die Beziehung tragfähig bleibt und die Therapeutin sie versteht.
- Aber sie *erwartet und befürchtet,* dass die Therapeutin den Test nicht besteht: Aber dann herrscht wenigstens Klarheit, dann weiß sie Bescheid.

In dieser Konstellation ist daher das *absolut Erste,* was die Therapeutin signalisieren muss, dass durch die Aktion der Klientin, von ihr aus gesehen, die Beziehung *nicht gefährdet* ist. Bevor inhaltlich über irgendetwas gesprochen werden kann, muss die Therapeutin die Zweifel der Klientin aufheben oder zumindest vermindern: die Zweifel darüber, ob die Beziehung tragfähig und verlässlich ist.

Dies kann sie auf verschiedene Art und Weise tun:

1. Sie kann die Klientin dafür *loben, dass sie ihre Kritik äußert.* Und dies kann sie m.E. völlig authentisch und kongruent, wenn sie sich klar macht, dass sie die Beziehung einfach hätte abbrechen können: Die Klientin hat sich aber entschlossen

   - ihre Bedenken offen anzusprechen
   - sich der Reaktion der Therapeutin zu stellen
   - und damit eine Klärung zu ermöglichen.

   Dies ist durchaus eine positiv zu bewertende Entscheidung, die die Therapeutin entspre-chend würdigen kann und sollte.

2. Sie kann der Klientin sagen, dass sie es grundsätzlich für gut hält, wenn ein Klient Kritik übt, wenn er unzufrieden ist: Denn dies ist die einzige Möglichkeit, wie man Unzufriedenheiten, Verstimmungen, Missverständnisse usw. bereinigen kann. Und deshalb, so kann die Therapeutin deutlich machen, findet sie das Äußern von Kritik grundsätzlich positiv: *es ist eine konstruktive Chance, eine Störung zu beseitigen!* Eine solche Aussage entschärft sofort die Beziehungsspannung für die Klientin: die Klientin fürchtet, für ihre Aktion zurechtgewiesen zu werden und erfährt nun, ganz im Gegenteil, Anerkennung und Zuwendung. Dies entschärft die Angst, aber auch die Aggressivität: Die Klientin kann sich angenommen und ernst genommen fühlen. Sie kann dagegen, so behandelt, ihre Aggressionen kaum noch aufrechterhalten: Statt zu einer Eskalation kommt es so zu einer Beruhigung.

3. Die Therapeutin sollte auch deutlich machen, dass sie das, was die Klientin sagt, für sehr *interessant und wichtig hält:* Wenn die Klientin etwas stört, dann ist das wichtig; die Therapeutin ist bereit, sich damit ausführlich auseinander zu setzen. Auch dies

widerlegt sofort eine Befürchtung der Klientin: Die Klientin hat Angst, dass die Kritik als Störung abgetan wird, als etwas, mit dem man sich nicht auseinander setzen muss. Die Klientin hat auch die Befürchtung, selbst nicht als *wichtig* wahrgenommen zu werden: Und dies ist eine massive und zentrale Befürchtung. Und genau diese wird von der Therapeutin dadurch widerlegt, dass diese die Klientin und ihre Aussage als besonders wichtig, besonders interessant, als etwas, mit dem man sich vorrangig beschäftigen muss ansieht.

4. Die Therapeutin hat dann allerdings auch das Recht, genau über die Kritik, Unzufriedenheit usw. informiert zu werden. Das therapeutische Prinzip ist hier: „Nimm den Klienten ernst, aber auch in die Pflicht". Ein Therapeut, der den Klienten ernst nimmt, kann auch vom Klienten erwarten, dass dieser ihn ernst nimmt. Dass bedeutet, dass der Klient nicht nur vom Therapeuten erwarten kann, dass seine Kritik gehört wird; er muss auch seinerseits die Bereitschaft zeigen, sich mit der Kritik und dem Therapeuten auseinander zu setzen. *Entgegenkommen, das sollte deutlich sein, ist keine Einbahnstraße: es ist ein Aspekt von Beziehung und damit reziprok.* Auch der Klient muss gegebenenfalls lernen, dem Therapeuten entgegenzukommen.

Bei der „Klientin mit intrusiven Gedanken" bedeutet Entgegenkommen z.B., dass die Therapeutin die Botschaft der Klientin aufnimmt, dass diese sehr belastet ist und unter ihren Problemen leidet. Versteht und akzeptiert die Therapeutin diese Botschaft nicht, dann wird sich die Klientin an einer für sie zentralen Stelle völlig unverstanden fühlen. Und das wird sehr wahrscheinlich die Intention erzeugen, es der Therapeutin verständlich zu machen. Diese Intention kann dazu führen, dass die Klientin

• die entsprechende Information immer wiederholt (bis die Therapeutin es endlich begriffen hat);
• die message immer mehr verstärkt und dramatisiert, bis die Therapeutin gezwungen ist, darauf zu reagieren.

Dies kann leicht dazu führen, dass es statt eines konstruktiven Dialogs einen unkonstruktiven Machtkampf gibt: Die Therapeutin signalisiert: „Sie sind gar nicht so belastet, wie sie tun" und die Klientin signalisiert „Ich bin viel belasteter, als sie es einsehen". Man kann sich leicht vorstellen, dass dies in einer exquisiten Art von Antitherapie resultieren kann.

Wiederum muss man sich als Therapeut deutlich machen, dass Entgegenkommen *keineswegs* bedeutet, nun die Kontrolle über den Prozess dem Klienten zu überlassen: Wenn ich als Therapeut akzeptiere, dass es der Klientin schlecht geht, muss daraus noch lange nicht resultieren,

• dass ich sie schone;
• dass ich Verantwortung für sie übernehme;
• dass ich für sie arbeite o.ä.

Diese Schlussfolgerungen zieht die Klientin, aber ich muss sie als Therapeut keineswegs ziehen! Ich kann akzeptieren, dass es der Klientin wirklich schlecht geht, und gleichzeitig ihren Umgang mit dem Problem in Frage stellen: Ich kann ihr deutlich machen, dass es wenig nützt zu jammern, wenn man mit dem Hintern auf einem spitzen Stein sitzt. Sicher tut das weh: aber das einzige, was hilft, ist den Hintern hochzunehmen!

Therapeuten sollten sich grundsätzlich klar machen, dass sie die Pakete nicht so kaufen müssen, wie die Klienten sie schnüren: Wenn der Klient sagt: „Es geht mir schlecht, also müssen Sie mich retten", kann der Therapeut sagen „Ja, es geht ihnen schlecht. Und deshalb müssen Sie etwas unternehmen"! Um dem Klienten zu vermitteln, dass er die Verantwortung übernehmen muss, muss ich aber keineswegs bezweifeln, dass es ihm schlecht geht.

4.13 Transparent-Machen des intransparenten Handelns

Eine ganz wesentliche Interventionsstrategie zur Bearbeitung der Spielstruktur besteht in einem Transparentmachen der Spielstruktur des Klienten. Das Ziel dieser Strategie besteht darin, dem Klienten gezielt Information darüber zu geben, *was der Klient mit anderen Personen, so auch dem Therapeuten, tut.*
Dabei kann er deutlich machen

- was ein Klient *grundlegend* will, was seine durchgängigen interaktionellen Intentionen auf der Spielebene sind;
- was seine *aktuellen Intentionen* in einer Beziehung sind, was ein Interaktionspartner tun soll oder nicht tun soll usw.. Der Therapeut macht damit die aktuellen Images und Appelle des Klienten deutlich;
- welches die *Strategien* des Klienten sind; *wie* der Klient Interaktionspartner dazu bringen will, bestimmte Dinge zu tun;
- was die Konsequenzen seines Handelns sind; wie andere auf seine Vorgehensweisen kurz- oder langfristig reagieren;
- wie der Klient sein Handeln und seine Handlungskonsequenzen selbst interpretiert.

Der Therapeut macht dem Klienten bei dieser therapeutischen Strategie deutlich, was der Klient in Beziehungen tut, welche Intentionen er hat usw.; er verdeutlicht dem Klienten dies an Beziehungen des Klienten zu relevanten Beziehungspartner *sowie am aktuellen Beziehungsverhalten des Klienten zum Therapeuten.*

Man kann dies illustrieren am Beispiel einer Klientin mit histrionischer Persönlichkeitsstörung, die im Therapieprozess zu weinen beginnt; der Therapeut hat den Eindruck, dass die Klientin nicht traurig ist (das Weinen scheint übertrieben und „unecht"), sondern den Appell sendet: „Stellen Sie mir keine derart unangenehmen Fragen."

In diesem Fall geht der Therapeut *nicht* in den empathischen Modus (und sagt z.B. „Der Gedanke macht Sie jetzt ganz traurig."), sondern er geht in einen konfrontativen Modus und sagt: „Mein Eindruck ist, Sie weinen, um mir zu sagen, ich soll Sie nicht mit einer so unangenehmen Frage belästigen." Der Therapeut macht damit (als Hypothese!) deutlich, was als Appell bei ihm ankommt und macht damit einen Aspekt der intransparenten Beziehungsgestaltung transparent.

Es ist wichtig, dass ein Therapeut solche Interventionen *akzeptierend* vornimmt, also vermittelt, dass er zwar etwas deutlich machen möchte, aber nur, um es mit der Klientin zu bearbeiten: Darüber zu sprechen, was die Klientin tut, warum sie es tut, welche Bedeutung es hat usw. Er macht deutlich, dass die Klientin nicht getadelt wird dafür, dass sie es tut.

Auch wenn es dem Therapeuten gelingt, die Intervention akzeptierend zu formulieren (und dies auch meint; andernfalls sollte er es gar nicht tun!), wirkt eine transparentmachende Intervention in der Regel konfrontativ: Der Klient befürchtet vom Therapeuten abgelehnt oder abgewertet zu werden u.ä. (da er entsprechende Erfahrungen aus seiner Biographie kennt); es ist daher wesentlich, derartige Interventionen nur zu realisieren, wenn eine vertrauensvolle Therapeut-Klient-Beziehung besteht.

4.13.1 Transparentmachen interaktioneller Intentionen

Hier geht es darum, dass der Therapeut dem Klienten grundlegende, überdauernde interaktionelle Ziele auf der Spielebene deutlich macht. Dies kann ein Therapeut in der Regel nur dann, wenn er dem Klienten vorher schon eine Reihe aktueller Images und Appelle transparent gemacht hat; denn das Herausarbeiten überdauernder Ziele bedeutet ja, *Muster* zu identifizieren. Daher müssen zwei Voraussetzungen geschaffen sein, bevor ein Therapeut dem Klienten diese Art von Intention transparent machen kann:

* Der Therapeut muss selbst ein Modell darüber haben, was diese Intentionen sind, d.h.: Er muss die Intentionen des Klienten selbst verstanden und seine Hypothesen belegbar gemacht haben.
* Der Klient muss selbst schon einzelne Images und Appelle erkennen, d.h. er muss „die Ansatzpunkte" bereits kennen, bevor er daraus ein Bild rekonstruieren kann.

Ein Therapeut kann derartige Intentionen z.B. dann herausarbeiten, wenn eine Klientin schon mehrmals Situationen beschrieben hat, in denen es darum ging, im Zentrum der Aufmerksamkeit zu stehen und von anderen Anerkennung zu bekommen und nun erneut eine entsprechende Situation berichtet: eine Situation von einer Party, auf der sie das Gefühl hatte, etwas abseits zu stehen, sich über die Gastgeber und deren „schlechte Organisation der Party" geärgert hat und es ihr dann schlecht wurde, woraufhin sich alle (insbesondere männliche) Gäste sehr um sie bemühten. Der Therapeut kann hier die Tatsache nutzen,

* dass im Verhalten der Klientin ein Muster bereits gut erkennbar wird;
* dass der Therapeut der Klientin schon mehrfach Images und Appelle aufgezeigt hat;
* dass der Therapeut aufgrund einer systematischen Spielanalyse gute Gründe hat für die Annahme einer Spielstruktur.

Der Therapeut kann dann z.B. formulieren:

* Eines Ihrer Bedürfnisse ist es, Aufmerksamkeit zu bekommen. Wenn Sie die nicht bekommen, können Sie das gar nicht aushalten. Sie müssen sofort etwas tun, um das zu ändern.

oder

* Sie erwarten auch, dass andere Ihnen die Aufmerksamkeit geben, die sie brauchen. Eigentlich möchten Sie nicht etwas dafür tun müssen. Die anderen müssten Ihre Wünsche kennen, ohne dass Sie sie äußern!

Es ist wichtig zu sehen, dass eine derartige Intervention, wenn der Klient sie akzeptiert, eine Reihe von therapeutischen Möglichkeiten eröffnet:

* Die Klientin kann nun eigene Intentionen und deren Umsetzung erkennen. Ihr kann selbst bewusst werden, was sie tut, wie sie mit anderen umgeht.
* Diese Aspekte können nun weiter ausgearbeitet werden: Der Klientin kann deutlich werden, dass sie dies auch in anderen Situationen tut; ihr kann klar werden, dass

dieses Handeln tatsächlich einen manipulativen Charakter hat; sie kann erkennen, dass sie tatsächlich von anderen „telepathische" Fähigkeiten erwartet usw.

- Die Bearbeitung kann aber von hier aus auch vertieft werden: Sobald der Klientin klar ist, was sie tut, kann sie selbst die Frage aufwerfen (oder der Therapeut kann es tun), was sie eigentlich veranlasst, dies zu tun. D.h., die Klientin kann anfangen, eigene Motive, Ziele, Annahmen, Erfahrungen zu bearbeiten. Es wird aber deutlich: Alle diese therapeutischen Möglichkeiten *setzen voraus*, dass die Klientin selbst erkennt, *was* sie tut. Erst wenn ihr das eigene Handeln auf der Spielebene deutlich, klar, verständlich ist, kann sie überhaupt Fragen nach Motiven, Gründen, Erfahrungen usw. aufwerfen. Die Rekonstruktion dessen, was auf der Spielebene passiert, eröffnet damit weitere therapeutische Möglichkeiten.

4.13.2 Transparentmachen von Images und Appellen

Ein Therapeut kann auch die aktuellen interaktionellen Intentionen verbalisieren/explizieren, die ein Klient an andere Personen oder an den Therapeuten selbst hat. Der Therapeut kann hier also deutlich machen, was der Klient von anderen will. Damit macht der Therapeut Images und Appelle transparent, er macht deutlich,
- was der Klient möchte, was eine andere Person denken, fühlen, glauben soll;
- was der Klient möchte, was eine andere Person tun oder nicht tun soll.

Beispiele dafür lassen sich ableiten von der „Kritik-Klientin".

Der Therapeut könnte z.B.

- auf K1 antworten: „Sie möchten, dass ich mich mehr um Sie sorge" oder „Sie möchten nicht, dass ich Sie wegschicke, schon gar nicht, wenn es Ihnen schlecht geht".
- auf K1 sagen: „Sie möchten mir deutlich machen, dass ich mich auf keinen Fall noch einmal so verhalten darf" oder „Sie möchten, dass ich weiß: Wenn ich mich Ihnen gegenüber so verhalte, dann geht es Ihnen schlecht. Und das darf auf keinen Fall passieren".
- auf K2 sagen: „Es ist Ihnen schon wichtig mir zu sagen, dass ich schlechter für sie sorge, als die andere Psychologin", oder „was Sie mir sagen wollen ist: ich muss mehr für sie da sein. Wenn es Ihnen schlecht geht, muss ich mehr Zeit für Sie haben. Ich soll nicht nur eine Therapeutin sein. Ich soll insgesamt für sie da sein".
- auf K3 sagen, z.B.: „Wenn ich nicht für Sie da bin, nicht genug für sie sorge, dann schade ich Ihnen: Ich mache den ganzen Zustand nur noch schlimmer". Und: „Wenn ich mit Ihnen arbeite, muss ich als Erstes dafür sorgen, dass es Ihnen gut geht".
- auf K4 z.B. sagen: „Im Grunde erwarten sie von mir (wünschen Sie sich von mir), dass ich so auf sie eingehe, wie sie es brauchen. Auch dann, wenn ich andere Klienten dafür absagen muss". Oder „Es ist Ihnen wichtig, mir deutlich zu machen, dass Sie mehr Fürsorge und Aufmerksamkeit brauchen als andere Klienten". Und „Daher soll ich mich auch weit mehr um Sie kümmern, als um andere Klienten".
- auf K5 äußern: „Es ist Ihnen wichtig, mir deutlich zu machen, wie hilflos Sie sein können. Und wenn das so ist, dann wünschen Sie sich, dass ich Verantwortung für Sie übernehme: es wäre gut, wenn ich dann sehen würde, wie es Ihnen geht und wenn ich dann wüsste, was gut für Sie ist".

- auf K6 äußern; „Sie wünschen und erwarten von mir, dass ich Ihnen meine volle Aufmerksamkeit schenke. Wenn ich das nicht tue, verletzt Sie das". Oder „Sie sind erst bereit, mit mir über alles zu sprechen, wenn ich Ihnen beweise, dass ich sie ernst und wichtig nehme".
- auf K8 äußern: „Ich soll wissen: Wenn ich Sie wegschicke, kommen Sie nicht darüber hinweg. Daher darf ich Sie nicht wegschicken". Und: „Um Sie nicht zu verletzen, muss ich dann andere Klienten wegschicken". Oder „Sie machen mir damit deutlich, dass Sie meine Aufmerksamkeit und Zuwendung sehr viel nötiger brauchen, als andere. Und Sie erwarten deshalb, dass ich Ihnen mehr Aufmerksamkeit und Zuwendung gebe als anderen Klienten".
- auf K9 äußern: „Es ist Ihnen ganz wichtig, mir zu zeigen, dass die Therapie so nicht laufen kann, wie ich sie Ihnen anbiete". Und: „Sie brauchen einmal mehr und längere Stunden. Wenn ich die Therapie nicht ändere, dann profitieren Sie nicht davon" oder: „Wenn ich die Therapie nicht ändere, dann handle ich im Grunde unverantwortlich".

Auch bezüglich der „Klientin mit intrusiven Gedanken" kann ein Therapeut Images und Appelle deutlich machen.

So kann ein Therapeut z.B.

- auf K1 sagen: „Wenn ich Sie richtig verstehe, wollen Sie mir sagen, dass Sie sich den unangenehmen Gedanken nicht stellen können. Es ist zu schwer für Sie, sich zu erinnern und es besteht auch die Gefahr, dass sie das zu sehr belastet". Und: „Sie halten meinen Vorschlag, die sie belastenden Gedanken anzuschauen, für unsinnig".
- zu K6 sagen: „Was Sie mir sagen ist, dass es Ihnen schon sehr schlecht geht. Und dann verlange ich noch von Ihnen, dass Sie sich mit diesen Gedanken beschäftigen. Im Grunde quäle ich sie damit und verschlechtere Ihren Zustand, anstatt Ihnen zu helfen". Und: „Sie möchten, dass ich Ihnen helfe, ohne dass ich von Ihnen verlange, dass Sie sich die Gedanken anschauen".

Diese Interventionen sind noch wenig konfrontativ. Sie gehen auch noch wenig über das hinaus, was die Klientin explizit sagt. Der Therapeut kann, wenn er es von der Beziehung her für vertretbar hält, aber auch weiter gehende Konfrontationen realisieren, z.B.:

- So könnte ein Therapeut auf K1 auch sagen: „Wenn ich sie frage, was Ihre Gedanken sind, dann erleben Sie diese Frage schon als Zumutung: Ich zwinge Sie, sich mit Sachen zu beschäftigen, mit denen Sie sich nicht beschäftigen wollen".

oder:

- „Ich finde die Situation recht schwierig; Ich glaube, dass wir Ihre Gedanken nur dann verändern können, wenn wir klären, was damit ist. Aber dazu müssten wir hinschauen. Sie sagen mir aber, dass Sie das nicht wollen und können. Sie sagen mir, ich soll etwas tun, aber das, was ich für sinnvoll halte, darf ich nicht tun".
- Zu K3 könnte die Therapeutin sagen: „Was ich höre ist, dass Sie möchten, dass ich diese Gedanken für sie kläre. Ich soll es verstehen und Ihnen dann helfen. Und zwar so, dass Sie nicht auf diese Gedanken schauen müssen".
- Zu K8 könnte der Therapeut sagen: „Im Grunde haben Sie den Eindruck, dass ich Ihnen auch nicht helfe. Sie möchten, dass ich sie aus dem Problem raushalte".

Der Therapeut kann seine Aufmerksamkeit aber auch auf solche Aspekte richten, die sich nicht primär mit der Kontrolle über die *therapeutische* Beziehung beschäftigen. Er kann sich fragen: „Was will die Klientin in Interaktionen erreichen"? Oder „In was für eine Rolle bringt Sie ihre Beziehungspartner"?

Ein Therapeut könnte (z.B. nach K6, aber auch an anderen Stellen) der Klientin deutlich machen, dass sie über die *Demonstration von Leiden Aufmerksamkeit erzwingen will*, z.B.

- „Im Grunde ist es Ihr Wunsch, dass ich mich mit Ihnen beschäftige, dass ich für Sie da bin. Sie machen mir so lange klar, dass es Ihnen schlecht geht, bis ich das tue".
  und/oder:
- „Sie glauben, dass Sie mir demonstrieren müssen, wie schlecht es Ihnen geht, damit ich mich um sie kümmere. Was Sie wirklich möchten, ist, dass ich für Sie da bin, dass ich Sie beachte. Und Sie glauben, dass ich das nicht ohne weiteres tun werde. Sie glauben, dass Sie mich dazu zwingen müssen".

4.13.3 Transparentmachen der interaktionellen Strategien

Ein Therapeut kann dem Klienten auch transparent machen, *wie*, durch welche Mittel ein Klient manipulative Wirkung entfaltet. Der Klient soll hier verstehen, was er konkret tut: Da es therapeutisch auch wesentlich ist, mit dem Klienten neue Handlungen zu erarbeiten, ist es auch wesentlich zu erkennen, welche Handlungen ein Klient möglicherweise *nicht* realisieren sollte, will er sein System konstruktiv verändern.

Bezüglich der „Kritik-Klientin" kann der Therapeut z.B. deutlich machen, dass diese den Therapeuten zwingen will, die Therapie nach ihren Regeln zu gestalten, indem sie jede andere Art von Therapie als „unverantwortlich" definiert. Der Therapeut könnte hier z.B. sagen: „Sie sagen mir, dass es notwendig ist, dass wir die Therapie verändern: Sie brauchen mehr Stunden, längere Stunden, wir müssen die Therapie auslaufen lassen. Sie sagen mir auch, dass ich therapeutisch unverantwortlich handele, wenn ich das nicht tue". Und wenn der Therapeut härter konfrontieren will: „Sie sagen mir: Wenn ich nicht so Therapie mache, wie sie es sich vorstellen, bin ich ein schlechter, inkompetenter und unverantwortlicher Therapeut".

Und: „Ich bemerke, dass sie mir kaum eine Wahl lassen: Ich kann entweder die Therapie so gestalten, wie sie es wollen, auch wenn ich glaube, dass das nicht gut ist oder ich muss in Kauf nehmen, dass sie mich für inkompetent und verantwortungslos halten".

4.13.4 Transparentmachen von Implikationen

Klienten, die eine intransparente, manipulative Strategie realisieren, machen mit ihrer Strategie eine Reihe von interessanten Implikationen. Der Therapeut kann dem Klienten auch diese Implikationen transparent machen.

Eine Implikation der Strategie der Spielebene ist die, dass die Klienten ihre Interaktionspartner in eine *Falle* setzen: man hat nur noch zwei Möglichkeiten, man folgt entweder dem, was die Klientin vorgibt oder man wird in irgendeiner Weise abgewertet. Diese Struktur ist typisch für die Strategie intransparenter Beziehungsgestaltung: die Person übernimmt praktisch „*definitorische Macht*": die Macht der Definition, was getan werden muss und die Macht zu definieren, dass der andere schlecht ist, wenn er es nicht tut.

Aufgrund dieser Macht reduziert sie eine potentielle Vielfalt von Handlungsalternativen auf zwei Möglichkeiten: Dies ist ganz offensichtlich eine Konstruktion, der man keineswegs folgen muss. Und diese Möglichkeiten sind eindeutig positiv bzw. negativ definiert: Auch dies ist eine Konstruktion, der man nicht folgen muss. Eine der Möglichkeiten ist immer die, in der der Interaktionspartner sich komplementär verhält: Er soll genau das tun, was die Person anordnet. Die andere Möglichkeit ist der Gang in den Abgrund: Wenn man nicht komplementär handelt, ist man verständnislos, unverantwortlich, unprofessionell, gewissenlos usw.. Natürlich sind das äußerst gewagte Konstruktionen, denen man keineswegs folgen muss.

Und so könnte man als Therapeut der „Kontroll-Klientin" auch Folgendes sagen:

- „Ich habe den Eindruck, dass Sie bestimmen wollen, wie Therapie funktionieren muss; dass sie das besser wissen als ich. Wenn sie das besser wissen, warum brauchen Sie dann einen Experten?"
- „Ich wundere mich sehr darüber, dass sie nur zwei Möglichkeiten sehen: Entweder ich mache Therapie so, wie sie es möchten, oder ich bin unverantwortlich. Wieso gibt es für sie nur diese zwei Möglichkeiten?"

Konsequenzen

Der Therapeut sollte dem Klienten auch deutlich machen, was die Konsequenzen und „Kosten" seines Handelns sind. Dies ist den Klienten aufgrund ihrer voreingenommenen Interpretationsmuster meist gar nicht deutlich: die Klienten wissen nicht, dass sie sich mit ihrem Verhalten kurz- wie langfristig selbst schaden. Es ist jedoch in der Regel auch therapeutisch nicht einfach, Klienten dies deutlich zu machen.

4.13.5 Aspekte therapeutischer Transparenz-Strategien

Die Strategien, mit deren Hilfe ein Therapeut dem Klienten Aspekte der intransparenten Handlungsregulation transparent, deutlich, explizit macht, haben einige psychologische Implikationen.

Diese Strategien sind für den *Therapeuten* sehr anspruchsvoll, da der Therapeut die vom Klienten gegebene Information sehr schnell unter einem Beziehungsaspekt verarbeiten muss, was für die meisten Therapeuten zunächst sehr ungewohnt ist.

Die realisierten Interventionen sind für *Klienten* oft sehr konfrontativ, da Therapeuten damit im Allgemeinen Intentionen offen legen, von denen die Klienten in ihrer Biographie gelernt haben, sie zu verbergen (weil sie oft nur dann wirksam sind); ein direktes Ansprechen der interaktionellen Strategien der Klienten führt oft zu interaktionellen Krisen, die vom Therapeuten konstruktiv gehandhabt werden müssen.

Der Therapeut sollte diese Konfrontationen und diese Krisen (unter der Voraussetzung einer tragfähigen therapeutischen Beziehung) aber nicht vermeiden, denn er sollte sich darüber im Klaren sein, dass Therapeuten oft die einzigen Personen sind, die Klienten auf ihr Verhalten und seine Konsequenzen aufmerksam machen können:

Interaktionspartner im Alltag werden die Handlungsstrategien des Klienten meist gar nicht verstehen und wenn, werden sie sich nicht trauen, den Klienten darauf anzusprechen.

Wenn der Klient aber eine Chance erhalten soll, sein Verhalten zu ändern, dann muss er wissen, was er tut, warum er es tut und welche Konsequenzen sein Handeln hat, um sich entscheiden zu können, es zu ändern oder es beizubehalten.

Damit ist aber der Therapeut als Feed-back-Quelle notwendig, der in der Therapie genau diese Entscheidungsgrundlage schafft.

4.13.5.1 Bildung eines Klientenmodells

Was ein Therapeut bei Interventionen, die Spielstrukturen transparent machen sollen, tut, ist meist über die gegebene Information hinauszugehen (Baus, 1992; Hörmann, 1976; Schwarz, 1985): Der Therapeut zieht aus der vom Klienten aktuell gegebenen Information und der Information, die er bereits vom Klienten hatte und den Ergebnissen der Spielanalyse (die zu dem Schluss gekommen ist, dass bei der Klientin ein Spiel vorliegt) *Schlussfolgerungen*. Er geht über das unmittelbar vom Klienten Gesagte hinaus, er interpretiert die gegebene Information auf der Basis seines bisherigen Wissens (vgl. Becker & Sachse, 1998; Sachse, 1988b, 1989a, 1992a).

Damit bildet der Therapeut ein Modell über den Klienten, ein Modell über die Intentionen und Strategien, aufgrund derer der Klient handelt.

Der Therapeut *muss* bei der Bearbeitung von Spielstrukturen unbedingt über die vom Klienten aktuell gegebene Information hinausgehen; der Therapeut *muss* Schlussfolgerungen ziehen und diese dem Klienten mitteilen. Denn es wird theoretisch davon ausgegangen, dass es dem Klienten *nicht* klar ist, was er tut. Es wird angenommen,

- dass der Klient *keine* Repräsentation davon hat, dass er intransparentes Verhalten realisiert (daher *ist* diese Intervention ja gerade notwendig);
- dass er keine Repräsentation davon hat, dass er andere manipuliert usw.

Wenn er jedoch von seinen Intentionen, Strategien, Handlungen und Handlungskompetenzen keine Repräsentation hat, dann kann er all diese Aspekte auch nicht explizit nennen: Diese Aspekte können also in dem, was der Klient explizit sagt, gar nicht vorkommen. Daher kann der Therapeut logischerweise diese Aspekte nur dann transparent machen, wenn er über das Gesagte hinausgeht. Und dazu muss er sein *Wissen* nutzen, auch das Wissen, das er über den Klienten durch die systematische Spielanalyse gewonnen hat. Er muss damit Beziehungen herstellen zwischen dem, was der Klient aktuell sagt, und dem, was der Therapeut vom Klienten weiß. Bei diesem Prozess der Bildung von Schlussfolgerungen und Zusammenhänge muss der Therapeut aber beachten,

- dass er nicht abgehobenes, theoretisches Wissen heranzieht, dessen Relevanz für den Klienten nicht erwiesen ist;
- dass er vielmehr sein bisheriges Klientenmodell als zentrale Wissensbasis benutzt;
- insbesondere das Modell über die Spielstruktur des Klienten;
- dass dieses Modell validiert sein muss;
- und: dass der Therapeut jede einzelne Schlussfolgerung belegen können muss!

194

Der Aspekt der Belegbarkeit ist besonders wesentlich: der Therapeut muss angeben können, wie er zu diesem Schluss gekommen ist; er muss angeben können, auf welche Datenbasis er sich dabei stützt. Dies muss er können,

- damit er sich um *Validität* der Schlüsse bemüht, damit die Schlüsse klientennah bleiben und *nicht* in spektakuläre Sphären abdriften;
- damit er seine Interpretation auch gegenüber dem Klienten transparent machen kann, falls der Klient dies möchte.

Deutungen, die auf theoretisches Wissen zurückgreifen, ohne dass ihre Relevanz für den Klienten auch nur ansatzweise belegt ist, die auf keiner Klient-bezogenen Wissensbasis beruhen, sind nicht hilfreich und auch nicht therapeutisch verantwortbar, auch dann nicht, wenn Klienten diese bestätigen. Denn es geht überhaupt nicht darum, eine „tolle Deutung" zu haben, sondern es geht darum, *eine valide Ausgangsbasis für eine weitere therapeutische Arbeit zu schaffen.* Es geht therapeutisch gerade nicht darum, den „Interventions-Super-Treffer" zu landen, der das System der Klientin umkippt: Es geht vielmehr um die Erarbeitung einer validen Ausgangsbasis für einen ziemlich langwierigen Klärungsprozess.

Daher empfinde ich Darstellungen wie die von Mentzos (1995) zwar sehr eindrucksvoll, kann mir deren therapeutische Relevanz aber weniger gut vorstellen. Das Beispiel behandelt den Auftritt einer Klientin mit histrionischer Persönlichkeitsstörung: Sie betritt den Raum des Arztes, sieht diesen zusammen mit einer Kollegin am Schreibtisch sitzen; mustert beide, wendet sich um und schlägt die Tür zu. Nach einem kurzen Gespräch des Arztes mit dieser Patientin über dieses Verhalten gibt dieser die Deutung: „Nach so vielen Jahren traf sie endlich ihren Vater und er war wieder in den Händen einer anderen Frau, verheiratet!" Hier ist es wesentlich, sehr deutlich zu machen, dass m.E. zwischen einer Rekonstruktion von Motiven, auch im Sinne belegbarer Interpretationen, und „Deutungen" in diesem Sinne *sehr* große Unterschiede bestehen, sowohl in der Art der Verarbeitung auf Therapeutenseite als auch in der Art der Effekte auf Klientenseite (vgl. Becker & Sachse, 1998). Ich möchte deutlich machen, dass der hier verwendete Begriff „Interpretieren" im Sinne sprachpsychologischer Rekonstruktionsprozesse gemeint ist (vgl. Baus, 1992; Engelkamp, 1984; Herrmann, 1982; Hörmann, 1976; Sachse, 1992a), und *nicht* dem psychoanalytischen Konzept der Deutung entspricht.

4.13.5.2 Konfrontative Wirkung transparenz-herstellender Interventionen

Interventionen, die intransparentes Handeln erkennbar machen, wirken in der Regel konfrontativ: Es sind Interventionen, die ein Klient oft nicht als angenehm empfindet, sondern als belastend, peinlich, manchmal sogar bedrohlich.

Diese Interventionen wirken sich damit auch belastend auf die Therapeut-Klient-Beziehung aus, sie „buchen Beziehungskredit ab".

Daraus folgt, dass ein Therapeut sie nur dann realisieren sollte, wenn er Beziehungskredit hat, wenn also eine vertrauensvolle Arbeitsbeziehung existiert.

Die Tatsache, dass konfrontative Interventionen die Beziehung belasten, ist kein Grund, sie nicht anzuwenden: Denn einerseits ist es, wie deutlich gemacht wurde, erforderlich, dass der Klient eine Repräsentation seines intransparenten Handelns erarbeitet und die Therapie ist praktisch der einzige Ort, an dem dies möglich ist.

Und andererseits ist eine vertrauensvolle therapeutische Allianz kein Selbstzweck, sondern dient wesentlich dazu, Interventionen und Strategien zu ermöglichen, die ansonsten nicht konstruktiv wirksam sein könnten.

Es macht keinen Sinn, dass Therapeuten einen riesigen Beziehungskredit anhäufen, wenn sie ihn nicht nutzen (Dagobert Duck ist kein gutes Vorbild für Therapeuten!).

Interventionen unterscheiden sich stark in dem Ausmaß, in dem sie konfrontativ wirken.

Deutlich wird auch, dass die verschiedenen Interventionen deutlich unterschiedlich konfrontativ sein können. Ein Therapeut kann zu einer Klientenaussage eine Intervention realisieren, die sehr „weich", fürsorglich ist oder aber eine Intervention, die den Klienten auf Aspekte aufmerksam macht, die er gar nicht so gerne ansehen will und die möglicherweise seiner Selbstwahrnehmung drastisch widersprechen.

Es lassen sich zu einer Klientenaussage daher meist nicht nur unterschiedliche Interventionen entwickeln, sondern auch *unterschiedlich konfrontative* Interventionen.

Damit kann ein Therapeut aber grundsätzlich entscheiden, wie „hart" er den Klienten mit einer Intervention konfrontieren will.

Das Ausmaß an Konfrontation, das ein Therapeut realisieren kann und sollte, wird dabei wesentlich von zwei Parametern bestimmt:

1. vom Stand der Beziehung;

2. vom Stand der Rekonstruktion, die der Klient von seinem Problem vorgenommen hat.

Der Stand der Rekonstruktion der Spielstruktur durch den Klienten beeinflusst stark das Ausmaß, in dem ein Therapeut konfrontativ sein muss: Ist es dem Klienten z.B. völlig unklar, dass er andere mit seinem Verhalten manipuliert und möchte der Klient auch etwas Derartiges nicht zugestehen, dann wird dem Therapeuten irgendwann keine andere Wahl bleiben, als das dem Klienten unmissverständlich deutlich zu machen. Und dies wird in jedem Fall eine hoch konfrontative Wirkung auf den Klienten haben. In einem solchen Fall ist es oft nicht ausreichend, dem Klienten dezente Hinweise zu geben: Diese Hinweise kann er in der Regel gemäß seinen eigenen Selbst- und Beziehungsdefinitionen uminterpretieren. Eine hoch manipulative Klientin, die jedoch völlig davon überzeugt ist, das Opfer anderer Personen zu sein, wird dieses Schema immer wieder zur Interpretation anwenden, auch zur Interpretation der Therapeutenaussagen.

Ein Therapeut kann z.B. mit einer Klientin arbeiten, die ihren Partner mit Angstsymptomen manipuliert. Sie beklagt sich darüber, dass sich ihr Partner nicht genug um sie kümmert, wo es ihr doch so schlecht geht. In ihrer Optik ist die Kausalkette: „Ich habe Angst, also brauche ich Hilfe und ich habe ein Recht darauf, also muss mein Partner mir helfen. Der tut das aber nicht genug, also muss ich ihn dazu zwingen". Der Therapeut nimmt dagegen an, dass die Struktur anders ist: Die Klientin hat die Intention, ihren Partner durch manipulative Handlungen zur Gabe von Aufmerksamkeit zu zwingen; dazu benutzt sie Angstsymptome als Strategie; der Partner reagiert aber nicht mehr ausreichend komplementär; also reagiert sie mit „mehr-desselben".

Wenn der Therapeut nun z.B. äußert:

- „Sie demonstrieren Ihrem Partner die Angst sehr deutlich, um ihn zu zwingen, sich um sie zu kümmern",

dann kann der Therapeut dies u.U. schon für eine recht konfrontative Intervention halten.

Die Klientin ist jedoch in der Lage, die Aussage „in ihrem System zu absorbieren": Sie sagt

- „Ja, das muss ich auch. Anders kümmert er sich ja nicht um mich. Ich brauche aber seine Hilfe, weil ich krank bin".

Die Aussage des Therapeuten macht damit *gar nichts* transparent, die Klientin kann sie stattdessen als implizite Bestätigung für ihre Sichtweisen verrechnen! Dagegen kann z.B. eine Aussage wie „Im Grunde denken Sie überhaupt nicht darüber nach, wie sie Ihr Problem ändern können. Sie erwarten vielmehr von allen anderen, auch von mir, dass die sich nach Ihnen richten. Ihre Angst hilft Ihnen sehr gut dabei, andere zu kontrollieren" im System der Klientin sehr konfrontativ wirken. Dies kann sich z.B. darin zeigen, dass die Klientin sauer wird und den Therapeuten beschuldigt, sie völlig missverstanden zu haben *(Vorsicht:* Ein Therapeut sollte nie eine solche Reaktion einfach als Validierung seiner Hypothesen auffassen: es kann leider immer sein, dass die Klientin Recht hat! Diese Alternativ-Hypothese muss immer mit geprüft werden!).

Dies macht deutlich, dass „konfrontative Wirkung" etwas subjektives ist: Ob eine Intervention konfrontativ wirkt, *hängt davon ab, wie der Klient sie auffasst!* Allerdings kann ein Therapeut, der über ein gutes Klientenmodell verfügt, sehr oft sehr gut antizipieren, ob und wie konfrontativ seine Intervention wirken wird.

Da konfrontative Interventionen „Beziehungskredit in Anspruch nehmen", sollte der Therapeut immer zwei Aspekte beachten, wenn er konfrontative Strategien wählt:

1. Ein Therapeut sollte konfrontative Interventionen nur dann realisieren, wenn er „über Beziehungskredit" verfügt: Wenn die Beziehung zum Klienten einigermaßen stabil, vertrauensvoll, freundlich ist. Überzieht der Therapeut hier sein „Konto", macht er Konfrontationen, obwohl diese Bedingung nicht gegeben ist, dann kann die Beziehung in eine sehr ernste Krise geraten, eine Krise, die nicht mehr ohne weiteres zu handhaben ist, sondern bereits zu den „schwierigen Interaktionssituationen" gehört.

Es ist ganz wesentlich, dies zu beachten: Jede Konfrontation kann in eine Krise führen, indem sich der Klient beschwert, beklagt, den Therapeuten kritisiert u.ä.: Sobald dies aller aber noch *auf der Basis einer tragfähigen Beziehung* geschieht, lässt sich die Krise konstruktiv nutzen.

Ist die Konfrontation jedoch so stark, dass der Klient die therapeutische Beziehung grundsätzlich in Frage stellt (der Therapeut hat sein Beziehungskonto massiv überzogen), dann ist eine konstruktive inhaltliche Arbeit nicht mehr möglich: Der Therapeut muss vielmehr daran arbeiten, eine vertrauensvolle Beziehung *wiederherzustellen.*

Auch dies ist, wenn der Therapeut sofort konstruktiv reagiert, meist möglich und es hat auch dann manchmal positive Auswirkungen, da der Klient lernt, dass auch ernste Krisen nicht zu einem Beziehungsabbruch führen müssen; dennoch sollte der Therapeut derart massive Krisen besser nicht provozieren (es genügt schon, dass er sie nicht immer verhindern kann!).

Aus diesen Überlegungen resultiert auch,

- dass konfrontative Interventionen in der Regel zu Therapiebeginn kaum möglich sind, da die Beziehung meist noch nicht tragfähig genug ist;
- dass ein Therapeut keine konfrontativen Interventionen realisieren sollte, wenn die Beziehung gerade belastet, gestört oder angespannt ist;
- dass ein Therapeut nicht eine Vielzahl konfrontativer Interventionen nacheinander realisieren kann, weil er dadurch sein „Konto" sehr schnell überzieht und den Therapieprozess dadurch festsetzt.

2. Ein Therapeut muss, wenn er konfrontierend arbeitet, immer wieder die Beziehung zum Klienten aktiv verbessern: *Er muss etwas tun, was „sein Beziehungskonto auffüllt"*. Eine therapeutische Handlung, die sich dazu eignet, ist Entgegenkommen: Durch Verstehen, Akzeptieren, den Klienten wichtig nehmen usw., macht er dem Klienten deutlich, dass die Beziehung verlässlich ist, dass der Klient sehr wichtig ist usw. (fast unnötig zu sagen, aber dennoch gesagt: Das alles wird nur wirksam, wenn der Therapeut *meint*, was er sagt; es geht also nicht darum, dass der Therapeut dem Klienten „etwas vormacht", sondern dass der Therapeut sich bemüht, tatsächlich Verständnis für den Klienten aufzubringen!).

Andere wesentliche therapeutische Handlungen wurden oben besprochen: es sind das komplementäre Handeln zur Motivebene und die Bearbeitung der grundlegenden interaktionellen Motive des Klienten. Auch diese therapeutischen Handlungen *fördern* die Beziehung.

Daher sollte ein Therapeut niemals *nur* oder über längere Zeit ausschließlich an einem Transparentmachen der Spielstruktur arbeiten: Ein Therapeut muss immer *auch* Interventionen realisieren, die nicht-konfrontativ sind, die den Klienten unterstützen, die die Beziehung positiv deutlich machen usw.

Ein Therapeut, der konfrontative Strategien anwendet, sollte sich darüber klar werden, dass er damit einen „Zug" macht, der eine Zeit lang zu dynamischen Interaktionen in der Therapie führen kann und er sollte sich darauf vorbereiten. Wie gesagt, muss ein Therapeut damit rechnen, dass ein Klient derartige Interventionen nicht unbedingt zu schätzen weiß:

Denn der Klient will ja, dass sich der Therapeut komplementär verhält und das Spiel selbst unangetastet lässt. Nun macht der Therapeut aber genau das Gegenteil: Er verhält sich nicht komplementär und macht das Spiel transparent.

Daher muss ein Therapeut davon ausgehen, dass Klienten zu Beginn dieser Art von Arbeit keineswegs den Interventionen des Therapeuten begeistert zustimmen: Wenn der Therapeut deutlich macht, dass eine Klientin andere Personen manipuliert, dann wird die Klientin in der Regel nicht antworten

- das ist richtig;
- endlich hat das mal jemand erkannt;
- danke, dass Sie mich darauf aufmerksam gemacht haben!

Sie wird in der Regel im Gegenteil versuchen, gegen den Therapeuten zu argumentieren, dem Therapeuten sagen, er haben sie falsch verstanden, die Aussage relativieren usw. Das aber bedeutet: Die Interventionen des Therapeuten werden vom Klienten „gekontert". Und deshalb ist es notwendig, dass ein Therapeut in der Lage ist, *mehrere „Züge" im Voraus zu denken. Ein Therapeut muss daher nicht nur in Einzelinterventionen denken, sondern in therapeutischen Strategien!*

Ein Therapeut muss Wissen darüber haben, was ein Klient als „return" auf seine Interventionen sagen könnte; und er muss wissen, wie er dann mit dieser Aussage des Klienten umgehen kann. Kann er dies nicht, wird ihm die Intervention wenig nützen; denn dann ist er zwar nicht im ersten, wohl aber im zweiten oder dritten Zug „mattgesetzt".

Macht ein Therapeut z.B. ein Statement wie „wenn ich die Therapie nicht ändere, dann handele ich im Grunde unverantwortlich", dann könnte die Klientin entgegnen:

Klientin: „Ja, das finde ich auch."

Nun sollte der Therapeut wissen, wie es weitergehen kann und sollte: Was erkennbar wird, ist, dass die Klientin bestimmt, was gute Therapie ist. Gleichzeitig sagt sie aber auch, der Therapeut sollte ein Experte sein. Mit diesem Widerspruch kann der Therapeut die Klientin nun konfrontieren:

Therapeut: „Auf der einen Seite sagen sie mir, ich solle mich wie ein Experte verhalten, therapeutisch richtig handeln. Aber wenn ich als Experte sage, dass es wichtig ist, die Zeit auf eine Stunde zu begrenzen, dann bin ich für sie kein Experte mehr. Im Grunde bin ich für sie nur dann ein Experte, wenn ich das tue, was sie wollen."

Die Klientin könnte dies nun relativ leicht kontern:

Klientin: „Natürlich, als Therapeut müssen Sie ja auch erkennen, was mir wichtig ist."

Therapeut: „Wenn ich sie richtig verstehe, soll ich aber nicht nur *erkennen*, was ihnen wichtig ist; ich soll vor allem genau das tun, was Sie für richtig halten. Aber was ist, wenn ich genau das als Therapeut nicht für richtig halte?"

Der Therapeut kann hier somit das Ablenkungsmanöver der Klientin auffangen: Die Klientin möchte den Therapeuten kontrollieren, möchte aber nicht, dass es so aussieht wie eine Kontrolle. Der Therapeut muss jedoch versuchen, das Handeln der Klientin richtig zu benennen und muss daher alle Euphemismen, Nebenschauplätze usw. verlassen: Nur wenn klar ist, worum es *tatsächlich geht*, kann sich die Kommunikation ändern von einer verdeckten zu einer offenen Kommunikation.

Aber das wird der Therapeut in aller Regel *nicht* mit einer einzelnen Intervention erreichen: Der Klient wird diese nicht einfach annehmen und umsetzen, er wird versuchen, sein Spiel weiterhin zu spielen. Und daher muss der Therapeut auch weiterhin versuchen, das Spiel transparent zu machen.

Überhaupt sollten Therapeuten nicht davon ausgehen, dass einzelne Interventionen oder Strategien das System des Klienten verändern können: Der Klient hat seine Strategien auf der Spielebene in Jahren entwickelt, aufgebaut, elaboriert, weiterentwickelt, geübt. Ein so gut entwickeltes und sei Jahren geübtes System kann ein Therapeut nicht mit einzelnen Interventionen verändern, wie schlau und treffend diese auch immer sein mögen. Ein Therapeut sollte vielmehr damit rechnen, dass er dem Klienten diese Struktur immer auch wieder transparent machen muss, bevor es dem Klienten „dämmert", dass er selbst ein Teil des Problems sein könnte.

4.14 Therapeutischer Umgang mit dysfunktionalen Klientenrollen

Nach der Erörterung therapeutischer Strategien auf der Spielebene der Interaktion ist es nun möglich, den therapeutischen Umgang mit dysfunktionalen Klientenrollen zu erörtern.

Wie ausgeführt, stellt es für den Therapeuten eine „schwierige Interaktionssituation" dar, wenn ein Klient eine andere als eine Klienten-Rolle einnimmt, z.B. eine Rolle als
- Kritiker;
- Kollege;
- Beziehungspartner;
- Therapeut für den Therapeuten o.ä.

Therapeuten müssen mit dieser Interaktionssituation konstruktiv umgehen, sie können es sich in aller Regel nicht leisten, nicht darauf zu reagieren; denn dies kann Klienten verärgern, sie veranlassen „mehr desselben" zu verwirklichen usw.: Wird das dysfunktionale Rollenverhalten des Klienten nicht bearbeitet, kann dies die Therapeut-Klient-Beziehung drastisch verschlechtern.

Therapeutisch gibt es unterschiedliche Möglichkeiten, wie ein Therapeut mit dieser Problematik umgehen kann. Welche dieser Möglichkeiten ein Therapeut realiseren sollte, hängt davon ab, wie er das Verhalten des Klienten einschätzt. Um das Verhalten einzuschätzen, sollte ein Therapeut sich folgende Fragen beantworten:
- Hat der Klient, der ein Beziehungsangebot macht, Kritik übt usw. ein persönliches Anliegen? Ist das Anliegen authentisch? *Will* der Klient, dass der Therapeut sich damit auseinander setzt? Geht es dem Klienten um die angesprochenen Inhalte (Fall1)?
  oder
- Will ein Klient damit erreichen, dass er vom Therapeuten gesehen, ernst genommen, respektiert wird, dient das Verhalten somit einem Schema des Klienten der Art „Verschaffe Dir Respekt" (Fall 2)?
  oder
- Dient das Verhalten einem Test; geht es gar nicht um Kritik, Abwertung usw., sondern geht es darum zu prüfen, ob der Therapeut verlässlich ist (Fall 3)?

Manchmal wird es nicht leicht sein, zwischen diesen Alternativen zu entscheiden; im Zweifel ist es wahrscheinlich sinnvoll, davon auszugehen, dass Fall 1 vorliegt. Ansonsten führen diese Fälle aber zu deutlich unterschiedlichen therapeutischen Vorgehensweisen.

Im *ersten Fall* stellt das Nicht-Einnehmen der Klientenrolle den Versuch des Klienten dar, „aus der normalen Therapie auszusteigen", z.B.
- um eine andere Art von Beziehung zum Therapeuten aufzubauen (Freund, Liebhaber, Kollege usw.);
- um den Therapeuten dazu zu bewegen, anders (als als Therapeut) mit dem Klienten umzugehen, den Therapeuten also zu nicht-therapeutischen Handlungen zu bewegen (z.B. sich zu solidarisieren gegen Dritte o.ä.);
- um den Therapeuten zu emotionalen Reaktionen zu provozieren, die ansonsten nicht in therapeutischen Settings auftreten (z.B. „sich unzulänglich fühlen", „sich verlieben" u.ä.).

Derartige „Rollenüberschreitungen" auf Seiten des Klienten dienen dazu, den Therapeuten ebenfalls aus seiner therapeutischen Rolle „herauszuholen", den Therapeuten auf eine andere Beziehungsebene zum Klienten zu bringen, und zwar auf eine, die vom Klienten definiert wird.

Auf diese Aktionen der Klienten sollte der Therapeut in jedem Fall reagieren, denn die Klienten, die „aus der Klientenrolle aussteigen", steigen auch aus der Therapie aus: Als Kritiker stehen sie außerhalb der Therapie und bewerten diese; als Kollegen stehen sie außerhalb der Therapie und haben eine Arbeitsbeziehung zum Therapeuten usw. Klienten haben, wenn sie nicht in die Klientenrolle gehen, keinen Therapievertrag mit dem Therapeuten, es besteht, zumindest vorübergehend, *kein Konsens über therapeutische Arbeit.* Dies bedeutet zwangsläufig, dass der Therapeut diese Aktionen auch nicht therapeutisch bearbeiten darf (einmal, weil er dazu gar kein „Mandat" hat und zum Anderen, weil die Klienten sich dadurch auch nicht ernst genommen fühlen würden, z.B. wenn der Therapeut ein Beziehungsangebot eines Klienten als Ausdruck von dessen Störung verstehen würde!); vielmehr sollte er auf eine Meta-Ebene gehen und mit dem Klienten „über" die Therapie, die therapeutischen Rollen usw. sprechen. Der Therapeut sollte somit die Therapie tatsächlich verlassen, aber nicht so, wie der Klient es sich vorstellt: Statt in eine andere Beziehung zum Klienten einzutreten, kann der Therapeut mit dem Klienten klären, und zwar als angesprochene *Person*, was der Klient möchte und wie der Therapeut als angesprochene Person dazu steht; statt einen kritisierenden Klienten zu pathologisieren kann der Therapeut mit dem Klienten *über* die Therapie sprechen: Was dem Klienten missfällt, welche Erwartungen er hat, was er ändern will, was der Therapeut ändern kann oder nicht usw. In diesen Fällen regt der Therapeut ein Gespräch auf Meta-Ebene über die Therapie an: Darüber, was der Klient möchte, was in der Therapie geschehen kann und was nicht, unter welchen Bedingungen die Therapie fortgeführt werden kann und unter welchen nicht usw.

Eine Meta-Ebene einzunehmen bedeutet für den Therapeuten,

- dass er das Verhalten des Klienten transparent macht, markiert, anspricht, deutlich macht;
- dass er deutlich macht, dass das Verhalten des Klienten o.k. ist, dass der Therapeut es als wichtig akzeptiert;
- dass der Therapeut das Verhalten des Klienten für wichtig hält, für etwas, was unbedingt geklärt und in seinen Konsequenzen für eine weitere Therapie durchdacht werden muss;
- dass der Therapeut das Verhalten des Klienten und seine Gründe daher nun mit dem Klienten genau und gründlich klären will;
- dass der Therapeut dazu auch Stellung nehmen will und Stellung nimmt (zur Kritik, zum Beziehungsangebot usw.);
- dass der Therapeut danach mit dem Klienten überlegen will und überlegt, ob und wie die Therapie weitergeführt werden kann.

Im *zweiten Fall* ist das Verhalten, eine andere Rolle als die Klientenrolle einzunehmen, funktionalisiert, sie steht im Dienste eines (anderen) Motivs: z.B. nimmt ein Klient eine Kollegenrolle ein, um vom Therapeuten respektvoll behandelt zu werden (und nicht, um mit dem Therapeuten ernsthaft zu erörtern, ob er ein Kollege ist oder nicht: der Inhalt ist unwichtig, es geht nur um den Effekt!). In einem solchen Fall ist es in der Regel nicht nötig, auf die Meta-Ebene zu gehen (höchstens, wenn sich das Klientenverhalten stark störend auf den Therapieprozess auswirkt): Der Therapeut kann sich hier sinnvollerweise komplementär verhalten und dem Klienten „den Respekt gönnen", indem er den Klienten als Kollegen, gewissermaßen „als Experten für sich selbst" akzeptiert.

Im *dritten Fall*, im Falle von Testverhalten, geht der Therapeut nicht auf eine Meta-Ebene, sondern bleibt auf der therapeutischen Ebene und arbeitet mit dem Klienten über dessen Aktionen therapeutisch. Aus der Interpretation der Handlungen als Test folgt nämlich, dass der Klient die Therapie gar nicht verlassen hat, dass es dem Klienten auch gar nicht um Kritik oder Abwertung geht, sondern um einen *Verlässlichkeitstest der therapeutischen Beziehung*. Und diesen muss der Therapeut natürlich innerhalb der therapeutischen Beziehung bestehen und bearbeiten und nicht auf einer Meta-Ebene (siehe dazu Abschnitt 4.9.5).

5. Systematische Prozessanalyse

5.1 Einleitung

5.1.1 Die Notwendigkeit einer systematischen Prozessanalyse

Klienten, die eine Spielebene aufweisen, realisieren in ihrem Handeln im Therapieprozess eine Art von Interaktion, die sie in ähnlicher Weise auch anderen Interaktionspartnern gegenüber realisieren: Sie versuchen, den Therapeuten in intransparenter Weise in ihr System zu „verwickeln". Sie weisen therapeutische Ziele auf, die denen des Therapeuten nicht entsprechen und sie bearbeiten ihre Probleme in einer Weise, die den therapeutischen Vorstellungen und Regeln des Therapeuten nicht entspricht.

Diese Art von Gestaltung der Beziehung und Bearbeitung durch den Klienten hat in der Therapie sehr oft eine Reihe von Konsequenzen:

1. Der Therapeut, der a priori davon ausgeht, dass ein Klient mit Änderungsmotivation in die Therapie kommt, erkennt nur schwer oder zu spät, dass der Klient andere Intentionen hat.

2. Da das Verhalten des Klienten intransparent ist, erkennt der Therapeut nicht oder aber zu spät, was der Klient „mit dem Therapeuten" macht.

3. Dadurch verhält sich der Therapeut zunächst komplementär zur Spielebene und bekräftigt und stabilisiert so das intransparente Handeln des Klienten.

4. Der Therapeut bemerkt nach einiger Zeit, dass der Klient nicht konstruktiv an einer Klärung oder Veränderung eigener Problemdeterminanten arbeitet.

5. Da der Therapeut jedoch nicht versteht, was die Problematik des Klienten ist, kann er die Gründe dieser mangelnden Kooperation nicht verstehen.

6. Der Therapeut fühlt sich vom Klienten nach einiger Zeit manipuliert, ausgenutzt, eingespannt.

7. Da der Therapeut jedoch die Gesamtproblematik des Klienten nicht versteht, versteht er auch die Beziehungsgestaltung des Klienten nicht.

8. Er kann somit weder die Handlungen des Klienten auf Bearbeitungsebene noch auf Beziehungsebene als einen Teil des Klientenproblems verstehen.

9. Da er das Problem nicht versteht, kann er auch keine geeigneten Ziele und Interventionen ableiten: Er ist therapeutisch hilflos.

10. Die Gefühle von Ausgenutztsein, sich sabotiert fühlen und Hilflosigkeit bringen den Therapeuten dazu, sich über den Klienten zu ärgern: Seine Beziehung zum Klienten verschlechtert sich.

11. Hilflosigkeit führt oft dazu, dass der Therapeut Druck auf den Klienten ausübt, den Klienten kritisiert, antreibt u.a..

12. Ärger über den Klienten und Antreiben des Klienten verschlechtern die Beziehung des Klienten zum Therapeuten: der Klient fühlt sich nicht angenommen, nicht verstanden, nicht richtig behandelt.

13. Dadurch führt die Interaktion in eine Abwärts-Spirale, die es dem Therapeuten und/oder dem Klienten schließlich nicht mehr möglich macht, die Therapie fortzusetzen.

So sieht man immer wieder Therapeuten, die nach 10 - 15 Stunden therapeutischer Arbeit mit diesen Klienten völlig verärgert und entnervt in Supervision kommen und den Klienten nicht mehr ertragen können. Sie sind nicht mehr in der Lage, den Klienten empathisch zu verstehen oder zu akzeptieren; der Klient hat sich in einen aversiven Stimulus verwandelt.

Der Grund dieser wenig konstruktiven Entwicklung des Prozesses liegt im Wesentlichen darin, dass es den Therapeuten nicht und vor allem nicht frühzeitig gelingt zu verstehen, was das Problem des Klienten ist.

Die Therapeuten können so
• das Verhalten des Klienten *nicht* als Teil des Problems erkennen;
• gar nicht verstehen, was in der Therapeut-Klient-Beziehung passiert;
• sich nicht auf den Klienten einstellen: Sie können keine geeigneten Ziele und Interventionen entwickeln.

Auf diese Weise passiert ihnen das Gleiche, was anderen Interaktionspartnern im Alltag auch passiert: Sie werden zunächst in das System des Klienten verwickelt und verhalten sich komplementär zur Spielebene; nach einiger Zeit reagieren sie jedoch frustriert, genervt und hilflos und ihr Verhalten „kippt" von der komplementären in die aggressive Interaktionsform. Tragischerweise gelingt es ihnen aber gerade damit nicht, einer der wesentlichsten Regeln der Therapie zu folgen, die heißt: Der Klient soll in der Therapie andere und konstruktivere Erfahrungen machen als im Alltag. Vielmehr vermitteln sie dem Klienten exakt die gleichen Erfahrungen wie im Alltag; damit bestärken sie jedoch das dysfunktionale System des Klienten. Statt den Klienten zu helfen, verhalten sie sich so in hohem Maße antitherapeutisch.

Dies ist jedoch, darüber sollte man sich völlig im Klaren sein, gar nicht vermeidbar, solange es dem Therapeuten nicht gelingt, das System des Klienten zu verstehen: Erst, wenn ein Therapeut die „Hintergründe" des Klientenverhaltens versteht, kann er das Klienten-Handeln als Teil des Problems wahrnehmen und angemessen darauf reagieren. Und nur *dann*, wenn der Therapeut die Hintergründe *schnell* versteht, kann er eine Abwärts-Spiralisierung der Interaktion verhindern.

Aus diesem Grunde ist es von essentieller Bedeutung, eine systematische Analyse des Klientensystems durchzuführen: Der Therapeut muss ein Modell vom Klienten erarbeiten, er muss wissen, *dass* eine Spielebene vorliegt, wie diese aussieht, welche Annahmen und welche Motive der Klient mitbringt. Nur auf der Basis eines solchen Verstehens kann sich der Therapeut dem Klienten gegenüber angemessen verhalten; nur aufgrund eines solchen Verstehens kann der Therapeut auch verhindern, falsche Erwartungen an den Klienten heranzutragen, dessen Verhalten misszuverstehen und es durch ungünstige Interventionen weiter zu „verschlimmern". Eine systematische Analyse ist daher für ein konstruktives therapeutisches Handeln bei Klienten, die eine Spielebene aufweisen, *unabdingbar* (siehe zum Aspekt der „Modellbildung" Becker & Sachse, 1998; Gäßler & Sachse, 1992; Raum & Sachse, 1992; Sachse, 1989a, 1992d; Weinrich & Sachse, 1992).

5.1.2 Phasen einer Prozessanalyse

Eine solche systematische Analyse ist jedoch relativ aufwendig. Sie ist so aufwendig, dass man sie kaum routinemäßig bei jedem Klienten durchführen kann. Dies ist jedoch auch nicht nötig. Man kann nämlich davon ausgehen, dass ein Therapeut bereits sehr früh im Prozess in der Arbeit mit Klienten, die eine Spielebene aufweisen, „Frühwarnzeichen" erkennen kann. Diese Zeichen kann er dann zum Anlass nehmen, eine sorgfältige Analyse durchzuführen.

Somit kann man den Prozess der Analyse und Modellbildung in drei Phasen unterteilen.

- 1. *„Alarmphase":* Der Therapeut erkennt Frühwarnzeichen, die ihn informieren, dass die Interaktion mit einem Klienten in bestimmter Weise gestört, ungewöhnlich" ist.
- 2. *Phase der Systematischen Analyse:* In dieser Phase arbeitet der Therapeut sehr systematisch an einem Klientenmodell und versucht zu verstehen, wie das System des Klienten aussieht.
- 3. *Phase der Bildung von Handlungsmodellen:* Wenn der Therapeut das System des Klienten verstanden hat (was immer als eine Hypothese zu betrachten ist!), kann er ein Handlungsmodell für den Klienten entwickeln: Welches sind sinnvolle Prozessziele, Interventionen und Strategien für diesen Klienten?

Die systematische Prozessanalyse hat wiederum zwei Analyseschwerpunkte:

1. Spielanalyse

2. Analyse der Schemata und Motive des Klienten

5.1.3 Modellbildung und Intervention

Die systematische Prozessanalyse dient dazu, ein *Klientenmodell* zu bilden, ein Modell über die Handlungsregulationen des Klienten.

Bei Klienten mit Persönlichkeitsstörungen bedeutet dies im Wesentlichen, dass der Therapeut das allgemeine Modell der doppelten Handlungsregulation mit konkreten Klientendaten ausfüllt, es „installiert".

Der Therapeut sollte nach der Analyse z.B. wissen,

- welches die zentralen Beziehungsmotive dieses konkreten Klienten sind;

- welche Beziehungs- und Selbstkonzeptschemata dieser Klient aufweist;
  - wie die Spielstruktur des Klienten beschaffen ist, d.h. welches die interaktionellen Ziele des Klienten auf der Spielebene sind;
  - durch welche Strategien der Klient versucht, diese Ziele zu erreichen;
  - welche Arten von komplementärem Verhalten der Klient erwartet;
  - auf welche Arten von Therapeutenverhalten der Klient wahrscheinlich nicht positiv reagieren wird;
  - welche Interventionen des Therapeuten zu welchen schwierigen Interaktionssituationen führen könnten:

Ein solches Klientenmodell ist die Voraussetzung dafür, dass ein Therapeut für diesen Klienten
- therapeutische Ansatzpunkte erschließen kann (Was sind die zentralen Themen des Klienten? Woran soll überhaupt therapeutisch gearbeitet werden?);
- therapeutische Ziele ableiten kann (Was kann bei diesem Klienten überhaupt als Ziele angestrebt werden? Was ist sinnvoll und möglich?);
- therapeutische Vorgehensweisen abzuleiten (Wie kann bei diesem Klienten überhaupt therapeutisch vorgegangen werden? Welche Strategien können in welcher Reihenfolge eingesetzt werden?).

5.1.4 Nicht ohne Kientenmodell intervenieren!

Bei Klienten mit Interaktionsstörungen wird in Analysen von Supervisionen immer wieder deutlich, dass therapeutische Interventionen, die nicht auf einem validen Verständnis des Klienten-Systems beruhen, *in der Regel* nicht wirksam sind oder sogar die therapeutische Beziehung verschlechtern.

Daher kann man als allgemeine Regel formulieren: Solange ein Therapeut kein Klientenmodell über die oben angeführten Aspekte gebildet hat, sollte er eher sparsam, auf Basisniveau (empathisch-akzeptierend-kongruent) intervenieren und mit weit gehenden oder sogar konfrontativen Interventionen äußerst vorsichtig umgehen. Kurz gesagt lautet die Regel:

„Nicht aus der Hüfte intervenieren!"

Dafür gibt es zwei sehr wesentliche Gründe.

1. Welche Art von Intervention für einen Klienten sinnvoll ist, hängt in extrem hohem Maße von der Art der Handlungsregulation des Klienten ab. Was für einen Klienten eine sehr hilfreiche Interventionen sein kann, kann für einen anderen Klienten völlig kontraindiziert sein.

   Ein Klient, der eher eine manipulative Strategie realisiert, die den Partner in das eigene System stark einbindet (wie ein Klient mit sog. „histrionischer Persönlichkeitsstörung"), nimmt in der Regel relativ schnell eine Beziehung zum Interaktionspartner auf. Der Therapeut kann zu diesem Klienten damit relativ schnell eine therapeutische Beziehung entwickeln. Diese kann es dem Therapeuten ermöglichen, den Klienten schon relativ früh im Therapieprozess mit eigenen Verhaltensweisen zu konfrontieren: der Therapeut kann dem Klienten deutlich machen, was dieser mit ihm, dem Therapeuten macht. Eine solche Konfrontation ist, selbst wenn sie sehr empathisch und akzeptierend vorgetragen wird, nur auf der Basis einer Beziehung möglich. Daher kann ein Therapeut eine solche Intervention auch nicht bei einem Klienten realisieren, dessen Interaktion darin besteht, den Therapeuten auf Distanz zu halten (wie z.B. bei einem Klienten mit sog. „schizoider Persönlichkeitsstörung"): Hier muss der Therapeut sehr lange an dem Aufbau einer Beziehung arbeiten (durch Empathie, Akzeptierung, Kongruenz und Transparenz); er hat damit aber über lange Zeit gar nicht genug „Beziehungskredit", um den Klienten konfrontieren zu können.

Aus diesen Beispielen wird deutlich: *Therapeutische Prozessziele, Interventionen und Strategien setzen ein gut elaboriertes und validiertes Klientenmodell voraus!* Bei Klienten, die eine Spielebene aufweisen, kann sich der Therapeut praktisch nie erlauben, „aus der Hüfte" zu intervenieren. Handelt ein Therapeut hier ohne ein Modell vom Klienten nach Versuch und Irrtum, kann er zufällig das Richtige tun; die Wahrscheinlichkeit ist jedoch ungleich höher, „am Klienten vorbei zu intervenieren". Und es besteht eine (zu) hohe Wahrscheinlichkeit, genau das Falsche zu tun: sich zur Spielebene komplementär zu verhalten, den Klienten mit Interventionen zu verschrecken, in einen Machtkampf zu geraten u.ä. Daher setzt ein klientenbezogenes Intervenieren immer die Bildung eines (validierten) Klientenmodells voraus.

2. Es gibt noch einen anderen wesentlichen Grund, warum ein Modell eine Voraussetzung für Klientenzentriertes, zielgerechtes Intervenieren ist. Wie aus den bisherigen Darstellungen deutlich geworden sein dürfte, sind Spielstrukturen aus der Sicht des Therapeuten komplex: Ein Therapeut kann in der Regel eben nicht ohne weiteres erkennen, was ein Klient im Therapieprozess tut; ein Therapeut kann die interaktionellen Intentionen des Klienten nicht ohne weiteres verstehen. Dies hat zur Folge, dass ein Therapeut aufgrund der begrenzten Verarbeitungskapazitäten gar nicht in der Lage ist, gleichzeitig zu analysieren, was der Klient tut, welche Intentionen er hat, Ziele abzuleiten und passende Interventionen zu generieren. Erst dann, wenn der Therapeut ein Klientenmodell als verfügbares Hintergrundwissen hat, kann er den Klienten „in Realzeit" verstehen und kann aufgrund dieses Wissens sinnvolle Interventionen ableiten. Erst auf Grundlage eines Klientenmodells wird es dem Therapeuten möglich, gezielt und angemessen zu handeln. Ohne Modell hat das Intervenieren meist den Charakter eines „Herumeierns", eines relativ strukturlosen und hilflosen und oft auch wenig verständlichen Herumstocherns. Man sollte sich hier als Therapeut deutlich machen, dass man in Bezug auf die Spiele des Klienten ein „Anfänger" ist, der erst verstehen muss, nach welchen Regeln das Spiel funktioniert. Dagegen hat der Klient in seinem Spiel 10, 20 oder 30 Jahre Übung. Ohne eine systematische Analyse, ohne die Erarbeitung einer systematischen Wissensbasis, die der Therapeut im Therapieprozess zur Verfügung hat, kann er in aller Regel nicht schnell und nicht gut genug verstehen, was gerade in der Interaktion vor sich geht und er kann dann infolgedessen auch keine angemessenen Interventionen realisieren.

5.1.5 Modellbildung verbessert Empathie

Eine systematische Spielanalyse und Modellbildung hat sehr oft beim Therapeuten auch unmittelbare Effekte auf das Verstehen des Klienten: Sie bringt den Therapeuten zurück zu Empathie und damit auch zu Akzeptierung des Klienten und seines Handelns.

Eine systematische Spielanalyse hat zur Folge, dass der Therapeut den Klienten wieder besser, empathischer verstehen kann. Solange der Therapeut die Information nur auf der Inhaltsebene verarbeitet, bleibt ein Klient, der ein Spiel realisiert, oft für den Therapeuten unverständlich. Seine Aussagen erscheinen irrelevant, langweilig, widersprüchlich u.a. Der Therapeut reagiert darauf, indem er „innerlich abschaltet", resigniert, sich hilflos oder ärgerlich fühlt und das Ende der Stunde herbeisehnt. Bleibt der Therapeut mit seiner Verarbeitung auf der Inhaltsebene, dann ist er auch tatsächlich hilflos: Die Inhaltsebene ist oft auch tatsächlich irrelevant und „leer"; hier findet der Therapeut auch tatsächlich kaum Anhaltspunkte zum Verstehen oder Ansatzpunkte für sinnvolle Interventionen.

Daher ist es nötig, die Perspektive zu wechseln: Der Therapeut muss seinen Verarbeitungsfokus von der Inhaltsebene auf die Beziehungsebene verlagern. Er muss verstehen, was der Klient auf der Beziehungsebene mitteilt und *tut*. Er muss ein Modell über das *Interaktionsverhalten* des Klienten entwickeln, über die interaktionellen Intentionen des Klienten. Dieses Modell muss der Therapeut dann auf die Aussagen des Klienten anwenden. Durch dieses Modell schafft der Therapeut dann einen anderen, z.T. völlig neuen Verstehenshintergrund. Aufgrund dieses neuen Verstehenshintergrundes ändert sich das Verstehen des Therapeuten dann sehr oft sehr drastisch: Aussagen des Klienten, die vorher unverständlich und irrelevant erschienen, werden dann plötzlich sehr gut verständlich und sinnvoll. Der Therapeut erkennt dann, dass der Klient tatsächlich sehr viel mehr über sich und seine Probleme aussagt, als vorher erkennbar war. Der Therapeut ist nun, aufgrund des neuen Modells in der Lage, die Aussagen des Klienten „simultan zu übersetzen": Zu übersetzen in verstehbare, relevante Informationen. Und dies kann der Therapeut nicht nur für sich selbst tun: Er kann und sollte diese „Simultanübersetzung" auch für den Klienten leisten, d.h. der Therapeut teilt dem Klienten mit, was er auf der *Beziehungsebene* vom Klienten verstanden hat. Damit lenkt er auch die Aufmerksamkeit des Klienten auf die eigentlich relevanten Aspekte, auf die interaktionellen Intentionen, Motive, Befürchtungen und Überzeugungen, die der Klient im Hinblick auf Beziehungen hat.

Der Effekt, den eine solche Modellbildung hat, ist in der Supervision oft sehr überraschend und drastisch: Hatte man als Therapeut und auch als Hörer zunächst den Eindruck, der Klient mache langweilige und irrelevante Aussagen und fühlte man sich handlungsunfähig, weil man keinen „Einstieg" für Interventionen fand, so erscheinen nach der Bildung eines neuen Klientenmodells die Aussagen des Klienten plötzlich in ganz anderem Licht: Man hat nun den Eindruck, dass der Klient sogar sehr relevante Aussagen über sich und sein Problem macht und man findet ohne weiteres sinnvolle Interventionen. Der Wechsel der Perspektive, die Verarbeitung anderer Aspekte der Information, die Bildung eines neuen Klientenmodells erlauben eine ganz neue Art des Verstehens und Herangehens.

Diese Verstehensbasis kann verhindern, dass Therapeuten und Klienten gediegen aneinander vorbeireden: Bisher „sendete" der Klient Informationen auf der Beziehungsebene, der „Empfänger" des Therapeuten war jedoch auf die Inhaltsebene eingestellt. Umgekehrt macht der Therapeut Interventionen auf Inhaltsebene, die den Klienten nicht erreichen. Dadurch dass der Therapeut seinen Fokus wechselt, kommunizieren beide wieder auf der gleichen Ebene, wodurch eine konstruktive Problembearbeitung wieder möglich wird.

5.2 Systematische Spielanalyse

Die Analyse des Klienten-Systems sollte immer mit der Analyse der intransparenten Handlungsregulation, also des „Spiel-Handelns" des Klienten beginnen.

Der Hintergrund dafür ist der, dass diese Handlungen im Therapieprozess die salientesten sind: Der Therapeut wird massiv damit konfrontiert, wird dann „verwickelt", kann diese Klienten-Aktionen gar nicht ignorieren.

Diese Klienten-Handlungen verstellen Therapeuten damit in aller Regel auch den Blick auf andere Aspekte: Auf Beziehungsmotive, negative Schemata, auf auch noch vorhandene authentische Handlungen der Klienten usw.

Daher ist es wesentlich, dass der Therapeut die Spielebene als Erster durchschaut, wobei „durchschauen" durchaus im doppelten Wortsinn gemeint ist:
• Er soll diese Handlungsregulation verstehen
• und, indem er sie versteht und als Teil des Klientenproblems begreift, soll er *hindurchschauen*, um andere, weitere wesentliche Aspekte des Klienten sehen und verstehen zu können.

5.2.1 Alarm-Phase

Mit „Alarm-Phase" ist die Phase gemeint, in der ein Therapeut bemerkt, „dass irgendetwas in der Beziehung zum Klienten nicht richtig läuft", dass „irgendetwas nicht stimmt" u.ä.

In dieser Phase wird der Therapeut auf bestimmte *Eigenheiten des Klienten-Interaktionsverhaltens* aufmerksam und dies informiert ihn darüber, dass nun eine systematische Analyse des Klientenverhaltens sinnvoll sein könnte.

Um eine solche Analyse einzuleiten, muss der Therapeut also im Therapieprozess zu der Hypothese gelangen, dass bei dem Klienten eine Persönlichkeitsstörung vorliegt:

Außer durch entsprechende Vordiagnosen (z.B. mit dem PSSI von Kuhl & Kazèn, 1996) oder Vorinformationen kann der Therapeut auch durch bestimmte Prozessindikatoren, die nun behandelt werden sollen, zu einer solchen Hypothese gelangen.

Natürlich kann ein Therapeut sinnvollerweise *nicht* in jedem Fall, bei jedem Klienten a priori davon ausgehen, dass ein Klient ein Spiel realisiert; er sollte auch nicht in jede Therapie mit dem grundlegenden Misstrauen hineingehen, der Klient könnte intransparente Interaktionen aufweisen. Die *Voreinstellung*, mit der ein Therapeut dem Klienten begegnet, sollte *nicht* darin bestehen, dass der Klient sich in der Therapie gar nicht verändern, sondern sein System mit Hilfe des Therapeuten stabilisieren will. Die Voreinstellung des Therapeuten sollte stattdessen immer die sein, dass sich der Klient authentisch verhält und konstruktiv arbeiten will. Jede andere Voreinstellung des Therapeuten wäre wahrscheinlich wenig beziehungsförderlich.

Diese Grundhaltung des Therapeuten ist als grundlegendes Beziehungsangebot an den Klienten von großer Bedeutung. Sie sollte jedoch nicht dazu führen, dass der Therapeut blind wird für das, was der Klient tut: der Therapeut muss wissen, dass ein Klient durchaus *nicht* die Intention haben muss, sich zu ändern, sondern die haben kann, den Therapeuten in sein System „einzubauen".

Er muss daher die Annahme, dass der Klient therapeutisch konstruktiv arbeitet, als *Hypothese* betrachten und somit immer prüfen, ob diese Hypothese zutrifft. Er muss daher *gegenüber Informationen sensibel bleiben*, die anzeigen, dass der Klient nicht änderungsmotiviert ist, dass der Klient intransparente Interaktionen realisiert. Diese Informationen können zunächst recht subtil und implizit sein; umso wichtiger ist es daher, dass ein Therapeut weiß, welche Informationen relevant sind und wie man sie erkennen kann.

In aller Regel sind die *ersten Hinweise*, die ein Therapeut im Prozess darüber erhält, dass es sich um Interaktionsspiele handeln könnte, sehr unspezifisch. Als ersten Hinweis hat der Therapeut oft nur ein vages Gefühl von „irgendwas stimmt nicht", er hat ein (mehr oder weniger diffuses) Störgefühl. Es ist von absolut zentraler Bedeutung, dieses Gefühl wahrzunehmen und ernst zu nehmen!

Indikatoren, die bereits früh im Therapieprozess auftreten können und die in jedem Fall ernst genommen werden und Anlass für eine systematische Analyse sein sollten, sind:

- Der Therapeut hat das Gefühl, dass „irgendetwas nicht stimmt"; (selbst wenn dieses Gefühl sehr diffus ist, sollte es beachtet werden").
- Der Therapeut erkennt *Diskrepanzen* zwischen seiner eigenen Einschätzung der Therapie, der Fortschritte des Klienten oder der Arbeit des Klienten und der Einschätzung des Klienten.
- So kann der Klient äußern, dass die Therapie „ganz toll läuft", wohingegen der Therapeut den Eindruck hat, dass die Therapie stagniert.
- Der Klient äußert, dass er gute Fortschritte mache, der Therapeut kann diese jedoch nicht wahrnehmen.
- Der Klient äußert, dass ihm die Therapie sehr wichtig sei, der Therapeut hat jedoch keine Ahnung, warum.
- Der Therapeut fühlt sich im Prozess hilflos, weiß nicht mehr, wie er intervenieren soll.
- Der Therapeut fühlt sich vom Klienten mattgesetzt, blockiert.
- Der Therapeut fühlt sich vom Klienten unter Druck gesetzt („es muss ganz schnell etwas passieren").
- Der Therapeut fühlt sich vom Klienten manipuliert oder kontrolliert.
- Der Therapeut fühlt sich vom Klienten bewertet, abgewertet.

- Der Therapeut bemerkt, dass er für den Klienten Dinge tut, die er sonst nicht tut bzw. die er eigentlich auch nicht will (z.B.: er gibt Sondertermine, gibt dem Klienten seine private Telefonnummer).
- Der Therapeut beschäftigt sich über die Therapiestunde hinaus mit dem Klienten (abends, in der Freizeit, im Urlaub; der Therapeut liest Fachliteratur, um dem Klienten bessere therapeutische Angebote machen zu können).
- Der Therapeut nimmt dem Klienten Aufgaben ab (z.B. ruft er für den Klienten beim Arzt an; spricht im Auftrag des Klienten mit dem Partner).
- Der Therapeut langweilt sich in der Therapiestunden; er hat den Eindruck, dass die Inhalte durchweg irrelevant, redundant, peripher sind.
- Der Therapeut bemerkt, dass er für den Klienten arbeitet: Er macht ihm Vorschläge, gibt Ratschläge, hält dem Klienten Vorträge darüber, wie wichtig es ist, sich zu verändern; der Therapeut ist im Prozess insgesamt deutlich engagierter und motivierter als der Klient.
- Der Therapeut bemerkt, dass der therapeutische Fortschritt des Klienten für ihn persönlich wichtig wird; er fängt an, seine eigene Kompetenz an dieser Therapie zu messen.
- Der Therapeut fängt an, sich Sorgen um den Klienten zu machen (z.B. ob er den Klienten überfordert hat, ob der Klient sich etwas antun könnte).
- Der Therapeut erkennt in der therapeutischen Arbeit kein Thema, keine Struktur: Wenn er sagen sollte, woran der Klient arbeiten will oder warum der Klient kommt, würde er antworten: Das wüsste ich auch gern!
- Der Therapeut fühlt sich verschaukelt.
- Der Therapeut bemerkt, dass er den Kontakt zum Klienten gern vermeiden möchte: Er ist froh, wenn der Klient geht oder wenn er eine Stunde absagt.
- Der Therapeut möchte dem Klienten gerne „die Meinung sagen".
- Der Therapeut möchte die Therapie am liebsten „hinschmeißen".

Die ersten Hinweise, die ein Therapeut darauf erhält, dass etwas im Prozess nicht stimmt, sind in der Regel *emotionaler* Art: Der Therapeut spürt typische Störgefühle. Diese haben aber nur dann eine Indikatorfunktion, wenn der Therapeut sie ernst nimmt: Genauso wie wir unseren Klienten empfehlen, ihre Gefühle ernst zu nehmen, müssen wir es auch den Therapeuten empfehlen.

Alle diese Gefühle müssen genutzt werden als Auslöser einer gründlichen Analyse. Natürlich sind solche Gefühle allein noch nicht valide: Das Vorliegen dieser Gefühle beweist noch keinesfalls, dass ein Spiel vorliegt. Aber: Das Vorliegen dieser Gefühle zeigt an, dass ein Spiel vorliegen *könnte*. Und diese Möglichkeit ist für die Gestaltung der Therapie so extrem wesentlich, dass es die Durchführung einer genaueren Analyse rechtfertigt. Daher sollte ein Störgefühl ernst genommen werden und der Anlass sein, genau zu analysieren, was im Prozess passiert. Ob tatsächlich ein Spiel vorliegt oder nicht, das muss die weitere Analyse ergeben; aber ohne eine solche Analyse erkennt man als Therapeut in aller Regel *nicht*, was abläuft. Daher ist ein Störgefühl als Auslöser für einen genaueren Verstehensprozess sinnvoll.

Man erlebt leider oft in der Supervision, dass Therapeuten derartige Störgefühle ignorieren. Dies passiert besonders häufig jüngeren und unerfahreneren Kollegen und Kolleginnen. Sie glauben, das Gefühl sei nur vorübergehend, es hänge mehr mit ihrer

Inkompetenz als mit dem Klienten zusammen (was auch sein kann, aber woher weiß man es, wenn man es nicht analysiert?). Auf diese Weise wird ein mögliches Warnsignal, das oft schon zu Therapiebeginn deutlich war, ignoriert. Die Therapie wird weitergeführt und „frisst sich immer mehr fest"; die Folge ist, dass die Therapeuten sehr spät in die Supervision kommen, erst, wenn sie selbst schon völlig verärgert sind, wenn sich zwischen Klient und Therapeut bereits in hohem Maße ein dysfunktionales Interaktionsmuster eingeschliffen hat usw. Und dann ist es häufig zu spät, denn dann

- sind die Therapeuten bereits oft so verärgert oder frustriert, dass sie sich kaum noch akzeptierend dem Klienten gegenüber verhalten können;
- oder die Klienten sind so frustriert über die Therapeuten, die mangelnden Fortschritte u.ä., dass sie kurz davor stehen, die Therapie abzubrechen;
- oder es haben sich bereits zwischen Therapeut und Klient konsistente komplementäre Interaktionsmuster eingeschliffen, dass es für den Therapeuten sehr schwer wird, sein Verhalten zu ändern oder für den Klienten sehr schwierig ist, das neue Verhalten des Therapeuten zu akzeptieren.

Je früher der Therapeut in der Lage ist, sich bezüglich der Struktur des Klienten angemessen zu verhalten, desto aussichtsreicher ist die Therapie.

Daher ist es von entscheidender Bedeutung, mit der Analyse des Problems, mit der Erstellung eines angemessenen Klientenmodells möglichst früh zu beginnen, idealerweise vor der vierten Therapiestunde. Dies setzt aber voraus, dass der Therapeut allen Störungen gegenüber wirklich sensibel ist, sie wahrnimmt, sie ernst nimmt und sie zum Anlass nimmt, den Fall supervidieren zu lassen.

Natürlich muss ein Therapeut immer auch die Möglichkeit prüfen, ob ein Störgefühl darauf zurückgeht, dass er selbst Fehler macht: *Natürlich kann man keineswegs ungeprüft davon ausgehen, dass es am Klienten liegt, wenn in der Therapie etwas schief läuft.*

Es ist selbstverständlich möglich, dass Störungen *nicht* auf eine Spielstruktur des Klienten, sondern „nur" auf falsche therapeutische Vorgehensweisen zurückgehen. Und selbstverständlich muss diese Möglichkeit genau betrachtet und analysiert werden.

5.2.2 Erlernen der Spielanalyse

Eine Spielanalyse kann (und sollte) man auf mehreren Ebenen betreiben.

1. Die erste Ebene, die Aufschluss gibt über das *Vorliegen* einer Spielebene, ist die Durchführung eines systematischen Rating-Verfahrens, eine Analyse mit den „Bochumer Bearbeitungs- und Beziehungsskalen (BBBS)".

Diese Analyse macht deutlich, dass ein Klient eine Spielstruktur (und damit eine Persönlichkeitsstörung) aufweist; die Information, die die Skala ausweist, ist aber noch nicht spezifischer als die Information, „dass eine Persönlichkeitsstörung vorliegt" (die auch auf andere Art und Weise zu erhalten ist):

Die Information, die die Skala liefert zeigt dem Therapeuten, *dass der jeweilige Klient ein dysfunktionales Interaktionsverhalten in einem therapierelevanten Aus-*

maß aufweist und dass der Therapeut sein Beziehungs- und Interventionsangebot darauf ausrichten sollte.

Die Skala zeigt somit die unmittelbar therapierelevanten Aspekte des Klienten-Handelns an, auf die der Therapeut reagieren sollte und sie zeigt auch das Ausmaß der jeweils vorliegenden Probleme an, so dass ein Therapeut sich mit seinem Handlungsmodell darauf einstellen kann.

Die Information, die die Skala liefert, geht damit weit über eine allgemeine Diagnose „Persönlichkeitsstörung" hinaus.

2. Die BBBS liefert Informationen über Vorliegen und Ausmaß interaktioneller Probleme im Therapieprozess und liefert dem Therapeuten damit wesentliche Informationen für sein Klientenmodell.

Die BBBS liefert aber noch keine inhaltlichen Informationen: So zeigt die BBBS z.B. an, *dass* ein Klient in hohem Ausmaß Images „sendet", gibt aber nicht an, welchen Inhalt dieses Images haben.

Um das herauszufinden ist es erforderlich, eine inhaltliche Analyse der Images und Appelle, der interaktionellen Ziele und Strategien durchzuführen.

3. Ein Therapeut kann die inhaltliche Analyse der Spielstruktur noch weiterführen, indem er versucht, die Images, Appelle, Ziele und Strategien zu einem übergreifenden Muster zusammenzusetzen, zu einer übergreifenden „Spielstruktur".

Dies ist für das Verständnis des Klienten-Handelns oft sehr nützlich, da es dem Therapeuten verständlich macht, worum es dem Klienten mit seinem Handeln geht, welche Ziele der Klient mit welchen Mitteln verfolgt und welche Konsequenzen er aufgrund seines Handeln zu erwarten hat.

Dies hilft dem Therapeuten bei der Ableitung übergreifender Therapieziele und langfristiger therapeutischer Strategien.

4. Zur Ableitung konkreter therapeutischer Vorgehensweisen genügt es nicht, ein Klientenmodell zu entwickeln, sondern Therapeuten benötigen auch ein „Situationsmodell" (Sachse, 1992d):

Der Therapeut sollte wissen, wie die *aktuelle* Therapeut-Klient-Beziehung aussieht, welches Ausmaß von „Beziehungskredit" er jetzt gerade hat u.ä.: Denn davon ist z.B. abhängig, ob sich ein Therapeut jetzt gerade eine konfrontative Intervention leisten kann oder nicht.

Der Therapeut sollte daher immer auch eine *Analyse des augenblicklichen Therapiezustandes* durchführen.

5. Klientinnen und Klienten mit Persönlichkeitsstörungen aktivieren durch ihr Verhalten relevante eigene Schemata der Therapeuten in weitaus höherem Ausmaß als Klienten mit anderen Problemen: Sie machen Therapeuten leicht hilflos, aggressiv, ungeduldig; sie führen Therapeuten aber auch in Plausibilitätsfallen, lösen solidarisches Verhalten bei Therapeuten aus usw.

Daher ist es gerade bei Klienten mit intransparentem Interaktionsverhalten unumgänglich, dass sich Therapeuten in der Supervision mit ihren eigenen relevanten Schemata und deren Wirkung auf den Therapieprozess beschäftigen.

5.2.3 Analyse mit Hilfe der „Bochumer Berarbeitungs- und Beziehungsskalen (BBBS)

Im Theorieteil wurde ausgeführt, dass sich ein Spiel von Klienten in einer Vielzahl von Verhaltensindikatoren auf Klientenseite zeigen sollte. So sollte ein Klient, der ein Spiel realisiert, z.B.
- deutliche Images zeigen;
- Appelle an den Therapeuten senden;
- keinen Arbeitsauftrag aufweisen;
- die Bearbeitung zentraler, persönlich relevanter Themen vermeiden usw.

Daraus folgt, dass eine systematische Analyse dieser Aspekte im Therapieprozess sehr wesentlichen Aufschluss darüber geben sollte, ob ein Klient ein Interaktionsspiel realisiert.

Zur Identifikation dieser Aspekte im Therapieprozess wurden die „Bochumer Bearbeitungs- und Beziehungsskalen" entwickelt.

Diese Skalen können als Rating-Skalen schon früh im Therapieprozess eingesetzt werden (schon in der ersten Stunde!) und erlauben so eine Abschätzung davon, in welchem Ausmaß das Klientenverhalten auf das Vorliegen einer Spielstruktur hinweist.

Die „Bochumer Bearbeitungs- und Beziehungs-Skalen" stellen ein System von Rating-Skalen dar, das vom Therapeuten, einem Supervisor oder Forscher systematisch auf die Therapeut-Klient-Interaktion angewandt werden kann. Mit Hilfe dieses Systems kann schon sehr früh im Therapieprozess festgestellt werden, ob sich bei Klienten signifikante Hinweise auf Spiel-Handeln finden lassen (Sachse, 2000c). Die Skalen sind im Anhang dieses Buches abgedruckt.

Die Skalen folgen dabei systematisch den hier vorgeschlagenen Analysekriterien. Analysiert werden zunächst *zentrale Bearbeitungsindikatoren:*
- Weist ein Klient einen Arbeitsauftrag auf?
- Arbeitet der Klient selbst an Fragestellungen?
- Übernimmt der Klient Prozessverantwortung?
- Welche Art von Perspektive nimmt der Klient überwiegend ein?
- Auf welcher Stufe der Explizierung arbeitet der Klient überwiegend?

Analysiert werden sodann Aspekte der *Inhaltsbearbeitung:*
- Konkretheit;
- Nachvollziehbarkeit;
- Stringenz;
- Relevanz;
- Zentralität.

Nach einer Analyse *ungünstiger Bearbeitungsstrategien* (wie z.B. „lösen vor klären") werden Vorliegen und Ausmaß von Vermeidungsstrategien analysiert:
- Relativierung

214

- Bagatellisierung
- Generalisierung/Normalisierung
- Nebenschauplätze
- Thematische Sperren
- Umgang mit Fragen
- Attribution.

Die Analyse der Bearbeitungsebene schließt mit der Analyse, ob der Klient dysfunktionale Problemkonstruktionen verwendet:

- Realitätskonstruktion als Realität;
- Zwangsläufigkeitskonstruktion;
- Unlösbarkeitskonstruktion.

Auf der Beziehungsebene wird sodann analysiert, wie der Klient *mit dem therapeutischen Beziehungsangebot umgeht*:

- Übernimmt er die Klientenrolle?
- Versucht er, Problemsymmetrie oder Rollendominanz zu realisieren?
- Fasst er Vertrauen zum Therapeuten?
- Gibt er dem Therapeuten positive oder negative Rückmeldung?
- Versucht er, direkte Kontrolle über den Therapeuten auszuüben?

Von großer Bedeutung sind die abschließenden Analysen von Images und Appellen:

- Macht der Klient dem Therapeuten gegenüber Images auf?
- Wenn ja, welche?
- Realisiert der Klient gegenüber dem Therapeuten Appelle?
- Wenn ja, welche?

Der Therapeut sollte bereits dann eine Hypothese aufstellen, dass bei dem Klienten eine Spielstruktur vorliegt, wenn die folgenden Indikatoren des BBBS „ausschlagen", also keine optimalen Werte zeigen:

- Arbeitsauftrag
- Fragestellung
- Verantwortung
- Image
- Appelle

Hat der Klient auf diesen 5 Skalen *keine* optimalen Werte, dann ist bereits ein „Spielverdacht" begründet. Jede weitere Skala, die darüber hinaus „ausschlägt" (wie z.B. „Perspektive", Skalen der „Vermeidung" usw.) erhärten den Verdacht, dass beim Klienten eine Spielstruktur vorliegt.

5.2.4 Inhaltliche Analyse der Spielstruktur

Die Analyse mit Hilfe der „Bochumer Bearbeitungs- und Beziehungsskalen" ist eine eher „formale Analyse", eine Analyse, die das Vorliegen von Bearbeitungs- und Beziehungsproblemen anzeigt und deren Ausmaß angibt; die Analyse zeigt jedoch noch nicht an, wie die Spielstruktur inhaltlich beschaffen ist. Die Analyse mit der BBBS zeigt z.B. an, dass der Klient Images und Appelle sendet aber nicht, *welcher Art* diese Images und Appelle sind, welchen Inhalt sie aufweisen.

Um dies zu ermitteln ist ein weiterer Analyseschritt nötig, eine *inhaltliche Analyse der Spielstruktur*.

5.2.4.1 Analyse von Intentionen und Strategien

Zeigt ein Klient deutliche Hinweise auf das Vorliegen einer Spielstruktur im BBBS, dann sollte der Therapeut die Analyse systematisch fortsetzen.

Der nächste Analyseschritt besteht nun darin, die Spielstruktur des Klienten genauer zu rekonstruieren: was will der Klient in der Therapie? Was genau macht er mit dem Therapeuten? Welche Arten von Strategien setzt er ein? usw.

Diese Analyse soll nun das Verstehen der Spielebene elaborieren, so dass ein Therapeut ein Modell darüber entwickeln kann.

Bei diesem Analyseschritt geht es darum, auf der Spielebene

- die interaktionellen Ziele des Klienten
- die interaktionellen Strategien
- und die interaktionellen Konsequenzen

zu rekonstruieren, in Zusammenhang zu bringen und in einem Modell zu integrieren. D.h.: Bevor Information über Images, Appelle und Strategien zu einem Bild zusammengesetzt werden kann, muss die Informationsbasis noch verbessert werden: Der Therapeut braucht noch mehr spezifische Information darüber, was genau die vom Klienten realisierten Images, Appelle und Strategien sind.

Bevor „Puzzlestücke" zu einem Bild zusammengesetzt werden können, muss die Qualität der einzelnen Puzzlestücke noch deutlich verbessert werden.

Um dies zu tun, muss sich der Therapeut nun befassen mit zwei zentralen Fragen:

- Welches sind die interaktionellen *Intentionen* (im Sinne von Images und Appellen) des Klienten im Therapieprozess?
- Mit Hilfe welcher Handlungen, Strategien verfolgt der Klient diese Intentionen und versucht er, diese zu realisieren?

Die Frage nach den interaktionellen Intentionen zielt darauf ab zu klären, was der Klient in der Therapie, vom Therapeuten will: Was soll der Therapeut denken, glauben, tun oder was soll er *nicht* denken, glauben oder tun?

Die zweite Frage ist die Frage danach, welche Mittel der Klient in der Interaktion anwendet, damit beim Therapeuten ein bestimmtes Image entsteht bzw. damit der Therapeut bereit ist, etwas Bestimmtes zu tun.

5.2.4.2 Strategien der Informationsverarbeitung

In der Analyse muss der Therapeut nun, um an relevante Information zu gelangen, bestimmten Strategien folgen. Zwei Strategien sind hier ganz besonders wesentlich:

- Der Therapeut benötigt *Leitfragen*: Der Therapeut muss wissen, welche Art von Informationen er sucht, worauf er seine Aufmerksamkeit richten soll, welche Aspekte relevant sind und welche nicht. Diese Zentrierung der Verarbeitung kann durch Leitfragen geschehen, die sich der Therapeut stellt.
- Der Therapeut benötigt eine *bestimmte Art* von *Informationsverarbeitung*: Die hier relevante Information ist nicht explizit in den Texten der Klienten enthalten, der

Klient sagt nicht: Bitte glauben sie das von mir und das nicht! Der Therapeut benötigt daher hier in hohem Maße den Modus der intuitiv-holistischen Informationsverarbeitung (im Sinne von Kuhl, 1983c; vgl. Becker & Sachse, 1998).

Die Information wird vom Klienten *implizit* gegeben, indirekt, als Beziehungsbotschaft; sie ist daher eher extrahierbar aus der Art, wie der Klient mit dem Therapeuten umgeht, wie er spricht, wie er den Therapeuten anspricht usw. Eine Analyse des Textes ist dagegen weniger aufschlussreich, denn hier ist die Information nicht enthalten: Die relevante Beziehungsinformation im Text zu suchen ist ungefähr so sinnvoll, wie einen Computer zu zerlegen, um die Software zu finden. Der Therapeut bekommt die hier relevante Information eher, wenn er den Text nicht analysiert, sondern wenn er den Klienten insgesamt „auf sich wirken lässt":

- Wenn er auf sich wirken lässt, wie der Klient etwas sagt, wie er dabei auf den Therapeuten eingeht, welche Beziehung er anbietet usw.;
- Wenn er nicht bewusst versucht, die Information zu verstehen, sondern eher „Verstehen entstehen lässt";
- Wenn er Ideen, Gefühle, Handlungsimpulse bei sich selbst zulässt und eher beobachtet, was ihm passiert, als dass er bewusst etwas analysiert;
- Wenn er eher in eine passiv-rezeptive als in eine aktiv-analysierende Haltung geht;
- Wenn er bei sich auch diffuse Eindrücke, Empfindungen u.ä. zulässt und als Spuren verfolgt;
- Wenn er zulässt, dass sich ein klares Bild erst langsam, Stück für Stück, herausbildet.

Folgt ein Therapeut einem solchen *intuitiven Verarbeitungsmodus*, zusammen mit zentralen Leitfragen, dann bedeutet dies, dass er eine bestimmte Frage „in den Raum stellt" und dann seiner Verarbeitung Zeit und Raum lässt. Er kann dann gleichzeitig seine Verarbeitungsprozesse „laufen lassen" und beurteilen, welche Aspekte relevant sind. Diese Art der Verarbeitung ist bei der Analyse von Spielstrukturen hoch relevant, erfordert aber in der Regel einiges Training.

Die erste Fragestellung, die ein Therapeut hier verfolgen sollte, ist die nach positiver oder negativer Kontrolle.

5.2.4.3 Analyse von positiver und negativer Kontrolle

Dies gibt Aufschluss über die grundlegende Art der Beziehungsgestaltung des Klienten:
- bei *positiver Kontrolle* nimmt der Klient eine Beziehung zum Therapeuten auf, nimmt Kontakt auf, benutzt diesen aber dazu, den Therapeuten zu manipulieren: Der Klient nimmt eine Beziehung auf und nutzt sie zur Verfolgung seiner interaktionellen Ziele.
- bei *negativer Kontrolle* nimmt der Klient gar keine Beziehung zum Therapeuten auf. Seine Handlungen dienen dazu, den Therapeuten auf Distanz zu halten. Der Klient möchte Grenzen ziehen und wahren; er möchte nicht, dass der Therapeut etwas Relevantes über ihn erfährt, o.ä..

Um Informationen über das Vorliegen von positiver oder negativer Kontrolle zu erhalten, kann der Therapeut die vom Klienten gegebene Information unter bestimmten Leitfragen betrachten.

Leitfragen zu Identifikation *positiver Kontrolle* sind z.B.:
- Versucht der Klient, mich an sich „heranzuholen"?

- Versucht der Klient, mich an sich zu binden, mich in sein System zu integrieren?
- Soll ich einen bestimmten Eindruck vom Klienten gewinnen?
- Signalisiert mir der Klient „tu etwas für mich", „sei für mich da"?
- Habe ich den Eindruck, Kontakt zum Klienten zu bekommen, kommt eine Beziehung in Gang?

Leitfragen zur Identifikation von *negativer Kontrolle* sind, z.B.:
- Versucht der Klient, mich „von sich wegzuhalten"?
- Macht der Klient mir gegenüber Grenzen auf?
- Macht er deutlich, dass ich diese Grenzen nicht überschreiten soll?
- Signalisiert der Klient „halte Distanz", „bleib weg von mir"?
- Macht der Klient den Eindruck, dass er möglichst nichts von sich preisgeben will, sich nicht „in die Karten gucken lassen will"?
- Habe ich als Therapeut den Eindruck, keinen Kontakt zum Klienten zu bekommen, dass sich eine Beziehung nur sehr langsam oder gar nicht entwickelt?

5.2.4.4 Analyse von Images

Die zweite relevante Fragestellung in der Analyse ist die Frage nach Images: Welche Images macht der Klient in der Interaktion mit dem Therapeuten auf?

Um Images zu spezifizieren, kann der Therapeut hier bestimmten Fragestellungen folgen:
- Was für eine Art von Bild, von Eindruck entsteht bei mir vom Klienten, insbesondere wenn ich den Klienten „auf mich wirken lasse"?
- Was will der Klient mir eigentlich (über sich) mitteilen, sagen?
- Was möchte der Klient, was ich von ihm denke, glaube, meine?
- Was möchte der Klient, was ich *nicht* denke, meine, glaube?

5.2.4.5 Analyse von Appellen

Die nächste zentrale Frage ist die nach Appellen: Was soll der Therapeut für den Klienten tun?

Auch bei der Analyse von Appellen sollte der Therapeut einen intuitiv-holistischen Verarbeitungsmodus verwenden: Er sollte den Klienten auf sich wirken lassen und darauf achten, welche Handlungsimpulse bei ihm entstehen: Was möchte er am liebsten tun? Welche Impulse werden bei ihm selbst spürbar?

Zentrale Leitfragen bei der Analyse von Appellen sind:
- Welche Handlungsimpulse werden bei mir spürbar, wenn ich den Klienten „auf mich wirken lasse"?
- Was möchte ich am liebsten tun (z.B. den Klienten trösten, Verantwortung überneh-men oder aber: den Klienten anschreien, zur Ordnung rufen o.ä.)?
- Was möchte ich bei diesem Klienten *nicht* tun?
- Welches Handeln würde ich bei diesem Klienten als falsch, unpassend, schädlich usw. empfinden?
- Was möchte der Klient, was ich tue oder nicht tue?
- Welches wäre ein passendes, angemesseneres, komplementäres Verhalten?

- Welche Verhaltensweisen würden gar nicht auf das Verhalten des Klienten „passen"?
- Was befürchte ich, was passieren könnte, wenn ich nicht das tue, was der Klient von mir erwartet?

Der Therapeut kann sich auch fragen:

- Welche Art von Handeln meiner Person würde der Klient zu schätzen wissen? Was würde er gut finden?
- Welche Art von Handeln würde der Klient überhaupt nicht zu schätzen wissen? Auf was würde er negativ reagieren?

5.2.4.6 Analyse von Strategien

Ein Therapeut sollte nicht nur analysieren, was die interaktionellen Ziele des Klienten sind; er sollte ebenfalls analysieren, mit Hilfe welcher *Strategien* und welchen konkreten Handlungen der Klient seine Intention verfolgt.

Auch hier kann der Therapeut Leitfragen folgen, um an relevante Informationen heranzukommen.

Derartige *Leitfragen zur Analyse von Strategien* sind:

- Gibt der Klient Informationen selektiv? Gibt der Klient dem Therapeuten z.B. über sich selbst solche Informationen, die ihn selbst in positivem Licht erscheinen lassen, jedoch über andere (z.B. den Partner) im Wesentlichen Informationen, die diesen negativ erscheinen lassen?
- Fordert der Klient einen Konsensus mit dem Therapeuten? Äußert der Klient z.B. Äußerungen in der Art „das ist doch wohl klar", „das versteht sich doch wohl von selbst"?
- Fordert der Klient Unterstützung, Solidarität u.a. vom Therapeuten als Teil der Therapeutenrolle? Sagt der Klient z.B.: „Als Therapeut haben Sie mich zu unterstützen"; „Sie sollten ja wohl auf meiner Seite sein"; „als Experte müssen Sie das für mich tun" u.ä.?
- Setzt der Klient den Therapeuten (z.B. durch Drohungen) unter Druck? Macht der Klient z.B. Äußerungen der Art: „Wenn Sie mir nicht helfen, wird alles noch schlimmer"; „wenn sie nichts tun, gerate ich an den Rand des Selbstmordes"?
- Übt der Klient direkte Kontrolle auf den Therapeuten aus, z.B. durch: „Solche Fragen dürfen Sie nicht stellen, die machen alles noch schlimmer".

5.2.5 Analyse komplexer Spielstrukturen

Die bisherigen Analyseschritte haben das Ziel, Images, Appelle und Strategien herauszuarbeiten. Es genügt nicht, diese dann unverbunden nebeneinander stehen zu lassen. Man sollte vielmehr versuchen, die Einzelaspekte miteinander zu verbinden:

- Wie hängen verschiedene Images miteinander zusammen?
- Wie hängen Images und Appelle zusammen?
- Welche Appelle werden mit Hilfe welcher Strategien eingeführt und durchgesetzt?

Man sollte auch versuchen, *übergreifende interaktionelle Ziele* zu identifizieren, umso komplexe Spielstrukturen zu erkennen. So kann man z.B. feststellen, dass der Klient

- das Image aufmacht, ganz arm, schwach und hilflos zu sein;
- den Appell an den Therapeuten richtet, dass dieser ihm Ratschläge, aktive Hilfen geben muss;
- den Therapeuten unter Druck setzt damit, dass es ihm extrem schlecht geht, und ihm daher ganz schnell geholfen werden muss;
- der Klient aber gleichzeitig deutlich macht, dass es schwer sein wird, ihm zu helfen.

In diesem Fall kristallisiert sich aus den Einzelinformationen ein „Dornröschenspiel" heraus: Der Therapeut soll den Klienten gegen massive Widerstände retten und erlösen.

Um es Therapeuten zu erleichtern, derart übergreifende Spielstrukturen zu identifizieren, sollen anschließend einige komplexe Spielstrukturen exemplarisch dargestellt werden.

Dabei handelt es sich um die Darstellung von Prototypen, von „Reinformen", die so in der Realität kaum vorkommen; wir haben jedoch die Erfahrung gemacht, dass die Kenntnis derartiger Prototypen den Therapeuten hilft, konkret vorliegende Spielstrukturen zuverlässiger und vor allem schneller zu identifizieren.

Diese Prototypen wirken in der Informationsverarbeitung von Therapeuten wie „Such-Heuristiken", die eine Suche und Strukturierung konkreter Informationen sehr erleichtern.

Die hier beschriebenen Spielstrukturen sind natürlich keine vollständige Sammlung aller vorhandenen Interaktionsspiele, sondern lediglich besonders häufig vorkommende Muster:

Sie bilden keineswegs alle möglichen Spiele ab. Im Einzelfall sind der Kreativität des Klienten ja keine Grenzen gesetzt: Er kann völlig neue, komplexe Spiele erfinden. Daher kann der Therapeut bei der Analyse der Spielstruktur natürlich versuchen, ein „Standardspiel" zu finden; wenn dies jedoch nicht gelingt, dann muss sich der Therapeut der Mühe unterziehen, das Spiel des Klienten ohne eine solche „Modellvorlage" zu beschreiben.

Das wesentliche Ziel ist hierbei immer, ein Modell darüber zu haben, wie das Spiel des Klienten funktioniert:

- Was will der Klient erreichen?
- Welche Zielkomponenten enthält das Spiel?
- Wie wirken Sie zusammen?
- Über welche Mittel verfügt der Klient?
- Wie verfolgt er seine Ziele?

Wesentlich ist die Analyse vor allem zur Ableitung von Interventionen, die der Klient nicht mehr im Rahmen des Spiels aushebeln kann: Von Interventionen, die das Spiel aufdecken, auf die der Klient in neuer, ungewohnter Weise reagieren muss, die ihn „ins Grübeln bringen", die ihn zwingen, „aus dem Spiel auszusteigen".

5.2.5.1 Komplexe Spielstrukturen

In der Regel realisieren Personen weder im Alltag noch in der Therapie einzelne, isolierte Images und Appelle; sie realisieren vielmehr *komplexe Spielstrukturen* von Images und Appellen.

Man kann bei der Analyse von komplexen Spieltypen grob zwischen Image-Spielen und Appell-Spielen unterscheiden. Image-Spiele dienen dazu, beim Therapeuten (aber nicht nur bei ihm, auch bei anderen Interaktionspartnern!) ein komplexes Überzeugungssystem über den Klienten entstehen zu lassen; dies immer als Vorbereitung für entsprechende Appelle. Appell-Spiele dienen dazu, auf der Basis von Images den Therapeuten (wie auch andere Personen!) zu komplexen Handlungen zu veranlassen.

5.2.5.2 Images-Spiele

Image-Spiele sind komplexe Handlungsmuster zur Erzeugung bestimmter Überzeugungen beim Interaktionspartner.
Exemplarisch behandelt werden hier die Spiele
* „Armes Schwein"
* „Heroisches armes Schwein"
* „Opfer der Umstände"
* „Opfer anderer Personen"
* „Märtyrer"
* „Immer-Ich"
* „Mords-Molly"
* „Regel-Setzer"

5.2.5.2.1 „Armes Schwein"

Das Image „Armes Schwein" beinhaltet, dass der Klient sich als besonders problembeladen, hilflos und gebeutelt darstellt. Es kann verschiedene Komponenten umfassen:
* Der Klient ist besonders arm dran: er hat besonders schwerwiegende Probleme, leidet mehr darunter als andere, hat besonders langandauernde Probleme usw.
* Er ist selbst hilflos: Alle bisherigen Lösungsversuche sind gescheitert, u.U. auch schon Therapien; der Klient weiß keinen Rat mehr, er „hat schon alles probiert, aber nichts hat geholfen".
* Lösungsversuche verschlimmern eher den Zustand: Bisherige Versuche, das Problem zu lösen, haben Katastrophen ausgelöst; daher ist es besser, jetzt gar nichts mehr zu tun.
* Er braucht dringend Hilfe von anderen, denn „es muss etwas geschehen"; aber andererseits kann er selbst nichts tun.

Diese Strategie spricht unmittelbar das Helfer-Syndrom des Interaktionspartners an: der Klient leidet, leidet schon lange und leidet intensiv. Es muss ihm geholfen werden und zwar dringend. Da er selbst hilflos ist, ist es verständlich, dass er selbst die Verantwortung für eine Veränderung nicht mehr übernehmen kann. Diese muss ein Experte übernehmen. Und dieser muss sich gehörig anstrengen; denn das Problem ist schwierig und schwerwiegend, es kann daher keinesfalls routinemäßig angegangen werden. Außerdem muss der Experte sehr sorgfältig sein; denn Lösungsversuche können das

Problem verschlimmern und das darf tatsächlich nicht vorkommen. Außerdem muss der Therapeut sehr behutsam und schonend mit dem Klienten umgehen: denn dieser ist schon extrem belastet und labil; falsche Interventionen, zu hohe Anforderungen o.ä. könnten ihn vollends aus der Bahn werfen.

Damit stellt das „Arme-Schwein-Spiel" extreme Anforderungen an den Therapeuten, die eine „normale" Therapie praktisch unmöglich machen. Was bleibt, wenn der Therapeut sich darauf einlässt, ist ein bestätigender Schonraum, der dem Klienten letztendlich auch nicht recht ist, denn in diesem ändert sich ja nichts. Der Therapeut, der dieses Spiel nicht erkennt und auflöst, ist damit in einer Falle: Hält er sich an die Regeln des Klienten, dann ändert sich nichts, und das darf natürlich nicht sein; hält er sich nicht an die Regeln des Klienten, dann verschlimmert er den Zustand, und das darf auch nicht passieren. Der Therapeut sitzt in einem paradoxen Auftrag fest: Was immer er tut, es ist falsch.

Auf der Klientenseite ist auch interessant, dass dieses Spiel, wie andere Image-Spiele, einen stark lageorientierten Aspekt der „preoccupation", (vgl. Kuhl, 1994a, 1994b, 1994c) aufweist: Die Klienten beschäftigen sich ausgiebig und ausschließlich mit Misserfolgen, negativen Selbstaspekten, eigener Hilflosigkeit usw. Sie beschäftigen sich dagegen überhaupt nicht damit, was sie tun oder ändern könnten. Das dürfen sie natürlich auch nicht, denn das würde ja dem angestrebten Image widersprechen. Auf diese Weise führt jedoch die interaktionelle Intention, schwach und hilflos zu erscheinen, auch zu einer Art von Problembearbeitung, die in der Tat schwach und hilflos macht.

Die Klienten „wälzen" sich in Problemen und ihrer Hilflosigkeit und können gar nicht mehr konstruktiv über Probleme nachdenken: Wer konsequent hilflos erscheinen will, macht sich letztlich hilflos. Nur sind hier keineswegs des Schicksals dunkle Mächte im Spiel, sondern der Klient produziert schlicht eine selbsterfüllende Prophezeiung.

Das „Arme-Schwein-Spiel" ist ein Jammer-Spiel: Man hat den Eindruck, die Klienten sitzen mit dem Hintern auf einem spitzen Stein, jammern darüber, dass es wehtut, nehmen jedoch ihren Hintern nicht hoch. Um zu jammern, bewegen sich viele der Klienten statt auf der Problemebene auf der Meta-Bewertungsebene: Sie betrachten nicht das Problem selbst oder seine Komponenten, sondern sie betrachten, wie schlimm es ist, „als Erwachsener noch so ein Problem zu haben". Die Meta-Ebene hat einige Vorteile:

- der Klient kann sich über das Problem beklagen;
- der Klient kann pausenlos auf das Vorliegen eines Problems hinweisen;
- er kann dies, ohne das Problem selbst anzuschauen oder sich zu stellen.

Der Klient, der diesem Spiel folgt, hat (wie bei anderen Image-Spielen auch)

- eine externale Perspektive: Er beschreibt die „furchtbare Situation". *Oder* er hat eine losgelöste Perspektive: er beschreibt sich als völlig passiv, als jemand, der Opfer des Elends ist;
- keinen erkennbaren Arbeitsauftrag: Er macht nicht deutlich, an welchem Problem mit welchem Ziel eigentlich gearbeitet werden soll;
- keine Fragestellung: er will nichts klären oder verstehen, vielmehr ist alles plausibel;
- eine Auffassung von seiner Situation als „Realität": Er *sieht* es nicht so, es *ist* so!

Auf diese Weise gelingt es dem Klienten, ein Problem gleichzeitig auf Distanz zu halten, von einer Bearbeitung abzuschotten *und* ständig auf das Problem hinzuweisen und somit deutlich zu machen, dass etwas getan werden muss: Das Ziel des Spiels kann auf diese Weise sehr gut realisiert werden.

5.2.5.2.2 „Heroisches Armes Schwein"

In dieser Spielvariante wird das Arme-Schwein-Spiel noch um eine Komponente bereichert. Der Klient macht nicht nur deutlich, dass er ganz besonders arm dran ist usw. Er macht außerdem noch deutlich, dass er mit seinem Leben bisher trotz der geballten Katastrophen fertig geworden ist: Er hat sich durchgeschlagen und behauptet, obwohl sein Zustand extrem desolat war. Dem Leben zäh standgehalten zu haben, verdient die Bezeichnung „heroisch".

Dieses Spiel zielt damit nicht nur auf Verantwortungsübernahme und Schonung ab: Es zielt außerdem auf Bewunderung. Der Therapeut soll es toll finden, dass der Klient sich in einer solchen Lage, mit derartigen Handicaps noch hat behaupten können.

5.2.5.2.3 „Opfer der Umstände"

Das Spiel „Opfer der Umstände" zielt darauf, Verantwortung abzugeben. Der Klient macht deutlich, dass er für seine augenblicklichen Probleme, sein Handeln, seine „Persönlichkeit" nichts kann. Dass er so geworden ist oder dass der Zustand heute so ist, liegt an einer Kette unglücklicher Umstände; es liegt an seiner miserablen Biographie (und diese haben die Eltern zu verantworten); oder es liegt an der „Gesellschaft" usw. Der Klient hatte, so macht er deutlich, nie eine wirkliche Wahl, hat nie eigene Entscheidungen treffen können, alles war zwangsläufig. Er selbst ist das Opfer, das Opfer seiner Eltern, der Zeit, der Konjunktur o.ä. Heute ist er nun in einer Situation die (ohne sein Verschulden) völlig verfahren ist: Er kann nichts mehr tun, „der Zug ist abgefahren".

Der Klient macht deutlich,

• dass diese Umstände sein Leben bestimmen;
• dass er für diese Umstände nichts kann;
• dass er diesen Umständen ausgeliefert ist und sie nicht beeinflussen kann;
• dass diese Umstände seine Probleme *zwangsläufig* bedingen;
• dass er selbst keine Wahl und keine Kontrolle hatte;
• dass er auch jetzt keine Kontrolle hat.

Der Sinn dieser Strategie liegt im Wesentlichen in einer Exkulpierung: Der Therapeut soll diese Konstruktion bestätigen und den Klienten damit von jeder Verantwortung freisprechen.

Eine Sabotage der therapeutischen Arbeit wird von Spiel-Klienten oft mit einer milden Variante des Spiels „Opfer der Umstände" kombiniert. Macht ein Klient z.B. seine Hausaufgaben nicht, weil er gar nicht will, dass sich therapeutisch etwas tut, dann möchte er nicht, dass dies dem Therapeuten klar wird. Denn dann könnte der Therapeut anfangen, unangenehme Fragen zu stellen, könnte die Sabotage der Therapie zum Thema der Therapie machen, könnte den Sinn der Therapie in Frage stellen. Daher sagt er nicht, warum er die Hausaufgaben nicht macht, sondern er sagt, dass er für das Nicht-Handeln nicht verantwortlich ist, dass leider „Umstände" ihn daran gehindert haben: beim ersten Mal war es der Besuch seiner Schwiegermutter, beim zweiten Mal hatte sich der Hund die Pfote verletzt, und er musste ständig beim Tierarzt sitzen; beim dritten mal war er leider selbst noch krank usw.

Der Sinn dieser Strategie ist klar: der Klient kann die Therapie sabotieren, ohne dafür jedoch die Verantwortung zu übernehmen.

Auch ein Klient, der eine Frage des Therapeuten nicht beantworten will, ohne dass seine Verweigerung deutlich wird, kann dieses Spiel spielen: Er kann sagen „ich habe leider den Faden verloren" oder „ich weiß nicht". Ein Klient sagte mir mal: „Wissen sie, das ist gerade mein Problem: Jedesmal, wenn ich mir diese Frage stelle, tut sich ein schwarzes Loch auf und ich weiß gar nichts mehr": Astronomische Dimensionen in der Psychotherapie. Die Klienten erreichen damit, dass sie für ihr Vermeiden nicht verantwortlich gemacht werden können: Es liegt an ihrem schlechten Gedächtnis oder ist schlicht Folge „ihres Problems".

Resultierende Appelle dieses Spiels sind:

- Mach mich nicht verantwortlich!
- Stell keine Anforderungen!
- Zwing mich nicht, mich mit mir zu beschäftigen!
- Übernimm Du Verantwortung!
- Tu Du etwas für mich, denn ich kann es nicht!

An diesem Spiel zeigt sich sehr gut die zweischneidige Struktur der Spiele. Die Klienten, die dieses Spiel anwenden, haben damit kurzfristig deutlich Gewinne: Sie können es erreichen, nicht zur Verantwortung gezogen zu werden. Wer auf dieses Spiel hereinfällt, kann dem Klienten keinen Vorwurf machen: Aus dem Ankläger wird vielmehr jemand, der sogar noch Mitleid mit dem Klienten haben muss.

Langfristig hat dieses Spiel aber einen gravierenden, ja geradezu verheerenden Nachteil: *Eine Person, die keine Verantwortung mehr für ihr Handeln übernimmt, kann auch nichts mehr verändern.* Jede Klärung, jede Problembearbeitung, jede Handlung in Richtung Veränderung setzt voraus, dass ich zumindest einen Teil des Problems bei mir selbst sehe, dass ich mich als Verursacher erlebe, und damit auch als jemanden, der die Macht hat, etwas zu verändern (vgl. Bandura, 1977, 1978; De Charms, 1968). Nur wenn ich mich als jemanden definiere, der zumindest Teile des Problems oder seiner Determinanten unter Kontrolle hat, kann ich mich als Agenten meiner Veränderung wahrnehmen. Lehne ich jedoch die Verantwortung für mein Handeln, meine Probleme ab, dann sehe ich mich auch nicht als jemanden, der etwas verändern kann: dann bin ich nicht nur das Opfer der Umstände, ich bin auch jemand, der Hilfe *nur* von außen bekommen kann. Damit habe ich mich aber selbst festgesetzt, mich handlungsunfähig gemacht: *Wer Verantwortung abgibt, paralysiert sich selbst.* Auf diese Weise führt das Spiel zu immensen Kosten.

Natürlich ist es auch möglich, sich mit übermäßiger Übernahme von Verantwortung zu paralysieren, wie es depressive Klienten oft tun: Ein Klient muss natürlich nicht für alles und jedes Verantwortung übernehmen. Jedoch ist es eine Grundvoraussetzung einer therapeutischen Veränderung, die *Bereitschaft* zu zeigen, für eigenes Handeln, eigene Ziele usw. Verantwortung zu übernehmen: Nur so kann man vom Opfer, vom „pawn", zum „origin", zum Gestalter des eigenen Lebens werden (De Charms, 1968).

5.2.5.2.4 „Opfer anderer Personen"

Das Spiel „Opfer anderer Personen" funktioniert prinzipiell ähnlich wie das Spiel „Opfer der Umstände". Nur macht der Klient nun für seinen Zustand, sein Verhalten, seine Probleme usw. nicht anonyme „Umstände" verantwortlich, sondern konkrete Personen: Diese haben ihn behindert, benachteiligt, geschädigt usw. Es sind nun ganz konkrete Personen die ganz konkret negativ in sein Leben eingegriffen haben (und so kann ein Klient „Eltern" einmal eher im Sinne unspezifischer „Umstände" ansprechen und einmal eher als konkrete Personen benennen, z.B. „mein Vater hat verhindert, dass ich eine bessere Schule besucht habe").

Der Sinn des Spiels ist prinzipiell der gleiche wie bei „Umständen": Der Klient macht deutlich, dass er nichts für seine Probleme kann, keine Wahl hatte usw.

Das Spiel „Opfer anderer Personen" hat zwei Varianten:
- „Schicksal"
- „Intentionale Schädigung".

In der Variante *„Schicksal"* stellt der Klient die Sachlage so dar, dass andere Personen ihn zwar beeinträchtigt haben, dass sie das aber nicht mit Absicht getan haben: die Beeinträchtigung ist zufällig erfolgt, die anderen wollten das gar nicht, können selbst nichts dafür o.ä. Es geht dem Klienten hier somit nur darum, die Problemursache und damit die Verantwortung an andere zu delegieren: Das Ziel des Spiels ist Exkulpierung. Damit ergeht auch der Appell an den Therapeuten: „Bestätige meine Sichtweise", und
- entschuldige mich!
- stell keine Anforderungen!
- übernimm Verantwortung! u.a.

Die „anderen Personen" haben hier eher eine Statistenrolle: Sie sind „Träger der Verantwortung", ohne aber selbst von Bedeutung zu sein; im Prinzip sind sie sogar austauschbar.

In der Variante *„intentionale Schädigung"* geht es dem Klienten um mehr: Hier betont der Klient, dass andere Personen ihn *intentional* schädigen oder behindern. Andere wollen, dass es ihm schlecht geht, dass er nicht weiterkommt, dass er scheitert usw. (dies ist die paranoide Variante dieses Spiels).

Damit hat diese Art des Spiels auch nicht nur exkulpierende Funktion: Der Klient möchte nicht nur, dass der Therapeut wahrnimmt, dass der Klient nichts für seine Probleme kann. Der Therapeut soll auch akzeptieren und bestätigen, dass der Klient aktiv verfolgt wird.

Damit erwartet der Klient über Bestätigung hinaus auch *Solidarisierung* vom Therapeuten: Der Therapeut soll die Partei des Klienten ergreifen und sich aktiv mit dem Klienten gegen die bösartigen Angreifer solidarisieren.

Die Appelle an den Therapeuten sind daher
- bestätige meine Sichtweise!
- solidarisiere Dich mit mir!
- hilf mir aktiv in meinem Kampf gegen die anderen!

Diese Spielvariante hat in der Regel auch eine aggressivere Dynamik als die Variante „Schicksal": Da der Klient sich intentional und ungerechtfertigt geschädigt fühlt, löst dies Ärger in ihm aus. Während die „Schicksalsvariante" des Spiels eher einen resignativen Touch hat, ist der Klient hier aktiv verärgert und aggressiv: er hat ein *Recht*, verärgert zu sein, er hat ein Recht, sich zu wehren, er hat ein Recht, sich aggressiv zu verhalten. Und er hat auch ein Recht, vom Therapeuten Solidarität in aggressiver Weise einzufordern bzw. er hat ein Recht, den Therapeuten, wenn dieser die Solidarität verweigert, aggressiv zu behandeln.

Interaktionell kann es auf diese Weise sehr schnell zu einer selbsterfüllenden Prophezeiung kommen, die von der Person so jedoch nicht wahrgenommen werden kann:

- die Person „interpretiert" das (objektiv harmlose) Verhalten eines Interaktionspartners als intentional schädigend, ablehnend usw.;
- sie reagiert auf diesen Partner aggressiv und hält dies für gerechtfertigt;
- daraufhin reagiert der Partner tatsächlich ablehnend und aggressiv;
- dies wiederum wird nun der Person als Bestätigung ihrer Ausgangsinterpretation gedeutet.

Auf diese Weise kann sich das Spiel selbst bestätigen: Die Person hat Unmengen an Beweisen dafür, dass andere aggressiv, missgünstig, ablehnend sind (Beck & Freeman, 1993).

Interaktionell steht der Therapeut in großer Gefahr, ebenfalls in diese Kategorie zu fallen: Fängt er an, sich über den Klienten zu ärgern, z.B. weil dieser ihn manipuliert, kann dieser Ärger vom Klienten als persönliche Ablehnung interpretiert werden: „der Therapeut gehört auch zu denen, die gegen mich sind". Diese Interaktionsstruktur ist daher besonders heikel, insbesondere, wenn der Therapeut nicht sehr früh erkennt, welche Art von Spiel der Klient realisiert.

5.2.5.2.5 „Märtyrer"

Das Spiel „Märtyrer" ist eine Fortsetzung des Spiels „Opfer anderer Personen": In diesem Spiel macht der Klient deutlich, dass er nicht nur von anderen beeinträchtigt wird, sondern dass er trotz all dieser Beeinträchtigungen noch viel erreicht und vollbracht hat.

Meist verbindet sich der Aspekt des „das habe ich alles trotzdem geschafft" mit der intentionalen Variante des „Opfer-Spiels": Andere Personen, so macht der Klient deutlich, versuchen ihm das Leben schwer zu machen, ihn zu behindern usw. Und trotz dieser geballten Widrigkeiten hat der Klient es so weit gebracht, hat dies und das in seinem Leben geschafft, allerdings unter immensen Kosten.

Der Appell geht damit über Bestätigung und Solidarisierung hinaus, er umfasst außerdem Aspekte wie

- finde toll, was ich alles geleistet habe!
- würdige meine Mühen und Schmerzen!

5.2.5.2.6 „Immer ich!"

Das Spiel „Immer Ich" ist eine Kombination von Armes-Schwein, Opfer und (manchmal) Märtyrer. Der Klient macht deutlich, dass er sich vom Leben betrogen und beeinträchtigt fühlt. An dieser Beeinträchtigung sind sowohl andere Personen als auch Umstände beteiligt. Die Ursache dafür liegt nach Sicht des Klienten weniger in der bösartigen Intention anderer, sondern eher im „Schicksal": Der Klient hat einen magischen Schicksalsglauben, dass immer er betroffen ist. Immer geht ihm etwas schief; wenn eine Panne passiert, dann passiert sie ihm; wenn einer erwischt wird, dann wird er erwischt; wenn jemand bei der Beförderung übergangen wird, dann er usw.

Der Klient ist wegen dieser konsequenten Benachteiligung stark frustriert und geladen. Er reagiert auf alles, was nach einer neuerlichen Beeinträchtigung aussieht, aggressiv.

Ein Klient von mir machte das schon in den ersten Minuten der Therapie deutlich: Ich wurde in sehr aggressiver Weise dafür verantwortlich gemacht, dass man an der Ruhr-Universität keinen Parkplatz findet, dass die Räume schlecht gekennzeichnet sind, dass die Uni ein Labyrinth ist (was alles zutreffend ist, jedoch wirklich nicht in meiner Verantwortung liegt). Der Klient machte mir deutlich, dass es eine Unverschämtheit von mir ist, ihm das alles zuzumuten. Im Laufe der Therapie wurde dann noch weit mehr von dieser Struktur deutlich:

- ausgerechnet er wurde beruflich versetzt und ausgerechnet weiter weg;
- ausgerechnet ihm passiert es, dass seine Tochter auszieht, gerade jetzt, wo er eh schon so belastet ist;
- ausgerechnet er hat ständig unfähige Mitarbeiter usw.

Und ausgerechnet bei ihm passiert es, dass er versehentlich eine Rechnung mit falschem Rechnungsbetrag erhält: daraufhin werde ich (der ich dafür gar nichts kann) von ihm aggressiv angegangen; er hält das für eine Frechheit, etwas Derartiges darf nicht passieren usw. Eine Erklärung und Entschuldigung nimmt er nicht an; mit einer derartigen Institution will der Klient nichts zu tun haben.

Die Ereignisse sind für den Klienten keine eigenständigen Ereignisse: Sie sind in seinem Schema neuerliche Beweise dafür, dass er beeinträchtigt wird. Und daraufhin muss er sich abgrenzen, verteidigen und schützen. Daher kann der Klient auch irgendwelche Pannen nicht auf sich beruhen lassen oder „fünfe gerade sein lassen": es ist ja nicht nur diese einzelne Panne, es ist eine Panne in einer Serie von Pannen. Und es ist nicht nur eine zufällige Panne, sondern es ist wieder etwas, das *ihn* beeinträchtigt. Das Schema führt dazu, dass der Klient notwendigerweise in jeder Mücke einen Elefanten sehen muss und entsprechend handelt.

Die in dem Schema enthaltenen *Grundannahmen* sind:

- mir passieren ständig unangenehme Dinge;
- ich werde häufig benachteiligt;
- mir passiert das häufiger als anderen;
- das „kommt über mich", ich bin dabei passiv, ich kann nichts dafür;
- die Gründe dafür liegen *nicht* in meiner Person, meinem Verhalten usw.;
- über diese Gründe habe ich keine Kontrolle;

Die Appelle an den Interaktionspartner sind

- ich will, dass mein Klagen beachtet und gehört wird;
- nimm zur Kenntnis, dass ich benachteiligt bin;
  also
- tue mir ja nichts!
- wehe, Du beeinträchtigst mich!
- geh ja vorsichtig mit mir um!
- achte sorgfältig darauf, wie Du mich behandelst!

Die interaktionelle Konsequenz wird nicht angenehm sein: Interaktionspartner können diese Ansprüche gar nicht erfüllen und werden sie auf die Dauer auch nicht erfüllen wollen. Sie werden es auf die Dauer auch nicht akzeptieren, wegen jeder Kleinigkeit „angemacht" zu werden; sie werden auch keine Lust haben, sich ständig zu kontrollieren, um Konflikte zu vermeiden; sie werden es wohl auch nicht schätzen, sich ständig zu rechtfertigen usw. Sie werden sehr wahrscheinlich langfristig nur eine Möglichkeit sehen, mit der Person klar zu kommen: Sie müssen sie meiden, so gut sie können. Die Botschaft, „geh sorgfältig mit mir um", führt dazu, dass keiner mehr mit dieser Person umgeht. Damit schützt sich die Person auch: Aber um welchen Preis?

5.2.5.2.7 „Mords-Molly"

Diesen Begriff hat einer meiner Klienten geprägt: Das Spiel impliziert das Image, „ganz toll" zu sein. Der Klient baut das Image auf, dass er etwas Besonderes ist: er reflektiert mehr als andere; er interessiert sich für avantgardistische Kunst, während die anderen in verstaubten Museen vor sich hin dümpeln; er reist natürlich nicht nach Mallorca, sondern nach Mexiko usw. Der Klient möchte hier vor allem persönlich bestätigt werden: der Therapeut soll es großartig finden, was der Klient macht.

„Mords-Molly" ist damit ein beliebtes Spiel einigermaßen erfolgreicher Narzissten.

Der Klient kann schon zugestehen, dass er ein Problem hat: Ansonsten wäre das Aufsuchen eines Therapeuten auch nur schwer verständlich. Das Problem, so macht der Klient deutlich, ist jedoch sehr umgrenzt und spielt angesichts der sonstigen Großartigkeit auch nur eine untergeordnete Rolle. Der Klient kommt in die Therapie, weil er durch die Lösung des Problems eigentlich noch toller werden kann: Für ihn ist die Therapie damit der Weg zur Vollendung. Der Klient hat daher die Therapie eigentlich nicht nötig; er nutzt sie aber, um „weiterzukommen", um seine Entwicklung zu fördern.

Der Klient möchte damit, dass sich die therapeutische Arbeit auf einen Bereich, ein Thema beschränkt: Dies gibt er dem Therapeuten genau vor. Der Therapeut ist keineswegs berechtigt, über diesen Bereich hinauszugehen, Fragen nach anderen Lebensbereichen zu stellen u.a.: der Klient hat einen eingeschränkten Arbeitsauftrag und setzt diesen auch durch, alle anderen Lebensbereiche sind „thematisch gesperrt". Der Klient will damit die Kosten seines Systems reduzieren, das System ansonsten aber unangetastet lassen.

Er möchte somit, dass der Therapeut ihn selbst, seine Konstruktionen und Sichtweisen *nicht* hinterfragt: Im Gegenteil, der Therapeut soll den Klienten in dessen Konstruktionen bestätigen und bestärken. Der Therapeut soll bestätigen,
- dass der Klient „eigentlich" gar keine Probleme hat;
- dass der Klient die Dinge richtig sieht;
- dass der Klient im Grunde großartig, kompetent u.a. ist.

Dieses Spiel hat damit gleichzeitig zwei Gewinne
- Kostenreduktion
  und
- Bestätigung.

Der Klient kann sich vom Therapeuten die Art von Bestätigung holen, die er möglicherweise in seinem sonstigen Umfeld nicht (mehr) bekommt; gleichzeitig kann er ein umgrenztes Problem beseitigen und zwar so, dass er nach dessen Beseitigung alles beim Alten lassen kann: Das Problem ist im augenblicklichen System des Klienten eine Störung und diese soll beseitigt werden. Das System soll als solches jedoch nicht revidiert werden: es soll vielmehr lebbar gemacht werden.

Ein ähnliches Image, das den Therapeuten nachvollziehbarerweise stark verblüffte, machte ein Alkoholklient in stationärer Therapie auf: Er sei nicht in die Klinik gegangen, weil er Alkoholiker sei. Dies sei nicht der Fall und außerdem komme er mit seinem Leben bestens klar. Er sei vielmehr hier, weil er so einsichtig sei und aufgrund der geringen konsumierten Alkoholmengen gewarnt: Er komme prophylaktisch in die Therapie, damit erst gar nichts passieren könne (diese Prophylaxe ist bei einer Person, die mit einem Alkoholspiegel von 1,8 Promille noch in der Lage war, unfallfrei Auto zu fahren, sicher mehr als überfällig). Der Klient hat aber hier das Rezept gefunden, aus Mist Gold zu machen: Er hat nicht nur kein Problem, er ist sogar ein *besonders* einsichtiger Klient.

5.2.5.2.8 „Regel-Setzer"

Bei diesem Spiel zeigt der Klient eine ausgeprägte Tendenz, soziale Regeln zu bestimmen: er möchte bestimmen, was moralisch ist und was nicht; er möchte bestimmen, was gut ist und was nicht; er möchte bestimmen, was andere zu tun und zu lassen haben. Dabei verschleiert er jedoch systematisch, dass es sich um *seine* Ansprüche, seine Ziele, Motive und Normen handelt. Er argumentiert daher in der Art

- „das versteht sich doch von selbst",
- „das tut man nicht",
- „das ist unmoralisch",
- „wenn man Verkäuferin ist, hat man sich so zu verhalten",
- „das behindert doch andere",
- „das gefährdet doch andere",
- „das ist einfach eine Frechheit" usw.

Die Argumentation wird so aufgebaut, dass der Interaktionspartner kaum widersprechen kann, es sei denn, er nimmt es in Kauf, selbst als unmoralisch, rüde, unsozial o.ä. zu gelten.

In der Therapie geht es dem Klienten vor allem um Bestätigung und Solidarisierung: Der Therapeut soll die Regel als solche bestätigen und er soll bestätigen, dass der Klient Personen, die die Regeln brechen, „bestrafen" darf. Es geht somit um eine Legitimation des eigenen Handelns. Auch hier ist die Legitimation durch einen *Experten* von hohem Wert: Der Therapeut kann bestätigen, dass es sich nicht einfach um eine Marotte des Klienten handelt, sondern um ein legitimes Anliegen, das im Dienste der Allgemeinheit steht.

Man kann einen Unterschied feststellen zwischen dem Regel-Setzer-Spiel, das Klienten mit einer sog. „narzisstischen Persönlichkeitsstörung" spielen und dem, welches Klienten mit einer so genannten „zwanghaften Persönlichkeitsstörung" spielen.

Klienten mit narzisstischer Persönlichkeitsstörung setzen Regeln meist so, dass sie *ihren Interessen dienen*: die Regeln dienen dazu, dass andere Personen besonders gut funktionalisiert werden können. Genau diese Funktionalität ist dann aber oft erkennbar: Die Regel ist ein ins Allgemeine gehobenes interaktionelles Ziel. So kann ein Chef die Regel setzen, dass es wichtig sei, pünktlich zu sein; es ist aber deutlich, dass es eigentlich wichtig ist, dass alle für ihn verfügbar sind. Die Regeln der „narzisstischen" Regelsetzer sind daher oft sehr funktional, zielgerichtet, konkret und sehr deutlich mit der Person des Regelsetzers verbunden.

Dagegen argumentiert ein zwanghafter Regelsetzer eher allgemein, prinzipiell, moralisch: Er „verkündet" eine Regel, die von ihm unabhängig ist, die allgemein gültigen, ja moralischen Charakter hat. Er beruft sich dabei auf „allgemeine Moral",

Religion usw. Damit löst der zwanghafte Regelsetzer die Regel noch weiter von seiner Person ab als der Narzisst: Die Regeln werden damit auch weniger diskutierbar, starrer; ihre Nichteinhaltung kann damit auch strenger geahndet werden, denn bei der Nichtbefolgung handelt es sich nicht um ein Versehen, sondern um ein Vergehen. Damit, so wird deutlich, kann der zwanghafte Regelsetzer auch weit mehr und weit schneller Reaktanz in seiner Umwelt provozieren als der narzisstische.

5.2.5.3 Appell-Spiele

Appellspiele sind Spielstrukturen, die über Images hinausgehen, die jedoch z.T. Images systematisch zu ihrer Durchsetzung nutzen. Bei Appellen geht es nicht nur darum, dass der Therapeut etwas glaubt, bei Appellen geht es darum, dass der Therapeut konkret etwas tut oder etwas Bestimmtes nicht tut. Der Klient versucht hier also, *Kontrolle* über das Handeln des Therapeuten auszuüben: Der Therapeut soll zu bestimmten Handlungen veranlasst werden (Handlungs-Evokation). Dabei handelt es sich um Handlungen, die der Therapeut im Rahmen der Therapie normalerweise *nicht* ausführen würde; daher muss der Therapeut mit Hilfe intransparenter Strategien dazu gebracht werden, sein eigenes Regelsystem zu überschreiten.

Behandelt werden hier die Spiele

• Verfügbarkeit;
• Solidarisieren;
• Dornröschen.

5.2.5.3.1 Verfügbarkeit

Ein für die Therapie sehr wesentliches Appell-Spiel ist „Verfügbarkeit". Der Klient möchte hier, dass der Therapeut für den Klienten verfügbar ist, und zwar weit über das normale therapeutische Angebot hinaus.

Dies kann umfassen:

• Sondertermine: Der Klient kommt angeblich mit der eingeräumten einen Therapiestunde nicht aus: er benötigt mehr Termine.
• Sonderzeiten: Er benötigt auch Termine zu Zeiten, an denen normalerweise keine stattfinden, weil es ihm gerade so schlecht geht, z.B. abends, am Wochenende usw.
• Sonderlange Termine: Der Klient fühlt sich außerstande, die Therapie nach einer Stunde zu verlassen: Er ist dann so aufgewühlt, dass er in diesem Zustand nicht „in die Woche gehen kann". Er benötigt daher längere Termine oder solche, die man je nach Bedarf ausweiten kann.
• Telefonnummern: der Klient möchte die Privatnummer des Therapeuten, denn es könnte ja sein, dass er am Wochenende plötzlich suizidal wird, und dann kann es lebensrettend sein, den Therapeuten nur mal kurz anzurufen.
• Krisenintervention: In ganz schweren Krisen kann es auch schon einmal nötig sein, dass der Therapeut die Nacht mit dem Klienten verbringt bzw. dass der Klient den Therapeuten im Urlaub aufsucht (ein exzellentes Beispiel dafür ist der Film „Was ist mit Bob?").

Der Klient vermittelt dem Therapeuten somit,

• dass er den Klienten besonders wichtig nehmen muss;

- dass er sich in besonderer Weise für den Klienten engagieren muss;
- dass er den Klienten keinesfalls so behandeln kann wie andere Klienten.

Ist der Therapeut dazu nicht bereit, dann wird der Therapeut unter Druck gesetzt, z.B. indem er vom Klienten bezeichnet wird als
- kalt
- verständnislos
- ablehnend
- unverantwortlich
- unprofessionell.

Der Therapeut wird hier vor die Wahl gestellt: Entweder Du behandelst mich, wie ich es verdiene oder Du disqualifizierst Dich als Therapeut.

Der Klient macht dem Therapeuten damit deutlich, dass dieser Verantwortung für den Klienten übernehmen muss: Und dazu gehört es auch, dass der Therapeut für den Klienten da ist, wenn dieser Hilfe braucht; das ist schließlich die Aufgabe eines Experten.

Zur Durchsetzung dieses Spiels ist das „Arme-Schwein-Spiel" nützlich: der Klient macht dem Therapeuten unmissverständlich deutlich, wie extrem schlecht es ihm geht und dass er nun wirklich fachliche Hilfe in hohem Ausmaß benötigt. Daraus lässt sich logisch ableiten, dass der Therapeut für den Klienten Verantwortung übernehmen muss: Also muss er auch für den Klienten verfügbar sein.

5.2.5.3.2 Solidarisieren

Der Appell an den Therapeuten, sich zu solidarisieren, impliziert nicht nur eine Bestätigung, sondern erfordert vom Therapeuten, mit dem Klienten eine aktive Allianz gegen eine andere Person (meist den Partner des Klienten) einzugehen.

Das Spiel „Solidarisieren" hat zwei Ziele:
- *Exkulpierung:* Der Klient macht deutlich, dass er *nicht* an dem Problem, der Misere schuld ist, er kann nichts dafür: Schuld ist der andere, er selbst ist entlastet.
- *Verbündete finden:* Der Klient macht deutlich, dass er gegen den „anderen" einen (starken) Verbündeten braucht bzw. ihm (moralisch) ein Verbündeter zusteht, der ihm in der Auseinandersetzung hilft oder ihn zumindest berät.

Um das zu erreichen, gibt der Klient dem Therapeuten zunächst sehr selektiv Information: Der Klient stellt die Problematik systematisch so dar, dass der Partner der Verantwortliche ist: Dieser bricht Regeln, ist unverschämt, gewalttätig, unverständig usw. Der Klient selbst kann für das ganze Problem nichts: Er ist das Opfer des problematischen Partners und dessen pathologischen Verhaltens.

Um den Therapeuten zu Solidarisierung zu veranlassen, kann ein Klient unterschiedliche Strategien verwenden:
- Der Klient gibt selektive Informationen: Diese lassen den Klienten in möglichst günstigem, den „Anderen" in möglichst ungünstigem Licht erscheinen.
- Der Klient gibt *Bewertungen* ab: Der Klient berichtet nicht neutrale Ereignisse, sondern diese werden sofort negativ bewertet, kommentiert usw. Bericht und Bewertung lassen sich kaum noch trennen.
- Der Klient macht deutlich, dass der Therapeut eigentlich gleicher Meinung sein müsste: Jeder vernünftige Mensch, der diese Geschichte hört, muss erkennen, dass der Klient der „Gute" ist.

- Der Klient macht deutlich, dass er vom Therapeuten *erwartet*, dass er auf seiner Seite ist: schließlich ist der Therapeut ja der Experte, der besonders deutlich erkennen muss, wer der „Gute" ist; und außerdem ist der Therapeut verpflichtet, dem Klienten zu helfen; und überhaupt ist der Klient ja so schwach, dass ihm schon allgemein Hilfe zusteht usw.

Hier muss man allerdings sehen, dass es allgemein nicht zu den Tugenden von Klienten zählt, bei der Bearbeitung von Partnerproblemen die eigenen Anteile zu betonen: In aller Regel blendet ein Klient die Tatsache aus, dass „zu dem Spiel immer zwei gehören", dass auch der Klient etwas zu dem Partnerproblem beigetragen hat und beiträgt, dass auch sein Anteil berücksichtigt und geklärt werden muss usw. Klienten ist es natürlich lieber, die Dinge so zu sehen, dass der andere den schwarzen Peter hat; z.T. ist es aber auch nicht leicht für Klienten, das Interaktionssystem zu durchschauen und den eigenen Anteil zu analysieren, wenn man selbst ein Teil des Systems ist. Daher ist bei diesem Thema eine einseitige, voreingenommene Darstellung eher die Regel als die Ausnahme und ist damit noch kein Hinweis auf ein Interaktionsspiel.

Zu einem Spiel wird es erst dann, wenn der Klient keine andere Sichtweise *zulässt*: wenn er darauf besteht, dass er an dem Problem unbeteiligt ist und der Partner Schuld hat, wenn er darauf besteht, dass der Therapeut diese Sichtweise zu akzeptieren hat. Ein Spiel ist es auch dann, wenn der Klient vom Therapeuten nicht nur Bestätigung seiner Sichtweise erwartet, sondern eine Solidarisierung. Der Therapeut soll bestätigen, dass der Partner Schuld hat, dass eigentlich der Partner in Therapie gehört und dass der Klient berechtigt ist, etwas gegen diesen Partner zu unternehmen. Der Klient möchte sich dadurch „für den Ehekrieg munitionieren". Er möchte nach Hause gehen und sagen können: „Der Therapeut hat auch gesagt, Du bist schuld, Du hast die Macke, Du musst Dich ändern".

Der Klient hat damit ganz klar *nicht* die Intention etwas bei sich zu ändern: Er will nicht eigene Anteile an dem Problem klären oder sein Verhalten modifizieren. Er möchte seine Sichtweise und sein Verhalten beibehalten können. Und er möchte die Auseinandersetzung gewinnen, Recht behalten, dem anderen den schwarzen Peter zuschieben. Diese Konstellation ist sehr günstig, denn nun
- ist der Partner schuld;
- muss sich der Partner ändern;
- kann der Klient alles beim Alten lassen.

5.2.5.3.3 „Dornröschen"

Ein interessantes Appellspiel ist „Dornröschen": Im Anschluss an ein „Armes-Schwein-Spiel" oder ein „Opfer-der-Umstände-Spiel" kann der Klient deutlich machen, dass er selbst keinerlei Möglichkeit hat, sich selbst zu helfen. Er hat absolut keine Ideen, alles schon ausprobiert oder aber jeder Lösungsversuch hat alles nur verschlimmert. Das einzige, was der Klient nun noch tun kann, ist, auf den Erlöser zu warten: Jemand muss durch die Hecke brechen und den Klienten wachküssen. Der Therapeut als Experte könnte nun ein derartiger Erlöser sein: Von ihm erhofft sich der Klient neue, bahnbrechende Lösungsvorschläge.

Der Anspruch an den Therapeuten ist hoch, er lautet:
- Du musst die Verantwortung für mich übernehmen, denn ich bin dazu nicht mehr in der Lage;

- Du musst meine Probleme lösen, denn daran bin ich gescheitert;
- Du musst Dir etwas ausdenken, entwickeln, erfinden, das mir hilft;
- Du musst Dich anstrengen, denn es ist klar, dass mein Problem nicht so leicht zu lösen ist (ansonsten wäre ich schon längst darauf gekommen);
- Du musst Dich beeilen, denn mein Zustand ist nicht länger zu ertragen.

Übernimmt der Therapeut diesen Auftrag, dann ist er verloren; denn der Klient macht eine Unlösbarkeitskonstruktion nach der anderen auf. Hat der Therapeut einen neuen Vorschlag, dann beweist ihm der Klient, dass dieser nicht umsetzbar ist (leider hat der Therapeut diese oder jene Aspekte übersehen). Der Therapeut gerät dabei ins Schwitzen, während der Klient ganz gelassen bleiben kann: denn der Therapeut arbeitet für den Klienten und der Klient erhält Therapiestunden mit hohem Unterhaltungswert. Diese Struktur ist jedoch für *beide* sehr frustrierend: für den Therapeuten, der sich abrackert und keinen Fortschritt sieht und für den Klienten, dem damit letztlich auch nicht geholfen werden kann.

Eine beliebte Teilstrategie des Dornröschen-Spiels ist das Argument: Früher war alles besser, heute ist alles anders und keiner weiß warum. Der Kontrast, den der Klient hier aufmachen kann, kann sowohl den Aspekt „es geht mir schlecht" als auch den Aspekt „ich bin hilflos und muss erlöst werden" gut illustrieren: Im Vergleich zu früher geht es dem Klienten nun wirklich miserabel und das wird dem Klienten auch ganz deutlich, wenn er sich klar macht, wie toll früher alles war. Und alles hat sich geändert, ohne dass der Klient weiß, wieso: Vor allem weiß der Klient auch nicht, wie er den alten Zustand wieder herstellen soll. Das kann offenbar nur der Experte.

5.2.6 Analyse des augenblicklichen Therapiezustandes

Zur Ableitung sinnvoller therapeutischer Strategien und Interventionen ist es notwendig, das „System Klient" zu verstehen: Der Therapeut muss, wie deutlich geworden ist, ein Modell von der Spielstruktur des Klienten entwickeln. Dies ist jedoch zur Bestimmung therapeutischer Vorgehensweisen nicht ausreichend: Um zu wissen, was ein Therapeut nun in der Therapie tun sollte und tun kann, ist es auch notwendig, das „System Therapie" zu verstehen. Die vom Therapeuten in die Therapie, eventuell neu, eingeführten Interventionen treffen nicht auf ein völlig neues System ohne Geschichte: Ganz im Gegenteil!

Bis der Therapeut erkennt, dass der Klient ein Spiel realisiert, bis der Therapeut dieses analysiert hat und bis der Therapeut so weit ist, sein therapeutisches Handeln ändern zu können, hat im Therapieprozess zwischen Therapeut und Klient schon Verschiedenes stattgefunden.

So kann es z.B. sein, dass der Therapeut sich schon eine Zeit lang zur Spielebene komplementär verhält: er hat dem Klienten schon Sondertermine gegeben, seine private Telefonnummer usw. Der Therapeut ist daher, aus Sicht des Klienten, sehr zuvorkommend, lieb, solidarisch o.ä. Kommt der Therapeut aufgrund der Spielanalyse nun zu dem Schluss, dass es notwendig ist, den Klienten mit seinen Manipulationen zu konfrontieren, dann kann dieses Therapeuten-Handeln dem Klienten aufgrund der bisherigen „Spielregeln" sehr unverständlich, kalt und abweisend vorkommen: Der Therapeut war bisher immer so „nett", fürsorglich, hat alles für den Klienten getan. Und nun verweigert er plötzlich seine Solidarität, konfrontiert den Klienten mit eigenen Verhaltensweisen: der Therapeut erscheint plötzlich wenig einfühlsam, abweisend, kalt. Dies kann die Beziehung zwischen Therapeut und Klient stark belasten; im Extremfall kann es dazu führen, dass der Klient die Therapie abbricht.

Daher muss der Therapeut wissen, wie die Interaktion zwischen ihm und dem Klienten bisher gelaufen ist; er muss sich ein Modell davon machen, welche Vorstellungen von Therapie der Klient entwickelt hat, welche Interaktions-Erwartungen der Klient aufgebaut hat. *Diese* Aspekte muss der Therapeut dann unbedingt mit berücksichtigen, wenn er aufgrund der Spielanalyse seine Interventionen und Strategien ändert.

Eine Analyse des bisherigen Therapieverlaufs kann auch aufzeigen, dass der Therapeut den Klienten stark unter Druck gesetzt hat: Da der Therapeut nicht verstanden hat, warum der Klient nicht therapeutisch mitarbeitet, hat er versucht, den Klienten zur Mitarbeit zu „überreden". Aus dieser Einsicht kann dann folgen, dass der Therapeut ein solches Verhalten in Zukunft unbedingt unterlassen muss, da es zu Reaktanz und zu einer Verschlechterung der Beziehung führt.

Die Analyse kann auch ergeben, dass der Therapeut recht aggressiv auf den Klienten reagiert: Der Therapeut ist gereizt, ungeduldig, kritisiert den Klienten, gibt Belehrungen; der Therapeut ist insgesamt unfreundlich und wenig entgegenkommend. Diese Analyse macht dann deutlich, dass der Therapeut erst wieder lernen muss, dem Klienten *entgegenzukommen*: Der Therapeut muss in der Lage sein, das Klientenverhalten als Teil des Problems wahrzunehmen; er muss in der Lage sein, die Klienten-Interaktionen als Teil des Problems zu akzeptieren; er muss wieder in der Lage sein, dem Klienten Verständnis entgegenzubringen; er muss wieder in der Lage sein, den Klienten zu verstehen. Es muss daher beim Therapeuten und durch den Therapeuten im Therapieprozess erst eine *Basis* für neue Interventionen und Strategien hergestellt werden. Würde der Therapeut nämlich z.B. konfrontative Interventionen auf dem Hintergrund seiner aggressiven Beziehungsgestaltung realisieren, dann ist absehbar, dass der Klient diese Interventionen nicht annehmen kann; er wird sich vielmehr unverstanden, kritisiert und abgewertet fühlen und die Gefahr ist groß, dass er die Therapie abbricht.

Bei der Analyse von Interaktionsverläufen ist es auch wichtig zu sehen, ob sich das Handeln von Therapeuten und Klienten gegenseitig negativ hochgeschaukelt hat. So kann ein Therapeut z.B. den Klienten unter Druck setzen, bei einem Thema zu bleiben und dieses zu bearbeiten. Der Klient möchte dieses Thema jedoch vermeiden, weil er dem Therapeuten nicht vertraut und seine „Grenzen" wahren will. Der Klient weicht daher aus und wechselt das Thema. Dies erbost den Therapeuten und er veranlasst den Klienten zu diesem Thema zurückzukehren, setzt den Klienten unter Druck. Dies steigert die Angst des Klienten vor Grenzüberschreitung: Er signalisiert dem Therapeuten, dass er nicht an dem Thema arbeiten will. Der Therapeut fühlt sich sabotiert und setzt den Klienten erneut unter Druck usw.

Auf diese Weise hat das falsche Modell des Therapeuten (es gehe um Inhalte und deren Klärung) nicht nur zur Folge, dass der Therapeut nicht versteht, worum es eigentlich geht (um Vertrauen und den Nachweis, dass die Beziehung verlässlich ist); die aus dem Modell resultierenden Interventionen verschlimmern das Problem sogar, da der Klient gerade *nicht* die Erfahrung macht, dass der Therapeut gesetzte Grenzen akzeptiert. Der Klient erlebt den Therapeuten vielmehr als intrusiv und das bestätigt seine allgemeine Überzeugung, dass Beziehungen gefährlich sind. Es führt zu der Überzeugung, dass auch Beziehungen zum Therapeuten gefährlich sind.

Dadurch entwickelt der Klient die Intention, sich stärker zu schützen und noch weniger von sich preiszugeben. Damit aber sabotiert der Therapeut sein elementares Ziel, eine vertrauensvolle Beziehung mit dem Klienten aufzubauen. Die therapeutische Interaktion steht in der akuten Gefahr, sich „festzufressen".

Hatte es im bisherigen Verlauf der Therapie derartige Interaktionen häufig gegeben, dann ist der Stand der Therapeut-Klient-Beziehung sehr wahrscheinlich schlechter als *zu Beginn der Therapie.* Dies muss in der Supervision bei der Entwicklung eines Handlungsmodell berücksichtigt werden: Der Therapeut muss dann, u.U. über längere Zeit, erst wieder an der Entwicklung von Vertrauen arbeiten, bevor irgendwelche anderen therapeutischen Ziele überhaupt realisticherweise verfolgbar sind. Und die Analyse macht sehr deutlich, was der Therapeut im weiteren Verlauf der Therapie *auf keinen Fall mehr tun darf,* will er nicht seine eigene therapeutische Arbeit sabotieren.

5.2.7 Analyse eigener relevanter Schemata des Therapeuten

Arbeitet ein Therapeut mit einem Klienten, der Spielstrukturen aufweist, ist es m.E. unumgänglich, in der Supervision mit dem Therapeuten Selbsterfahrungsaspekte durchzugehen. Nach bisheriger Supervisionserfahrung scheitern viele der Therapien nicht daran, dass die Klienten so schwierig sind (was sie zweifellos sind!), sondern daran, dass die Therapeuten derart emotional blockiert sind, dass sie nicht in angemessener Weise mit den Klienten arbeiten können. Dies liegt einmal am bisherigen Prozessverlauf: Wenn Therapeuten in Supervision kommen (insbesondere wenn sie erst nach der 10. Therapiestunde kommen), sind sie manchmal bereits hochgradig über den Klienten verärgert. Sie fühlen sich vom Klienten sabotiert, „verarscht", ausgenutzt und sind völlig sauer auf den Klienten; sie möchten am liebsten nichts mehr mit dem Klienten zu tun haben. Dieser negative Affekt muss in der Supervision unbedingt bearbeitet werden. Manchmal legt sich der Ärger des Therapeuten, wenn dieser, aufgrund des neuen Klientenmodells versteht, was mit dem Klienten los ist: Wenn er begreift, dass das Klientenverhalten ein Teil der Problematik ist und keine intentionale Sabotage; er versteht nun, was passiert, er fühlt sich wieder handlungsfähig. Diese Aspekte können den Ärger über den Klienten völlig zum Verschwinden bringen.

In manchen Fällen lässt sich aber der Ärger nicht völlig beseitigen. Dann kann es passieren, dass der Therapeut mit dem neuen Modell in die nächste Therapiestunde geht und sich anders verhält, jedoch seine Interventionen nicht in eine akzeptierende Grundhaltung einbettet, sondern mit dem Klienten umgeht nach dem Motto „was ich Ihnen schon immer einmal sagen wollte". Dieses Vorgehen ist dann, wie man sich leicht vorstellen kann, sehr wenig hilfreich. Daher sollte man in der Supervision auch darüber nachdenken, ob ein Therapeut mit einem Klienten sinnvollerweise weiterarbeiten kann, ohne sich in eine wandelnde Kontraindikation zu verwandeln.

Ein anderer Grund für eine Blockade auf Therapeutenseite ist eher grundsätzlicher Art. Der Klient kann mit seinem Handeln beim Therapeuten *eigene Schemata* aktivieren, die dem Therapeuten ein empathisches und akzeptierendes Handeln unmöglich machen.

So kann z.B. ein Therapeut mit einem eher narzisstischen Persönlichkeitsstil einen zwanghaften Klienten völlig unerträglich finden: Das feindselig-rechthaberische, normorientierte, unhedonistische Verhalten des Klienten kann den eher kreativ-hedonistischen Therapeuten auf einer sehr persönlichen Ebene in hohem Maße nerven, so dass eine akzeptierende Grundhaltung kaum aufrechterhalten werden kann. Ein Therapeut mit passiv-aggressiven Persönlichkeitsstil, der eine Überschreitung persönlicher Grenzen wenig schätzt, kann sich durch die persönlichen Angriffe eines Borderline-Klienten beleidigt fühlen. Da hilft es dann u.U. wenig, sich zu sagen, das Verhalten sei ein Teil des Klientenproblems. Es ist m.E. von zentraler Bedeutung, dass Therapeuten, möglichst schon in der Ausbildung, lernen, mit welcher Art von Klienten-Handeln sie größere Probleme haben. Bezieht sich diese Schwierigkeit nur auf wenige Kategorien von Klienten, dann erscheint mir dies völlig akzeptabel: Man sollte nicht von Therapeuten erwarten, dass sie mit jedem Klienten und jeder Art von Problematik arbeiten können. Nur: Sie sollten es selbst wissen und dementsprechend verantwortungsbewusst handeln, also entsprechend Therapien gar nicht übernehmen oder sehr schnell abgeben. Bezieht sich die Schwierigkeit dagegen auf eine große Anzahl von Störungen, dann sollte man als Therapeut wohl, im Sinne einer Eigentherapie, etwas dagegen unternehmen, sonst steht man sich selbst gediegen im Weg.

5.3 Analyse der Selbst- und Beziehungsschemata

Auf die therapeutische Analyse von Selbst- und Beziehungsschemata soll hier nicht weiter eingegangen werden; der Grund dafür liegt nicht darin, dass dieser Aspekt therapeutisch irrelevant wäre: Das ist er keineswegs!

Der Grund dafür liegt vielmehr darin, dass die therapeutische Analyse und Bearbeitung von Selbst- und Beziehungsschemata nicht spezifisch ist für Klientinnen und Klienten mit Persönlichkeitsstörungen: D.h. die Bearbeitung dieser Schemata geht für Klienten mit Persönlichkeitsstörungen genauso vor sich wie für Klienten ohne Persönlichkeitsstörungen.

Und in diesen therapeutischen Vorgehensweisen gibt es bereits gut ausgearbeitete Konzepte, die hier nicht wiederholt werden sollen: Im Rahmen der Klärungsorientierten Psychotherapie z.B. von Sachse (2000a, 2000b), Greenberg et al. (1993); im Rahmen kognitiver Therapie von Beck und Freeman (1993).

5.4 Analyse der Beziehungsmotive

Um Beziehungsmotive zu analysieren, muss ein Therapeut ebenfalls einen „holistisch-intuitiven" Verarbeitungsmodus einnehmen: Er muss den Test des Klienten „auf sich wirken lassen" und sich dabei bestimmte Leitfragen stellen, z.B.:
• Was möchte der Klient eigentlich?
• Welche Art von Beziehung möchte er von mir?

- Welche Sehnsüchte hat er?
- Welches Beziehungsmotiv möchte er realisiert bekommen?

Analysiert man die Motivebene bei der „Klientin mit intrusiven Gedanken", dann sieht man, dass ein Klient ein starkes Bedürfnis nach solidarischer Beziehung aufweist; sie signalisiert:

- „Sei für mich da!"
- „Belaste mich nicht!"
- „Schätze mich!"
- „Sieh, dass es mir schlecht geht!"

Betrachtet man dies unter der Motivperspektive, dann ergibt sich daraus ein Bedürfnis nach solidarischer Beziehung: „Sie auf meiner Seite." Dies kann der Therapeut verbalisieren.

Analysiert man die „Kritik-Klientin", dann wird deutlich, dass diese ein starkes Motiv nach Wichtigkeit aufweist. Sie signalisiert:

- „Nehmen Sie mich ernst!"
- „Ich fühle mich nicht ausreichend wichtig genommen!"
- „Ich will die Wichtigste sein!"

Auch dies kann der Therapeut verbalisieren und damit in hohem Maße „Beziehungskredit" schaffen.

Literatur

Aebli, H. (1980). *Denken, das Ordnen des Tuns, Bd. 1: Kognitive Aspekte der Handlungstheorie.* Stuttgart: Klett-Cotta.

Aebli, H. (1981). *Denken, das Ordnen des Tuns, Bd. 2: Denkprozesse.* Stuttgart: Klett-Cotta.

Alnaes, R. & Torgersen, S. (1988). The relationship between DSM-III symptom disorders (Axis I) and personality disorders (Axis II) in an outpatient population. *Acta Psychiatrica Scandinavia, 78,* 485-492.

Alnaes, R. & Torgersen, S. (1991). Personality and personality disorders among patients with various affective disorders. *Journal of Personality Disorders, 5,* 107-121.

Ambühl, H. (1992). Therapeutische Beziehungsgestaltung unter dem Gesichtspunkt der Konfliktdynamik. In: J. Margraf & J.C. Brengelmann (Hrsg.), *Die Therapeut-Klient-Beziehung in der Verhaltenstherapie,* 245-264. München: Röttger.

Ambühl, H. & Doblies, G. (1991). Wie sieht ein klientInnengerechtes therapeutisches Angebot aus? Ein Plädoyer für fallspezifische Analysemethoden in der Psychotherapieforschung. *Verhaltenstherapie und Psychosoziale Praxis, 3,* 289-304.

Anderson, J.R. (1988). *Kognitive Psychologie: Eine Einführung.* Heidelberg: Spektrum Akademischer Verlag.

Andreoli, A.; Gressot, G.; Aapro, N.; Trico, L. & Gognalons, M.Y. (1989). Personality disorders as a predictor of outcome. *Journal of Personality Disorders, 3,* 307-320.

Archer, R.L.; Diaz-Loving, R.; Gollwitzer, P.M.; Davis, M.H. & Foushee, H.C. (1981). The role of dispositional empathy and social evaluation in the empathic mediation of helping. *Journal of Personality and Social Psychology, 40,* 786-796.

Argyle, M. (1972). *Soziale Interaktion.* Köln: Kiepenhauer & Witsch.

Bandura, A. (1977). Self-efficacy: Toward a unifying theory of behavioral change. *Psychological Review, 84,* 191-215.

Bandura, A. (1978). Reflections on self-efficacy. *Advances in Behavior Research and Therapy, 1,*

Bartlett, F.C. (1932). *Remembering.* Cambridge: University Press.

Batson, C.D.; Duncan, B.D.; Ackerman, P.; Buckley, T. & Birch, K. (1981). Is empathic emotion a source of altruistic motivation? *Journal of Personality and Social Psychology, 40,* 290-302.

Batson, C.D.; OQuin, K.; Fultz, J. & Vanderplas, M. (1983). Influence of self-reported distress and empathy on egoistic versus altruistic motivation to help. *Journal of Personality and Social Psychology, 45,* 706-718.

Batson, C.D.; Batson, J.G.; Griffitt, C.A.; Barrientos, S.; Brandt, J.R.; Sprengelmeyer, P. & Bayly, M.J. (1989). Negative-state relief and the empathy-altruism hypothesis. *Journal of Personality and Social Psychology, 56,* 922-933.

Baus, M. (1992). Die Rolle der Interpretation in der Klientenzentrierten Psychotherapie. In: R. Sachse; G. Lietaer & W.B. Stiles (Hrsg.), *Neue Handlungskonzepte der Klientenzentrierten Psychotherapie,* 23-37. Heidelberg: Asanger.

Beck, A.T.; Freeman, A. u.a. (1993). *Kognitive Therapie der Persönlichkeitsstörungen.* Weinheim: Psychologie Verlags Union.

Beck, A.T. & Greenberg, R.L. (1979). Kognitive Therapie bei der Behandlung von Depressionen. In: N. Hoffmann (Hrsg.), *Grundlagen kognitiver Therapie,* 177-203. Bern: Huber.

Beck, A.T.; Rush, A.J.; Shaw, B.F. & Emery, G. (1981). *Kognitve Therapie der Depression* (Original erschienen 1979: Cognitive therapy of depression). München: Urban & Schwarzenberg.

Becker, K. & Sachse, R (1998). Therapeutisches Verstehen verstehen. Göttingen: Hogrefe.

Benjamin, L.S. (1974). Structural analysis of social behavior. *Psychological Review, 81*, 392-425.

Benjamin, L.S. (1977). Structural analysis of a family in therapy. *Journal of Consulting and Clinical Psychology, 45*, 391-406.

Benjamin, L.S. (1979). Use of Structural Analysis of Social Behavior (SASB) and Markov Chains to study dyadic interactions. *Journal of Abnormal Psychology, 88*, 303-319.

Benjamin, L.S. (1982). Use of Structural Analysis of Social Behavior (SASB) to guide intervention in psychotherapy. In: J.C. Anchin & D.J. Kiesler (Eds.), *Handbook of interpersonal psychotherapy.* New York: Pergamon Press.

Benjamin, L.S. (1984). Principles of prediction using Structural Analysis of Social Behavior (SASB). In: R.A. Zucker; J. Aronoff & A.J. Rabin (Eds.), *Personality and the prediction of behavior,* New York: Academic Press.

Benjamin, L.S. (1987a). Use of the SASB dimensional model to develope treatment plans for personality disorders. 1: Narcissism. *Journal of Personality Disorders, 1,* 43-70.

Benjamin, L.S. (1987b). Use of Structural Analysis of Social Behavior (SASB) to define and measure confrontation in psychotherapy. In: W. Huber (Ed.), *Progress in psychotherapy research.* Louvain la Neuve: Presses Universitaires de Louvain.

Benjamin, L.S. (1992). An interpersonal approach to the diagnosis of borderline personality disorder. In: J.F. Clarkin, E. Marziali & H. Munroe-Blum (Eds.) *Borderline personality disorder: Clinical and empirical perspectives,* 161-198. New York: Guilford.

Benjamin, L.S. (1993). *Interpersonal diagnosis and treatment of personality disorders.* New York: Guilford.

Benjamin, L.S. (1996). Ein interpersoneller Behandlungsansatz für Persönlichkeitsstörungen. In: B.Schmitz; T. Fydrich & K. Limbacher (Hrsg.), *Persönlichkeitsstörungen: Diagnostik und Psychotherapie,* 136-148. Weinheim: Beltz Psychologie Verlags Union.

Benjamin, L.S.; Foster, S.W.; Roberto, L.G. & Estroff, S.E. (1986). Breaking the family code: Analysis of videotapes of family interactions by Structural Analysis of Social Behavior (SASB). In: L.S. Greenberg & W.M. Pinsof (Eds.), *The psychotherapeutic process: A research handbook,* 391-438. New York: Guilford.

Berlin, S.B. & Johnson, C. (1989). Women and autonony: Using Structural Analysis of Social Behavior to find autonomy within connections. *Psychiatry, Interpersonal and Biological Processes, 52,* 79-95.

Berne, E. (1961). *Transactional analysis of psychotherapy.* New York: Ballantine Books.

Berne, E. (1963). *The structure and dynamics of organizations and groups.* New York: Ballantine Books.

Binder, U. & Binder, H.-J. (1979). *Klientenzentrierte Psychotherapie bei schweren psychischen Störungen.* Frankfurt: Fachbuchhandlung für Psychologie.

Blashfield, R.K. & Davis, R.T. (1993). Dependent and histrionic personality disorders. In: P.B. Sutker & H.E. Adams (Eds.), *Comprehensive handbook of psychopathology, 2nd edition,* 395-409. New York: Plenum Press.

Bohlin, G.; Hagekull, B.; Germer, M.; Andersson, K. & Lindberg, L. (1989). Avoidant and resistant reunion behaviors as predicted by maternal interactive behavior and infant temperament. *Infant Behavior and Development, 12*, 105-117.

Bordin, E. (1975). *The working alliance: Basis for a general theory of psychotherapy.* Paper presented at a symposium of the American Psychological Association, Washington, D.C.

Bordin, E. (1976). The generalizability of the psychoanalytic concept of the working alliance. *Psychotherapy, 16*, 252-260.

Bordin, E. (1980). *Of human bond that bind or free.* Presidential address delivered at the meeting of the Society for Psychotherapy Research, Pacific Grove, CA.

Brown, M.; Woollams, S. & Huige, K. (1983). *Abriß der Transaktionaanalyse.* Frankfurt: Fachbuchhandlung für Psychologie.

Caspar, F. (1982). Widerstand in der Psychotherapie. In: R. Bastine et al. (Hrsg.), *Grundbegriffe der Psychotherapie*, 451-454. Weinheim: Edition Psychologie.

Caspar, F. (1984). *Analyse interaktioneller Pläne.* Bern: Universität Bern. Unveröffentlichte Dissertation.

Caspar, F. (1986). Die Plananalyse als Konzept und Methode. *Verhaltensmodifikation, 4*, 235-256.

Caspar, F. (1989). *Beziehungen und Probleme verstehen.* Bern: Huber.

Caspar, F. & Grawe, K. (1980). Der Widerspenstigen Zähmung? Eine interaktionelle Betrachtung des Widerstandsphänomens in der Verhaltenstherapie (1). In: W. Schultz & M. Hautzinger (Hrsg.), *Klinische Psychologie und Psychotherapie. Kongreßbericht Berlin in fünf Bänden*, 195-206. Tübingen: DGVT.

Caspar, F. & Grawe, K. (1982a). Vertikale Verhaltensanalyse (VVA): Analyse des Interaktionsverhaltens als Grundlage der Problemanalyse und Therapieplanung. *Forschungsberichte aus dem Psychologischen* Institut. Bern: Universität Bern.

Caspar, F. & Grawe, K. (1982b). Vertikale Verhaltensanalyse (VVA): Analyse des Interaktionsverhaltens als Grundlage der Problemanalyse und Therapieplanung. In: H. Bommert & F. Petermann (Hrsg.), *Diagnostik und Praxiskontrolle in der klinischen Psychologie*, 25-29. München: Steinbauer & Rau.

Caspar, F. & Grawe, K. (1985). Widerstand in der Verhaltenstherapie. In: H. Petzold (Hrsg.), *Widerstand: Ein strittiges Konzept in der Psychotherapie*, 349-384. Paderborn: Junfermann.

Caspar, F. & Grawe, K. (1996). Was spricht für, was gegen individuelle Fallkonzeptionen? Überlegungen zu einem alten Problem aus einer neuen Perspektive. In: F. Caspar (Hrsg.), *Psychotherapeutische Problemanalyse*, 65-85. Tübingen: DGVT.

Caston, J. (1986). The reliability of the diagnosis of the patients unconscious plans. In: J. Weiss; H. Sampson & Mount Zion Psychotherapy Research Group. *The psychoanalytic process: Theory, clinical observations, and empirical research.* New York: Guilford.

Chase, W.G. & Simon, H.A. (1973). The minds eye in chess. In: W.G. Chase (Ed.), *Visual information processing*, 215-281. New York: Academic Press.

Clarkin, J.F. & Lenzenweger, M.F. (1996). *Major Theories of Personality Disorder.* New York: Guilford.

Coke, J.S.; Batson, C.D. & McDavis, K. (1978). Empathic mediation of helping: A two-stage model. *Journal of Personality and Social Psychology, 36*, 752-766.

DeCharms, R. (1968). *Personal causation.* New York: Academic Press.

DelCarmen, R.; Pedersen, F.A.; Huffmann, L.C. & Bryan, Y.E. (1993). Dyadic distress management predicts subsequent security of attachment. *Infant Behavior and Development, 16*, 131-147.

Derksen, J. (1995). *Personality disorders: Clinical & social perspectives*. New York: John Wiley & Sons.

Dick, A.; Grawe, K.; Regli, D. & Heim, P. (1999). Was sollte ich tun, wenn...? Empirische Hinweise für die adaptive Feinsteuerung des Therapiegeschehens innerhalb der einzelnen Sitzungen. *Verhaltenstherapie und Psychosoziale Praxis, 2*, 253-279.

Dijk, T. van & Kintsch, W. (1983). *Strategies of discours comprehension*. New York: Harcourt.

Dörner, D. (1988). Wissen und Verhaltensregulation: Versuch einer Integration. In: H. Mandl & H. Spada (Hrsg.), *Wissenspsychologie*, 264-279. München: Psychologie Verlags Union.

Dörner, D.; Kreuzig, H.W.; Reither, F. & Stäudel, T. (1983). *Lohhausen: Vom Umgang mitUnbestimmtheit und Komplexität*. Bern: Huber.

Duval, S. & Wicklund, R.A. (1972). *A theory of objective self-awareness*. New York: Academic Press.

Echelmeyer, L. (1983). Selbstunsicherheit und soziale Ängste. In: D. Zimmer (Hrsg.), *Die therapeutische Beziehung*, 161-172. Weinheim: Edition Psychologie.

Ecker, W. (1996). Persönlichkeitsstörungen. In: M. Linden & M. Hautzinger (Hrsg.), *Verhaltenstherapie, 3. Auflage*, 381-386. Berlin :Springer.

Ehlers, A. (1996). Psychologische Grundlagen der Verhaltenstherapie. In: J. Margraf (Hrsg.), *Lehrbuch der Verhaltenstherapie, Bd. 1*, 49-65. Berlin: Springer.

Eiff, A.W.U. (1979). *Streß*. Stuttgart: Thieme.

Engel, L. & Ferguson, T. (1990). *Imaginary crimes. Why we punish ourselves and how to stop*. Boston: Houghton Mifflin Company.

Engelkamp, J. (1989). Verstehen als Informationsverarbeitung. In: J. Engelkamp (Hrsg.), *Psychologische Aspekte des Verstehens*, 31-53. Berlin: Springer.

English, F. (1981). *Transaktionsanalyse*. Hamburg: Isko-Press.

Esser, P. (1983). *Erlebnisorientierte Psychotherapie*. Stuttgart: Kohlhammer.

Fenigstein, A. (1987). On the nature of public and private self-consciousness. *Journal of Personality, 55*, 543-554.

Fiedler, P. (1981). Psychotherapieziel Selbstbehandlung. In: P.A. Fiedler (Hrsg.), *Psychotherapieziel Selbstbehandlung: Grundlagen kooperativer Psychotherapie*, 25-76, Weinheim: Edition Psychologie.

Fiedler, P. (1993). Persönlichkeitsstörungen. In: H. Reinecker (Hrsg.), *Lehrbuch der Klinischen Psychologie. Modelle psychischer Störungen*, 219-266. Göttingen: Hogrefe.

Fiedler, P. (1994a). *Persönlichkeitsstörungen*. Weinheim: Psychologie Verlags Union.

Fiedler, P. (1994b). Persönlichkeitsstörungen. In: A. Ehlers & K. Hahlweg (Hrsg.), *Enzyklopädie der Psychologie: Klinische Psychologie, Bd 2*. Göttingen: Hogrefe.

Fiedler, P. (1994c). Persönlichkeitsstörung. In: H. Reinecker (Hrsg.), *Fallsammlung zum Lehrbuch für Klinische Psychologie.*_Göttingen: Hogrefe.

Fiedler, P. (1994d). Persönlichkeitsstörungen: In: H. Reinecker (Hrsg.), *Lehrbuch der Klinischen Psychologie. Modelle psychischer Störungen*, 219-266. Göttingen: Hogrefe.

Fiedler, P. (1995).Verhaltenstherapeutische Diagnostik bei Persönlichkeitsstörungen: Ein Schema zur Problemanalyse und Therapieplanung. *Verhaltensmodifikation und Verhaltensmedizin, 16*, 223-244.

Fiedler, P. (1996). Psychotherapeutische Ansätze bei Persönlichkeitsstörungen: Gemeinsamkeiten und Unterschiede. In: B.Schmitz; T. Fydrich & K. Limbacher

(Hrsg.), *Persönlichkeitsstörungen: Diagnostik und Psychotherapie*, 200-218. Weinheim: Beltz Psychologie Verlags Union.

Fiedler, P. (1998). *Persönlichkeitsstörungen*. 4. Auflage. Weinheim: Beltz.

Fiedler, P. (2000). *Integrative Psychotherapie bei Persönlichkeitsstörungen*. Göttingen: Hogrefe.

Fiedler, P. A. & Konz, H. (1981). Partnerschaftliche Problemlösung und Kooperation in Psychotherapie. In: P.A. Fiedler (Hrsg.), *Psychotherapieziel Selbstbehandlung: Grundlagen kooperativer Psychotherapie*, 1-10, Weinheim: Edition Psychologie.

Flick,S.N.; Roy-Byrne, P.P.; Cowley, D.S.; Shores, M.M. & Dunner, D.L. (1993). DSM-III-R personality disorders in a mood and anxiety disorder clinic: Prevalence, comorbidity, and clinical correlates. *Journal of Affective Disorders, 27,* 71-79.

Fliegel, S.; Groeger, W.M.; Künzel, R. Schulte, D. & Sorgarz, H. (1981). *Verhaltentherapeutische Standardmethoden: Ein Übungsbuch*. München: Urban & Schwarzenberg.

Frederiksen, C.H. (1975a). Acquisition of semantic information from discourse: Effects of repeated exposures. *Journal of Verbal Learning and Verbal Behavior, 14,* 158-169.

Frederiksen, C.H. (1975b). Effects of context-induced processing operations on semantic information acquired from discourse. *Cognitive Psychology, 7,* 139-166.

Freeman, A. (1988a). Cognitive therapy of personality disorders. In: C. Perris; I. Blackburn & H. Perris (Eds.), *Cognitive psychotherapy: Theory and practice*. New York: Springer Verlag.

Freeman, A. (1988b). Cognitive therapy of personality disorders. In: C. Perris & M. Eisemann (Eds.), *Cognitive psychotherapy: An update*. Umea: DOPUU Press.

Freeman, A. & Leaf, R.(1989). Cognitive therapy of personality disorders. In: A. Freeman; K. Simon; L. Beutler & H. Arkowitz, *Comprehensive handbook of cognitive therapy*. New York: Plenum.

Frey, D.; Wicklund, R.A. & Scheier, M.F. (1984). Die Theorie der objektiven Selbstaufmerksamkeit. In: D. Frey & M. Irle (Hrsg.), *Theorien der Sozialpsychologie, Bd 1: Kognitive Theorien,* 192-216. Bern: Huber.

Fydrich, T.; Chambless, D.L.; Perry, K.J.; Belecanech, M. & Renneberg, B. (1996). *Generalized social phobia and avoidant personality disorder: Aspects of differential validity*. Zur Veröffentlichung eingereicht.

Fydrich, T.; Schmitz, B. Dietrich, G. Heinicke, S. & König, J. (1996). Prävalenz und Komorbidität von Persönlichkeitsstörungen. In: B.Schmitz; T. Fydrich & K. Limbacher (Hrsg.), *Persönlichkeitsstörungen: Diagnostik und Psychotherapie*, 56-90. Weinheim: Beltz Psychologie Verlags Union.

Gäßler, B. (1994). *Psychotherapeuten als Experten: Gedächtnis und Informationsverarbeitung*. Regensburg: Roderer.

Gäßler, B. & Sachse, R. (1992). Psychotherapeuten als Experten: Unter welchen Voraussetzungen können Psychotherapeuten die komplexe sprachliche Information ihrer Klienten verarbeiten? In: R. Sachse, G. Lietaer & W.B. Stiles (Hrsg.), *Neue Handlungskonzepte der Klientenzentrierten Psychotherapie*, 133-142. Heidelberg: Asanger.

Gendlin, E.T. (1970). A theory of personality change. In: Y.T. Hart & T.M. Tomlinson (Eds.), *New directions in client-centered therapy*, 129-173. Boston: Houghton Mifflin.

Gendlin, E.T. (1978a). Eine Theorie der Persönlichkeitsveränderung. In: H. Bommert & H.-D. Dahlhoff (Hrsg.), *Das Selbsterleben (Experiencing) in der Psychotherapie*, 1-62. München: Urban & Schwarzenberg.

Gendlin, E.T. (1978b). *Focusing*. New York: Everest House.

Gerl, W. (1981). Zum Aspekt der "Lenkung" in der psychotherapeutischen Kommunikation. *GwG-Info, 44*, 15-22.

Gollwitzer, P.M. (1986).Striving for specific identities: The social reality of self-symbolizing. In: R.F. Baumeister (Ed.), *Public self and private self,* 143-159. New York: Springer.

Gollwitzer, P.M. (1987a). Suchen, Finden und Festigen der eigenen Identität: Unstillbare Zielintentionen. In: H. Heckhausen; P.M. Gollwitzer & F.E. Weinert (Hrsg.), *Jenseits des Rubikon: Der Wille in den Humanwissenschaften,* 176-189. Berlin: Springer.

Gollwitzer, P.M. (1987b). The implementation of identity intentions: A motivational-volitional perspective on symbolic self-completion. In: F. Halisch & J. Kuhl (Eds.) *Motivation, intention, and volition,*349-369. Berlin: Springer.

Gollwitzer, P.M. (1989). Intentionale Selbstentwicklung. In: W. Schönpflug (Hrsg.), *Bericht über den 36. Kongreß der Deutschen Gesellschaft für Psychologie in Berlin 1988,* 469-473. Göttingen: Hogrefe.

Grawe, K. (1982). Implikationen und Anwendungsmöglichkeiten der Vertikalen Verhaltensanalyse für die Sichtweise und Behandlung psychischer Störungen. *Forschungsbericht (Nr. 5/82).* Bern: Universität Bern.

Grawe, K. (1986). Schema - Theorie und heuristische Psychotherapie. *Forschungsberichte aus dem Psychologischen Institut.* Bern: Universität Bern.

Grawe, K. (1987a). Psychotherapie als Entwicklungsstimulation von Schemata. Ein Prozeß mit nicht voraussehbarem Ausgang. In: F.M. Caspar (Hrsg.), *Problemanalyse in der Psychotherapie. Bestandsaufnahme und Perspektiven,* 72-87. Tübingen: DGVT.

Grawe, K. (1987b). Schema-Theorie und heuristische Psychotherapie. Teil 2. *Forschungsbericht aus dem Psychologischen Institut.* Bern: Universität Bern.

Grawe, K. (1988a). Der Weg entsteht beim Gehen. Ein heuristisches Verständnis von Psychotherapie. *Verhaltenstherapie und Psychosoziale Praxis, 1,* 39-49.

Grawe, K. (1988b). Heuristische Psychotherapie. Eine schematheoretisch fundierte Konzeption des Psychotherapieprozesses. *Integrative Therapie, 4,* 309-324.

Grawe, K. (1998). *Psychologische Therapie.* Göttingen: Hogrefe.

Grawe, K. (1999). Wie kann Psychotherapie noch wirksamer werden? *Verhaltenstherapie und Psychosoziale Praxis, 2,* 185-195.

Grawe, K. & Caspar, F.M. (1984). Die Plananalyse als Konzept und Instrument für die Psychotherapieforschung. In: U. Baumann (Ed.), *Psychotherapie: Makro-/Mikroperspektive,* 177-197. Göttingen: Hogrefe.

Grawe, K.; Donati, R. & Bernauer, F. (1994). *Psychotherapie im Wandel. Von der Konfession zur Profession.* Göttingen: Hogrefe.

Grawe, K.; Grawe-Gerber, M.; Heiniger, B.; Ambühl, H. & Caspar, F. (1996). Schematheoretische Fallkonzeption und Therapieplanung: Eine Anleitung für Therapeuten. In: F. Caspar (Hrsg.), *Psychotherapeutische Problemanalyse,* 189-224. Tübingen: DGVT.

Grawe, K.; Regli, D.; Smith, E. & Dick, A. (1999). Wirkfaktorenanalyse ein Spektroskop für die Psychotherapie. *Verhaltenstherapie und Psychosoziale Praxis, 2,* 201-225.

Grawe-Gerber, M. (1992). *Psychotherapie aus interpersonaler Perspektive. Ein methodischer Beitrag zur Psychotherapie-Prozessforschung mit der "Structural Analysis of Social Behavior (SASB)".* Bern: Universität Bern. Unveröffentlichte Dissertation.

Grossmann, K.E.; August, P.; Fremmer-Bombik, E.; Grossmann, K.; Scheuerer-Englisch, H.; Spangler, G.; Stephan, C. & Suess, G. (1989). Die Bindungstheorie: Modell und entwicklungspsychologische Forschung. In: H. Keller (Hrsg.), *Handbuch der Kleinkindforschung*, 31-55. Berlin: Springer.

Gruber; H. (1994). *Expertise: Modelle und empirische Untersuchungen*. Opladen: Westdeutscher Verlag.

Heckhausen, H. (1963). Eine Rahmentheorie der Motivation in zehn Thesen. *Zeitschrift für experimentelle und angewandte Psychologie, 10*, 604-624.

Heckhausen, H. (1977). Motivation: Kognitionspsychologische Aufspaltung eines summarischen Konstrukts. *Psychologische Rundschau, 28*, 175-189.

Heckhausen, H. (1980). *Motivation und Handeln: Lehrbuch der Motivationspsychologie*. Berlin: Springer.

Heiniger, B.; Grawe-Gerber, M.; Ambühl, H.; Grawe, K.; & Braun, U. (1996). Schematheoretische Fallkonzeption und Therapieplanung: Ein elaboriertes Beispiel zum Leitfaden. In: F. Caspar (Hrsg.), *Psychotherapeutische Problemanalyse*. 225-268. Tübingen: DGVT.

Henry, W.P.; Schacht, T.E. & Strupp, H.H. (1986). Structural Analysis of Social Behavior: Application to a study of interpersonal process in differential psychotherapeutic outcome. *Journal of Consulting and Clinical Psychology, 54*, 27-31.

Herrmann, T. (1969). *Lehrbuch der empirischen Persönlichkeitsforschung*. Göttingen: Hogrefe

Herrmann, T. (1982). *Sprechen und Situation*. Berlin: Springer.

Herrmann, T. & Grabowski, J. (1994). *Sprechen: Psychologie der Sprachproduktion*. Heidelberg: Spektrum Akademischer Verlag.

Hörmann, H. (1976). *Meinen und Verstehen: Grundzüge einer psychologischen Semantik*. Frankfurt: Suhrkamp.

Horvath, A.O. & Greenberg, L.S. (1989). Development and validation of the working alliance inventory. *Journal of Counseling Psychology, 36 (2)*, 223-233.

James, M. & Jongeward, D. (1971). *Born to win*. New American Library.

Jaspers, K. (1976). *Allgemeine Psychopathologie*. Heidelberg: Springer.

Jenkins, C.D.; Rosenman, R.H. & Zyzanski, S.J. (1974). Prediction of clinical coronary heart disease by a test for the coronary-prone behavior pattern. *New England Journal of Medicine, 290*, 1271-1275.

Kanfer, F.H. & Phillips, J.S. (1975). *Lerntheoretische Grundlagen der Verhaltenstherapie*. München: Kindler.

Karpman, S. (1968). Fairy tales and script drama analysis. *Transactional Analysis Bulletin, 7 (26)*, 39-43.

Kessel, W. van (1975). Van reflektie tot interventie. *Tijdschrift voor Psychotherapie, 17*, 342-354.

Kiesler, D.J. (1982). Confronting the client-therapist relationship in psychotherapy. In: J.C. Anchin & D.J. Kiesler (Eds.), *Handbook of interpersonal psychotherapy*. New York: Pergamon Press.

Kiesler, D.J. (1983). The 1982 interpersonal circle: A taxonomy for complementarity in human transactions. *Psychological Review, 90*, 185-214.

Kiesler, D.J. (1986). The 1982 interpersonal circle: An analysis of DSM-III personality disorders. In: T. Millon & G.L. Klerman (Eds.), *Contemporary directions in psychopathology: Toward the DSM-IV*, 571-597. New York: Guilford.

Kuhl, J. (1983a). *Motivation, Konflikt und Handlungskontrolle*. Berlin: Springer.

Kuhl, J. (1983b). Emotion, Kognition und Motivation: I. Auf dem Wege zu einer systemtheoretischen Betrachtung der Emotionsgenese. *Sprache und Kognition, 2 (1),* 1-27.

Kuhl, J. (1983c). Emotion, Kognition und Motivation: II. Die funktionale Bedeutung der Emotionen für das problemlösende Denken und für das konkrete Handeln. *Sprache und Kognition, 2,* 228-253.

Kuhl, J. (1994a). A theory of action and state orientation. In: J. Kuhl & J. Beckmann (Eds.), *Volition and personality,* 9-46. Göttingen: Hogrefe.

Kuhl, J. (1994b). Handlungs- und Lageorientierung. In: W. Sarges (Hrsg.), *Managementdiagnostik.* Göttingen: Hogrefe. 2. Aufl.

Kuhl, J. (1994c). Wille und Freiheitserleben: Formen der Selbststeuerung. In: J. Kuhl & H. Heckhausen (Hrsg.), *Motivation, Volition und Handlung. Enzyklopädie der Psychologie, Serie Motivation und Emotion, Bd. 4.* Göttingen: Hogrefe.

Kuhl, J. & Kazen, M. (1996): *Persönlichkeits-Stil-und-Störungs-Inventar (PSSI): Handanweisung.* Göttingen: Hogrefe.

Langer, E.J. & Abelson, R.P. (1974). A patient by any other name...: Clinician group difference in labeling bias. *Journal of Consulting and Clinical Psychology, 42,* 4-9.

Laux, L. (1983). Psychologische Streßkonzeptionen. In: *Enzyklopädie der Psychologie, Bd. 1, Motivation und Emotion.* Göttingen: Hogrefe.

Lazarus, R.S. (1981). Streß und Streßbewältigung. Ein Paradigma. In: S.-H. Filipp (Hrsg.), *Kritische Lebensereignisse.* München: Urban & Schwarzenberg.

Lazarus, R.S. (1982). Thoughts on the relation between emotion and cognition. *American Psychologist, 37,* 1019-1024.

Lazarus, R.S. (1984). On the primacy of cognition. *American Psychologist, 39,* 124-129.

Leary, T. (1957). *Interpersonal diagnosis of personality.* New York: Roland.

Lieb, H. (1998). Persönlichkeitsstörung. *Zur Kritik eines widersinnigen Konzeptes.* Tübingen. DGVT-Verlag.

Maiwald, G. & Fiedler, P. A. (1981). Die therapeutische Funktion kooperativer Sprachformen. In: P.A. Fiedler (Hrsg.), *Psychotherapieziel Selbstbehandlung: Grundlagen kooperativer Psychotherapie,* 97-132. Weinheim: Edition Psychologie.

Marziali, E. (1984). Three viewpoints on the therapeutic alliance: Similarities, differences, and association with psychotherapy outcome. *Journal of Nervous and Mental Disease, 7,* 417-423.

Marziali, E.; Marmar, C. & Krupnick, J. (1981). Therapeutic alliance scales: Development and relationship to psychotherapy outcome. *American Journal of Psychiatry, 138,* 361-364.

Mavissakalian, M.; Hamann, M.S.; Haidar, S.A. & de Groot, C.M. (1993). DSM-III personality disorders in generalized anxiety, panic/agoraphobia, and obsessive-compulsive disorders. *Comprehensive Psychiatry, 34,* 243-248.

McFarland, S.G. & Sparks, C.M. (1985). Age, education, and the internal consistency of personality scales. *Journal of Personality and Social Psychology, 49,* 1692-1702.

Mentzos, S. (1995). *Hysterie: Zur Psychodynamik unbewußter Inszenierungen.* Frankfurt: Fischer.

Miller, G.A.; Galanter, E. & Pribram, K.H. (1960). *Plans and the structure of behavior.* New York: Holt, Rinehart and Winston.

Millon, Th. (1996). *Disorders of Personality. DSM IV and Beyond.* New York: Wiley.

Morgan, R.W. (1978). The relationships among the therapeutic alliance, therapist facilitative behaviours, patient insight, patient resistance and treatment outcome in psychoanalytically oriented psychotherapy. *Dissertation Abstracts International, 38,* 3408B.

Morgan, R.; Luborsky, L.; Crits-Christoph, P.; Curtis, H. & Solomon, J. (1982). Predicting the outcomes of psychotherapy by the Penn Helping Alliance Rating Method. *Archives of General Psychiatry, 39*, 397-402.

Neisser, U. (1979). *Kognition und Wirklichkeit: Prinzipien und Implikationen der kognitiven Psychologie.* Stuttgart: Klett-Cotta.

Neuf, H. (1996). *Determinanten der Leistung im Perspektivenwechsel Erwachsener in einer Reaktionszeituntersuchung.* Bochum: Ruhr-Universität. Unveröffentlichte Dissertation.

Nitsch, J.R. (1981): *Streß.* Bern: Huber.

Oldham, J. M. & Morris, L.B. (1995). *Ihr Persönlichkeitsprofil. Warum Sie genau so denken, lieben und sich verhalten, wie Sie es tun.* München: Kabel-Verlag.

Orlinsky, D.E.; Grawe, K. & Parks, B.K. (1994). Process and outcome in psychotherapy. In: A.E. Bergin & S.L. Garfield (Eds.), *Handbook of psychotherapy and behaviour change (4th edition).* New York: Wiley.

Padesky, C.A. (1986). *Personality disorders: Cognitive therapy into the 90s.* Paper presented at the Second International Conference on Cognitive Psychotherapy. Umea, September 18-20.

Pfingsten,U. (1991). Soziale Kompetenzen und Kompetenzprobleme. In: U. Pfingsten & R. Hinsch (Hrsg.), *Gruppentraining sozialer Kompetenzen (GSK),* 3-21. Weinheim: Psychologie Verlags Union.

Pfingsten,U. (1996). Training sozialer Kompetenz. In: J. Margraf (Hrsg.), *Lehrbuch der Verhaltenstherapie, Bd. 1,* 361-369. Berlin: Springer.

Piaget, J. (1936). *La naissance de lintelligence chez lenfant.* Neuchatel: Delachaux & Niestle.

Pichert, J.W. & Anderson, R.C. (1977). Taking different perspectives of a story. *Journal of Educational Psychology, 69,* 309-315.

Pretzer, J. (1996). Kognitive Therapie der Persönlichkeitsstörungen. In: B.Schmitz; T. Fydrich & K. Limbacher (Hrsg.), *Persönlichkeitsstörungen: Diagnostik und Psychotherapie,* 149-178. Weinheim: Beltz Psychologie Verlags Union.

Pretzer, J.L. & Beck, A.T. (1996). A Cognitive Theory of Personality Disorders. In: J.F. Clarkin & M.F. Lenzenweger (Eds.), *Major Theorie of Personality Disorder,* 36-105. NewYork: Guilford.

Raum, U. & Sachse, R. (1992). Zielgerichtetes Handeln in der Gesprächstherapie: Eine Untersuchung zum zeitlichen Verlauf therapeutischen Handelns und zur Handlungskontrolle. In: R. Sachse, G. Lietaer & W.B. Stiles (Hrsg.), *Neue Handlungskonzepte der Klientenzentrierten Psychotherapie,* 143-152. Heidelberg: Asanger.

Rogers, C.R. (1959). A theory of therapy, personality, and interpersonal relationships as developed in the client-centered framework. In: S. Koch (Ed.), *Psychology: A study of science. (Vol. 3),* 184-256. New York: Mc Graw-Hill.

Rosenman, R.H.; Brand, R.J.; Jenkins, C.D.; Friedman, M.; Straus, R. & Wurm,M. (1975). Coronary heart disease in the Western Collaborative Group Study: Final follow-up experience of 8 ½ years. *Journal of the American Medical Association, 233,* 872-877.

Rosenman, R.H.; Friedman, M.; Straus, R.; Wurm,M.; Kositichek, R.; Hahn, W. & Werthessen, N.T. (1964). A predictive study of coronary heart disease. *Journal of the American Medical Association, 189,* 103-110.

Rossiter, E.M.; Agras, W.S.; Telch, C.F. & Schneider, J.A. (1993). Cluster B personality disorder characteristics predict outcome in the treatment of bulimia nervosa. *International Journal of Eating Disorders, 13,* 349-357.

Sachse, R. (1984). Vertiefende Interventionen in der klientenzentrierten Psychotherapie. *Partnerberatung, 5,* 106-113.

Sachse, R. (1986a). Selbstentfaltung in der Gesprächspsychotherapie mit vertiefenden
Interventionen. *Zeitschrift für Personenzentrierte Psychologie und Psychotherapie,
5,* 183-193.

Sachse, R. (1986b). *Gesprächspsychotherapie.* Kurseinheit zum Kurs "Formen der
Psychotherapie" im Projekt "Wege zum Menschen" der Fern-Universität Hagen.

Sachse, R. (1987). Funktion und Gestaltung der therapeutischen Beziehung in der
klientenzentrierten Psychotherapie bei interaktionellen Zielen und Interaktionsproblemen des Klienten. *Zeitschrift für Klinische Psychologie, Psychopathologie und
Psychotherapie, 35,* 219-230.

Sachse, R. (1988a). Steuerung des Explizierungsprozesses von Klienten durch zentrale
Bearbeitungsangebote des Therapeuten (1). In: W. Schönpflug (Hrsg.), *Bericht über
den 36. Kongreß der Deutschen Gesellschaft für Psychologie in Berlin 1988.*
Göttingen: Hogrefe.

Sachse, R. (1988b). Das Konzept des empathischen Verstehens: Versuch einer sprach-
psychologischen Klärung und Konsequenzen für das therapeutische Handeln. In:
GwG (Hrsg.), *Orientierung an der Person: Diesseits und Jenseits von Psychotherapie, Bd. 2.,* 162-174. Köln: GwG-Verlag.

Sachse, R. (1989a). Zur allgemeinpsychologischen Fundierung von Klientenzentrierter
Therapie: Die Theorie zur "Konzeptgesteuerten Informationsverarbeitung" und ihre
Bedeutung für den Verstehensprozeß. In: R. Sachse & J. Howe (Hrsg.), *Zur Zukunft
der klientenzentrierten Psychotherapie,* 76-101. Heidelberg: Asanger.

Sachse, R. (1990a). Concrete interventions are crucial: The influence of therapists
processing-proposals on the clients intra-personal exploration. In: G. Lietaer, J.
Rombauts & R. van Balen (Eds.), *Client-centered and Experiential Psychotherapy
towards the Nineties,* 295-308. Leuven: Leuven University Press.

Sachse, R. (1990b). The influence of processing proposals on the explication process
of the client. *Person-Centered-Review, 5,* 321-344.

Sachse, R. (1990c). Acting purposefully in client-centered therapy (1). In: P.J.D. Drenth;
J.A. Sergeant & R.J. Takens (Eds.), *European Perspectives in Psychology,* 65-80.
New York: Wiley.

Sachse, R. (1991a). Zielorientiertes Handeln in der Gesprächspsychotherapie: Steuerung des Explizierungsprozesses von Klienten durch zentrale Bearbeitungsangebote
des Therapeuten. In: D. Schulte (Hrsg.), *Therapeutische Entscheidungen,* 89-106.
Göttingen: Hogrefe.

Sachse, R. (1991b). Gesprächspsychotherapie als "affektive Psychotherapie": Bericht
über ein Forschungsprojekt. Teil 1, *GwG-Zeitschrift 83,* 30-42. Teil 2 in *GwG-Zeitschrift 84,* 32-40.

Sachse, R. (1992a). *Zielorientierte Gesprächspsychotherapie: Eine grundlegende Neu-
konzeption.* Göttingen: Hogrefe.

Sachse, R. (1992b). Zielorientiertes Handeln in der Gesprächspsychotherapie: Zum
tatsächlichen und notwendigen Einfluß von Therapeuten auf die Explizierungsprozesse bei Klienten. *Zeitschrift für Klinische Psychologie, 21,* 286-301.

Sachse, R. (1992c). Differential Effects of Processing Proposals and Content References
on the Explication Process of Clients with Different Starting Conditions. *Psychotherapy Research, 4,* 235-251.

Sachse, R. (1992d). Psychotherapie als komplexe Aufgabe: Verarbeitungs-, Intentions-
bildungs-, und Handlungsplanungsprozesse bei Psychotherapeuten. In: R. Sachse,

G. Lietaer & W.B. Stiles (Hrsg.), *Neue Handlungskonzepte der Klientenzentrierten Psychotherapie*, 109-112. Heidelberg: Asanger.

Sachse, R. (1993a). Empathie. In: A. Schorr (Hrsg.), *Handwörterbuch der Angewandten Psychologie*, 170-173. Bonn: Deutscher Psychologen-Verlag.

Sachse, R. (1995). *Der psychosomatische Patient in der Praxis: Grundlagen einer effektiven Therapie mit "schwierigen" Klienten*. Stuttgart: Kohlhammer.

Sachse, R. (1996a). *Praxis der Zielorientierten Gesprächspsychotherapie*. Göttingen: Hogrefe.

Sachse, R. (1996b). Goal-oriented client-centered psychotherapy: A process-oriented form of client-centered psychotherapy. In: U.Esser; H. Papst & G.-W. Speierer (Eds.), *The power of the person-centered approach*. Köln: GwG.

Sachse, R. (1996c). Empathisches Verstehen. In: M. Linden & M. Hautzinger (Hrsg.), *Verhaltenstherapie: Techniken, Einzelverfahren und Behandlungsanleitungen*. 24-30. Berlin: Springer.

Sachse, R. (1999). *Lehrbuch der Gesprächspsychotherapie*. Göttingen: Hogrefe.

Sachse, R. (2000a). Gesprächspsychotherapie. In: J. Strauß, A. Kochinka & H. Werbik (Hrsg.), *Psychologie in der Praxis*. München: Deutscher Taschenbuch-Verlag

Sachse, R. (2000b) Klärungsorientierte Psychotherapie bei depressiven Störungen. In: M. Lasar & U. Trenkmann (Hrsg.), *Depressionen Neue Befunde aus Klinik und Wissenschaft*, 21-36. Lengerich: Pabst.

Sachse, R. (2000c). Der Einfluß von Persönlichkeitsstörungen auf den Therapieprozeß. In: E. Parfy, H. Rethenbacher, R. Sigmund, R. Schoberger, Ch. Butschek (Hrsg.), *Bindung und Interaktion. Dimensionen der professionellen Beziehungsgestaltung*, 85-111. Wien: Facultas.

Sachse, R.; Atrops, A.; Wilke, F. & Maus, C. (1992). *Focusing: Ein emotionszentriertes Psychotherapie-Verfahren*. Bern: Huber.

Sachse, R. & Maus, C. (1987). Einfluß differentieller Bearbeitungsangebote auf den Explizierungsprozeß von Klienten in der klientenzentrierten Psychotherapie. *Zeitschrift für Personenzentrierte Psychologie und Psychotherapie, 6*, 75-86.

Sachse, R. & Maus, C. (1991). *Zielorientiertes Handeln in der Gesprächspsychotherapie*. Stuttgart: Kohlhammer.

Sanderson, W.C.; Wetzler, S.; Beck, A.T. & Betz, F. (1992). Prevalence of personality disorders in patients with major depression and dysthymia. *Psychiatry Research, 42*, 93-99.

Sanderson, W.C.; Wetzler, S.; Beck, A.T. & Betz, F. (1994). Prevalence of personality disorders among patients with anxiety disordes. *Psychiatry Research, 51*, 167-174.

Saß, H.; Wittchen, H.-U. & Zaudig, M. (1996). *Diagnostisches und Statistisches Manual Psychischer Störungen: DSM-IV*. Göttingen: Hogrefe.

Schank, P.C. & Abelson, R.P. (1977). *Scripts, plans, goals and understanding*. Hillsdale: Erlbaum.

Scharmann, M. (1992). *Was stört an der Persönlichkeitsstörung? Klientenverhalten und therapeutische Intervention*. Unveröffentlichte Diplomarbeit an der Fakultät für Psychologie der Ruhr-Universität Bochum.

Scheier, M.F.; Buss, A.H. & Buss, D.M. (1978). Self-consciousness, self report of aggressiveness, and aggression. *Journal of Research and Personality, 12*, 133-140.

Schlegel, L. (1987). *Die Transaktionale Analyse, 3. Aufl.* Tübingen: Francke.

Shea, M.T.; Glass, D.R.; Pilkonis, P.A.; Watkins, J. & Docherty, J.P. (1987). Frequency and implications of personality disorders in a sample of depressed outpatients. *Journal of Personality Disorders, 1,.27-42.*

Smith, E.; Regli, D. & Grawe, K. (1999). Wenn Therapie weh tut. Wie können Therapeuten zu fruchtbaren Problemaktualisierungen beitragen? *Verhaltenstherapie und Psychosoziale Praxis, 2,* 227-251.

Schmitz, B. (1996). Verhaltenstheraapie bei Persönlichkeitsstörungen. In: W. Senf & M. Broda (Hrsg.), *Praxis der Psychotherapie.* Stuttgart: Thieme.

Schmitz, B.; Fydrich, T. & Limbacher, K. (1996). Diagnostik und Psychotherapie bei Persönlichkeitsstörungen: Eine Einführung. In: B. Schmitz; T. Fydrich & K. Limbacher (Hrsg.), *Persönlichkeitsstörungen: Diagnostik und Psychotherapie,* 1-23. Weinheim: Beltz Psychologie Verlags Union.

Schulz von Thun, F. (1983). *Miteinander reden: Störungen und Klärungen: Psychologie der zwischenmenschlichen Kommunikation.* Reinbeck: Rowohlt.

Schwarz, N. (1985). Theorien konzeptgesteuerter Informationsverarbeitung in der Sozialpsychologie. In: D. Frey & M. Irle (Hrsg.), *Theorien der Sozialpsychologie, Bd.3,* 269-291. Bern: Huber.

Schwarzer, R. (1987). *Streß, Angst und Hilflosigkeit.* Stuttgart: Kohlhammer.

Silberschatz, G.; Fretter, P.B. & Curtis, J.T. (1986). How do interpretations influence the progress in psychotherapy? *Journal of Consulting and Clinical Psychology, 54,* 646-652.

Silberschatz, G.; Curtis, J.T. & Nathans, S. (1989). Using the patients plans to assess progress in psychotherapy. *Psychotherapy, 26,* 40-46.

Silberschatz, G.; Curtis, J.T.; Sampson, H. & Weiss, J. (1990). Research on the process of change in psychotherapy: An approach of the Mount Zion Psychotherapy Research Group. In: L. Beutler & M. Cargo (Eds.), *International psychotherapy research programs.* Washington, DC: American Psychological Association.

Spiro, R.J. (1980). Accomodative reconstruction in prose recall. *Journal of Verbal Learning and Verbal Behavior, 19,* 84-95.

Stewart, I. (1991). *Transaktionsanalyse in der Beratung: Grundlagen und Praxis transaktionssanalytischer Beratungsarbeit.* Paderborn: Junfermann.

Stewart, I. & Joines, V. (1992). *Die Transaktionsanalyse: Eine Einführung in die TA.* Freiburg: Herder.

Thorndyke, P.W. (1977). Cognitive structures in comprehension and memory of narrative discourse. *Cognitive Psychology, 9,* 77-110.

Turner, R.G. (1978). Effects of differential request procedures and self-consciousness on trait attributions. *Journal of Research and Personality, 12,* 431-438.

Turner, R.G. (1980). Self-consciousness and memory of trait terms. *Personality and Social Psychology Bulletin, 6,* 273-277.

Vaillant, G. (1987). A developemental view of old and new perspectives of personality disorders. *Journal of Personality Disorders, 1,* 146-156.

Vaillant, G.E. & Perry, J. C. (1988). Persönlichkeitsstörungen. In: A.M. Freedman, H.I. Kaplan, B.J. Sadoch & U.H. Peters (Hrsg.), *Psychosomatische Störungen (Psychiatrie in Praxis und Klinik), Band 4,* 113-157. Stuttgart: Thieme.

Vogel, G. (1993). *Planung und Improvisation im Therapieprozeß: Eine Analyse mikrotherapeutischer Entscheidungsprozesse.* Münster: Waxmann.

Vogel, G. & Schulte, D. (1991). Der Prozeß therapeutischer Entscheidungen. In: D. Schulte (Hrsg.), *Therapeutische Entscheidungen,* 151-180. Göttingen: Hogrefe.

Waiblinger, A. (1989). *Neurosenlehre der Transaktionsanalyse.* Berlin: Springer.

Watzlawick, P.; Weakland, J.H. & Fisch, R. (1992). *Lösungen.* Bern: Huber.

Weinrich, E. & Sachse, R. (1992). Informationsverarbeitung und Intentionsbildung von Psychotherapeuten. In: R. Sachse, G. Lietaer & W.B. Stiles (Hrsg.), *Neue Hand-*

lungskonzepte der Klientenzentrierten Psychotherapie, 113-132. Heidelberg: Asanger.

Weinstein, K.A.; Davison, G.C.; DeQuatro, V. & Allen, J.W. (1986). *Type A behavior and cognitions: Is hostility the bad actor?* Paper presented at the 94th Annual Convention of the American Psychological Association, Washington, DC.

Weiss, J. (1986). Part 1: Theory and clinical observations. In: J. Weiss; H. Sampson & Mount Zion Psychotherapy Research Group. *The psychoanalytic process: Theory, clinical observations, and empirical research*, 3-138. New York: Guilford.

Weiss, J. (1971). The emergence of new themes. A contribution to the psychoanalytic theory of therapy. *International Journal of Psycho-Analysis, 52 (4),* 459-467.

Weiss, J.; Sampson H. & Mount Zion Psychotherapy Research Group (1986). *The psychoanalytic process: Theory, clinical observations, and empirical research*. New York: Guilford.

Wittchen, H.-U. (1996). Klassifikation und Diagnostik von Persönlichkeitsstörungen. In: B. Schmitz; T. Fydrich & K. Limbacher (Hrsg.), *Persönlichkeitsstörungen: Diagnostik und Psychotherapie*, 27-41. Weinheim: Beltz Psychologie Verlags Union.

Young, J.E. (1990). *Cognitive Therapy to Personality Disorders: A Schema-Focused Approach.* Sarasota: Professional Recouru Press.

Zajonc, R.B. (1980). Feeling and thinking. Preferences need no inferences. *American Psychologist, 35,* 151-175.

Zajonc, R.B. (1984). On the Primacy of Affect. *American Psychologist, 39,* 117-123.

ANHANG

Bochumer Bearbeitungs- und Beziehungsskalen

BBBS

1997

1. Zentrale Bearbeitungsindikatoren

1.1 Arbeitsauftrag

1.1.1 Erkennbarkeit des Arbeitsauftrages

In welchem Ausmaß ist ein Arbeitsauftrag erkennbar, deutlich, definierbar?

Der Arbeitsauftrag des Klienten an das Therapie-Team ist gut erkennbar und deutlich

in hohem Maße   gar nicht

    4----------3----------2----------1----------0

1.1.2. Einzelaspekte des Arbeitsauftrages

Wie gut sind Einzelaspekte des Arbeitsauftrages in den Aussagen des Klienten erkennbar.

1. Ist die Problematik des Klienten deutlich, erkennbar, definierbar (Beschreibungsaspekt)?

in hohem Maße   gar nicht

    4----------3----------2----------1----------0

2. Ist deutlich und erkennbar, was diese Problematik für den Klienten subjektiv problematisch macht (Bewertungsaspekt)?

in hohem Maße   gar nicht

    4----------3----------2----------1----------0

3. Ist erkennbar, was der Klient erreichen möchte, was das angestrebte Ziel, der angestrebte Zielzustand ist (Zielaspekt)?

in hohem Maße   gar nicht

    4----------3----------2----------1----------0

4. Ist erkennbar, daß der Klient Vorstellungen darüber entwickelt hat oder entwickelt, wie der Zielzustand erreicht werden bzw. der Ist-Zustand verändert werden könnte (Mittel-Aspekt)?

in hohem Maße   gar nicht

    4----------3----------2----------1----------0

1.1.3 Einschränkung des Arbeitsauftrages

Falls der Klient in 1.1.1 einen Wert > 0 hat:

Einzuschätzen ist, ob der Klient einen eingeschränkten Arbeitsauftrag erkennen läßt. Ist dies der Fall, soll der Therapeut nur bestimmte Problemaspekte bearbeiten bzw. nur bestimmte Ziele ansteuern.

Der Klient gibt einen eingeschränkten Arbeitsauftrag

in hohem Maße   gar nicht

0----------1----------2----------3----------4

1.1.4 Inhalt

Falls der Klient in 1.1.3 einen Wert < 4 hat:

Welcher Art ist dieser eingeschränkte Arbeitsauftrag (Mehrfachnennungen möglich)?

- „Stabilisiere mich!".. 1

- „Mach' mich streßresistenter!"... 2

- „Mach' meine störenden Gefühle weg!".. 3

- „Mach', daß ich gelassener werde!".. 4

- „Mach' meine Symptome weg!"... 5

- anderen Inhalts.. 6

1.2 Fragestellungen

Arbeitet der Klient von sich aus an Fragestellungen, ist er neugierig, will er bei sich selbst etwas wissen, klären, bearbeiten usw.?

Der Klient hat deutlich eigene Fragestellungen für den Therapieprozeß

in hohem Maße   gar nicht

4----------3----------2----------1----------0

1.3 Verantwortung

Übernimmt der Klient Verantwortung für den Therapieprozeß oder überläßt er dem Therapeuten vollständig die Verantwortung für den therapeutischen Prozeß?

Der Klient übernimmt die Verantwortung für den therapeutischen Prozeß

in hohem Maße   gar nicht

      4----------3----------2----------1----------0

1.4 Perspektive

Welche Beobachtungs- bzw. Beschreibungsperspektive nimmt der Klient ein?

Der Klient kann eine <u>internale</u> Perspektive einnehmen (er betrachtet „von sich aus" eigene Anteile, eigene Gefühle, Motive, Handlungen usw.), er kann eine <u>externale</u> Perspektive einnehmen (er betrachtet „von sich aus" andere Personen oder Situationen) oder der Klient kann eine von sich losgelöste Perspektive einnehmen (er betrachtet sich oder andere bzw. Situationen aus der Distanz, aus der Perspektive eines „neutralen Beobachters").

Der Klient nimmt bei der Betrachtung oder Bearbeitung von Problemaspekten eine

internale Perspektive		externale Perspektive		losgelöste Perspektive	
in hohem Maße	überwiegend	in hohem Maße	überwiegend	in hohem Maße	überwiegend

5-----------------4-----------------3--------------2-----------------1--------------0

254

1.5 Explizierung

1.5.1 Überwiegende Explizierungsstufe

Auf welcher Explizierungsstufe arbeitet der Klient in dem zu analysierenden Abschnitt überwiegend (Die Einschätzung soll als Skala aufgefaßt werden, keine Mehrfachnennungen möglich)?

- Intellektualisierung... 0

- Bericht.. 1

- Zuschreibende Bewertung... 2

- Bewertung/Gefühl/gefühlte Bedeutung.. 3

- Explizierung internaler Problemdeterminanten............................... 4

1.5.2 Weitere Explizierungsstufen

Auf welcher Explizierungsstufe arbeitet der Klient außerdem, jedoch weniger ausgeprägt (Mehrfachnennungen möglich)?

- Intellektualisierung... 0

- Bericht.. 1

- Zuschreibende Bewertung... 2

- Bewertung/Gefühl/gefühlte Bedeutung.. 3

- Explizierung internaler Problemdeterminanten............................... 4

2. Inhaltsbearbeitung

2.1 Konkretheit

Stellt der Klient Inhalte insgesamt konkret und gut vorstellbar dar?
Der Klient tut dies

in hohem Maße   gar nicht

$$4\text{----------}3\text{----------}2\text{----------}1\text{----------}0$$

2.2 Nachvollziehbarkeit

Ein Klient kann Schlußfolgerungen aus dem Gesagten so ziehen, bzw. kann Aspekte seiner Darstellung inhaltlich so aufeinander beziehen, daß der Hörer dies gut nachvollziehen kann (es als <u>inhaltlich</u> schlüssig empfindet) oder er kann Schlußfolgerungen ziehen, die der Hörer nicht nachvollziehen kann (z.B. aufgrund fehlender Information, falscher Schlußfolgerungen, übergeneralisierter Schlüsse usw.). Er kann inhaltliche Aspekte so aufeinander beziehen, daß der Bezug nicht nachvollziehbar ist (z.B. weil der Referenzpunkt unklar oder nicht vorhanden ist u.ä.).
Der Klient macht Schlußfolgerungen oder Verbindungen zwischen Inhaltsaspekten, die nachvollziehbar sind

in hohem Maße   gar nicht

$$4\text{----------}3\text{----------}2\text{----------}1\text{----------}0$$

2.3 Stringenz

Ein Klient kann einen Inhalt in sich stringent, in geordneter, systematischer Abfolge darstellen, wobei er immer am Thema bleibt und einen „roten Faden" erkennen läßt oder er kann in ungeordneter, unsystematischer Form darstellen, wobei die Aspekte nicht erkennbar aufeinander aufbauen, Themen und Themenaspekte gewechselt werden usw.
Der Klient stellt Inhalte stringent dar

in hohem Maße   gar nicht

$$4\text{----------}3\text{----------}2\text{----------}1\text{----------}0$$

2.4 Relevanz

Gibt der Klient Informationen, die zum Verständnis seines Problems, seiner Person und Situation sowie zur Ableitung von Interventionen auf der Inhaltsebene relevant sind?

Der Klient tut dies

in hohem Maße   gar nicht

$$4\text{----------}3\text{----------}2\text{----------}1\text{----------}0$$

2.5 Zentralität der Themen

Stellt der Klient einen Inhaltsbereich so dar, daß klar wird, welches die zentralen, essentiellen Aspekte des Problems sind und welches die eher peripheren, kommentierenden, beispielhaften?

Der Klient tut dies

in hohem Maße   gar nicht

$$4\text{----------}3\text{----------}2\text{----------}1\text{----------}0$$

3. Ungünstige Bearbeitungsstrategien

3.1 Problembearbeitung

Ist beim Klienten überhaupt eine Problembearbeitung erkennbar?
Der Klient zeigt eine Problembearbeitung

in hohem Maße   gar nicht

    4----------3----------2----------1----------0

Falls der Klient in 3.1 einen Wert von 0 hat (= keine Problembearbeitung), sollen die folgenden Skalen 3.2, 3.3 und 3.4 als 0 codiert werden.

3.2 Lösen vor Klären

Falls der Klient in 3.1 einen Wert > 0 hat:
Zeigt er Lösungsversuche oder Lösungsbemühungen (oder möchte er welche vom Therapeuten), bevor er sich einer Klärung des Problems bzw. einem ausreichenden Problemverstehen zuwendet?

Der Klient zeigt eine derartige Bearbeitung

in hohem Maße   gar nicht

    0----------1----------2----------3----------4

3.3 Simultane Problembearbeitung

Falls der Klient in 3.1 einen Wert > 0 hat:
Hat er Schwierigkeiten, ein Problem einzugrenzen und zuerst mit dem eingegrenzten Problem zu arbeiten bzw. das Problem in Teilaspekte zu zerlegen und diese sukzessiv zu bearbeiten (die Komplexität zu reduzieren)? Neigt er dazu, „alles auf einmal zu machen"?

Der Klient zeigt eine derartige Bearbeitung

in hohem Maße   gar nicht

    0----------1----------2----------3----------4

3.4 Schaukeln

Falls der Klient in 3.1 einen Wert > 0 hat:

Bleibt er nicht bei einem Problemaspekt und wendet sich nach dessen Klärung den anderen zu, sondern „schaukelt" zwischen den Aspekten hin und her (z. B. bei Konflikten)?

Der Klient zeigt eine derartige Bearbeitung

in hohem Maße   gar nicht

0----------1----------2----------3----------4

4. Vermeidungsstrategien

4.1 Relativierung

Relativiert ein Klient gegebene Informationen (z. B. durch „tritt selten auf", „hängt von der Situation ab" usw.)?

Der Klient zeigt eine Tendenz zur Relativierung

in hohem Maße   gar nicht

$$0\text{----------}1\text{----------}2\text{----------}3\text{----------}4$$

4.2 Bagatellisierung

Bagatellisiert der Klient gegebene Informationen (z. B. durch „ist nicht so schlimm" usw.)?

Der Klient zeigt eine Tendenz zur Bagatellisierung

in hohem Maße   gar nicht

$$0\text{----------}1\text{----------}2\text{----------}3\text{----------}4$$

4.3 Generalisierung/Normalisierung

Betont der Klient, daß ein Problem für ihn spezifisch, idiosynkratisch ist oder daß andere ähnliches aufweisen und es somit normal ist?

Der Klient stellt sein Problem oder Problemaspekte als etwas Normales oder Generelles dar

in hohem Maße   gar nicht

$$0\text{----------}1\text{----------}2\text{----------}3\text{----------}4$$

4.4 Nebenschauplatz

Der Klient bleibt nicht bei einem Problembereich, sondern bietet dem Therapeuten manchmal, ohne daß ein thematischer Übergang explizit deutlich wird, einen anderen Inhaltsaspekt an. Dabei ist aber nicht deutlich, daß dieser wichtiger ist als der bisherige, ein Wechsel ist somit nicht gerechtfertigt.

Der Klient zeigt Wechsel auf Nebenschauplätze

in hohem Maße   gar nicht

0----------1----------2----------3----------4

4.5 Thematische Sperren

4.5.1 Vorhandensein

Gibt der Klient Inhaltsbereiche an, über die nicht gesprochen werden soll?

Der Klient macht thematische Sperren auf

in hohem Maße   gar nicht

0----------1----------2----------3----------4

4.5.2 Realisierung

Falls der Klient in 4.5.1 einen Wert < 4 hat:

Wie realisiert er die thematische Sperre inhaltlich (Mehrfachnennungen möglich)?

Der Klient sagt, daß (er) über ein Thema

- nicht sprechen will... 1

- nicht sprechen kann.. 2

- nicht gesprochen werden muß.. 3

- schon ausreichend gesprochen worden sei.............................. 4

4.6 Umgang mit Fragen

4.6.1 Beantwortung

Wie geht der Klient mit Fragen bzw. Prozeßdirektiven des Therapeuten um?

Falls der Therapeut Fragen stellt oder Prozeßdirektiven gibt:

Beantwortet der Klient diese Fragen genau oder bemüht er sich um Beantwortung?

Der Klient tut dies

in hohem Maße   gar nicht

      4----------3----------2----------1----------0

4.6.2 Ausweichen

Falls der Klient in 4.6.1 einen Wert < 4 hat:

Wie weicht er der Beantwortung aus (Mehrfachnennungen möglich)?

1. Der Klient äußert, daß er die Frage nicht beantworten <u>will</u>.
Der Klient tut dies

in hohem Maße   gar nicht

      0----------1----------2----------3----------4

2. Der Klient äußert, daß er die Frage nicht beantworten kann

in hohem Maße   gar nicht

      0----------1----------2----------3----------4

3. Der Klient beantwortet die Frage gar nicht, reagiert mit <u>Schweigen</u>

in hohem Maße   gar nicht

      0----------1----------2----------3----------4

4. Der Klient äußert: „ich weiß nicht"

in hohem Maße   gar nicht

      0----------1----------2----------3----------4

5. Der Klient zeigt das Vorgehen von

„Fragen beantworten, die man nicht gestellt hat"

in hohem Maße   gar nicht

0----------1----------2----------3----------4

4.7 Attribution

4.7.1 Internalität/Externalität

Auf welche Art von Ursachen führt der Klient ein Problem bzw. einen Problemaspekt zurück?

Der Klient nimmt folgende Attribution vor

internale Attribution   externale Attribution

4----------3----------2----------1----------0

4.7.2 Externe Faktoren

Falls der Klient in 4.7.1 einen Wert < 2 hat (=externale Attribution):

Auf welche externen Faktoren führt er Problemaspekte zurück (Mehrfachnennungen möglich)?

- andere Personen und deren Verhalten.. 1

- situative Umstände.. 2

- unbekannte externe Faktoren (z. B. Zufall, Schicksal usw.)................................. 3

- Therapeut... 4

- eigene Biographie.. 5

- Persönlichkeitsaspekte, die außerhalb der Kontrolle und Verantwortung
  des Klienten liegen... 6

- andere externe Faktoren.. 7

5. Konstruktion

5.1 Erkennen des konstruktiven Charakters

Erkennt der Klient selbst das konstruktive Element seines Problems?
Dem Klienten ist deutlich, daß seine Ansichten, Überzeugungen, Beobachtungen
usw. Konstruktionen sind

in hohem Maße   gar nicht

   4----------3----------2----------1----------0

5.2 Konstruktionsarten

Falls der Klient in 4.8.1 einen Wert von 4 hat, dann kann er keine der folgenden Konstruktionen aufweisen, die Bearbeitung ist dann ideal. Daher sollen somit alle
folgenden Werte ebenfalls auf 4 gesetzt werden. Falls der Wert < 4 ist, muß eine Einschätzung der folgenden Skalen erfolgen.

5.2.1 Realitätskonstruktion als Realität

Die vom Klienten dargestellte Problemlage wird von ihm als Realität, als „so seiend"
dargestellt

in hohem Maße   gar nicht

   0----------1----------2----------3----------4

5.2.2 Zwangsläufigkeitskonstruktion

Die vom Klienten dargestellte Problemlage wird von ihm als zwangsläufig, als sich
notwendig so ergebend dargestellt

in hohem Maße   gar nicht

   0----------1----------2----------3----------4

5.2.3 Unlösbarkeitskonstruktion

Die vom Klienten dargestellte Problemlage wird von ihm als unlösbar dargestellt

in hohem Maße   gar nicht

   0----------1----------2----------3----------4

6. Therapeutische Beziehung

6.1 Therapeutische Rollenübernahme

6.1.1 Übernahme der Klientenrolle

In welchem Ausmaß übernimmt der Klient die Klientenrolle im Sinne einer therapeutischen Allianz?

Der Klient tut dies

in hohem Maße   gar nicht

4----------3----------2----------1----------0

6.1.2 Übernahme alternativer Rollen

Falls der Klient in 6.1.1. einen Wert von vier hat, nimmt er in „idealer" Weise eine therapeutische Allianz ein; daher sollten die folgenden Skalen auf 4 gesetzt werden (= keine Anzeichen ungünstigen Rollenverhaltens). Falls der Wert < 4 ist, muß eine Einschätzung auf den folgenden Skalen erfolgen.

6.1.2.1 Rollensymmetrie

Er versucht eine eher gleiche Rollenverteilung herzustellen (z. B. als kollegial, kumpelhaft usw.)

in hohem Maße   gar nicht

0----------1----------2----------3----------4

6.1.2.2 Rollendominanz

Er versucht dem Therapeuten gegenüber eine dominante Rolle einzunehmen (z. B. Therapeut für Therapeuten, Regelsetzer, Kritiker usw.)

in hohem Maße   gar nicht

0----------1----------2----------3----------4

6.2 Vertrauensstörung

Gibt es Hinweise für eine Störung des Vertrauens zum Therapeuten?

Das Vertrauen ist gestört

in hohem Maße   gar nicht

         0----------1----------2----------3----------4

6.3 Rückmeldung an den Therapeuten

6.3.1 Vorhandensein

Gibt der Klient positive oder negative Rückmeldungen an den Therapeuten?

Der Klient tut dies

in hohem Maße   gar nicht

         0----------1----------2----------3----------4

6.3.2 Qualität

Falls der Klient in 6.3.1 einen Wert < 4 hat:

Welcher Qualität sind diese Rückmeldungen (Mehrfachnennungen möglich)?

- der Klient gibt positive Rückmeldungen (z. B. daß die Frage gut sei, daß er schon Fortschritte gemacht habe).. 1

- der Klient gibt negative Rückmeldungen (z. B. daß Fragen zu schwierig seien, daß die Therapie nichts bringe usw.) 2

6.4 Direkte Kontrolle des Therapeuten

Übt der Klient direkte Kontrolle über den Therapeuten aus, z. B. durch Infragestellen des Therapeuten, Beklagen über Verschlimmerung oder die Forderung nach mehr Einsatz ?

Der Klient tut dies

in hohem Maße   gar nicht

0----------1----------2----------3----------4

7. Image und Appelle

7.1 Kongruenz der Darstellung

7.1.1 Kongruenz

Ist die Art der Darstellung eines Themas (durch Stimmlage, Betonung, emotionale Beteiligung, Gestik, Mimik usw.) dem jeweiligen Inhalt angemessen?

Der Klient zeigt eine kongruente Darstellung

in hohem Maße   gar nicht

     4----------3----------2----------1----------0

7.1.2 Diskrepanz

Falls der Klient in 7.1.1 einen Wert < 4 hat:

In welche Richtung geht die Diskrepanz (Mehrfachnennungen möglich)?

Die Darstellung ist, verglichen mit dem Inhalt,

- cool, distanziert, abwiegelnd, läppisch usw. 1

- übertrieben emotional, dramatisch, betroffen usw. 2

7.2 Images

7.2.1 Vorhandensein

Der Klient macht ein Image auf

in hohem Maße   gar nicht

     0----------1----------2----------3----------4

7.2.2 Art des Images

Falls der Klient in 7.2.1 einen Wert < 4 hat:

Welches Image macht er auf (Mehrfachnennungen möglich)?

- „ich bin ein kooperativer Klient".. 1

- „ich bin ein Klient, der genau auf sich selbst schaut und sich
  mit sich auseinandersetzt"... 2

- „ich bin insgesamt o. k., wenig problembeladen, habe nur ein umgrenztes
  Problem"... 3

- „ich bin besonders problembelastet, arm dran, hilflos".................................. 4

- „ich bin Opfer der Umstände, anderer Personen, Situationen,
  eigener Biographie"... 5

- „ich kann nichts für meine Probleme".. 6

- „ich kann meine Probleme selbst nicht ändern"... 7

- anderen Inhalts... 8

7.3 Appelle

7.3.1 Vorhandensein

Der Klient richtet Appelle an den Therapeuten, etwas für ihn zu tun

in hohem Maße   gar nicht

    0----------1----------2----------3----------4

7.3.2 Art der Appelle

Falls der Klient in 6.3.1 einen Wert < 4 hat:

Welcher Qualität und welchen Inhalts sind die Appelle (Mehrfachnennungen möglich)?

Der Klient richtet negative Appelle an den Therapeuten, wie

- „schone mich!".. 01

- „bleib' mir vom Leib, halte Distanz!"... 02

- „laß' mich in Ruhe!"... 03

- anderen Inhalts... 04

Der Klient richtet positive Appelle an den Therapeuten, wie

- „hilf mir!"... 05

- „rette mich!"... 06

- „nimm mich ernst!".. 07

- „solidarisiere Dich mit mir!"... 08

- „gib mir Recht!".. 09

- „bestätige mich!"... 10

- „tröste mich!".. 11

- „finde mich, finde das, was ich mache, toll!"... 12

- „sei für mich verfügbar!".. 13

- „gib mir Hinweise, Ratschläge, aktive Hilfen!"... 14

- anderen Inhalts... 15